Rudolf Augstein
Schreiben, was ist

Rudolf Augstein
Schreiben, was ist

Kommentare, Gespräche, Vorträge

*Herausgegeben von
Jochen Bölsche*

Deutsche Verlags-Anstalt
Stuttgart / München

Bibliografische Information Der Deutschen Bibliothek
Die Deutsche Bibliothek verzeichnet diese Publikation
in der Deutschen Nationalbibliografie; detaillierte
bibliografische Daten sind im Internet
über <http://dnb.ddb.de> abrufbar.

© 2003 Deutsche Verlags-Anstalt, Stuttgart/München
und SPIEGEL-Buchverlag, Hamburg
Alle Rechte vorbehalten
Gestaltung und Satz: Brigitte Müller, Stuttgart
Druck und Bindearbeiten: GGP-Media, Pößneck
Printed in Germany
ISBN 3-421-05747-8

Inhalt

9 **Vorwort**
Tot und doch lebendig
Von Stefan Aust

14 **Essay**
Gelebte Geschichte
Von Jürgen Leinemann

Kommentare, Gespräche, Vorträge

1946–1949

27 So wurden wir angefangen
Die Gründung des SPIEGEL im Winter 1946/47
29 Genug des mystischen Orakels
Das Augstein-Blatt verreißt ein Augstein-Drama
32 Wenn der Russe kommt …
Begegnungen mit Konrad Adenauer
35 Von klein auf ein Blumenfreund
Der erste SPIEGEL-Titel über Adenauer
37 Soll man die Deutschen bewaffnen?
Gedanken über eine neue Armee
39 „Ich schlage Sie tot"
Briefwechsel mit Gustaf Gründgens

1950–1959

41 Eine Lebensfrage für die Demokratie
Die erste vom SPIEGEL enthüllte Affäre
43 Einheit vor Westbindung
Plädoyer für die Wiedervereinigung
45 Von keiner Partei beeinflusst
Eine Sparmaßnahme des Verlages
46 Nehmt Berlin, wie es sein wird
Der SPIEGEL zieht nach Hamburg
47 „Ich habe den Mann bewundert"
Über den SPD-Vorsitzenden Kurt Schumacher
49 Unsere Wege trennten sich
Adenauer, Schumacher und der SPIEGEL
51 Ein Lebewohl den Brüdern im Osten
Jens Daniel kämpft für die Einheit

64 Der Mann mit dem Menjou-Bärtchen
Adenauer lässt den SPIEGEL beschlagnahmen
66 Das Wichtige und das Interessante
Eine Rede vor dem Düsseldorfer Rhein-Ruhr-Klub
80 Das Gesicht der Epoche
Rückblick auf zehn SPIEGEL-Jahrgänge
83 Dann holts euch doch einen Zuhälter!
Der erste Konflikt mit Franz Josef Strauß

1960–1969

85 Es hätte auch anders kommen können
Die SPIEGEL-Affäre und ihre Folgen
88 Es war ein Kampf
Erinnerungen an das Jahr 1962
92 „Wir haben einen Abgrund von Landesverrat"
Die Bundestagsdebatte zur SPIEGEL-Affäre
95 Ich bat um die Luther-Bibel
Über hundert Tage in Untersuchungshaft
98 Rückblick in den Abgrund
Ein Gespräch über die SPIEGEL-Affäre
105 Informieren heißt verändern
Der Einfluss des SPIEGEL auf die Politik
106 Die Republik unterm Beil
Ossietzky und die Weimarer Republik
115 Die SPD, die eine CDU sein wollte
Die Unfähigkeit der Opposition
124 „Für Völkermord gibt es keine Verjährung"
Gespräch mit Karl Jaspers über NS-Verbrechen
152 „Nur noch ein Gott kann uns retten"
Gespräch mit Martin Heidegger
162 „Wie sich die Welt dreht"
Letzte Begegnung mit Konrad Adenauer
165 Einfluss auf die Geister
Vorbilder und Erfolge des SPIEGEL
168 Das Ende aller Sicherheit?
Gegen Bonns Notstandsgesetze
171 Revolution ist keine Spielerei
Diskussion mit Rudi Dutschke
172 Verurteilt, ja gebrandmarkt
Kritik am Vietnam-Krieg
175 Fünfzig Prozent am Unternehmen
Ein Geschenk an die Belegschaft

1970–1979

177 Auf den Trümmern ein Fanal
Kontroverse um Mitbestimmungsforderungen
180 Loyalität und Interesse
Ein kurzer Ausflug in die Politik
182 Wort an einen Freund
Warum Wehner zurücktreten sollte
184 Man trägt wieder Pferd
Vom schwierigen Umgang mit Wagners „Ring"
186 Teilhabe am Verrat? – No, Sir!
Disput mit Gerd Bucerius über einen Abhörskandal

1980–1989

189 Strauß ist kein Hitler
Ein Kommentar zur Bundestagswahl 1980
191 Mit Lachen die Wahrheit sagen
Antworten auf Fragen der „FAZ"
194 Ein Nietzsche für Grüne?
Zur Philosophie vom Übermenschen
196 Absage an den Personenkult
Begegnung mit KP-Generalsekretär Jurij Andropow
198 Die Zustände sind unnatürlich
Der Traum von der Einheit
209 Der Fall der weißen Westen
Flick und die „gekaufte Republik"
214 Die neue Auschwitz-Lüge
Gespenstische Debatte um den Judenmord
221 Was hat der SPIEGEL mit Barschel gemacht?
Vom Wert des investigativen Journalismus
226 Mein Ehrenwort, ich freue mich
40 Jahre SPIEGEL – und ein Abschied
227 Meine Antwort: ein klares Ja
Gorbatschow und die „deutsche Karte"
241 Geschichtsmächtig, geschichtsträchtig
Gespräch mit Alexander Solschenizyn
243 Es wäre ein Alptraum gewesen
Zum Tod von Franz Josef Strauß
245 Politiker sollten ihre Worte wägen
Gespräch mit Michail Gorbatschow
248 Meinungen, ein wenig verschieden
Antwort auf Erich Böhme

1990–1999

253 Der Zug ist abgefahren
TV-Streitgespräch mit Günter Grass
260 Rote Kleider, weiße Falten
Auch ein Hannoveraner: der Dichter Kurt Schwitters
263 ... oder es wird gemacht, was ich will
Blick zurück auf die Entwicklung des SPIEGEL
269 Wen provoziere ich denn?
Ein Gespräch mit Jungredakteuren
277 Morgen früh kann ich tot sein
Ein „Zeit"-Gespräch zum 70. Geburtstag
292 Warum man deutsch ist
Dialog mit Roger de Weck
298 Oft war ich mehr Galionsfigur
Ehrenbürger der Stadt Hamburg
302 Mitunter zwischen den Stühlen
Die Aufgaben der vierten Gewalt
303 Ich gehöre in das Guinness-Buch
Rede zum 50-jährigen SPIEGEL-Bestehen
306 Egidius, hilf Kohl
Was die Fußball-WM mit dem Kanzler gemein hat
309 Erinnerung kann man nicht befehlen
Gespräch mit Martin Walser
326 Ich hab das meiste gesehen
Interview zum 75. Geburtstag

2000–2002

331 Rache statt Gerechtigkeit
Washington verletzt die Menschenrechte
334 Die Präventiv-Kriegstreiber
Der letzte Kommentar

337 **Chronik**
Journalist des Jahrhunderts
Stationen im Leben Rudolf Augsteins

345 **Nachwort**
Schreiben, was ist
Von Jochen Bölsche

348 Quellen

VORWORT

Tot und doch lebendig

Von Stefan Aust

„Der hier liegt, starb zu früh", das sollte auf seinem Grabstein stehen. Oder: „Er hat seine Pflicht und Schuldigkeit getan." Aber: „Von mir aus bedarf es überhaupt keines Steines. Mir würde genügen, wenn einige Leute den Gedanken hegten, der SPIEGEL sei diesem Lande mehr nützlich als schädlich gewesen und sei es noch."

Jetzt ist er tot. Rudolf Augstein starb am Morgen des 7. November. Zwei Tage zuvor, am 5., war er 79 geworden. „Remember, remember the 5th of November", das hatte er immer wieder gesagt, zum Guy-Fawkes-Day. Im Jahre 1605 wollte dieser englische Katholik mit 36 Fass Schießpulver das House of Lords in die Luft sprengen. Der Plan flog auf, und Guy Fawkes sowie sieben weitere Verschwörer wurden hingerichtet.

So weit wollte die Staatsmacht im Fall Rudolf Augstein denn doch nicht gehen. Aber immerhin 103 Tage Gefängnis hatten im Oktober 1962 die vorübergehend kurzgeschlossene zweite und dritte Gewalt des Adenauer-Staates zu bieten. Genau 40 Jahre ist das her – und die SPIEGEL-Affäre ging ein in die Geschichte der Bundesrepublik.

Rudolf Augstein wurde zum Symbol für journalistischen Widerstand gegen die aus dem demokratischen Ruder laufende Staatsmacht. Er wurde ein Held wider Willen. Als er mit der Carl-von-Ossietzky-Medaille geehrt werden sollte, lehnte er das ab: „Mir schien ein Missverständnis vorzuliegen. Nur weil auch ich, wie Ossietzky, wegen unterstellten Landesverrats im Gefängnis gesessen hatte, durfte ich mich doch nicht diesem von den Nazis im KZ auf den Tod misshandelten Friedensnobelpreisträger des Jahres 1935 an die Seite stellen."

Die Presse als vierte Gewalt? Gern erzählte Augstein die Geschichte vom ungarischen Schuster, der einst in einem kleinen Dorf sein Einmonatsblättchen redigierte und glücklich vor sich hin murmelte: „Was wird der Zar sich am Montag ärgern!"

Und doch freute er sich jeden Samstag nach Druck des SPIEGEL darauf, „wo der Torpedo am Montag einschlagen würde".

VORWORT

Rudolf Augstein wollte Öffentlichkeit herstellen, nicht mehr, aber auch nicht weniger: „Ich gebe mich der Hoffnung hin, wir hätten dazu mehr beigetragen als viele andere." „Sturmgeschütz der Demokratie" hatte er in jungen Jahren den SPIEGEL genannt. Das Zitat aber, das seither dem Nachrichten-Magazin als Etikett anhängt, war durchaus ironisch gemeint und lautet in der Fassung von 1963: „In der Ära Adenauer waren wir das Sturmgeschütz der Demokratie, mit verengten Sehschlitzen. Im ärgsten Kampfgetümmel, wo man uns manche Hafthohlladung appliziert hatte, erreichten wir nicht entfernt die Wirkung wie in dem Moment, da man uns wie mit einem Netz auf den Trockenboden schleppte und die Armierung zu demontieren gedachte."

Und später, als 70-Jähriger, fügte er hinzu: „Sturmgeschütze sind nur in Zeiten angebracht, wo es etwas zu stürmen gibt." Auf das erstaunte „Wie bitte?" junger SPIEGEL-Redakteure antwortete er: „Das Land ist im Kern gesund", um gleich danach die Position zu wechseln: „Wenn ich sage, Deutschland ist ein kerngesundes Land, dürfen Sie die Ironie, die mitschwingt, da das Zitat schließlich von Heine stammt, nicht außer Acht lassen."

Das war seine Dialektik. Er ließ sich nie auf etwas festnageln, was man in den neunziger Jahren als Political Correctness zu bezeichnen begann: „Wenn ich meiner Sache sicher bin, ist mir egal, was andere Leute dazu sagen und schreiben."

Er war unabhängig und kritisch, vor allem gegen die Regierenden aller Couleur, zuweilen auch unberechenbar, aber nie zu instrumentalisieren. Den Journalismus vor den geschäftlichen Erfolg zu setzen – der kommt dann schon von selbst – ist ihm stets wichtig gewesen. Und er wusste, dass der SPIEGEL sich verändern musste. Als 1955 ein farbiger Titel erschien, schrieb der Herausgeber einen fiktiven Leserbrief an sich selbst: „Muss jetzt auch der SPIEGEL dem illustrierten Zeitgeist Tribut zollen? Sind Sie unter die Schönfärber gegangen? Wie konnten Sie das zulassen? Sind Sie, Herr Augstein, überhaupt noch da?"

Er war da und blieb – bis zum letzten Tag. Er blieb die Seele des „Unternehmens Aufklärung", das der SPIEGEL war und ist, und er war keiner, der das Magazin als politisches Kampfinstrument begriff. „Der Journalist", schrieb er, „hat nicht das Mandat, Wahlen zu gewinnen und Parteien zu promovieren. Er gerät auf die Verliererstraße, wenn er versucht, Kanzler und Minister zu machen, Große oder Kleine Koalitionen zu begünstigen, kurz, wenn er der Versuchung erliegt, Politik treiben zu wollen. Unternimmt er es dagegen, Erkenntnissen zum Durchbruch zu verhelfen und zu sagen, was ist, dann ist er mächtig." Das war keine falsche Bescheidenheit, sondern Einsicht in die wirkliche Wirksamkeit der Presse: „Richtig informieren heißt auch schon verändern." Und: „Wenn Einfluss auf die Geister Macht ist, dann hat der Journalist auch Macht." Die aber hielt er für „ziemlich begrenzt".

Er selbst fühlte sich als Gefangener seines Systems, „das mich zwingt, das Handwerk über die Politik und über die Meinung zu stellen". Wobei er schon 1953, als er vor Sensationsjournalismus und einer Auflage um jeden Preis warnte, die Gefahr sah, dass der SPIEGEL „das Wichtige zu Gunsten des Interessanten vernachlässigt. Dass er nicht die Wirklichkeiten, sondern die Raritäten der Wirklichkeit spiegelt".

Natürlich sollte das Heft – wie es Rudolf Augstein 1993 noch einmal ausdrücklich festhielt – auch ein bisschen L'art pour l'art vermitteln und den Käufern Spaß machen: „Wir müssen den Lesern gute Geschichten liefern. Lesbar und informativ müssen sie sein, und vergnüglich dürfen sie auch sein."

Als eine der vornehmsten Aufgaben empfand er, den tierischen Ernst und die politische Wichtigtuerei bloßzulegen. „Dass die Journalisten dabei ihr Tun nicht überschätzen und ein brauchbares Maß an Selbstironie nicht unterschätzen sollten, versteht sich von selbst."

Aber er hatte auch durchaus Spaß daran, andere zu ärgern. Wenn es Tatsachen und Text erlaubten, kannte er keine Kameraden, keine alten und keine neuen. Dann hatte er zum Beispiel diebische Freude am Komplettverriss des großen G. G. durch den nicht minder großen M. R.-R. Auf dem weiten Feld seiner Jagdleidenschaft lagen viele Opfer – Feinde und Freunde. „In der Politik", erkannte er, „sind es oft die schlimmsten Feinde, die sich duzen. Ich habe mich mit vielen Politikern geduzt, doch als Journalist habe ich wenig Rücksicht darauf genommen. Ein Journalist kann keine permanenten Freundschaften haben."

Am Ende sind sie doch alle wiedergekommen. Franz Josef Strauß, der Augstein ins Gefängnis brachte, darüber als Minister stürzte und dennoch zurück an die Macht gelangte. Seine Memoiren musste

VORWORT

posthum natürlich der SPIEGEL drucken. Da war Augstein Profi – und immerhin hatte er ja ein gut Teil der politischen und wirtschaftlichen Karriere des Blattes dem durchgeknallten Verfolgungseifer seines Lieblingsfeindes zu verdanken. Und mit Konrad Adenauer, der ihn in den frühen Jahren der Bonner Republik mehrmals als Unglück für Volk und Vaterland gegeißelt hatte, rauchte er noch kurz vor dessen Tod 1967 während eines langen Dialogs „die Friedenspfeife".

Leistungen erkannte er an – wie im Falle Helmut Kohls, der ihm ansonsten eher Fremdgefühle einflößte. Obschon der SPIEGEL den jahrelang und vergeblich aus dem Amt zu schreiben versucht hatte, belobigte ihn Augstein zur gelungenen Wiedervereinigung – und nicht nur zur Freude seiner damaligen Redaktion – mit einem herzhaften „Glückwunsch, Kanzler!" Um ihn gleich darauf wieder heftig zu kritisieren. Je nach Lage eben.

Von ihm hart attackierte Politiker bekamen immer wieder eine Chance zur Besserung – bis er sie erneut scharf ins Visier nahm. Er war ein unabhängiger Geist, der nie erwartete, dass der SPIEGEL ihm immer folgte, dass das Blatt immer auf seiner Linie lag: „Rein rechtlich bestimmt der Herausgeber die geistige Richtung des Blattes. Dies war natürlich immer Makulatur. Ich bin doch keine Verhinderungsmaschine. Aber der Herausgeber muss sich nicht allem anpassen, was in dem Blatt, das er herausgibt, gedruckt wird. Ich schreibe, was ich denke, weil das die einzige Richtlinienkompetenz ist, die mir verblieben ist. Und nach der muss sich niemand richten."

Ob dies tatsächlich seine ganze Macht sei, erkundigten sich irritiert einige seiner Jungredakteure, und Augstein bekräftigte: „Alle diese Hebel, die man theoretisch hat, nutzen sich so schnell ab. Wenn ich meine Befugnisse ausschöpfen würde, das wäre verheerend."

Rudolf Augstein hat von seiner Richtlinienkompetenz sparsam Gebrauch gemacht, zumindest in den letzten Jahren. Er hat sein publizistisches Kind laufen lassen, es wohlwollend und kritisch begleitet. Er wollte, hat er gesagt, kein Denkmal sein, aber wohl gewusst, dass er das sowieso ist.

Die Frage, ob er sich für unentbehrlich halte, beschied er auf die für ihn typische Weise: „Unentbehrlich ist niemand. Aber es ist ein Unterschied, ob ich tot bin oder als Lebender nichts für den Laden tue."

Er hat durchgehalten, bis zum letzten Atemzug. Einer, dessen Lebensaufgabe identisch war mit seiner Person. Rudolf Augstein war der SPIEGEL, der SPIEGEL war Rudolf Augstein – und so bleibt es.

„Wird es nach Ihnen noch einen Herausgeber geben?", fragten ihn Mitarbeiter, als er 70 wurde, und er antwortete: „Das ist nicht zwingend für die Zukunft."

Nein, es ist nicht zwingend. Denn Rudolf Augstein wird bleiben, solange es den SPIEGEL gibt.

Nach ihm kann und wird es keinen Herausgeber geben, der diesen Titel verdient. Die Schuhe sind zu groß. Sie sich anzuziehen wäre eine Anmaßung. So wird der Gründer und Herausgeber des SPIEGEL, Rudolf Augstein, auch weiterhin die Richtlinien vorgeben. Tot und doch lebendig.

ESSAY

Gelebte Geschichte

Von Jürgen Leinemann

Rudolf Augstein liebte große Gegner. Fast zwei Jahrzehnte lang hatte er Konrad Adenauer, den ersten Kanzler der Bundesrepublik Deutschland, als heuchlerischen Autokraten bekämpft, bis der ihn für 103 Tage ins Gefängnis werfen ließ.

Doch nach der SPIEGEL-Affäre 1962, die Augstein zum Symbol einer freiheitlicheren westdeutschen Nachkriegsdemokratie machte, suchte er mit einer „gewissen Rührung", wie er dem Alten versicherte, den inzwischen zurückgetretenen 90-jährigen Adenauer zum Versöhnungsgespräch auf. „Er war ein ganz großer Häuptling", schrieb er nach dessen Tod.

Nun ist Rudolf Augstein selber tot. Ein ganz Großer war er auch.

Ein Zufall ist es wohl nicht, dass SPIEGEL-Gründer Augstein, den zeitlebens die Macht faszinierte – ihre Träume und ihre Verheerungen, ihr Wahn und ihre Erfolge –, sich leidenschaftlich bis zur Besessenheit den Glanz- und Horrorfiguren des 19. Jahrhunderts zuwandte. Konrad Adenauer gehörte dazu, vor allem aber Bismarck und, natürlich, als permanentes selbstquälerisches deutsches Schreckensthema, Adolf Hitler.

Joachim Fest, selbst Hitler-Biograf und bis zum eigenen Überdruss beschäftigt mit der bohrenden, immer wieder neuen schriftstellerischen Verarbeitung der Nazi-Zeit, hat die Tatsache, dass Rudolf Augstein sich mit Vorliebe diesen großen Stoffen widmete, stets als Indiz dafür betrachtet, dass er durch Prägung und Lebensgefühl der Vergangenheit und ihrem Personal womöglich etwas näher stand, als er es selber wahrhaben wollte. Tatsächlich lebte der Geschichtsschreiber Geschichte, mit Leib und Seele und von Kindheit an. So intensiv, dass der Berliner Verleger Wolf Jobst Siedler fand, Augstein hätte – wie Thomas Mann – von sich sagen können, „dass er nur von sich zu reden brauchte, um der Zeit die Zunge zu lösen".

Das tat er, ausgiebig und ohne falsche Bescheidenheit – im SPIEGEL, in Büchern, in Interviews und Reden und in persönlichen Gesprächen. Im Nachkriegsdeutschland gab es wohl keinen politischen

Journalisten, der so beharrlich und eindringlich die Geschichte zur Bebilderung seiner aktuellen Warnungen und als Lektion für die Zukunft heranzog wie Augstein.

In den postmodernen Jahren des ausgehenden 20. Jahrhunderts, als das Ende der Geschichte postuliert wurde, setzte er damit segensreiche Gegensignale zur Ex-und-hopp-Berichterstattung vieler jüngerer Kollegen. Für ihn persönlich aber muss diese Obsession eine Schinderei gewesen sein.

Unverständlich war sie freilich nicht. Unter dem Eindruck der aufziehenden „Hitlerei", wie Augstein später zu sagen pflegte, ist der Knabe Rudolf in Hannover groß geworden. Mit seinen Kindheitserinnerungen an die Reaktionen seines Vaters auf den Reichstagsbrand – da war er neun Jahre alt – hat er SPIEGEL-Leser mehrfach vertraut gemacht. 1995 schrieb er in einem Essay: „,Finis Germaniae', hörte ich meinen Vater brummen, als er mich 1933 in die Aula des Kaiserin-Auguste-Victoria-Gymnasiums zu Hannover brachte. Er deutete auf eine Friedrich-Ebert-Büste und sagte: ‚Die wirst du hier nicht noch einmal sehen.'"

Die Detailliertheit seiner Erinnerungen und seine lakonisch-lebendige Art, sie als Anekdoten zu erzählen, hat bei manchem Zeitgenossen, seinem Freund Martin Walser etwa, Skepsis ausgelöst. War der Knabe Augstein nicht erst neun Jahre alt bei der Machtübernahme der Nazis?

Zum 70. Geburtstag aber bekam der SPIEGEL-Gründer unerwartete Schützenhilfe. Sein jüdischer Mitschüler Helmut Ostermann steuerte nach sechs Jahrzehnten aus Israel plastische Erinnerungen an die Schultage 1933 bei.

„Als Kind erlebte man alles visuell", schrieb Ostermann, der jetzt Uri Avnery heißt, in Tel Aviv ein Nachrichten-Magazin herausgab und zehn Jahre lang als Abgeordneter in der Knesset saß. In der hannoverschen Schule habe damals, in der Sexta in den ersten Monaten des Dritten Reiches, eine Feier die andere gejagt: Schlageter-Tag, die Schlacht von Sedan, die Belagerung von Belgrad, alle garniert mit patriotischen Liedern und Reden. Am Ende stets: „Die Fahne hoch."

„Wenn man damals neun Jahre alt war, konnte man gar nicht leben, ohne Politik zu atmen", schrieb Avnery. Wie in seiner eigenen Familie sei gewiss auch bei den Augsteins pausenlos darüber geredet worden. „Wir hätten auch keine Freunde sein können, wenn er sich nicht für Politik interessiert hätte."

In der Lebenslaufforschung gilt es als gesichert, dass prägnante biografische Erfahrungen der Kindheit oft ein Muster liefern für künftige persönliche Entwicklungen. Ob als Bestätigung oder als Negation – alle späteren Eindrücke orientieren sich an der ersten Erfahrungsschicht. „Die im Laufe des Lebens gesammelten Erlebnisse summieren sich nicht einfach, sondern organisieren sich immer wieder neu in Bezug auf einen tief verankerten biografischen Ausgangspunkt", schreibt der Soziologe Heinz Bude.

Für Rudolf Augstein waren das die Jahre des Umbruchs von der Weimarer Republik zum Dritten Reich. Adolf Hitler wurde ihm zur Verkörperung des Bösen. Alle historischen Größen vorher – von Friedrich dem Großen bis Richard Wagner – beargwöhnte Augstein als mögliche Wegbereiter. Alle später Regierenden – ob Adenauer oder Franz Josef Strauß, Kurt Georg Kiesinger oder Charles de Gaulle – überprüfte er auf direkte oder indirekte Nutznießer-Effekte.

Nun konnten Hitlers Machtübernahme, das Terrorsystem der Nazis, der Holocaust und der Zweite Weltkrieg für einen hochintelligenten und lebenshungrigen jungen Menschen gewiss Erfahrung genug sein, um sich zum „Zeitgenossen der deutschen Geschichte auszubilden", wie es der Philosoph Bazon Brock einmal in einer Augstein-Würdigung formuliert hat.

Tatsächlich fühlte sich Augstein für immer beschämt, „zu einer Zeit gelebt zu haben, als Erwachsener, wo das passieren konnte". Er war bereit, die Konsequenzen mitzutragen und abzutragen. Doch persönlich schuldig sah er sich „naturgemäß" nicht.

Das „naturgemäß" verdankte er seiner Familie, die für die historische Sonderrolle, die Sohn Rudolf später einmal spielen sollte, unverzichtbar war.

Die Augsteins waren zwar deutschnational, die Mutter gar naiv antisemitisch, wie der Sohn später bekannte, gleichwohl aber galt die Familie als verlässlich antinazistisch. Ein reicher, angesehener Großvater aus Bingen, der dem Großherzog von Hessen-Darmstadt sagen konnte: „Auf Ihren Kommerzienrat kann ich verzichten", trug zur selbstbewussten Sicherheit des jungen Rudolf ebenfalls bei.

Dazu kam die gesellschaftliche Widerstandsfähigkeit, die sich die rheinisch-katholischen Augsteins als religiöse Minderheit im protestantischen Hannover erwarben. Augstein: „Wir waren in der Diaspora. Wir waren Katholiken, keine Preußen. Wir waren politisch."

Und schließlich bezog der kecke Sprössling Kraft aus der fast männerbündlerischen Solidarität, die ihn mit seinem Vater – einem finanziell unglücklich operierenden Foto-Fabrikanten und Geschäftsmann – gegen die weibliche Überzahl von Mutter und fünf Schwestern in der Familie zusammenschweißte. Der 15 Jahre ältere Bruder Josef war längst aus dem Haus.

Dass das Private politisch ist, musste Rudolf Augstein also nicht erst 1968 nachlernen. Die Reichsgründung von 1871, der Erste Weltkrieg, den auch Augstein für die Mutter aller Katastrophen hielt, Versailles, die Inflation, „die goldenen Weimarer Jahre" 1928/29 – alle Dramen der jüngeren deutschen Geschichte gehörten für die Augsteins zur Familienlegende.

Historisches Bewusstsein lieferte die traditionsverbundene Verwandtschaft in Form von privaten Anekdoten. „Beispielsweise war mein Großvater ein derart ferventer Antipreuße", hat Rudolf Augstein einmal erzählt, „dass mein Vater sich umdrehen musste, als der deutsche Kaiser durch Mainz ritt. Mein Vater durfte ihn nicht angucken, er musste in ein Geschäft von Trikotagen hineinsehen."

So, mit Abstand und Wissen gewappnet, mogelte sich Rudolf Augstein durch die zwölf Nazi-Jahre und den Krieg, „praktisch immer Deserteur, aber nie ein ganzer". Dass er später – nach der Inhaftierung wegen angeblichen Landesverrats während der SPIEGEL-Affäre – den Carl-von-Ossietzky-Preis ablehnte, hatte seinen Grund in der Schwejkschen Verschmitztheit, mit der sich der Gefreite Augstein vor dem Heldentum zu drücken wusste. „Ihr irrt euch", sagte er damals. „Ossietzky war ein Märtyrer, und ich hätte alles versucht, kein Märtyrer zu sein."

Und so, von vornazistischer Historie geprägt, knüpfte er mit heute verblüffender Selbstverständlichkeit nach 1945 nahtlos an das Vorkriegsdenken seiner bürgerlichen Herkunft an. Wiewohl sehr viel jünger als die Adenauers, Carlo Schmids und Dehlers, blieb Augstein auch im Nachkriegsdeutschland eine Weimarer Figur. Die Alten redeten im Parlament mit dem „O-Mensch"-Pathos des expressionistischen Theaters. Der Junge schrieb im SPIEGEL mit dem saloppen Sarkasmus eines Kurt Tucholsky. Als Vorbilder, „denen wir alle nacheifern", zählte er außerdem auf: Joseph von Görres, Heinrich

ESSAY

Heine, Ludwig Börne, Karl Kraus, Maximilian Harden, Carl von Ossietzky, Theodor Wolff.

Neuanfang? Stunde null? Abrechnung mit den Nazis? Augstein: „Ohne Schwierigkeiten war der Übergang in die neue Welt, die neue Zeit."

Für ihn war das Deutsche Reich von 1870/71 keineswegs mit der Kapitulation am 8. Mai 1945 zu Ende. Er glaubte an die Kontinuität, bis die Regierung Brandt Deutschlands Ostgrenzen akzeptierte und die DDR de facto anerkannte. In einem SPIEGEL-Essay schrieb der Herausgeber im Januar 1971: „Das Bismarck-Reich, erst als Realität, dann als Reise in die Vergangenheit, dann als Illusion, ist genau 100 Jahre alt geworden. Im Jahre 1970 ist es dahingeschieden."

Im „Dornröschenjahr 1945", da der verbrecherische Störenfried Hitler beseitigt war, galt es Lehren zu ziehen aus dem Scheitern der ersten deutschen Republik. Nicht, dass Augstein glaubte, die Menschen würden wirklich aus der Geschichte lernen. Aber ihnen das hinzureiben, sie immer aufs Neue zu erinnern an die Fehlentscheidung der Vergangenheit, wurde seine selbstgewählte Bestimmung.

Der SPIEGEL erwies sich als treffliches Instrument. Rudolf Augstein wurde schnell zu einer unverzichtbaren publizistischen Größe in der Bundesrepublik Deutschland.

Was ihn aber zu einer historischen Figur machte, war nicht allein sein Witz, sein analytischer Verstand, sein freches Misstrauen in Machthaber aller Größenordnungen. Und es war auch nicht die Legitimation durch persönliche Erfahrungen mit drei deutschen Staatsformen, die er zur Dokumentation der Kontinuität deutscher Irrtümer heranzog.

Zur wirklichen Ausnahme-Erscheinung wurde Rudolf Augstein, weil er auch den Irrtum der Kontinuität riskierte. Er forderte noch die nationale Einheit der Deutschen, als längst schon alle Welt, vor allem seine linken Freunde und letztlich auch er selbst, die Teilung des Landes als Konsequenz des Hitler-Krieges für unaufhebbar hielten.

Dass er – im vollen Bewusstsein aller Kosten und Preise, die für die Erbschaft aus der deutschen Katastrophen-Geschichte seit Bismarck anstanden – an seiner Wiedervereinigungspolitik festhielt, selbst gegen die Mehrheit seiner eigenen Redakteure, spannte sein Leben über drei Jahrhunderte.

Augsteins Denken wurzelte im 19. Jahrhundert: „Beide bewunderten wir Bismarck", sagt Henry Kissinger, „beide hatten wir unsere Zweifel hinsichtlich seiner politischen Hinterlassenschaft." Er lebte und wirkte im 20. Jahrhundert. Und als er im 21. Jahrhundert starb, kamen die amtlichen politischen Kondolenzgrüße aus jenem wieder vereinigten Berlin, in das nach seinem Wunsch der SPIEGEL schon in seinen Anfängen von Hannover aus hätte umsiedeln sollen.

1952 hatte Augstein geschrieben: „Berlin ist die Welt für ein Blatt, wie es der SPIEGEL sein will. Das fiebernde, entzweigerissene Berlin, jetzt vorderste und eingeengteste Bastion im Kalten Krieg, ist immer noch die potenzielle Quelle gegen das Provinzlertum, das sich von Bonn aus über ganz Westdeutschland ausbreitet. Nehmt Berlin nicht, wie es jetzt ist! Es hat zu schwer zu kämpfen. Nehmt Berlin, wie es sein wird, wenn wir die deutsche Hauptstadt wieder von den Rebenhügeln weg in die Streusandbüchse des Reiches verlegt haben."

„Gesinnungsnationalismus" würde Heiner Geißler das heute nennen. Er hat Augstein vorgeworfen, ihm wäre im Verein mit Egon Bahr (SPD) und Hermann Axen (SED) die deutsche Einheit sicher auch „etwas weniger Freiheit und ziemlich viel Sozialismus" wert gewesen.

Der grimme CDU-Querkopf bemerkte voller Spott, dass Augstein in seinem bei den Schwarzen verhassten Hamburger Nachrichten-Magazin nach der Wiedervereinigung „nur noch hirtenbriefähnliche Kommentare zur Tätigkeit der Bundesregierung" unter Helmut Kohl veröffentlichte, dem er sogar ein „Glückwunsch, Kanzler" gönnte.

Mehr noch als Geißler, der Augstein schon für einen linken Patrioten hielt, als der in den Gründungsjahren der Bonner Republik mit dem nationalistischen SPD-Vorsitzenden Kurt Schumacher gegen Adenauers rigorose Westpolitik gekämpft hatte, staunten 1989 einstige Bewunderer Augsteins über dessen entschiedenes Votum zur Wiedervereinigung.

Günter Grass versuchte in einer Fernsehdiskussion im Februar 1990 fast verzweifelt, dem SPIEGEL-Herausgeber noch einmal den Gedanken einer Konföderation zweier deutscher Staaten nahe zu bringen. Augstein: „Der Zug ist abgefahren." Enttäuscht registrierte auch der bis dahin glühende Augstein-Verehrer Joschka Fischer 1993: „Den deutschpatriotischen Rudolf Augstein hatte ich in all den Jahrzehnten schlicht überlesen."

ESSAY

Es war, als die Mauer fiel, für viele Linke in der Bundesrepublik, für die jüngeren zumal, fast ein Schock, als sie entdecken mussten, dass sie das patriotische Fundament, auf dem ihre Idole in der deutschen Nachkriegsbundesrepublik mehr Demokratie wagten, gar nicht wahrgenommen hatten – nicht bei Willy Brandt und nicht bei Rudolf Augstein. Weder der SPD-Hoffnungsträger und Brandt-„Enkel" Oskar Lafontaine noch der SPIEGEL-Chefredakteur und Augstein-Freund Erich Böhme wollten wiedervereinigt werden. Und beide durften durchaus die Mehrheit ihrer Organisationen hinter sich vermuten.

Die Verwirrung war beträchtlich. War denn nicht Rudolf Augstein, der inzwischen legendäre Adenauer-Gegner und Strauß-Verhinderer, eine der prägenden Gestalten jener bundesrepublikanischen Entwicklung gewesen, die 1968 in der Studentenrevolte gipfelte? Galt er nicht den restaurativen Staatsparteien CDU und CSU als der destruktiv Linke schlechthin? Ein Umstürzler und Vaterlandsverräter, den Strauß und Adenauer 1962 hinter Gitter brachten?

So war es, und Augsteins Ruf als Linker war wohl begründet. Nicht nur gehörten für den letzten Nationalliberalen der Bismarck-Zeit, den Ralf Dahrendorf in dem SPIEGEL-Chef sah, soziale Reformen und bürgerliche Freiheiten neben der nationalen Einheit immer zu den Selbstverständlichkeiten. Für den journalistischen Profi Augstein galt überdies grundsätzlich, dass ein Journalist mindestens „zu 51 Prozent kritisch gegenüber jedermann" sein sollte.

Affirmativen Journalismus hielt Augstein für einen Widerspruch in sich. Es konnte deshalb gar nicht ausbleiben, dass er und sein SPIEGEL, die mit diesem Verständnis ihr Gewerbe betrieben, im Adenauer-Staat sofort als antikonservativ und destruktiv links verschrien waren. Das „Schmutz-" und „Schmierblatt" aus Hamburg war dem Alten aus Rhöndorf von Anfang an ein Ärgernis, auch wenn Augstein schon sehr früh mit ihm redete. Da respektierte der SPIEGEL-Chef den späteren Kanzler noch.

Das änderte sich aber bald. Denn natürlich formte die konkrete politische und gesellschaftliche Situation im westdeutschen Teilstaat zu Beginn des Kalten Krieges den noch immer ziemlich jugendlichen Magazin-Chef auch persönlich.

Den Augstein des Anfangs schilderte Erich Kuby 1953 so: „Dieser mit einer rasiermesserscharfen Intelligenz ausgestattete junge Mensch, von kleiner, aber vollkommen harmonischer Gestalt, ist erfüllt von Trauer und Pessimismus und hätte in geistig gesicherten Zeiten einen ganz anderen Weg eingeschlagen, verharrend in den Traditionen der großbürgerlichen rheinisch-katholischen Familie, aus der er stammt."

Nun war er 30 Jahre alt, hatte einen verlorenen Weltkrieg hinter sich und schlug sich seit sieben Jahren an der Spitze seines Nachrichten-Magazins mit einer Regierung herum, von der ihm nach 1951 immer klarer wurde, „dass es hier nicht verbal, sondern in der Substanz um einen antidemokratischen, antiparlamentarischen Sonderstaat von katholischer Heuchelei ging, den zu bekämpfen der SPIEGEL, außen- wie innenpolitisch, jeden Grund hatte".

Es ging eben nicht nur um verfassungsrechtliche Formalien und um Machtkontrolle im demokratischen Staat, sondern es hatte auch eine politisch inhaltliche Logik, dass die Unionspolitiker Adenauer und Strauß 1962 versuchten, Augstein als Landesverräter auszuschalten.

Die Folge war die legendäre SPIEGEL-Affäre – ein Wendepunkt in der westdeutschen Nachkriegsgeschichte: Der Machtkampf zwischen einer politisch aufsässig gewordenen Öffentlichkeit und den Regierungsapparaten des CDU-Staates erreichte seinen Höhepunkt. „Für einen geschichtlichen Augenblick steht diese politische Öffentlichkeit durchaus auf dem Spiel", schrieb der Sozialwissenschaftler Oskar Negt im Rückblick.

Das Ergebnis ist bekannt – Strauß musste zurücktreten, die Ära Adenauer neigte sich schneller als erwartet dem Ende zu, die Demokraten in der Bundesrepublik hatten eine prägende zivile Widerstandserfahrung gemacht.

Rudolf Augstein war ihr Idol. „Kritisch, frech, rebellisch gegen die Obrigkeit, ja antiautoritär und erzdemokratisch, das genau war es, wonach die junge Seele lechzte", erinnert sich Joschka Fischer, der als werdender Halbstarker den SPIEGEL las, wenn er sich für 70 Pfennig beim Dorffriseur eine HJ-Frisur verpassen ließ.

Eigentlich schien alles darauf hinzulaufen, dass Rudolf Augstein, nicht Rudi Dutschke, der deutsche Held der heraufziehenden 68er-Revolte hätte werden müssen. Aber dazu war der SPIEGEL-Chef den Studenten dann doch schon zu etabliert und im Grunde zu konservativ.

ESSAY

Dass Rudolf Augstein keine andere Republik wollte und keine neue Eigentumsordnung, haben die Wortführer und theoretischen Köpfe der Studentenbewegung schnell gemerkt, auch im SPIEGEL. Augsteins eigensinniger Oppositionsgeist zielte immer auf den Missbrauch des Bestehenden, nicht auf das Bestehende selbst. Er galt weniger Strukturen als Personen.

Gewiss, als Intellektueller zählte sich Augstein zu jenen Menschen, die sich der Wirklichkeit mit einem vorentworfenen Bild näherten, „einem idealen Bild", wie er einmal bekannte, ja, mit einer Utopie. Aber diese Haltung entsprang eher einer romantischen Sehnsucht nach einer geträumten Zeit, nicht revolutionären Umsturzvorstellungen. Mit Ideologien hatte sein politisches Denken so wenig zu tun wie mit anarchischen Antrieben.

Rudolf Augstein war wohl schon ein Konservativer, bevor es ihm selbst richtig klar war. Die Erfahrungen der Nazi-Zeit, die bürgerlichen Prägungen der Weimarer Herkunft, seine immer profunderen Kenntnisse der Geschichte und sein kühler aufklärerischer Verstand versorgten ihn mit einem verlässlichen Grundgefühl für die Wiederherstellung „des im Sinn der europäischen Tradition Richtigen", hat der streitbare konservative Publizist Johannes Gross über seinen Kollegen Augstein zu dessen 70. Geburtstag geschrieben. Seiner Einschätzung ist schwer zu widersprechen: „Das Konservative in Rudolf Augstein ist die politische Substanz selber." Allerdings muss man wohl hinzufügen: das Linke, das progressiv Kritische in Rudolf Augstein auch.

Augstein hat solche Widersprüche in sich selbst nie geleugnet. So wie er bei allen großen Männern den Schattenseiten auf der Spur war, die Abgründe Bismarcks, Richard Wagners und des Franz Josef Strauß so kritisch registrierte wie die operettenhafte Seite eines Charles de Gaulle, so hielt er auch zu sich selbst eine zutiefst melancholische, nach außen selbstironisch gefärbte Distanz. Er kannte sich gut. Und er traute sich in jeder Hinsicht allerhand zu.

Frank Schirrmacher hat in seiner Laudatio anlässlich der Vergabe des Ludwig-Börne-Preises 2001 Rudolf Augstein eine Disposition zum Anti-Respekt, zur Anti-Bewunderung, zur Anti-Affirmation bescheinigt. „Einer wie er hat uns das Loben eigentlich ausgetrieben." Martin Walser nannte Augstein ein „Verehrungsverweigerungstalent".

Das ist zwar richtig, würde Augstein wohl sagen, aber trotzdem Blödsinn. Denn natürlich war er immer fasziniert von großen Figuren, genialischen Lebensentwürfen und heroischen Haltungen; die Bewunderung für solche dramatischen Sujets rückte ihn selbst in die Nähe der vergangenen Kraftkerle, mit denen er sich maß. Nur gehörte für ihn zur Bewunderung immer gleich auch die Skepsis, zur Noblesse die Niedertracht, zum Mut die Dummheit, zum Erfolg das Scheitern. Dass Franz Josef Strauß und er einander in verbissener Hassliebe verbunden blieben, kam ja nicht von ungefähr.

Aus dieser inneren Spannung entstanden Augsteins kühne und überraschend vielschichtige Charakterisierungen von Personen, sein Gespür für verquere Motive, für die Gebrochenheit historischer Entwicklungen. Er trug die Widersprüche selbst in sich, ohne sie immer auszutragen. Moralischer Perfektionismus, gegen das Establishment gerichtete politische Überzeugungen und die Bemühung, Auflage zu machen – die drei Punkte also, die Henry Kissinger einstmals als Erklärungen für den „zuweilen schonungslosen Stil des SPIEGEL" aufzählte –, entsprachen alle dem Naturell des Herausgebers.

Er konnte, bis zum Zerreißen gespannt, vibrieren unter der Anstrengung, scheinbar Unzuvereinbarendes zusammen zu denken. Er litt unter der Vergeblichkeit, aber ihn beflügelte der Versuch. Die Gefühle, die in seine Vernunftkonstrukte nicht passen wollten, befreite er am liebsten mit Gesang. Diesen Ausweg hat ihm Wagner gewiesen.

Seit mindestens vier Jahrzehnten, so Schirrmacher, habe Rudolf Augstein „den Diskurs der Republik bestimmt". Das ist auch dann noch richtig, wenn man hinzufügt, dass ihn dieser Diskurs in den Jahren vor der Wiedervereinigung manchmal gelangweilt hat. Manches interessierte ihn nicht mehr, vieles überließ er dem SPIEGEL.

Entgangen ist ihm nichts, als er begann, sich das Leben eines Privatgelehrten zu leisten. Denn wenn ihm etwas wirklich wichtig war, meldete er sich, bisweilen mit sehr exponierten Beiträgen, immer noch zu Wort. „Ich kann mir das als alter Mann gerade noch leisten, ich wandele am Rande der Political Correctness."

War er eine Macht? Rudolf Augstein wiegelte ein bisschen ab, wenn er das gefragt wurde, und stimmte ein bisschen zu, wie immer. „Ach, ich war keine Macht, ich war eine halbe Ohnmacht."

ESSAY

In Wahrheit hatte er sich als Journalist nie nur als Warner verstanden, sondern immer auch als Täter: „Man will ja nicht nur Kassandra sein und das Unglück prophezeien."

Jetzt überließ er die Macht, die seinem SPIEGEL nachgesagt wurde, den Redakteuren. Sie sollten durch aufklärendes Schreiben und richtiges Informieren Veränderung bewirken. In einem Fernsehinterview hatte er schon 1967 gesagt: „Wenn Einfluss auf die Geister Macht ist, dann hat der Journalist auch Macht. Man mag die Macht für begrenzt halten. Ich halte sie für ziemlich begrenzt. Aber zweifellos übt auch der Journalist Macht aus. Und das will er. Dagegen ist ja nichts zu sagen, so wenig, wie wenn ein Politiker die Macht für sich und für seine Sache erstrebt."

Das war, sozusagen, seine journalistische Botschaft nach außen. Sie gilt. Seine Mahnung nach innen, an die eigenen Leute, hatte er noch früher formuliert, 1953 nämlich und ausgerechnet vor dem kapitalistischen Rhein-Ruhr-Klub in Düsseldorf. Auch sie ist aktueller denn je:

„Welche Hauptgefahr gibt es für den SPIEGEL? Nun, dass er das Wichtige zu Gunsten des Interessanten vernachlässigt. Dass er nicht die Wirklichkeit, sondern die Raritäten der Wirklichkeit spiegelt. Dies, offen gesprochen, ist die einzige wirkliche Gefahr, die ich für den SPIEGEL sehe."

Rudolf Augstein, der gewiss nicht gering gedacht hat von seinen Fähigkeiten und seinen Leistungen, hätte nicht gewollt, dass ihm nach seinem Tode nur Gutes nachgesagt wird: Dass die Toten immer gut sind, hielt er „für das Dümmste, was es gibt".

Er wusste aber schon zu Lebzeiten, dass er ein gelungenes Stück deutscher Geschichte geworden war.

Kommentare, Gespräche, Vorträge

1946–1949

So wurden wir angefangen

Die Gründung des SPIEGEL im Winter 1946/47

Mit 70 000 Reichsmark startete Rudolf Augstein im Winter 1946 mit britischer Erlaubnis das Magazin „Diese Woche", das wenig später DER SPIEGEL hieß. An die Anfänge in Hannover, anderthalb Jahre nach Kriegsende, erinnerte Rudolf Augstein 1997 in einem SPIEGEL-Sonderheft zum 50-jährigen Bestehen.

Hannover, anderthalb Jahre nach Kriegsende: Drei britische Soldaten, Major John Chaloner und die Stabsfeldwebel Harry Bohrer und Henry Ormond, wollten die besiegten Deutschen für die menschliche Kultur zurückgewinnen. Das Instrument, das sie sich für diesen Zweck ausgedacht hatten, waren wir.

Der Krieg war zu Ende. Entscheidende Zentren der Rüstungsindustrie, wie die Lübecker Marienkirche, der Dresdner Zwinger und die Freiburger Altstadt, waren von den Alliierten ausgeschaltet worden. Der Kölner Dom, er ausgerechnet, stand noch. Was tun? Die Briten gaben im ehemaligen Königreich Hannover die Initialzündung. Jeder freute sich, dass es eine britische Zone gab, nur weil die britische keine russische Zone war.

Ein „News Magazine", ein Nachrichten-Magazin, tat Not, so meinten die drei Uniformträger 1946. Was das sei? Nun, eben ein Nachrichten-Magazin. Sie zeigten eines vor, es hieß „News Review", wurde in England gedruckt und lebte nicht mehr lange. Sie übersetzten uns einige Artikel und sagten: So etwa. Und natürlich: objektive Nachrichten, um der besseren Lesbarkeit willen in Handlung eingebettet, mit Ursache, Ablauf und Wirkung. Und unter besonderer Betonung des Persönlichen: Alter, Schlips, Haarfarbe, verstanden? Okay, sagten wir. Lange würde der Spuk ja wohl nicht dauern ... So fingen wir an, so wurden wir angefangen.

15 000 Auflage, Startkapital 70 000 Reichsmark, Titel „Diese Woche". Es dauerte nicht lange. Die Zeitschrift – ich als einziger ihrer Angestellten stehe heute noch im SPIEGEL-Impressum – tanzte

nur sechs Wochen. Schließlich war sie eine Publikation der britischen Militärregierung, ein „British Paper". Die drei anderen Militärregierungen spielten mit den Muskeln, sie protestierten. Auch die Regierung in London wurde ungemütlich. Nach der dritten Ausgabe musste das ganze Heft Wort für Wort in Berlin zensiert werden ...

Wir weigerten uns, so weiterzumachen. Die Briten entledigten sich des lästigen Kuckuckskindes, indem sie es den Deutschen abtraten und mir über Nacht eine vorläufige Lizenz gaben. Bedingung: ein neuer Titel bis morgen früh. Mir fiel nichts ein. Ich fragte meinen Vater, was besser klinge, DER SPIEGEL oder DAS ECHO. Er sagte: DER SPIEGEL ...

Ein Nachrichten-Magazin hatte es bis dahin in Deutschland nicht gegeben. „Time", von Henry R. Luce und Briton Hadden 1923 ins Leben gerufen, war die Mutter aller Nachrichten-Magazine. Über England mit „News Review" erreichte dieser neue Zeitschriftentyp das damals noch besetzte Deutschland. Die Parole von „Time": Das Blatt müsse so aussehen, als sei es von einem Menschen für einen anderen Menschen geschrieben worden, konnten wir allerdings nicht durchhalten. Jeder Artikel hätte gestylt, hätte umgeschrieben werden müssen. Dazu reichte unsere Erfahrung nicht aus.

Viele für uns Deutsche ungewohnte Dinge übernahmen wir jedoch. Wir erfanden neue Elemente und fügten sie hinzu. Henry Luce, der selber wenig schrieb, gab seinem Blatt die Tendenz vor, in welche Richtung die Artikel geschrieben oder umgeschrieben werden mussten.

Für unsere kleine Truppe aber galt der Satz: „Wir wollen das schreiben, was wir, hätten wir dieses Blatt nicht, anderswo lesen wollten." Bei uns allen stand die politische Überzeugung im Vordergrund. Sie fächerte sich im Lauf der Jahre naturnotwendig auf. Eisern aber blieb der Grundsatz, vor keiner Autorität, nicht einmal vor einer befreundeten, zu kuschen. Diese Gesinnung hat den SPIEGEL groß gemacht. Sie wird ihm weiterhin voranhelfen.

1946–1949

Genug des mystischen Orakels

Das Augstein-Blatt verreißt ein Augstein-Drama

In Heft 45/1947 des SPIEGEL verspottete der Theaterkritiker Hans J. Toll das in Hannover uraufgeführte „szenische Gleichnis" des jungen Bühnenautors Rudolf Augstein:

Die Liste der dramatischen Gattungsbegriffe sieht sich unerwartet erweitert: Es war ein „szenisches Gleichnis", das auf den paar Quadratmetern der Niedersächsischen Landesbühne zu Hannover uraufgeführt wurde. Das vorliegende Muster vermittelt nicht den Eindruck, dass außer der Erweiterung der Terminologie etwas dabei herauskommt.

Das szenische Gleichnis heißt „Die Zeit ist nahe…" Es spielt sichtlich in der Renaissance, in einer, nach den erheblich melodiösen Namen der Figuren zu schließen, italienischen Stadt. Dies und was immer vorgetragen wird, will gleichnishaft verstanden werden. Insofern hatte das Publikum Anlass, an Goethe zu denken: Alles Vergängliche ist nur ein Gleichnis. Und das szenische Gleichnis macht einen sehr vergänglichen Eindruck.

Die Pest bedroht die Stadt, auch das ist ein Gleichnis. Die Pest steht für Pest in jedem Sinn, auch für die Pestilenzen der Seele und des Geistes, die alle Bande frommer Scheu lösen und den Menschen, das Menschliche zu Grunde richten.

„Die Zeit ist nahe" hat es darauf abgesehen, ein zeitnahes Stück zu sein, und sein Thema ist zeitnahe. Aber hier dringt es, historisch verkleidet und mit verteilten Rollen wortreich rezitiert, aus der Renaissance-Kostümierung und den Vorträgen nicht in die Gegenwart.

Gleichnis und Gegenwart sollten Parallelen sein, deren Schnittpunkt auf der Bühne lag. Diese mathematisch-dramatische Konstruktion missriet. Wie nur je zwei Parallelen schnitten sich auch diese unsichtbar fern im Unendlichen. Das Publikum hörte Historie vortragen. Es konnte sich nicht entschließen, sich angesprochen zu fühlen.

Die Figuren erinnern an personifizierte Zeitungsartikel. Sie haben nicht viel zu tun, sie sind zu sehr damit beschäftigt, das Ihre publik zu machen, zumeist Woolworth-Wahrheiten. Sie bedienen sich dabei eines gern in Brokat schreitenden Schreibedeutsches von angestrengter Gehobenheit. Gelegentlich sind sie es selbst leid und sagen: „Genug des mystischen Orakels!"

Intendant Gerhard Schulz-Rehden hatte das szenische Gleichnis inszeniert. Seine Bühne ist klein, er hatte gut daran getan, seinen Schauspielern die Gebärden zu rationieren. So beließen die meisten es bei genauer Deklamation und bei hochgezogenen Brauen, herabgezogenen Mundwinkeln und anderer Mimik von ermattender Monotonie.

Das Gleichnis dauerte fast drei Stunden, dem Publikum kam es länger vor. Es saß, als sich zum Schluss auf der Bühne alle Figuren verlaufen hatten (was ihnen nicht zu verdenken war), ziemlich ratlos da. Es dauerte etwas, bis man sich dem traditionellen Genuss des Beifallspendens einigermaßen hingab. Ein vorsorglich bestellter Fotograf trat in Aktion und hielt den Applaus bei Blitzlicht im Bilde fest. Es wurde eine ausgesprochene Momentaufnahme.

Auf der Bühne verneigte sich inmitten der von ihm heraufbeschworenen Renaissance der Autor, ein nicht sehr großer Herr, der älter als seine 24 Jahre aussieht: Rudolf Augstein, Lizenzträger und Chefredakteur der viel besseren Zeitschrift DER SPIEGEL.

Auf dem Programmzettel war er ebenfalls seiner Neigung zur Öffentlichkeit nachgegangen, mit einem freundlichen Geplauder über unterschiedliche Empfindungen eines Bühnenautors. Schätzungsweise fanden nicht wenige diese amüsant-ernsthaften Geständnisse des Autors unterhaltender als sein szenisches Gleichnis. Obwohl Herr Augstein auf dem Zettel kühnerweise mit einem neuen Stück droht.

Auf dem Programmzettel hatte Rudolf Augstein über sein Stück geschrieben:

Der Gang der Dinge ist ungefähr so: Man schreibt ein Stück – weil man es muss oder zu müssen glaubt – und freut sich daran. Man gibt es seinen Freunden zu lesen und freut sich immer noch. Dann schickt man es an die Theater. Dort liegt es gut. Intendanten und Chefdramaturgen blättern nicht in Manuskripten junger Autoren. Es gibt so viele erprobte Stücke.

Man setzt das Opus also gewissermaßen auf Verlustkonto. Man überliest es noch einmal, und siehe da, es gefällt einem nur noch halb. Man würde jetzt vieles anders machen. Oder alles anders. Aber man bleibt ein Autor. Es ist ein schönes Gefühl, ein Autor zu sein, der alles noch vor sich hat: seinen ersten rauschenden Erfolg und seinen ersten Verriss.

Da kommt eines Tages ein Theaterleiter und behauptet, das Stück lasse sich spielen. Nun kann man sich selbst nicht mehr in der Sicherheit wiegen, man würde heute alles besser machen. Man hat es nicht besser gemacht, punktum. Und nun der letzte Akt des Dramas, das immer noch zu einer Tragödie ausarten kann: die Premiere. Inmitten von geladenen und ungeladenen Gästen, Unverständigen und nur allzu Verständigen sitzt man in der ersten Reihe. Man lächelt betont ungezwungen. Man mustert das Publikum. Man gehört nicht zum Publikum.

Klingelzeichen. Mit hämmernden Schläfen rekapituliert das arme Hirn noch einmal immer dieselben Fragen. Wird die „Idee" sich so verständlich machen, dass Spieler und Gespielte die Vergangenheit als unsere Zeit, als unser Schicksal begreifen? Wird das Pest-Symbol gegenwärtig sein? Werden die Akteure mehr sein als Sentenzen sagende Schauspieler? Werden sie Menschen sein, die in einem Boot mit den Zuschauern im Strom treiben? Im Voraus schmerzt jede Leere, die zwischen der Bühne und dem Ungeheuer Publikum entstehen könnte.

Es wird dunkel. Man wird ein neues Stück schreiben müssen.

1946–1949

Wenn der Russe kommt ...

Begegnungen mit Konrad Adenauer

Noch keine 25 Jahre alt war Rudolf Augstein, als er den CDU-Politiker Konrad Adenauer zum ersten Mal unter vier Augen sprach – jenen Mann, dessen Regierung ihn später ins Gefängnis werfen ließ. In einem Buchbeitrag berichtete Augstein 1976 über seine frühen Begegnungen mit Adenauer.

Konrad Adenauer bin ich unter vier Augen insgesamt nur dreimal begegnet, während seiner Kanzlerschaft dann noch einmal, und das von seiner Seite aus nicht freiwillig. Alle viermal hatte ich das Gefühl, einem bedeutenden Mann gegenüberzusitzen. Logisch, er konnte sich nicht ausdrücken. Aber da habe ich ihn unterschätzt. Mündlich konnte er nicht. Aber seine Memoiren haben einen unverwechselbaren Ton, den ihm kein Geister-Schreiber eingeflüstert haben kann.

Als er Präsident des Parlamentarischen Rates geworden war, mit 72 Jahren, auf der Schwelle dessen, was man Geschichte nennt, schrieb ich im SPIEGEL das, man darf wohl sagen, erste Porträt dieses, wie ich damals noch meinte, ersten Staatspräsidenten „des neuen amerikanisch inspirierten westdeutschen Staates". Ich habe keine spezielle Erinnerung an die dreistündige Unterhaltung. Immerhin, dass Adenauer die seltene Fähigkeit besaß, heranfliegende Granaten mit eigenen Augen zu sehen und sich vor ihnen in Sicherheit zu bringen, hatte er mir damals schon anvertraut. Den gedruckten Artikel mochte er nicht beurteilen, „dazu fehlt mir der Abstand".

Das zweitemal besuchte ich Adenauer ohne Anmeldung abends in Rhöndorf, Zennigsweg. Das muss im Oktober/November 1948 gewesen sein. Lotte Adenauer war ungehalten, er aber nicht. Ich sagte ihm, auf einer Rundreise bei früheren Generälen hätte ich die übereinstimmende Meinung vorgefunden, zur Verteidigung der Bundesrepublik seien 30 Divisionen nötig. „Das ist auch meine Schätzung", sagte Adenauer, der von solchen Fragen etwa so viel verstand wie ich.

Wir unterhielten uns des längeren über die Leute, die als deutsche Oberbefehlshaber in Frage kämen. Dann sagte Adenauer: „Sie als Journalist können vieles sagen, was ich als Politiker nicht sagen darf. Nehmen Sie diese Frage deutscher Divisionen. Wir müssen sie erst einmal ins Gespräch bringen und dann das Weitere abwarten." Zum Abschied versicherte er mir: „Sie können jederzeit, bei Tag und bei Nacht, unangemeldet zu mir in mein Haus kommen, wenn Sie etwas so Wichtiges haben."

Daraus wurde nichts. Ich war 1948 noch keine 25 Jahre alt, und meine Einschätzung der politischen Lage änderte sich während der nächsten beiden Jahre gründlich. Adenauer, der Kanzler, gab mir im Bundeshaus kaum noch die Hand (wie auch Schumacher, beide hatten für Büchsenspanner viel und für selbständige Journalisten nicht so arg viel übrig).

Während seiner Kanzlerzeit sah ich ihn in kleinem Kreise nur, als er während des Schmeißer-Prozesses vom Untersuchungsrichter an seinem Dienstsitz vernommen wurde, außer den beiden noch anwesend mein Rechtsbeistand Josef Augstein und ich, der wegen Verleumdung Strafverfolgte (später haben wir uns verglichen). Das war 1954. Er hatte ein dickes Aktenstück, streckte die Beine lang von sich und sagte bestrickend liebenswürdig: „Der Herr Globke hat mir hier so was zusammengestellt, zu meiner Gedächtnisstütze. Aber ich habe das gar nicht gelesen" (natürlich hatte er). „Sicher wollen Sie doch wissen, was ich im Gedächtnis habe, und nicht, was andere mir da aufgeschrieben haben" (wir nickten heftig, hätten aber lieber das Aktenstück gehabt). Er verabschiedete sich, ließ uns in seinem Amtszimmer alleine sitzen („aber bitte, wenn Sie noch was zu besprechen haben"), steckte dann aber nach fünf Minuten noch einmal den Kopf zur Tür herein und sagte: „Entschuldigen Sie, ich muss nämlich nach Straßburg." Ein generöser Zeuge. Ich hatte ihn gefragt, ob er sich etwa durch die (Schmeißers) Behauptung beleidigt fühle, dass er im Falle des Einmarsches der Roten Armee Deutschland verlassen würde. Der Untersuchungsrichter wies die Frage als unzulässig zurück. Adenauer aber sagte: „Ich will Ihnen eine Antwort geben. Wenn der Russe kommt, dann fliehe ich nicht, dann vergifte ich mich." Erstaunlich für einen praktizierenden Katholiken.

Während der SPIEGEL-Affäre saß ich als Gefangener der Staatsgewalt in meinem eigenen Büro und wohnte der Durchsuchung der

SPIEGEL-Räume bei, die vier Wochen dauerte. Die berühmte Bundestagsszene mit dem Abgrund von Landesverrat und dem Herrn Augstein, der viel Geld verdient hat auf seine Weise, hörte ich aus meinem Transistorradio. Aber natürlich beschäftigte die Figur mich auch weiterhin. Ich besprach den zweiten Band seiner Memoiren, er dankte mir für die „große Arbeit", handschriftlich, unter dem 9. November 1966. Grund genug, ihn zu besuchen. Am 9. Dezember 1966 sah ich ihn anderthalb Stunden und sagte ihm, ich wolle von der Unterhaltung aus dem Gedächtnis eine Niederschrift machen.

Adenauer hat die Niederschrift im Druck nicht mehr lesen können. Er starb wenige Tage danach, am 19. April 1967.

1946–1949

Von klein auf ein Blumenfreund

Der erste SPIEGEL-Titel über Adenauer

Aus der Feder Rudolf Augsteins stammte die erste Titelgeschichte, die der SPIEGEL Ende 1948 dem CDU-Politiker Konrad Adenauer widmete. Auszüge:

Als die vorrückenden Amerikaner das linke Rheinufer bei Bonn erreichten, feuerten sie drei Granaten auf einen Mann ab, der die beste Aussicht hat, Staatspräsident des neuen amerikanisch inspirierten westdeutschen Staates zu werden: auf Konrad Adenauer, unter dessen Präsidentschaft in der verfassungsgebenden Ratsversammlung diese Woche die ersten Konturen des neuen Staatsgerüstes sichtbar wurden.

Die Schweizer „Tat" glaubt die ersten Anzeichen dafür feststellen zu können, dass Adenauer sich in Bonn „merklich von betont föderalistischen Tendenzen distanziert" habe, um seine zukünftige Stellung so stark wie möglich zu machen. Damals, vor dreieinhalb Jahren, genoss er den sonntäglichen Frieden seines Gartens in Honnef-Rhöndorf und warf sich ob des kriegerischen Segens platt zur Erde. Der Heldentod blieb ihm erspart. Die Baumkrepierer verschonten ihn.

Nun hat der Zonenvorsitzende der britischen CDU sein Präsidentenbüro im parlamentarischen Gebäude zu Bonn. Sein eigentliches Büro hat er in seinem zweistöckigen gelben Landhaus am Fuße des zahnradbahn- und eselsritt-umwobenen Drachenfels mit dem Blick auf den dunstigen Rhein am Rolandseck und auf die Jungfrauen-Internats-Insel Nonnenwerth.

Ein Gebetsstuhl trägt die Aufschrift „Maria Laach 1933–34". Dorthin zog sich Adenauer einige Jahre zurück, als die Nationalsozialisten ihn, den prominenten Zentrumsmann, den Reichskanzler-Kandidaten von 1926, den Präsidenten des Preußischen Staatsrats, „einen der drei mächtigsten Männer Preußens", von seinem Posten als Kölner Oberbürgermeister verbannten.

Sie waren nicht die Einzigen, die den Starrkopf aus dem Kölner Stadthaus vertrieben. Auch die Engländer setzten ihm 1945 unkonziliant den Stuhl vor die Tür. Die gelassenen Züge des 72-Jährigen werden bitter, wenn er davon berichten soll. Adenauer wurde „wegen Unfähigkeit" entlassen, weil er in der Enttrümmerung versagt habe. 1945.

Alles andere erzählt der alte große Mann in den altmodischen Trauerkleidern mit einer erstaunlichen Erinnerungsgabe und bestechendem Freimut.

Adenauer wurde in einer Zeit groß, in der das Geld noch Geld war. Sein Vater, wie die Mutter Rheinländer, musste sich mit 12 Jahren schon selbst sein Brot verdienen.

Die schmerzlichste Erinnerung aus der Kinderzeit hängt mit seinem Wohnungswechsel zusammen, durch den Adenauer – er war damals Quintaner – den väterlichen Garten einbüßte. Von klein auf war er ein großer Blumenfreund. Die Stadt Köln trägt die Spuren dieser Vorliebe.

Soll man die Deutschen bewaffnen?

Gedanken über eine neue Armee

Anfang Oktober 1948, zu einer Zeit, in der viele Deutsche „kein Gewehr mehr anfassen" wollten, warf Rudolf Augstein unter seinem Pseudonym Jens Daniel im SPIEGEL die Frage einer Wiederbewaffnung auf – und kam zu einem zwiespältigen Resultat.

Manche Fragen liegen so gefährlich in der Luft, dass niemand sie zu stellen wagt. So tief steckt die Welt noch im Ressentiment, dass lediglich schweizerische Außenseiter den Versuchsballon haben steigen lassen, ob man den Deutschen, dem Volk Hitlers, Waffen in die Hand geben dürfe zur Verteidigung einer Lebensform, die schon Hitler auszulöschen trachtete. Soll man die Deutschen bewaffnen? Die wenigen Diskussionsredner sagen „Ja" oder „Nein". Sie rechnen nicht mit den Situationen, für die der Hic-Rhodos-Philosoph Kierkegaard die Empfehlung gibt: „Hänge Dich oder hänge Dich nicht – bereuen wirst Du beides."

Zuvor: Es kommt nicht darauf an, ob man den Deutschen eine Armee gibt oder ob man sie in die noch nicht existierende westeuropäische Armee eingliedert. Es kommt nicht darauf an, ob man sie „kontrolliert" oder ob man ihnen „schwerste Waffen" verbietet, um sie in Schach zu halten. Das sind technische Fragen, die vorerst nur im nervösen Paris interessieren. Die dort mit Recht interessieren: In einer Armee liegen wirklich Schwergewichte eigener Art. Aber Frankreichs Vorposten stehen am Rhein, und zwischen Rhein und Elbe liegen nur wenige Panzer-Schreck-Stunden.

Was ist nämlich die Situation? Die Russen und ihre Satelliten stehen hinter der Elbe, und niemand kann sagen, wieweit sie zum Kriege gerüstet und entschlossen sind. Das Westeuropa-Blöckchen mit dem französischen Weich-Eisen-Kern ist kein ernsthaftes Gegengewicht. Die Amerikaner und die Russen treiben in Mitteleuropa Politik. Diese Politik kann zum Kriege führen. Die Amerikaner garantieren Mitteleuropa weder tatsächlich noch vertraglich. Es wäre also das primitivste

Erfordernis, den Deutschen Westeuropas die Möglichkeit zu geben, an ihrer eigenen Verteidigung und der Westeuropas mitzuwirken.

Von der deutschen Mentalität her spricht nahezu alles dagegen. Viele Nach-Kapitulations-Deutsche wollen – sei es wie es sei – kein Gewehr mehr anfassen. Das ist verständlich. Sie dürfen durch keinerlei „Wehrpflicht", auch nicht durch Kalorien-Sanktionen, gezwungen werden. Die wollen, sind vielfach Leute, die für ein Leben zivilen Anstands soeben mit Mühe gerettet worden sind. Oder SS-Rabauken, die zu keinem vernünftigen Gewerbe taugen. Es ist maßlos traurig, dass der wohlmeinende Pazifismus Nürnberger Prägung schon drei Jahre nach Kriegsende in einer Sackgasse festsitzt. Es ist traurig, aber nicht überraschend. Der kleine Lügendoktor hat mit seiner bösesten Prophezeiung Recht behalten. Aber wer den Kopf ressentimental in den Sand steckt, den überrollen die Panzer.

Eine Armee kostet Geld – die Besatzungskosten müssten gestrichen werden. Eine Armee verschlingt Arbeitskräfte – dagegen gibt es kein Kraut. Eine Armee ist das Überflüssigste, was es gibt. Sie ist das Wichtigste, was es gibt, wenn die Sklavenhalter schwer bewaffnet die Zähne fletschen. Wer die Freiheit will, muss sie mit allen Konsequenzen wollen. Vielleicht würden sogar Deutsche auf Deutsche schießen, wenn sie es über sich brächten und wenn die Ostdeutschen nicht überlaufen könnten. Das ist die bitterste Aussicht. Aber wenn es wirklich wieder Krieg gäbe, dann steckten die Deutschen ohnehin zwischen den Mahlsteinen. Sie hätten eine größere Chance, mit Waffen ihre persönliche Freiheit zu behalten als ohne Waffen.

Nichts würde die Russen so sicher vom Kriege zurückhalten wie eine deutsche Armee. Nichts würde sie sicherer in einen Krieg treiben als eine deutsche Armee – das ist die Kehrseite. Nichts würde ihnen, namentlich in Frankreich, einen bequemeren Propagandadreh liefern – aber über das Stadium der Propaganda ist man vielleicht schon hinaus. Ihr Misstrauen dagegen, das Misstrauen der Asiaten, das Misstrauen der leninistischen Revolutionäre, das Misstrauen der Diktatoren, das eingefleischte Kreml-Misstrauen könnte sich durch eine deutsche Armee bis zur Wahnsinnstat steigern.

Das ist die Schlussfolgerung: Es darf erst eine deutsche Freiwilligen-Armee geben, wenn der Krieg als unvermeidlich erkannt wird. Dann aber muss es eine geben – und dann ist es zu spät. „Hänge Dich oder hänge Dich nicht – bereuen wirst Du beides."

„Ich schlage Sie tot"

Briefwechsel mit Gustaf Gründgens

Im Mai 1949 übergab der Schauspieler Gustaf Gründgens dem SPIEGEL-Herausgeber ein Foto, das ihn als Flak-Kanonier zeigt, mit der Auflage, es nicht als Titelbild zu verwenden. Augstein ließ das Foto im Großformat auf dem Rücktitel, der vierten Umschlagseite, des SPIEGEL abbilden. Aus der Korrespondenz zwischen Augstein und Gründgens:

Düsseldorf, den 7. Mai 1949
Lieber Herr Augstein!

Überwältigt von der Tatsache, einem jungen Journalisten gegenüberzusitzen, der trotz Gescheitheit und Kinderstube offensichtlich im Besitz seiner fünf Sinne ist, habe ich, wie ich fürchten muss, einen der meinen verloren: Das verfluchte Bild hätte ich Ihnen eigentlich doch nicht geben dürfen. Ich sehe aber ein, dass es selbst von dem nobelsten Journalisten zu viel verlangt wäre, nun dieses Bild wieder herzugeben. Sollten Sie es aber auf die Titelseite des SPIEGEL bringen – entschuldigen Sie, wenn ich größenwahnsinnig geworden bin –, komme ich persönlich nach Hannover und schlage Sie tot.

Lassen Sie es so mit untergehen und senden Sie es mir dann zurück, weil es wirklich die einzige hässliche Erinnerung an meine große Zeit ist.

Mit bestem Gruß!
Gustaf Gründgens

Hannover, 12. Mai 1949
Lieber Herr Gründgens,

Ihr Mahnruf kam zu spät, Sie waren schon auf der Rückseite. Ich hoffe, das ist kein Unglück. Im Übrigen muss ich sehr um Entschuldigung bitten. Es hat sich gezeigt, dass Sie doch kein sehr gutes

Objekt sind, da einem der Stoff bei Ihnen über den Kopf wächst. Ich gestehe offen, dass mir das passiert ist. Von 800 Druckzeilen, bei denen ich mich schon beschränkt hatte, blieben 450 über. Das hält der beste Artikel nicht aus. Es sind nun manche Dinge verzeichnet, ich hoffe, nicht lebensgefährlich. Im Übrigen würde ich mich gern von Ihnen totschlagen lassen, wenn Sie dafür einmal in das traurige Nest Hannover kämen.

Ich darf mich für die freundliche Aufnahme bei Ihnen und besonders für den charmanten Brief bedanken und bin

mit vielen Grüßen
Ihr Augstein

Düsseldorf, den 10. Juni 1949
Lieber Herr Augstein!

Man soll eben kein Interview geben. Gestern habe ich mich einer sehr hässlichen Kieferoperation unterziehen müssen, und das Erste, was mir abends zur Ablenkung in die Hand gegeben wurde, war der SPIEGEL mit den beiden Antworten auf das Interview, und lästigerweise muss ich Sie bitten, beiliegende kurze Berichtigung zu bringen (womit wir aber die Akte über den Kanonier – ich war übrigens zum Schluss Wachtmeister – endgültig schließen wollen).

Ich fahre von hier aus in Urlaub, um mich von der anstrengenden Spielzeit zu erholen, und wäre wirklich froh, wenn ich mir das Vergnügen Ihrer Zeitschrift leisten könnte, ohne in Schweißausbrüche zu geraten, es könnte wieder etwas über mich darin stehen.

Mit den besten Grüßen
Ihr Gustaf Gründgens

Eine Lebensfrage für die Demokratie
Die erste vom SPIEGEL enthüllte Affäre

In Heft 39/1950 berichtete der SPIEGEL, dass Abgeordneten 1950 Geld geboten worden sei, wenn sie für Bonn statt für Frankfurt als Regierungssitz stimmen würden. Auszüge:

Als MdB Anton Donhauser, ehemals zweiter Landesvorsitzender der Bayernpartei, nach monatelangen parteiinternen Nahkämpfen zur Bayerischen Heimat- und Königspartei hinüberwechselte, wollte die Nummer 37 der „Bayerischen Landeszeitung" den Renegaten „Donhauser ohne Larve" porträtieren. 224 Zeilen lang.

Das konnte aber Anton Donhauser schon vor dem Erscheinen der Nummer 37 im Druckhaus verhindern ... Rechtzeitig genug hatte Donhauser erfahren, dass in diesen 224 Zeilen auch Geldgeschichten aus der Kampfzeit um die Bundeshauptstadt angetippt würden.

Bayernpartei-Vorsitzender Josef Baumgartner hatte am 26. Januar 1950 nach einem Gespräch mit Fraktionskollegen Dr. Conrad Fink in seinen Akten notiert: „Dr. Fink erklärte, es wurden mir tausend DM angeboten, wenn ich für Bonn (als Hauptstadt) stimme. Auf die Frage, wer ihm das angeboten habe, sagte er nach einigem Zögern: Donhauser."

„Auf die weitere Frage, woher Donhauser das Geld habe, erklärte Fink nach Zögern: von Schäffer ..."

In Heft 41/1950 kommentierte Rudolf Augstein die Reaktionen auf die Enthüllung, in deren Folge der so genannte SPIEGEL-Untersuchungsausschuss im Bundestag eingesetzt wurde. Auszug:

115 SPIEGEL-Exemplare verkauften die Händler des Bundeshauses in 48 Minuten am Mittwoch vor 14 Tagen. Dann hatten sie nichts mehr zu verkaufen. Wir hatten von der Nummer mit dem Bestechungsskandal um die Bundeshauptstadt kein Exemplar zusätzlich gedruckt, um uns nicht später sagen zu lassen, wir machten unser Geschäft in dieser Angelegenheit, die der Freiherr von Aretin, stell-

vertretender Vorsitzender der meistbetroffenen Bayernpartei, den „größten Skandal der letzten 50 Jahre" nannte.

Seit 14 Tagen ist der kleine SPIEGEL Hahn im (Maul-)Korb der öffentlichen Meinung. Am letzten Donnerstag befasste sich der Bundestag selbst, in Anwesenheit des Finanzministers Dr. Schäffer, mit den Vorwürfen, die ihn in seiner Existenz berühren. Er reagierte, wie eine anständige Institution reagieren muss. Er setzte einen Untersuchungsausschuss ein, der öffentlich tagen soll.

Dem FDP-Abgeordneten Stegner, der sich für die Veröffentlichung eine „seriösere Zeitung" gewünscht hätte, und dem Dr. Solleder (CDU/CSU), der den SPIEGEL-Artikel nicht lesen wollte, „weil man doch nicht jedes Revolverblatt lesen kann", wäre da zu antworten: Wir wollen nicht seriös sein, sondern wahr und, wenn möglich, klar. Wir werden das wahrscheinlich genauso gut erreichen, wie der Bundestag noch erreichen wird, dass die Bevölkerung Achtung vor ihm hat.

Über Abgeordnete, die den Korruptionsvorwurf auf die leichte Schulter nahmen, mokierte sich am 19. Oktober 1950 die „Nassauische Neue Zeitung":

In der Mittwochsitzung des SPIEGEL-Ausschusses kam es zu einem interessanten Intermezzo, das ein bezeichnendes Licht auf die Denkart mancher „alten" Parlamentarier wirft. Als ein Mitglied des Ausschusses den Abgeordneten Donhauser auf das jugendliche Alter Augsteins (Chefredakteur des SPIEGEL – 27 Jahre alt) aufmerksam machte, antwortete er unter dem beifälligen Gelächter der übrigen Abgeordneten: „Na, dann ist mir alles klar!"

Um ehrlich zu sein, so ganz verstehen wir die Antwort Donhausers wie auch das beifällige Lachen seiner Kollegen nicht. Will man etwa damit zum Ausdruck bringen, dass ein junger Mensch von 27 Jahren keinen klaren Gedanken fassen kann? Oder glaubt man, Beschuldigungen eines so „jungen Schnösels" brauche man nicht ernst zu nehmen, selbst wenn sie wahr sind?

Der SPIEGEL-Redakteur Augstein kann für sich in Anspruch nehmen, eine Sache ins Rollen gebracht zu haben, die zu klären eine Lebensfrage für die Demokratie ist.

Einheit vor Westbindung

Plädoyer für die Wiedervereinigung

Erste Ansätze zum Aufbau einer neutralistischen Bewegung in Deutschland nahm Rudolf Augstein in SPIEGEL 13/1951 zum Anlass, Chancen und mögliche Ziele einer neuen Partei zu umreißen. Unter seinem Pseudonym Jens Daniel schrieb er:

Die deutschen Neutralisten haben den Versuch gemacht, sich zu sammeln. Es wurde viel Unsinn und viel vernünftiges Zeugs gesprochen. Aber die Grundidee, dass die Deutschen im gegenwärtigen Kampf um die Weltherrschaft keine Partner sein können, für Sowjetrussland nicht, weil sie als freie Bürger leben und notfalls sterben möchten, für Amerika nicht, weil sie geteilt und zertrümmert sind und handelspolitisch auf West und Ost angewiesen, kam nicht klar heraus.

Abgelehnt wurde der Kurs des geringsten Widerstandes, den die Bundesregierung sich vorgenommen hat, indem sie tatsächliche Abhängigkeit vom Westen ohne Äquivalente fixiert. Aber wenn es noch des Beweises bedurft hätte, dass Kongresse von noch so wohlmeinenden Einzelnen nicht geeignet sind, den Kurs der geschäftsführenden Routiniers in Bonn zu ändern, so wäre er erbracht, nachdem sich praktische Umrisse anzeigen. Eine Sammlungsbewegung oder auch eine Partei unter dem Stichwort „Neutralismus" wird nichts zu Wege bringen, denn:
■ sie wäre eine vorzügliche Tarnorganisation für Trojanische Pferde und jede Art Rückversicherer,
■ sie wäre ein Sammelbecken für Geschaftlhuber, gescheiterte Ehrgeizlinge und politische Hysteriker,
■ die zahlenmäßig zu Buch schlagenden Ohne-mich-Stimmen würden bei den Wahlen von der demagogisch geschulteren Schumacher-Opposition weggefangen,
■ eine negative Zielsetzung reicht nicht aus, umso weniger, wenn man sich sogar im Negativen uneins ist.

Politische Wirkung geht nicht von Kongressen aus. Von der „Volksmeinung" aber werden sich die Bonner schwerlich beeindrucken lassen, solange sie sich nicht in Abgeordneten-Mandaten ausdrückt. Es gilt also, eine politische Partei zu schaffen, die
■ dem Kommunismus wie jeder anderen Form der Staatsversklavung schärfsten Kampf ansagt,
■ das Recht der Deutschen proklamiert, außenpolitisch und handelspolitisch mit den benachbarten Sowjets zu verhandeln,
■ auf Abschaffung der Länder drängt,
■ eine Wiedervereinigung Deutschlands für vordringlicher hält als den Anschluss Westdeutschlands an Westeuropa im Rahmen des Atlantikpaktes.

Das wären die klaren Forderungen einer Partei, die den Makel der Unentschiedenheit und der Weltfremdheit getrost auf sich nehmen müsste. Im Startraum für die nächsten Bundestagswahlen ist sie noch nirgends zu sehen.

Von keiner Partei beeinflusst

Eine Sparmaßnahme des Verlages

In Heft 17/1951 bat Rudolf Augstein seine Leser um Verständnis, dass einige Ausgaben des SPIEGEL aus Kostengründen dünner ausfallen würden:

Der SPIEGEL ist keine Zeitung, die von irgendeiner Partei, sei es durch Geld oder durch gute Worte, beeinflusst werden kann. Wer durch die CDU oder durch die Unesco am Leben erhalten wird, ist nicht mehr frei. Die Kritik wird dann „positiv" und „konstruktiv", wenn nämlich der Geldgeber winkt. Der SPIEGEL ist die einzige Zeitung seiner Art (und auch in der Art der Blätter, die ihn auf Deubel komm raus zu imitieren suchen), die von keiner Partei und von keinem Interessentenverband finanziell gestützt wird. Er ist autark, und darum wird er nie ein „Geschäft" werden. Er wird nie mehr einbringen, als nötig ist, um großzügige Arbeit zu leisten, und sollte er einmal weniger einbringen, so würden wir ihn einstellen.

Das bedeutet, dass der SPIEGEL mit seinem Preis nicht jonglieren kann. Er kann nicht teurer und er kann nicht schlechter werden, denn er will nicht teurer oder schlechter werden. Andererseits kann er kein Papier auf dem Schwarzmarkt kaufen. Die Folge ist, dass der SPIEGEL für einige dazwischengeschobene Nummern einige Seiten weniger Text bringen muss. Wenn Sie bedenken, dass nun auch die bescheidenste Illustrierte schon 50 Pfennig kostet, werden Sie diese Maßnahme nicht für unbillig halten.

Nehmt Berlin, wie es sein wird

Der SPIEGEL zieht nach Hamburg

In Heft 41/1952 meldete Rudolf Augstein den Umzug der SPIEGEL-Redaktion nach Hamburg, verbunden mit einem Bekenntnis zu Berlin:

Wenn der SPIEGEL sich bei der Geburt seinen Erscheinungsort hätte aussuchen können, so wäre er ohne Zweifel in Berlin zur Welt gekommen. Berlin ist die Welt für ein Blatt, wie es der SPIEGEL sein will. Das fiebernde entzweigerissene Berlin, jetzt vorderste und eingeengteste Bastion im Kalten Krieg, ist immer noch die potenzielle Quelle gegen das Provinzlertum, das sich von Bonn aus über ganz Westdeutschland ausbreitet. Nehmt Berlin nicht, wie es jetzt ist! Es hat zu schwer zu kämpfen. Nehmt Berlin, wie es sein wird, wenn wir die deutsche Hauptstadt wieder von den Rebenhügeln weg in die Streusandbüchse des Reiches verlegt haben. Nur von Berlin aus wird Deutschland seine neue Aufgabe, einen friedlichen Wall zu bilden gegen die Expansion des Ostens, erfüllen können. Nur in Berlin wird der SPIEGEL eine nationale publizistische Aufgabe haben für die Freiheit und Unabhängigkeit aller Menschen deutscher Nation.

Einstweilen aber rollten die Möbelwagen für den SPIEGEL nicht über die Zonengrenze, sondern von Hannover nach dem vaterstädtischen Hamburg, wo eine nagelneue Druckmaschine uns erwartete.

1950–1959

„Ich habe den Mann bewundert"

Über den SPD-Vorsitzenden Kurt Schumacher

Hohen Respekt zollte der sonst so respektlose SPIEGEL-Herausgeber dem SPD-Vorsitzenden Kurt Schumacher: „Adenauer war dagegen ein Nichts."

Die Beinamputation des vom Ersten Weltkrieg her einarmigen Kurt Schumacher – ich durfte den noch halb Betäubten unmittelbar nach der Operation in Hannover besuchen – markierte ein entsetzliches Unglück: Die Bundesrepublik wurde Adenauer-lastig; sie verlor, über Nacht und ohne dass es jemand merkte, die Qualifikation eines demokratisch-parlamentarischen Gemeinwesens.

In einer Fernsehsendung erinnerte sich Augstein 1988:

SPRECHER: Im April '48 erkrankt Schumacher schwer. Sie haben ihn besucht unmittelbar nach seiner Beinamputation.
AUGSTEIN: Ich war der Erste, er war noch nicht voll bei Bewusstsein, da hat mich Annemarie Renger reingelassen, und sein Kopf wackelte noch so hin und her wie bei einer Blume, die schwankt, und er sagte zu mir: Das Bein hat gestört, da musste es eben ab.
SPRECHER: Schumachers ganzes politisches Leben in der Bundesrepublik stand ja im Zeichen seiner Verbitterung.
AUGSTEIN: Ich habe ihn bewundert. Ich bewundere ihn noch heute. Ich glaube, wer ihn je erlebt hat, wie ich ihn ja erlebt habe, so beispielsweise zu seinem Geburtstag, wenn Blumen kamen, hat er die rückwärts mit seiner einen Hand auf den Schrank geschmissen und hat gesagt: Ich bin doch nicht der parfümierte Sachse Richard Wagner, dann hat man den Mann schon bewundert.

Über den 1952 gestorbenen Schumacher schrieb Augstein 1988:

Ja, das war's. Der Mann, der nach dem Krieg seine Partei wie selbstverständlich neu gründete und in den Griff nahm. Der sich mit einem jungen Menschen noch unterhielt, solange der kein alter Mensch geworden war. Altersscheide: 30 Jahre. Der intellektuell sezieren konnte ...

Der nicht am Tag der letzten relativ freien Reichstagswahlen am 5. März 1933 ins Exil ging. Der stattdessen das KZ wählte und keine Zugeständnisse machte, obwohl ihm, wie man rückblickend sehen muss, das Regime sehr wohl Zugeständnisse gemacht hat. Anders wäre er, wie Teddy Thälmann, kurzerhand erschossen oder sonst wie zu Tode gequält worden. Man weiß nicht, wie viele Leute sich heute noch an Kurt Schumacher erinnern, jenen Mann, der beinahe bis zu seinem Tode am 20. August 1952 der bekannteste, der geliebteste, der meistgehasste Politiker Westdeutschlands war. Als er starb, lief mir in Florenz ein Deutschmann über den Weg, der mir eine Zeitung vors Gesicht hielt und frohlockte: „Das Schwein ist endlich tot."

Er wurde so zu Grabe getragen, wie es keinem anderen Menschen dieses Landes widerfahren ist: Hunderttausende säumten die Straße von Bonn nach Hannover, um den Trauer-Konvoi mit eigenen Augen zu begleiten.

Schumacher war 1920 heimatlos geworden. Seine Eltern zogen aus dem von den Polen übernommenen Teil Westpreußens nach Hannover, und dies war der Grund, warum ich ihn überhaupt kennen lernen konnte, denn dies war meine Heimatstadt.

Ich sehe ihn vor mir, wie er in einer Schärfe, wie ich sie sonst nur bei dem sicherlich von ihm gehassten Wladyslaw Gomulka erlebt habe, seine damals von uns bewunderten Tiraden hielt. Adenauer war dagegen ein Nichts. Der leere, flatternde Ärmel unterstrich Schumachers Charisma.

Unsere Wege trennten sich

Adenauer, Schumacher und der SPIEGEL

Warum im Jahre 1952 Augsteins Bewunderung für Kanzler Adenauer und Oppositionsführer Schumacher zeitweise in Kritik umschlug, erläuterte er in einem Artikel zum 40-jährigen Jubiläum des Blattes im Jahre 1987. In dem Text betonte Augstein auch die Bedeutung der wirtschaftlichen Unabhängigkeit des Blattes: „Nie werden wir tun, was wir nicht tun wollen."

Worum ging es bei Gründung der Bundesrepublik im Jahre 1949? Ich habe das nicht sofort begriffen. Ich war der Knappe Kurt Schumachers (den ich damals hemmungslos bewunderte) und der Knappe Konrad Adenauers (den ich bewundernd respektierte). Beide waren Feinde des Sowjetsystems, und das war ich ja auch.

Als Stalin 1952 seine berühmte März-Note schickte, trennten sich unsere Wege. Der Patriot Schumacher wollte zu viel – die Ostgebiete nämlich auch noch –, der Nichtpatriot Adenauer zu wenig, nämlich um jeden Preis die Stabilisierung des Weststaates. Sehr wohl war er im Ursprung der „Kanzler der Alliierten". Beide grüßten mich im Bundeshaus an ein und demselben Tag nur noch mit Herablassung.

Es ging natürlich nicht um Personen, sondern um Sachen. Schumacher wollte einen nicht von Katholiken dominierten gesamtdeutschen Staat samt etlichen Ostgebieten, der nicht zu haben war. Adenauer wollte einen um jeden Preis westlichen Staat. Dass Adenauer für den Fall eines russischen Einmarsches einen ganzen Omnibus für sich und seine Familie wollte (Blankenhorn: „Familiensinn"), haben wir ihm damals angekreidet, Stichwort Schmeißer-Prozeß in Hannover 1952.

Erst allmählich, zwischen 1951 und 1961, wurde mir klar, dass es hier nicht verbal, sondern in der Substanz um einen antidemokratischen, antiparlamentarischen Sonderstaat von katholischer Heuchelei ging, den zu bekämpfen der SPIEGEL, außen- wie innenpolitisch, jeden Grund hatte. Ich hatte dem Doktor Schumacher nicht gründlich genug zugehört.

So denke ich, dass der SPIEGEL als Institut sich zu Eigen machen kann, was Martin Löffler, der Verfasser des Standardkommentars zum (seit 1874 immer noch gültigen) Reichsgesetz über die Presse, 1963 schrieb: „Kein Presse-Organ der Bundesrepublik hat sich den Verfassungsauftrag der Kontrolle und Kritik des öffentlichen Lebens so konsequent zu Eigen gemacht wie der SPIEGEL."

War das alles unsere, war es meine Absicht? Ich weiß es nicht. Es hat sich von Anfang an so ergeben, weil niemand von uns geglaubt hat, der Erfolg werde von Dauer sein. Ich selbst bin stolz auf meine Rolle in Sachen Notstandsgesetzgebung, wo ich als Einzelner Einfluss genommen habe auf ein Gesetzesvorhaben, das unter Umständen niemals zur Anwendung kommen wird.

Ob mir Adenauer und Schumacher, ob mir der Papst oder Kanzler Kohl die Hand gaben: Es hat mich und die Redakteure, von denen ich nach wie vor abhängig bin, ich mehr von ihnen als sie von mir, nie interessiert. Wir wollen das, die nächsten 40 Jahre, weiter so halten. Nie werden wir tun, was wir nicht tun wollen.

Ein Lebewohl den Brüdern im Osten

Jens Daniel kämpft für die Einheit

Unter seinem Pseudonym Jens Daniel prangerte Augstein im Januar 1952 in einem viel zitierten Kommentar die Weigerung der Bonner Parteien an, ernsthaft auf eine Wiedervereinigung des geteilten Landes hinzuwirken: „Wenn das nicht Separatismus ist..."

Oberstes Ziel unserer Politik bleibt die Wiederherstellung der Einheit Deutschlands. Wir begrüßen alle Schritte, die zu diesem Ziele führen, mit warmen Herzen.
Bundeskanzler Dr. Adenauer zur Jahreswende 1951/52

Das vergangene Jahr konnte zu Studien über historische Größe ermuntern. Sollte dem Bundeskanzler auf dem Wege über die Integration Westeuropas und ohne Krieg die Sowjetzone Deutschlands in den vielleicht erschrockenen Schoß fallen, so wäre er ein wahrhaft großer Mann. Sollte demnächst der dritte Weltkrieg ausbrechen, so würde man hinterher nicht einmal mehr Adenauers Namen nennen. Vermutlich werden wir weder das eine noch das andere erleben. Vermutlich wird Westdeutschland unter Adenauer ein Gefolgsstaat der Amerikaner, unterschieden von dem ostdeutschen Satellitenstaat hauptsächlich dadurch, dass man sich am Abend ohne Angst vor der Gesinnungspolizei ins Bett begeben kann.

Das ist ein gewichtiger Unterschied. Wenn wir die Wahl hätten, frei und von den Ostdeutschen getrennt oder versklavt und mit ihnen vereint zu sein, so hätten wir uns alle für Freiheit und Trennung zu entscheiden. Denn nur durch Trennung bestände Aussicht, die Sowjetzone wieder frei zu machen. Unerfindlicherweise haben Regierung und Bundestag aber versäumt, klar zu machen, wieso freie Wahlen notwendig Knechtschaft für ganz Deutschland bedeuten müssten.

Der Kanzler hat sich damit begnügt zu erklären, ein wiedervereinigtes, neutralisiertes Deutschland werde „durch den Sog" den Sowjets zufallen. Das ist vermutlich derselbe Sog, der die Sowjetzone in das durch Eisenhower gestärkte Europa zurücksaugen soll. Wenn der Kanzler gesagt hätte, „die Sowjets werden ein neutralisiertes und vielleicht nur schwach bewaffnetes Deutschland überfallen und schlucken", so ließe sich darüber wenigstens diskutieren. Aber über den „Sog" kann man, wie über die meisten öffentlichen Leitsätze des Kanzlers, nicht diskutieren. Es sei denn, der Kanzler wolle ernsthaft behaupten, ein Deutschland, aus dem die Rotarmisten und die Gesinnungspolizei der SED verschwunden seien, habe trotzdem nicht die Fähigkeit, sich parlamentarisch zu regieren.

Aber was war mit Korea? Haben die Roten nicht auch Südkorea überfallen? Was war mit Korea? Nun, Korea gehörte seit Olims Zeiten zu China. Deutschland noch nie zu Russland. Korea war geteilt. Deutschland wäre nach einer Wiedervereinigung nicht mehr geteilt, wenn auch noch nicht wieder ganz. Die Agrar-Revolution in Nordkorea und China entsprach einem dringenden Bedürfnis, in Ostdeutschland und den osteuropäischen Satellitenstaaten waren die soziologischen Umformungen diktiert und krampfhaft. Südkorea wurde von einer korrupten terroristischen Oberschicht regiert, ein vereinigtes Deutschland wäre ebenso wenig korrupt und terroristisch regiert wie die Bundesrepublik korrupt und terroristisch regiert ist. Und letztlich: Korea war von den Amerikanern nicht unmissverständlich garantiert worden. Korea ist kein Schlüsselgebiet der westlichen Welt. Deutschland aber, das wiedervereinigte Deutschland, könnte das Kräfteverhältnis zwischen Ost und West entscheidend verändern. Deutschland ist nicht Korea.

Aber selbst die Überlegungen mit Korea stammen aus der Zeitung. Es ist eine beschämende Tatsache, dass eine ernst zu nehmende Diskussion über die deutsche Wiedervereinigung nicht in der gewählten Volksvertretung, im Bundestag, sondern in der Presse stattgefunden hat... Dass heute in West- (und Ost-?)deutschland die Meinung vorherrscht, Bonn sei an einer Wiedervereinigung mit den Ostdeutschen, aus was für Gründen immer, nicht interessiert, ist eine, um das große Wort zu gebrauchen, „historische Schuld", in die sich Kanzler und Bundestag teilen. Tatsächlich hat man nichts getan, um die Sowjets mit ihrem Angebot freier Wahlen beim Wort zu nehmen, dafür aber alles, ihnen durch überstürzte Integration nach Westen ein weiteres Einlenken unmöglich zu machen.

Wenn es nach dem Kanzler gegangen wäre, hätte man das durch Grotewohl übertragene Anerbieten der Sowjets rundweg als „Propaganda-Manöver" abgelehnt. Aber auch der Bundestag hätte sich etwas Besseres einfallen lassen können als den Antrag, die Uno solle untersuchen, ob in Ost- und Westdeutschland die Voraussetzungen für freie Wahlen gegeben seien. Wem ist mit solch deklamatorischen, Zeit raubenden Anträgen gedient? Jedermann weiß, dass in Ostdeutschland die Bürgerfreiheit missachtet wird. Würde sie nicht missachtet, wäre die Frage der deutschen Einheit nicht so brennend. Wäre der Terror in der Sowjetzone beispielsweise so zahm wie an der Saar, so wäre eine Wiedervereinigung minder dringend.

Warum hat der Bundestag die Uno nicht gebeten, mit den vier Besatzungsmächten unverzüglich die Abhaltung freier Wahlen unter dem Protektorat der Uno zu erörtern? Weil man die Spekulation der Amerikaner teils nicht erkannte, teils zu unterstützen gesonnen war: Die Sowjets würden einer Untersuchungskommission, die notwendig zu einem das Sowjetregime kompromittierenden Ergebnis gelangen muss, keinesfalls zustimmen. Außerdem brauchen solche Kommissionen Zeit, und inzwischen kann Westdeutschland nach Westen integriert werden. Eine vortreffliche Spekulation, wie sich herausgestellt hat: Die Kommission soll ihren Bericht erst am 1. September vorlegen. Der Bundestag mag sich zu diesem vermutlich entscheidenden Zeitverlust gratulieren. Ob die Sowjets sich ohne Untersuchungskommission zu Wahlen unter dem Protektorat der Uno verstanden hätten, ist weiterhin zweifelhaft. Die Sowjets haben die Uno für unzuständig erklärt. Sie ist formell nicht zuständig. Aber sie ist dem Geist der Uno-Charta nach natürlich zuständig. Es kam also darauf an, den Sowjets die Zurückweisung der Uno zu erschweren. Stattdessen hat man sie ihnen in den Mund gelegt.

Die Sowjets sind augenblicks nicht ganz so störrisch wie früher. Sie haben – man beachte, dass dies gegen den Willen des SED-Papstes Ulbricht war – eine ostdeutsche Delegation nach Paris reisen lassen. Vielleicht wären sie zumindest bereit, gesamtdeutsche Wahlen mit einem beratenden Ausschuss der Uno zu diskutieren? Im Sommer 1951 war es ihnen noch vordringlicher, über den Atlantikpakt zu sprechen. Dazu war Acheson nicht bereit. Aber inzwischen hat der Westen ernsthafte Anstrengungen gemacht, Westdeutschland dem westlichen Potenzial einzuverleiben. Sind

Deutsche berechtigt, das nachdrücklich vorgebrachte Angebot freier Wahlen als „Stör-Manöver" zurückzuweisen, weil es angeblich zu spät kommt?

Unsere westdeutschen Vertreter hatten die einmalige Gelegenheit, in Paris vor der Uno einen repräsentativen deutschen Standpunkt zu entwickeln. Stattdessen hörten die Delegierten dieses Weltforums, was sie schon von den Amerikanern gehört hatten, und die westdeutsche Delegation wirkte marionettenhaft einstudiert wie die aus Pankow. Mag sein, dass der früher in Fragen der deutschen Einheit doch etwas forschere Herr von Brentano, der sich „selbst mit dem Teufel an einen Tisch" setzen wollte, um seine Aspirationen als künftiger Außenminister gebangt hat, jedenfalls war das ein Auftritt von Komparsen.

Der Bundestag tat gut daran, den Kanzler zu zwingen, die Uno anzurufen, aber es ist ein tödlicher Fehler, gesamtdeutsche Wahlen unter Viermächtekontrolle von deutscher Seite aus rundweg abzulehnen, wie das sogar Schumachers Parteifreund Ernst Reuter in Paris tat. Im Gegenteil stände deutschen Politikern die Erkenntnis wohl an, dass die deutsche Einheit von einer Einigung der vier Besatzungsmächte abhängt und dass sie nicht in der Uno „erstimmt" werden kann.

Die Befürchtungen der Sowjets sind doch einleuchtend. Sie wollen ihr Faustpfand, die Sowjetzone, nicht bedingungslos in die hundert Hände der Uno-Vollversammlung legen. Sie wollen gesamtdeutsche Wahlen mit bestimmten Konzessionen – etwa dem Verzicht auf deutsche Divisionen und deutsche Waffen – verbinden, die sich nur auf der Rechtsgrundlage des Potsdamer Abkommens, dieser Manifestation des totalen Sieges und der deutschen Einheit, diskutieren lassen. Dies gleiche Potsdamer Abkommen ist ja auch die Rechtsgrundlage des Generalvertrags, den die Westmächte Adenauer anbieten.

Hier kommt des Kanzlers „cauchemar": Er fürchtet – fürchtet er wirklich? – eine Verständigung der Vier auf deutschem Rücken. Wie denn wohl? Werden die Amerikaner so dumm sein, die Sowjets an der Ruhr zu beteiligen? Nicht mehr im Jahre 1952. Reparationen? Nicht mehr im Jahre 1952. Industriekontrollen?

Sind im Generalvertrag auch noch vorgesehen und durch den Schuman-Plan ohnehin gegeben. Und die Aufrüstung kostet uns mit

Sicherheit mehr als das, was uns die Aufhebung sämtlicher Restriktionen einbringen könnte.

Dass die Amerikaner sich bei einer deutschen Wiedervereinigung durch massive Sicherungen dagegen schützen würden, das gesamtdeutsche Potenzial an Menschen und Wirtschaftskraft den Sowjets zufallen zu lassen, darauf kann der Kanzler Gift nehmen. Es käme nur darauf an, ihnen die fixe Idee auszureden, als hänge die Sicherheit des Westens an zwölf deutschen Divisionen. Dafür hätten wir erreicht, dass die SED geopfert würde, dass Josef Stalin den ostdeutschen Kindern nicht mehr als göttlicher Kinderfreund vorgeführt werden kann. Dies ist vorerst unsere einzige „außenpolitische" Aufgabe, nachdem wir mit den Waffen genug Bewegung in die Welt gebracht haben.

Ein vereinigtes Europa zu schaffen kann erst unsere, der Deutschen, Aufgabe sein, wenn die „europäische Integration" aufhört, die deutsche Spaltung zu garantieren und eine Wiedervereinigung ohne Krieg unmöglich zu machen. Dass den Engländern Neuseeland näher liegt als der Kontinent, ist, wenn man Adenauer hört, „aus Gründen, die wir alle verstehen". Aber wenn uns die Ostdeutschen näher sind als ein Europa, in dem Platzangst und Kraftlosigkeit Trumpf sein sollen, dann ist es mit dem Verständnis im Palais Schaumburg zu Ende.

Aber auch die Politik der SPD hat da einen doppelten Boden. Auch die SPD wagt es aus taktischen Gründen nicht, öffentlich anzuerkennen, dass Europa und die deutsche Einheit einstweilen sehr wohl miteinander konkurrieren. Ernst Reuter trägt einen merkwürdigen, nur aus der Berliner Situation verständlichen Optimismus zur Schau, als sei die Einsetzung einer Kommission die erste gewonnene Runde in dem Match um die deutsche Einheit. Es ist in Wahrheit die erste gewonnene Runde der Amerikaner im Kampf um das westdeutsche Potenzial, und während Reuter auf die nächsten Runden wartet, bereitet sich schon der plötzliche Niederschlag vor, der die Idee eines geeinten Deutschland, die Idee der Hauptstadt Berlin für eine Anzahl Jahre zu Boden gehen lassen wird: Am 9./10. Januar soll der Bundestag den Schuman-Plan ratifizieren.

Wenn die SPD nicht so verbissen und wütig gegen die Montanunion angegangen wäre, könnte man meinen, sie wolle den Plan nicht ernstlich zum Scheitern bringen. Sie verzichtet, unschlüssig unter dem Eindruck ihrer eigenen unklaren Stellung zu Paris, weitgehend darauf, das einzig durchschlagende Argument ins Treffen zu führen, das die Partei gleichzeitig von dem Odium sterilen Neinsagens erlösen könnte: die deutsche Einheit.

Dass Berlin nicht zum Vertragsgebiet gehört und wie die Sowjetzone technisch angeschlossen werden könnte, das sind wirklich Fragen nicht minderen, aber zweiten Ranges. Selbst das Saargebiet stellt kein Weltproblem dar. Entscheidend ist vielmehr, dass der Eintritt Westdeutschlands in den Montan-Pool die Eingliederung der westdeutschen Wirtschaft in das Wirtschafts- und Rüstungssystem des Westens bedeutet. Kohle und Stahl sind nun einmal die Hauptrohstoffe der Aufrüstung, gleichgültig wie die Produktionsauflagen auf die Paktstaaten verteilt werden.

Daraus folgt, dass die Bundesrepublik den Schuman-Plan erst ratifizieren darf, nachdem die letzte Möglichkeit, gesamtdeutsche Wahlen abzuhalten, erschöpft worden ist. Sie ist aber, auch nach Ansicht der SPD, noch längst nicht erschöpft, wir sind ja, laut Reuter, erst am Ende der ersten Runde.

Nicht, dass der Plan Deutschland unter Ausnutzung der Besatzungsverhältnisse wirtschaftlich benachteiligt, ist der entscheidende Einwand. Wir haben den Krieg verloren, und wenn wir das französische Misstrauen durch ökonomische Zugeständnisse so weit einschränken können, dass Frankreich auf besonders beargwöhnten Sektoren mit uns zusammenarbeitet, ist das eine Messe wert. Eine Basis für ein Europa in Freiheit, Gleichheit und Brüderlichkeit ist das freilich nicht, und niemand sollte uns das einreden wollen.

Respekt also vor dem französischen Bemühen, die Angst vor Deutschland mit Hilfe und auf Drängen der uns besetzenden Amerikaner in einen positiven Trieb umzukehren. Respekt vor der französischen Diplomatie, die doppelgleisig, misstrauisch und vertrauensvoll zugleich, vorwärtszukommen weiß. Respekt auch vor den vergleichenden Völkerrechtlern um Professor Hallstein, die allerdings damit einverstanden waren, der Sowjetzone Deutschlands den Status eines Zoll-Auslands zu geben. Für die Hohe Behörde des durch den Schuman-Plan umrissenen einheitlichen Wirtschaftsmarktes ist die Sowjetzone ein „drittes Land" wie Schweden oder Spanien. Der Austausch von Montan-Gütern zwischen der Bundesrepublik und der Sowjetzone Deutschlands kann nur im Einvernehmen mit der Hohen Behörde geregelt werden, und das ist eine Einschränkung, der die übrigen, nichtdeutschen Paktpartner nicht einmal unterworfen sind.

Wenn das nicht Separatismus ist, wenn sich hier nicht der größere Teil vom kleineren Teil absondert, dann gibt es überhaupt keinen Separatismus. Hinzu kommt, dass im Zusammenhang mit der Saarfrage von den Westmächten eindeutig klargestellt wurde, „die Jurisdiktion der Bundesregierung gehe nicht über ihre territorialen Grenzen hinaus". Die Ostzone wird im Vertragstext des Schuman-Plans behandelt wie alle „dritten Länder" in Europa, denen der Beitritt zum Schuman-Plan theoretisch offen steht. Praktisch bedeutet das, dass der Beitritt der Ostzone akut würde, wenn die östlichen Satelliten und Stalin selbst um Aufnahme in den Montan-Pool nachsuchten. Das alles nennt Herr Hallstein „das Gute, dessen Feind das Bessere ist". Sehr viel verantwortungsloser konnte der Vertragstext wohl nicht vereinbart werden.

Jetzt sagt man uns: Die Franzosen haben auch ratifiziert, und die Amerikaner bestehen darauf.

Sind die Franzosen und die Amerikaner für die deutsche Einheit verantwortlich oder wir? Und selbst die Franzosen würden in unbewachten Augenblicken für die deutsche Einheit stimmen, wenn sie dadurch von dem Alpdruck der paar deutschen Divisionen befreit würden. Sie würden uns darüber hinaus die deutsche Einheit lassen, wenn wir ihnen die Saar ließen. Aber sie wollen Dollar-Hilfe. Ist das ein Grund für uns, die deutsche Einheit nicht zu wollen? Wir brauchen keine Dollar-Hilfe, wenn man uns produzieren und exportieren lässt, und wir könnten sogar unsere Schulden zurückzahlen, wenn wir keine Besatzungskosten mehr zu zahlen brauchten. Unsere Position wäre nicht schlecht, wenn wir eine Regierung hätten, die sie vertreten wollte.

Es gäbe nur einen Grund, die deutsche Wiedervereinigung hintanzusetzen: Wenn uns die Amerikaner verbindlich erklärten – und was können sie im Wahljahr 1952 schon verbindlich erklären? –, sie seien nicht gewillt, gesamtdeutsche Wahlen zuzulassen und die demokratische Verfassung eines wiedervereinigten Deutschland mitzugarantieren. Solange sie uns das nicht unzweideutig erklären, machen wir uns als Deutsche mitschuldig an der bislang überwiegend durch die Sowjets verursachten Spaltung Deutschlands, wenn wir uns nach Westen „integrieren".

Den Schuman-Plan zum jetzigen Zeitpunkt ratifizieren bedeutet, die 18 Millionen Deutschen der Sowjetzone abschreiben. Durch den Schuman-Plan gehen Kohle und Stahl Westdeutschlands in einem Pool auf, der seiner natürlichen Bestimmung nach auch ein Rüstungspool sein muss. Sind wir wirtschaftlich erst an diesen Rüstungspool angeschlossen, entfällt für die Sowjets das Interesse an der deutschen Einheit. Sie hätten im Gegenteil dann alles Interesse, zu verhindern, dass die Sowjetzone diesem Pool auch noch zugeschlagen wird. Den Schuman-Plan jetzt wollen heißt, die deutsche Einheit nicht wollen. Ein Mann, der hier ganz konsequent war, ist der Kanzler selbst. Er hat keinen Augenblick geschwankt, den Schuman-Plan zu wollen, und er hat nicht gezögert, kundzutun, dass er die deutsche Einheit unter Verzicht auf den Schuman-Plan nicht will. Diese Konsequenz, die mehr dem Instinkt als der Logik entspringen mag, ist wie vieles an diesem Mann imponierend. Sie ist jedenfalls mehr zu achten als die „innere Opposition" der FDP und der DP, deren beweglicherer Minister sich sonntags „vor jedem – ich betone ausdrücklich jedem – Symbol" neigt und der sogar die Grenzen von 1937 anficht, während seine Partei wochentags dem Schuman-Plan beipflichtet. Wer den Montan-Pakt zum jetzigen Zeitpunkt ratifiziert, soll wissen, dass er damit die immer noch vorhandenen Chancen der deutschen Wiedervereinigung begräbt, und er soll es bei den nächsten Bundestagswahlen und für alle Zukunft mit seinem Namen verantworten.

Politik ist heute weniger als je ein Rechenexempel. Sie läuft den Politikern unter den Händen weg und macht sich selbständig, wie wir in Korea gesehen haben, wo viel Geduld nötig ist, sie wieder einzufangen. In solchen Zeiten ist es für ein zerschlagenes und geteiltes Volk besser, sich an das Nächstliegende zu halten. Eine prominente Rolle in dem amphibischen Kreuzzug der Amerikaner gegen die einzige Landmacht kann das halbe Deutschland unter dem Argwohn aller Europäer ohnehin nicht übernehmen. In einer geteilten Welt kann es nicht Aufgabe der geteilten Deutschen sein, die Spannungen zu verschärfen und eventuell über der deutschen Frage zur Entladung zu bringen. Insofern ist die unbeirrbare Politik unseres Rhöndorfer Kanzlers ein Abenteuer, gefährlich, und gleichwohl würdig der hochherzigen Attitüde des aller Ehren werten Don Quijote. Aber das Reich Karls des Großen*, das auch nur bis zur Elbe-Saale reichte, kehrt doch nicht wieder, und die Franzosen haben durch einen Transmissionsriemen dafür gesorgt, dass die Amerikaner dem Land ihres treuesten Paladin keinen Dank zukommen lassen können.

Unsere Chance, und eine Chance des Friedens, läge in der Aufklärung zweier Irrtümer: Die Amerikaner müssten wir im nächsten Jahr davon überzeugen, dass wir der freien Welt für die nächste Zukunft keinen besseren und keinen anderen Dienst tun können, als die Grenzen der Freiheit bis an die Oder-Neiße vorzuschieben. Die Aufgabe, sie zu überzeugen, wäre schwer, aber wenn sie gelänge, bald getan. Den Sowjets dagegen müssten wir in einem jahrelangen, nicht ganz risikolosen Kampf beibringen, dass sie sich mit ihrer Spekulation, uns kalt zu frühstücken, verrechnet haben.

Fast sieht es so aus, als ob die Chance schon vertan wäre. Noch sind die Westmächte gezwungen, die deutsche Einheit wiederherzustellen, sofern die Sowjets dazu bereit sind. Wenn Westdeutschland erst Teil einer umfassenden westeuropäischen Wirtschafts- und Verteidigungsunion ist, werden die Sowjets keinesfalls interessiert sein, deren Grenze an die Oder-Neiße oder noch weiter nach Osten vorzuverlegen. Andererseits werden die europäischen Partner Westdeutschlands in der Wirtschafts- und Verteidigungsunion nicht daran interessiert sein, das ohnehin schon starke deutsche Gewicht durch Ostdeutschland verstärkt zu sehen. Im Hintergedanken beabsichtigen sie mit der „Integration" die Aufrechterhaltung der Spaltung Deutschlands, wenn sie schon deutsche Divisionen nicht verhindern können. Man begreift jetzt wohl, warum die Westmächte vor Bundeskanzler Dr. Adenauer das Gewehr präsentieren lassen.

Wenn wir den Schuman-Plan ratifizieren, haben wir uns auf 50 Jahre von der Sowjetzone separiert. Das ist fein ausgedacht: Die Westmächte lassen uns „freiwillig und demokratisch" gegen die durch das Potsdamer Abkommen festgelegte Einheit Deutschlands versto-

---

* Von den heutigen Vorreitern eines katholischen Westblocks wuchsen der Rheinländer Adenauer und der elsass-deutsche Reserveoffizier Schuman in Opposition gegen Preußen-Deutschland, der Abgeordnete des österreichischen Parlaments von 1914, de Gasperi, in Opposition gegen Österreich-Deutschland auf.

ßen, aber sie selbst verweigern uns unter Berufung auf die Rechtsgrundlage des Potsdamer Abkommens die Souveränität. Nicht sie machen den Bruch endgültig, sondern wir. Die Bundesrepublik hat keine vom Volk in Auftrag gegebene und vom Volk gebilligte Verfassung; aber eine Volksvertretung, in der sich auch viel Nachkriegsspreu angesammelt hat, maßt sich das Recht an, mit einfacher, knapper Mehrheit gegen den offenkundigen Willen des überwiegenden Teils der Bevölkerung die Spaltung Deutschlands auf vorerst 50 Jahre zu unterschreiben.

Es ist doch sinnlos, wenn die westdeutschen Zeitungen Adenauer dafür tadeln, dass er die Einheit Deutschlands nicht fördert, und wenn sie ihn gleichzeitig für den Schuman-Plan belobigen. Es ist doch sinnlos, wie Frau Wessel einen Club gegen den Kriegsdienst zu gründen und gleichwohl für den Schuman-Plan zu stimmen. Wenn wir den Schuman-Plan ratifizieren, müssen wir auch Soldaten stellen, denn an einem wirtschaftlich dem Westen angeschlossenen Deutschland, das keine Soldaten stellt, haben die Amerikaner kein Interesse; und an einem wiedervereinigten Deutschland, dessen Wirtschaft einseitig dem Westen angeschlossen ist, können die Sowjets kein Interesse haben.

Adenauers zeitweiliger Vorschlag, den Schuman-Plan mit dem Pleven-Plan (oder was immer an dessen Stelle tritt) und mit den so genannten Generalverträgen zusammen vorzulegen und zusammen ratifizieren zu lassen, entsprach der Lage. Inzwischen hat der Kanzler gemerkt, dass dies ein taktischer Fehler wäre: Der Schuman-Plan präjudiziert alle kommenden Entscheidungen, geht aber als „Wirtschafts- und Versöhnungspakt mit dem Erbfeind" leichter über die Bühne.

Die Verträge gehören zusammen, da jeder einzelne von ihnen das Tischtuch zu den Ostdeutschen zerschneidet. Ein Antrag, Schuman-Plan und Generalverträge zusammen zu ratifizieren, sollte durchgeboxt werden, dann hätten wir noch ein halbes Jahr Zeit, die Möglichkeiten zur Abhaltung gesamtdeutscher Wahlen erschöpfend und mit der Geduld von Panmunjon zu sondieren. Noch hat unser gesamtdeutscher Minister, der früher im Kabinett sogar gegen den Eintritt der Bundesrepublik in den harmlosen Europa-Rat gestimmt hat, nicht einmal den Vorschlag für eine gesamtdeutsche Wahlordnung durchgebracht.

Vertagt den Schuman-Plan bis zu den Generalverträgen! Gelingt das nicht, sollte ein Zusatzantrag eingebracht werden, der einer etwa zu Stande kommenden gesamtdeutschen Nationalversammlung das Recht vorbehält, über die Beibehaltung des Schuman-Plans für West- und die Ausdehnung auf Gesamtdeutschland erneut und in Freiheit zu entscheiden.*

Sechs Jahre haben die Politiker des Westens geschlafen, und jetzt soll auf einmal keine Zeit mehr sein, über die deutsche Wiedervereinigung zu sprechen, weil die Dollar spendende amerikanische Außenpolitik vor den Präsidentschaftswahlen noch deutsche Rekruten vorzeigen will.

Diese ultimative Deutschland-Politik der Amerikaner zerstört die Demokratie in Deutschland, sie ruiniert das Ansehen des seiner gesamtdeutschen Verantwortung nicht bewussten Bundestags so gründlich, dass er sich schwerlich wieder davon erholen wird. Was hilft alle gute Arbeit, die geleistet wurde, wenn eine Volksvertretung, die laut Grundgesetz auch für die Deutschen handelt, „denen mitzuwirken versagt ist", den Anspruch des Volkes auf Vereinigung derart leichtfertig preisgibt. In zehn Jahren werden die Amerikaner wieder fassungslos vor den Trümmern stehen und, wie Eisenhower in Frankfurt, sprechen: „Wie dumm haben wir gehandelt!" Ein selbstbewusstes Land, in dem der amerikanische Botschafter als der wichtigste Mann auftritt, ist für die Demokratie verloren.

Nicht dass wir künftig Provinz und Truppenübungsplatz des Westens sein sollen, ist das entscheidende Manko. Provinz und provinzielle Politik ist unser Schicksal, solange Berlin nicht die Hauptstadt

---

* Die klugen Väter des Grundgesetzes ließen bei der Formulierung außer Acht, dass eine nicht vom Volk gewählte noch bestätigte, provisorisch verfassunggebende Versammlung mit „fragmentarischem Charakter" das Recht, Hoheitsrechte durch Gesetz auf zwischenstaatliche Einrichtungen zu übertragen, nur bis zu dem Zeitpunkt gewähren kann, wo eine ordnungsgemäß gewählte, gesamtdeutsche oder auch nicht gesamtdeutsche Nationalversammlung gebildet wäre. Die Unterzeichnung des Schuman-Plans auf 50 Jahre kann mithin jederzeit als nichtig angefochten werden, denn sie stützt sich auf einen Artikel des Grundgesetzes, der mit dem Willen der Grundgesetzgeber, wie er sich in allen anderen Artikeln manifestiert, unüberbrückbar kontrastiert. Beispielsweise unterließ man im Grundgesetz die „Regelung der Sozialordnung", wie sie die Weimarer Verfassung enthielt, weil man den von einer gesamtdeutschen Nationalversammlung zu findenden Formeln nicht vorgreifen wollte.

Deutschlands ist. Man tut dem Kanzler unrecht, wenn man in ihm nur immer den Oberbürgermeister sieht. Er hätte durchaus das Zeug zum Oberhaupt einer katholischen autonomen Provinz. Wenn uns die Wiedervereinigung Deutschlands nicht gelingen sollte, müssten wir uns damit abfinden, eine Weile als Provinzler in der Weltpolitik umherzutappen und als Fußvolk unter den westalliierten Streitkräften. Dafür haben wir zwei Weltkriege verloren. Dafür können wir uns abends ruhig ins Bett legen.

Aber vorher müssen wir doch das Äußerste versuchen, die deutsche Einheit zu erreichen, und keinesfalls dürfen wir sie durch faule Tricks hintertreiben. Man erinnert sich noch, wie der Kanzler am Berliner Funkturm sein Herz für die Gebiete östlich der Oder-Neiße entdeckte? Eine Stunde brauchten die Westalliierten in Paris, um mit ihm vollstes Einverständnis darüber zu erzielen, dass die Frage der deutschen Ostgrenzen einer Friedenskonferenz mit den Sowjets vorbehalten bleiben müsse.

Unseren westlichen Partnern liegt weder etwas an den Gebieten östlich der Oder-Neiße noch an der deutschen Wiedervereinigung, denn Westdeutschland ist ihnen als Provinz bequemer als ein einiges, wenn auch waffenarmes Deutschland. Aber die 18 Millionen Deutschen jenseits der Elbe rechnen auf uns, sie sind ohne uns verurteilt, ihre Kinder in den Klauen eines unmenschlichen, lebenserstickenden Systems aufwachsen zu sehen, ihnen fremd und uns allen fremd. Was haben wir unter diesem christlichen Kanzler* für sie getan? Was werden wir im Namen der abendländischen Kultur für sie tun? Wir werden leichtfertig und unüberlegt den so zukunftsträchtig, so europäisch aussehenden Montan-Pakt unterzeichnen, der ihr Schicksal auf 50 Jahre oder bis zum nächsten Kriege besiegelt. Und Frau Wessel wird sich wundern, wenn wir dann auch Truppen stellen müssen, nachdem wir A gesagt haben.

Wie bitterster Hohn steht in der Präambel zum Grundgesetz: „Das ganze deutsche Volk bleibt aufgefordert, in freier Selbstbestimmung die Einheit und Freiheit zu vollenden." Haben wir die Bundesrepublik akzeptiert, damit ihr Bundestag unsere Freunde gedankenlos verkauft?

---

* Die sowjetische Zone Deutschlands zählt unter 18 Millionen Einwohnern nur 2,5 Millionen Katholiken.

Vielleicht nicht ganz so leichtfertig. Wenn Bischof Dibelius meint, Westdeutschland wolle seinen Lebensstandard zu Gunsten der ärmeren Sowjetzone nicht einschränken, stößt er an eine Wunde, unter deren Oberfläche noch mancherlei schmerzt. Warum ist es am Rhein zu schön? Vielleicht sitzen die Politiker der Rechten zu gut und zu warm? Vielleicht ist unter den Regierungsparteien, namentlich unter der Industrie, doch der Hintergedanke lebendig, man dürfe freie Wahlen für ganz Deutschland nicht fördern, um dem rabiaten Schumacher nicht an die Macht zu helfen. Dies, meine Herren, ist vielleicht die gefährlichste Fehlspekulation. Das rücksichtslose Durchpauken der Politik Dean Achesons in Deutschland wird mit allen unvermeidlichen Rückschlägen eine nationalistische Welle über die Bundesrepublik schwemmen lassen, auf deren Kamm als Erster der Dr. Kurt Schumacher samt allen Vertriebenen und Entrechteten ins Palais Schaumburg reiten wird. Dann hätten Sie eine Außenpolitik, an der es nichts mehr zu reparieren gibt, und eine Innenpolitik, in der so manches noch ruiniert werden kann.

Erst wenn wir den Schuman-Plan, diesen ersten Akt einer Politik gegen die nationale Existenz, unterzeichnen, haben wir den Krieg vollständig verloren. Diese freiwillige Kapitulation des Jahres 1952 bedeutet aber nicht nur ein Lebewohl den Brüdern im Osten, sondern gleichzeitig das Ende der gemäßigten Rechten, die frohgemut Harakiri begeht. Wieder einmal ist das Falsche mit Händen zu greifen, aber das wird niemanden hindern. Sie werden den Pakt ratifizieren, teils gutwillig, teils wurschtig, teils mit Auguren-Lächeln, und sie werden nicht wissen, was sie tun.

Sie werden Reden ablesen, aber sie werden sich und uns nicht eingestehen, dass sie das grausige, ungleiche Tauziehen um 18 Millionen Nächste, die unter die Räuber gefallen sind, aufstecken wollen: Aus Angst, aus Opportunismus, aus Selbstsucht, aus Bequemlichkeit, aus „purer Dummheit", aus idealistischer Torheit. Sie werden ihren Entscheid mit einem europäischen Mäntelchen drapieren und im Bewusstsein freudig erfüllter Pflicht den Saal verlassen. Sie werden in der einzigen Lebensfrage unseres Volkes nach Fraktionen abstimmen und nicht nach Vernunft. Es ist alles so traurig, so entmutigend, so erbarmungswürdig, und wer kann, mag sich bei dem Gedanken trösten, dass die Welt auch durch die Dummheit bewegt wird.

Der Mann mit dem Menjou-Bärtchen
Adenauer lässt den SPIEGEL beschlagnahmen

Am 10. Juli 1952 beschlagnahmte die Polizei auf Veranlassung Konrad Adenauers eine SPIEGEL-Ausgabe mit einem Bericht über Kontakte des Kanzlers zu dem französischen Geheimagenten Hans-Konrad Schmeißer. In dem inkriminierten Artikel in Heft 28/1952 hieß es unter anderem:

Letzte Woche, als die Bundeshaus-Putzfrauen auf Betriebsausflug gingen und die Abgeordneten sich zu Hause für die letzte außenpolitische Redeschlacht vor den Ferien präparierten, wurde in Bonn – im Regierungsviertel – ein ganz besonders seltener Gast gesehen. Nur wenige erkannten den großen, schwarzhaarigen Mann mit der dunklen Hornbrille. Und niemand weiß bis heute, was er wohl in der Bundeshauptstadt gewollt haben mag.

Dass ihn so gut wie niemand erkannte, lag vor allem daran, dass der hornbebrillte Hans-Konrad Schmeißer früher einmal – als er in Köln und Bonn noch mit den maßgeblichen Männern der CDU verhandelte – ein Menjou-Bärtchen trug. Damals – 1948/49 – hieß Schmeißer noch schlicht René Levacher.

Das plötzliche Auftauchen Schmeißers letzte Woche in Bonn hat indessen schon zu den kühnsten Kombinationen Anlass gegeben. Eine davon besagt, dass Schmeißer wegen etlicher Dinge, die ihm noch aus seiner früheren Agententätigkeit in Erinnerung sind, mit einigen Bonner Persönlichkeiten ein Gentlemen's Agreement getroffen haben könnte. Derart etwa, dass diese Dinge auch weiterhin mit dem Mantel der Nächstenliebe zugedeckt bleiben sollten ...

Rudolf Augstein in SPIEGEL 29/1952:

Als ich am Donnerstagnachmittag um 16.05 Uhr auf der Autobahn Frankfurt–Göttingen im abgelegenen Rasthaus Rimberg eine Bouillonwurst anknackte, beschlagnahmte ein grüner hessischer Landpolizist gerade 3 restliche Exemplare der letzten SPIEGEL-Nummer von insgesamt 16 an das Gasthaus gelieferten Exemplaren. Diese Aktion gegen den SPIEGEL war die gründlichste Beschlagnahme-Aktion, die jemals gegen ein deutsches Zeitungsdruck-Erzeugnis gestartet wurde. Sie lief und läuft noch unter Einsatz sämtlicher Polizeidienststellen im Bundesgebiet, die dem SPIEGEL neuerdings sogar in die Haushalte der Lesemappen-Leser nachjagen. Sie erfolgte auf Grund eines Artikels über Hans-Konrad Schmeißer, von dem der Herr Bundeskanzler behauptet, er sei von A bis Z erlogen, und von dem die Redaktion des SPIEGEL behauptet, er sei erweislich wahr, von A bis Z.

Recht und Macht können nicht so nahe beieinander wohnen, dass die dienstliche Äußerung eines sich verletzt fühlenden Regierungschefs zur unmittelbaren Beschlagnahme einer Zeitung führt. Ein Verleumdungsverdacht rechtfertigt doch keine Staatsaktion! Entweder eine Behauptung ist wahr, dann ist es keine Verleumdung, oder aber sie ist unwahr, dann richtet sie sich, entlarvt durch die ordentlichen Gerichtsverfahren, auf der Stelle selbst. Eine Beschlagnahme ist doch kein Mittel gegen eine Beleidigung! Wohin sind die unkomplizierten Zeiten, da Wilhelms Staatssekretär Kiderlen-Wächter den Bismarck-treuen Redakteur des „Kladderadatsch", Wilhelm Polstorff, wegen eines beleidigenden Gedichts im Duell erschoss?

Rudolf Augstein in SPIEGEL 32/1952:

Achtzehn Tage benötigte das Landgericht Bonn, um die Beschwerde des SPIEGEL gegen die Beschlagnahme der Nr. 28 zu verkünden. Bis heute wurde uns die Beschlagnahme-Verfügung des Amtsgerichts nicht zugestellt. Bis heute haben wir die dienstlichen Erklärungen des Herrn Bundeskanzlers und seines Ministerialdirektors nicht zu sehen bekommen, die unmittelbar zur Beschlagnahme ausreichten. Bis heute wissen wir nicht, was im Einzelnen an dem Artikel „Am Telefon vorsichtig" beanstandet wird und was nicht.

Aber wir haben die vom Landgericht begründete Beschwerdeablehnung und können nun bindend erklären, dass wir beim Bundesverfassungsgericht in Karlsruhe Verfassungsbeschwerde einlegen werden. Diese Beschlagnahme wird entweder die letzte ihrer Art sein, wie sie auch die erste ihrer Art war, oder es wird nicht mehr die Rede davon sein können, dass die Presse in der Bundesrepublik frei ist. Sie wird dann immer noch sehr viel freier sein als in der Sowjetzone, aber eben nicht frei.

Das Wichtige und das Interessante

Eine Rede vor dem Düsseldorfer Rhein-Ruhr-Klub

Über die Rolle der Presse, insbesondere des SPIEGEL, in der parlamentarischen Demokratie hielt Rudolf Augstein am 14. April 1953 eine programmatische Rede.

Ihre Einladung war für mich eine willkommene Gelegenheit, über den SPIEGEL nachzudenken. Ich versuchte, ihn kritisch zu sehen. Das fiel mir leicht, was immer sich gegen ihn vorbringen lässt, hatte ich in Gedanken parat. Dann versuchte ich zu seinen Gunsten zu plädieren, aber das führte mich auch nicht weiter. Ich kam darauf, dass ich in dieser Sache, in die wir viel Mühe und Arbeit investiert haben, weder pro domo noch als Kritiker würde tätig werden können. Stattdessen will ich Ihnen erzählen, wie der SPIEGEL entstanden ist, was seine Gründer sich dabei gedacht haben und ob sich ihre Absichten erfüllen ließen, wenn nein, warum nicht.

Ich bin mir klar darüber, dass ich zu sehr darin stecke, um noch abschätzen zu können, welche Fragen Sie besonders interessieren könnten. Ich habe darum mit Ihrem Sprecher verabredet, dass ich die Entwicklung des SPIEGEL möglichst kurz und großflächig darstelle, so dass genug Zeit bleibt, die wirklich interessierenden Fragen, auf die ich von mir aus vermutlich nicht kommen werde, aus Ihrer Mitte heraus anzuschneiden. Dabei hoffe ich dann allerdings massiver Kritik zu begegnen, aus der allein sich Klarheit ergeben kann, sofern sie überhaupt erreichbar ist. Ich bitte recht herzlich darum, mich dann nicht mehr als den Gast des Rhein-Ruhr-Klubs zu behandeln, sondern schonungslos mit mir umzugehen. Nur so kann der heutige Abend ein Ergebnis haben.

Solange ich von der Gründung des SPIEGEL erzähle, wird es sich nicht vermeiden lassen, dass ich einige Worte über mich selbst verliere, wofür ich um Entschuldigung bitte. Im späteren Ablauf der Dinge wird das dann nicht mehr nötig sein.

Als der Krieg aus war, habe ich genau so wenig an einen SPIEGEL gedacht wie Sie, meine Damen und Herren. Ja, ich war eigentlich auch weit davon entfernt, den Journalismus als Beruf zu ergreifen. Ich hatte zu Beginn des Krieges an einer Tageszeitung volontiert, um die Zeit bis zu meiner Einziehung auszufüllen.

Während meiner Soldatenzeit habe ich, zum ständigen Missfallen meiner jeweiligen Vorgesetzten, feuilletonistische Beiträge geschrieben, wenn wir es ruhig hatten. Wieder zu Hause in Hannover, vermittelte mich ein früherer Gönner an die zwei Zeitungen der Militärregierung in Hannover. Die Anstellungsprüfung bestand darin, dass ich eine eben zerschnittene Zeitung nach Art eines Puzzlespiels wieder zusammensetzen musste. Ich bestand. Die erste Zeitung, die ich selbständig machte, am Tage der Kapitulation Japans, hatte die ganzseitige Überschrift „Der Krieg ist zu Ende".

Als britischer Kontrollfeldwebel der Militärregierungszeitungen fungierte damals ein Mann aus Prag, mit dem ich mich ziemlich befreundete. Er vor allem, mit einem britischen Major von noch nicht 23 Jahren, hatte die Idee, man müsse ein deutsches „Nachrichten-Magazin" machen, wie die amerikanische „Time" oder die britische „News Review", die damals noch existierte. Ich hatte von diesen Blättern noch nie etwas gehört, geschweige denn gesehen. Ich fuhr mit dem Sergeanten Armee-verpflegt durch die Lande und suchte Mitarbeiter, in der sicheren Erwartung, dass aus dem Projekt nichts werden würde. Eines Tages kam ich aus dem Urlaub und war, ohne dass man mich gefragt hätte, zur neuen Zeitschrift „versetzt" worden. Sie hieß „Diese Woche", und ich hatte das Ressort für Deutschland.

Nun brach der Ernst des Lebens über uns herein: Wir mussten einen – roten – Umschlag entwerfen. Rot ist so plakativ. Verzweifelt übersetzten wir „Time"-Artikel ins Deutsche und schickten sie unseren Mitarbeitern, damit sie einen ungefähren Begriff bekämen, was wir wollten. Ich will Sie nicht mit den Schwierigkeiten langweilen, die, mehr oder weniger, alle Zeitungen damals gehabt haben. Wir hatten eine besondere, unvergleichbare Schwierigkeit: Unsere Briten in Hannover hatten das Blatt ohne Lizenz gestartet. Die britische Militärregierung zeichnete gleichwohl im Impressum verantwortlich. Den vier Alliierten wurde im Text hart zugesetzt. Die erste Nummer dieser „British publication" begann mit dem Gollancz-Zitat: „Die Regierung in London wird immer unverschämter..." Nach der zweiten Nummer protestierten die Sowjets. Nach der dritten verfügten die Briten, dass jede Zeile per Fernschreiber in Berlin vorzensiert werden müsse. Die vierte und fünfte Nummer kamen so mit drei Tagen Verspätung heraus.

Die sechste kam überhaupt nicht mehr. Die Briten in Berlin hatten genug mit dem Ärger. Aber aus Gründen, die bis heute nicht klar sind, stellten sie nicht das illegale Blatt ein. Sie verlangten, dass es unverzüglich in deutsche Hände übergehen müsse, damit es die Regierung Seiner Majestät nicht länger blamiere. Innerhalb von drei Stunden musste ich mir einen neuen Titel überlegen. Ich kam, was in solchen Fällen, wenigstens bei mir, selten ist, auf das Zunächstliegende. Ich nannte das Blatt, dessen vorläufiger Herausgeber ich nun wurde, DER SPIEGEL. Wenn ich Verdienste an dieser Zeitung habe, dann war dies das größte Verdienst. Der Titel ist einfach gut.

Nun verfügte ich über ein Wochenblatt, dem man ein Papierkontingent für 15 000 Auflage zugestanden hatte. Ich war nicht darauf vorbereitet, eine Zeitung zu leiten. Ich wollte keine Zeitung leiten. Ich wollte nicht diese Zeitung leiten. Wenn ich etwas wollte, dann wollte ich schreiben. Aber ich wollte mich nicht mit dem herumärgern, was andere Leute schrieben. Was half's? Wir hatten nun einmal angefangen, und ich war kein Pg. gewesen. Natürlich nicht. Wann hätte ich wohl eintreten sollen? Außerdem fing die Sache an, mir Spaß zu machen.

Vorerst schrieb ich ein Drittel der Zeitung jede Woche selbst voll. Es half mir wenig, dass die Gründer der Zeitung eine deutsche „Time" hatten wollen. Wir hatten äußerlich ein ähnliches Format wie „Time", wir hatten den linearen Umbruch und die Bilder. Außerdem nannten wir die Personen bei Vornamen, wir beschrieben ihre Schlipsfarbe und nannten ihr Alter. Das war neu in Deutschland, und diese Neuheit, schematisch und ohne Witz übertrieben, erinnerte einzig noch an das große Vorbild „Time".

Im Übrigen lebten wir in einem besetzten Land. Es war in diesem Land noch nicht wieder üblich, die Geschehnisse unbefangen zu schildern. Wir schilderten sie so. Wir wollten keinen Phrasen und keiner Heuchelei nachjagen, wir wollten Dinge beim Namen nennen, wir wollten jeder Katze die Schelle umhängen. Wir waren frech, ganz sicherlich zu frech. Aber das Land lechzte nach einem Funken Selbstachtung und Selbstvertrauen. „Rettung durch Ungehorsam" war – paradox genug – ein beliebtes Schlagwort in den Uniformbeherrschten Redaktionsstuben unserer Militärzeitungen gewesen. Die Losung stammte von einem britischen Historiker, wenn ich nicht irre, von Macaulay, es kann aber auch Bertrand Russell gewesen sein. „Rettung durch Ungehorsam" stand unsichtbar über den Anfängen des SPIEGEL. Wir glaubten, dass man den Leuten erst wieder eine Planke unter die Füße schieben müsse, ehe man daranginge, sie umzuerziehen. Außerdem waren wir nicht dazu da, sie zu erziehen. Wir wollten sie informieren, und zwar so angenehm wie möglich. Dabei ließen wir sie keinen Augenblick darüber im Unklaren, dass wir mit ihnen in einem Boot saßen. Darüber, dass der dicke Hermann Göring, mit dem wir nicht in einem Boot sitzen wollten, seinen Nürnberger Henkern ein Schnippchen schlug, indem er sich ihnen erfolgreich entzog, konnte der SPIEGEL kein Wort der Entrüstung finden. Die Bevölkerung, der der Kopf vor lauter Demokratie und Umerziehung – und vor lauter Hunger – brummte, vermerkte es dankbar. So kam es, dass der SPIEGEL in der Zeit vor der Währungsreform von allen deutschen Zeitungen den höchsten Schwarzmarktkurs notierte. Einen Lizenzentzug fürchteten wir nicht, denn wir fühlten uns jung genug, unsere Redaktionsschemel auch wieder zu räumen. Auch heute glauben wir noch, dass echter Journalismus nur da gedeiht, wo der Redakteur bereit ist, seinen Hut zu nehmen, wenn ihm die Unfreiheit der Meinung zugemutet wird.

Die Briten waren fair, sie hofften uns dadurch kleinzukriegen, dass sie uns, im Gegensatz zu allen anderen Blättern, die Papierzuteilung nicht erhöhten. Aber sie griffen nicht zu schärferen Maßnahmen, als diese Hoffnung trog. Sie sahen zu, wie wir schwarz druckten, und erhöhten schließlich sogar die Papierzuteilung. Die Restriktionspolitik hatte für den SPIEGEL den Vorteil, dass er wachsen konnte und dass er bei der Währungsreform nicht abbauen, sondern aufstocken musste.

Immerhin galt es jetzt, sich Gedanken zu machen über den Kurs des Blattes. Überparteilich musste es sein, so viel war klar. Leitartikel im herkömmlichen Sinn sollte es wenn möglich nicht haben. Es sollte Nachrichten in möglichst lesbarer Form enthalten, am besten aufgereiht in einer Geschichte, in einer Story. Es sollte mehr und andere Nachrichten haben als die übrigen Blätter, Nachrichten, die oft den eigentlichen Schlüssel zum Verständnis des öffentlichen Geschehens enthielten. Schwierige Themen sollten nicht spezialisiert, sondern so dargestellt werden, dass jeder interessierte Laie sie würde lesen wollen und verstehen können. Dies Letzte war ein „Time"-Prinzip, das für den SPIEGEL von Anfang an uneingeschränkt gegolten hat bis heute, wenigstens in der Theorie. Der SPIEGEL pflegt den „A- bis Z-Leser". Der SPIEGEL schreibt nicht für Liebhaber und Spezialisten, sondern für interessierte Laien, seien es nun Arbeiter, Angestellte oder Direktoren. Es ist klar, dass das Bestreben, deutlich und verständlich zu sein, sich zuweilen in das gerade Gegenteil verkehrt, aber das entbindet nicht von der Pflicht, das Beste zu versuchen.

Wenn Sie uns lesen, wird Ihnen aufgefallen sein, dass wir bestrebt sind, technische und wirtschaftliche Vorgänge allgemein verständlich darzustellen. Der Handelsteil der Tageszeitungen beispielsweise wendet sich nicht an Laien, sondern an Interessenten und Fachleute. Im SPIEGEL gibt es demzufolge keinen Handelsteil. Wenn der SPIEGEL über währungstechnische oder handelspolitische Maßnahmen berichtet, muss er das so tun, dass, nicht unbedingt jede Putzfrau, aber doch der interessierte Laie folgen kann. Nun versteht aber der betreffende Fachredakteur auch beim SPIEGEL etwas mehr als ein interessierter Laie. Durchweg wird er beim Leser zu viel voraussetzen, und es bedarf ständiger Disziplin und interner Auseinandersetzung, den Stoff so zu bearbeiten, dass der interessierte Laie ihn, vielleicht unter Zuhilfenahme von Fußnoten, versteht, ohne dass der kundigere Leser abgeschreckt wird. Größere Anschaulichkeit kann oft durch Grafiken erreicht werden, die der SPIEGEL besonders liebevoll, und ich glaube mit Erfolg, pflegt.

„Time" ging von der These aus, dass der viel beschäftigte moderne Mensch nicht mehr im Stande sei, sich in den einzelnen Sparten der Allgemeinbildung auf dem Laufenden zu halten. „Time" versuchte deshalb, „von einem Mann für einen Mann" zu schreiben.

Ich glaube nicht, dass „Time" dies überspitzte Prinzip heute noch durchzuhalten sucht. Die Uniformierung des Stils beansprucht einen derartigen Apparat, birgt so viele Fehlerquellen und tötet so viele Impulse bei den Mitarbeitern, dass der SPIEGEL nie daran denken konnte, das Blatt „von einem Mann für einen Mann" schreiben zu lassen. Ich werde aber immer wieder gefragt: Wie machen Sie das mit dem einheitlichen Stil? Nun, ich glaube, dass der einheitliche Stil überwiegend eine Täuschung ist. Es gibt beispielsweise keinen SPIEGEL-Stil, und wenn es ihn gibt, dann muss er schleunigst ausgemerzt werden. Im SPIEGEL soll knappes, farbiges Deutsch geschrieben werden, gutes Deutsch womöglich, aber daran hapert es zuweilen, nicht zuletzt darum, weil Mitarbeiter sich mühen, den so genannten SPIEGEL-Stil zu treffen. Dann verführt gedrängte Kürze im Satzbau natürlich zu Anglizismen. Der „hartgesottene" Jargon der Amerikaner lockt und was dergleichen sprachliche Abwege mehr sind. Artisten und Virtuosen des Worts, wie im Programm des heutigen Abends geargwöhnt wird, sind wir leider nicht, ich wünschte, wir wären's.

Die Täuschung, beim SPIEGEL werde uniform geschrieben, stellt sich nach meiner Beobachtung dadurch ein, dass pausenlos und geballt Tatsachen zu Geschichten verarbeitet werden, ohne Ruhepunkte, und dass Meinungen, abgesehen von wenigen Ausnahmen, auch wieder nur durch Tatsachen gewissermaßen lanciert werden. Feuilletonistische, persönliche Betrachtungsweise hat nur wenig Raum, direkte Meinungsartikel sind selten, Romane, Rätsel und Unterhaltungsbeilagen gibt es überhaupt nicht, und so kommt der Leser dazu, den Stil für einheitlich zu halten. Einheitlich ist dagegen nur das Prinzip, Nachrichten in Story-Form zu verbreiten, das von der „Time" stammt. Die Verarbeitung erfolgt häufig in der Redaktion, und es sind oft mehrere daran beteiligt, immer aber die Leute vom Archiv, das allein bei uns 15 Leute beschäftigt.

Ein zweites „Time"-Prinzip gilt ebenfalls heute wie vor sieben Jahren für den SPIEGEL: Versuche, dem Zeitgenossen das Zeitgeschehen klar zu machen anhand der Personen, die es vorantreiben oder repräsentieren. Personen sind farbiger und erregen mehr Interesse als abstrakte Vorgänge. Personen machen eine Geschichte lebendig. Nichts ist interessanter für den Menschen als der Mensch. Der Charakter von Persönlichkeiten beeinflusst die Weltgeschichte. Überspitzt gefragt: Hätte Napoleon Europa erobert, wenn er nicht 1,52, sondern 1,92 Meter groß gewesen wäre wie General de Gaulle? Hätte Hitler je die Macht erstrebt, wenn er an einer Akademie hätte Zeichenlehrer werden können? Diese Betrachtungsweise ist gewissermaßen „antimarxistisch". Ohne hier untersuchen zu wollen, wie weit sie historisch trägt, kann doch gesagt werden, dass die aktuelle Nachricht ungleich mehr Interesse erregt, wenn es gelingt, sie in Beziehung zu setzen zu den Eigenarten von Persönlichkeiten. Zur Persönlichkeit gehört das Bild, es ergänzt die Vorstellung von einem Menschen, ja, es schafft sie zuweilen, wenn es „spricht". Auch das Fotoporträt pflegt der SPIEGEL, besonders das „sprechende" Titelporträt.

Ein drittes Hauptprinzip der „Time" konnte und kann der SPIEGEL nicht anwenden. „Time" möchte dem viel beschäftigten Geschäftsmann oder anderen viel beschäftigten Leuten die Tageszeitung und den Wochenkommentar zugleich ersetzen. Wer „Time" liest, soll in die Lage versetzt werden, keine andere Zeitung mehr lesen zu müssen. Dies Prinzip ist zugeschnitten auf die 48 Staaten der USA, in deren lokalen Tageszeitungen die nationalen Belange der USA und ihre internationalen Belange häufig kaum gebührend Raum finden. „Time" hat da, mit seiner 1,5-Millionen-Auflage innerhalb der USA, eine einigende nationale Funktion. Denn natürlich werden die „New York Times" nicht in Kalifornien gelesen.

In Rumpf-Deutschland, mehr noch in einem wiedervereinigten Deutschland, könnte dem SPIEGEL eine ähnliche Funktion zufallen, da er beinahe die einzige auflagenstarke Zeitung ist, die in Nord und Süd gelesen wird. Aber in Deutschland begnügt sich kein interessierter Leser mit dem SPIEGEL, Gott sei Dank nicht, der SPIEGEL-Leser hält vielmehr mindestens eine Tageszeitung, in der er ständig über nationale und internationale Angelegenheiten unterrichtet wird. Das bedeutet, dass der SPIEGEL darauf verzichten muss, Tagesnachrichten zu bringen, sofern er sie nicht instruktiver, reichhaltiger, klarer servieren kann. „Time" kann sich vielfach damit begnügen, die Geschehnisse der Woche in neuem Aufputz zu resümieren. Das würde dem SPIEGEL niemand abkaufen. „Time" hat sich die ersten sieben Jahre damit begnügt, Nachrichten umzuschreiben, und hat von 1923 bis 1930 auf jeden eigenen Nachrichtenapparat verzichtet. Das hätte sich der SPIEGEL nie erlauben können.

Daraus folgt, dass der SPIEGEL mehr, jetzt ganz wörtlich, „ausgraben" muss, was ihm vielleicht nicht immer zum Vorteil gereicht. Ein Eine-Mark-Blatt muss originell sein, wenn es sich darauf beschränkt, Nachrichten und Informationen zu bringen, wie dies ja der SPIEGEL im Wesentlichen tut. Mit diesem Problem muss der SPIEGEL fertig werden. Er hilft sich oft, indem er versucht, zu einem im Wesentlichen bekannten Ereignis einen ergänzenden Aspekt zu bringen, der das Problem in einer ganz neuen Beleuchtung zeigt. Gleichwohl bleibt der Zwang, in jeder Nummer etwas „Neues" und „Originelles" zu drucken.

Dies ist aber auch so ziemlich der einzige Zwang, dem der SPIEGEL ausgesetzt ist. Den Zwang, den primitivsten und läppischsten Instinkten der breitesten Masse zu huldigen, unter dem die Illustrierten leiden, kennt der SPIEGEL dagegen nicht. Seine Redakteure betrachten sich selbst als Durchschnittsleser und füllen das Blatt mit dem Stoff, von dem sie glauben, sie selbst wollten ihn in einer Zeitung für eine D-Mark lesen. Das bedeutet, dass SPIEGEL-Redakteure nicht allzu klug sein dürfen, nicht überintellektuell und keinesfalls Genies. Beruhigenderweise sind wir das in der Tat nicht. Aber sie dürfen alles schreiben, was sie vernünftig mit Argumenten belegen können. Sie sind frei von jeder ihnen aufgezwungenen „Richtung" und nur ihren Vorurteilen und Irrtümern unterworfen.

Das ist eine kostbare Freiheit, an der die Existenz des SPIEGEL hängt. Sie ist unzertrennbar von der finanziellen Selbständigkeit der GmbH. Bis heute steckt kein Pfennig Kapital von Leuten darin, die nicht ihre gesamte Arbeitskraft dem Unternehmen widmen. Mehr noch, finanzielle Selbständigkeit alleine würde nicht genügen. Dazu muss finanzieller Rückhalt kommen, der ein Verbot oder eine Beschlagnahme nicht gleich zur Vernichtung des Blattes werden lässt. Die Tendenz im modernen Staat geht nun einmal gegen die Pressefreiheit. Teure Prozesse müssen durchgestanden werden. Ohne eine starke Auflage, ohne die damit verbundenen Inserate ist die Pressefreiheit wie ein Segelschiff bei Windstille.

Der moderne Staat neigt dazu, die Pressefreiheit nach außen zu deklarieren und nach innen auszuhöhlen. Die Parteien neigen dazu, Missstand Missstand sein zu lassen, wenn nur alle gleichermaßen davon profitieren. Die Verbände neigen dazu, Interessentenpolitik um jeden Preis zu machen. Rundfunk und große Zeitungen bekommen Beiräte, die Saft und Kraft aus der Institution herauspalavern. Ein unabhängiger fähiger Mann hält sich in solchen offiziösen Institutionen nur noch dann, wenn die gegensätzlichen Gruppen sich auf keinen neuen Mann einigen können. Der Herr von Cube in München hat sicher viele bedenkliche Kommentare ins Mikrofon gesprochen, aber man muss heute froh sein für jeden Publizisten, der es noch wagen kann, eine eigene Meinung zu bilden und vorzutragen. Da ist es wichtig, dass es ein oder zwei oder drei auflagenstarke, über ganz Westdeutschland verbreitete Blätter gibt, die schlagkräftig und gewillt sind, eine unbequeme Meinung wirksam vorzutragen oder einen Krebsschaden ohne Rücksicht auf Gruppen und Parteien anzuprangern. Ich sage nicht, dass wir dazugehören. Aber ich behaupte, dass wir die dazu notwendige Unabhängigkeit haben und den dazu nötigen Mut. Solche Blätter schießen öfter über das Ziel hinaus, ja, sie handeln manchmal sogar verantwortungslos. Aber das sind wieder Dinge für sich. Selbst wenn beispielsweise der SPIEGEL einen schlechten Gebrauch von seinen Möglichkeiten machte, dann würde die Pressefreiheit, ja die Meinungsfreiheit immer noch daran hängen, dass solche Zeitungen wie der SPIEGEL erscheinen können.

Ich bin der Überzeugung, dass viele faule Eier in Deutschland nicht ausgebrütet worden sind, weil es Zeitungen wie den SPIEGEL gibt. Manche ketzerische Idee, manches Tabu wäre nicht zur Diskussion gekommen ohne solche Zeitungen. Manche Medaille wäre nicht von ihrer Kehrseite gezeigt worden, manche Illusion wäre nicht geplatzt. Das ist eine echte demokratische Funktion, wenn Demokratie überhaupt noch einen lebendigen Sinn haben soll.

Die europäische Katastrophe hat auch in Deutschland zur Folge gehabt, dass sich allgemein Lethargie und Müdigkeit in allen öffentlichen, das heißt politischen Angelegenheiten breit gemacht haben. Das führt dazu, den herrschenden politischen Trend für unvermeidlich anzusehen und sich ihm anzubequemen. Die Berufspolitiker haben sich gewöhnt, die zur Entscheidung stehenden Fragen unter sich auszumachen.

Dazu eine kleine Abschweifung: Aus dem Zusammenbruch und der allgemeinen Demontage des Jahres '45 haben die Besatzungsmächte die Parteien und die Gewerkschaften herausgefischt. In einer zum Teil mutwillig zerschlagenen Gesellschaft wurden die Parteien die einzigen Träger politischer und staatlicher Macht, und zwar ohne die Korsettstangen irgendwelcher Traditionen. Das Grundgesetz etablierte folgerichtig den Parteienstaat, der immer auf dem Sprung ist, ein Interessenstaat zu werden. Damit waren die Parteien ständig der Gefahr ausgesetzt, sich als Selbstzweck zu betrachten und auf Kosten des Staates Funktionärs- und Cliquenwirtschaft zu treiben. Der Bundestagsabgeordnete Wuermeling hat nicht sehr viel Verständnis geerntet, als er anlässlich der Wahlrechtsdebatte im Bundestag ausrief: „Die Parteien sind nicht das Höchste im Staat!" Wieso nicht, mag mancher Abgeordnete sich gefragt haben, wo sie doch die Gesetzgeber sind? Wir erleben es darum ja auch folgerichtig, dass kaum eine Partei bereit ist, einen Spruch des Bundesverfassungsgerichts als des einzig berufenen Interpreten der Verfassung widerspruchslos hinzunehmen, wenn die Entscheidung einem Parteiinteresse zuwiderläuft. Ja, Parteiminister nehmen sogar das Recht für sich in Anspruch, die Entscheidungen des höchsten deutschen Gerichts zu „überwachen", und jede Regierung auf dem europäischen Kontinent hält es für ihre Christenpflicht, sich durch ein eigens zurechtgeschneidertes Wahlsystem, womöglich mit Prämienbelohnung, an der Macht zu halten.

Auch die herrschende politische Schicht der Bundesrepublik ist allzu leicht geneigt, sich als oligarchische Kaste zu etablieren und der Bevölkerung nur noch das formelle Recht zu lassen, die Herrschaft der Regierenden alle vier Jahre zu bestätigen. Wir sehen das Bestreben an der jetzigen Regierungsschicht, wir würden es genauso sehen, wenn die Opposition in der Macht säße. Ich sage nicht, dass dies von vornherein ein schlechtes System sei. Aber wenn man sich unablässig mit drakonischer Selbstzufriedenheit auf die Demokratie beruft, kann man nicht so verfahren, oder man entzieht sich selbst den Boden.

Je schrankenloser nun die Parteien ihre Macht gegeneinander oder gegen Dritte richten, desto größer ist die Bedeutung der Presse. Die Presse hat heute für die Demokratie in der Tat eine ähnlich große Bedeutung wie die verfassungsmäßigen Körperschaften. Einzig durch das Medium der Presse kann die öffentliche Meinung noch an die regierenden Körperschaften heran, durch das Medium der Presse kann sie als öffentliches Gewissen funktionieren und allein dadurch, dass sie bei Gefahr eine Stimme hat, eine verhütende Kontrolle ausüben. Das sind natürlich Gemeinplätze, aber sie sind darum nicht minder wahr.

Wenn wir nun die Rolle betrachten, die Westdeutschlands Presse in den vergangenen Jahren gespielt hat, so gebietet die Gerechtigkeit zu sagen, dass die Zeitungen ihre Aufgabe bestimmt so brav und so recht erfüllt haben wie etwa das Parlament. Es heißt den reinen

Parteizeitungen keinen Abbruch tun, wenn man anerkennt, dass die dünner gesäte unabhängige Presse ihrer Natur nach mehr als jene in der Lage war, als Gewissen, als Unruhe und als Kontrollinstanz in Aktion zu treten. Ich bin mir bewusst, dass man den Begriff der unabhängigen Zeitung da etwas weiter fassen muss. Unabhängig kann man jede Zeitung nennen, in der ein halbwegs unabhängiger Geist weht. Diese unabhängige Presse, wage ich zu sagen, hat ihre Aufgabe mehr oder weniger erkannt und wahrgenommen. Sie hat den Staat gegen Parteien und Interessenten hochgehalten, sie ist für den Rechtsstaat gegen die Übergriffe der Gewerkschaften eingetreten, sie hat versucht, Vernunft und Freiheit miteinander in Einklang zu bringen.

Sie hat das Recht des Einzelnen gegenüber den Apparaten geschützt, sie hat den Schwachen gegen die Starken verteidigt. Hier hat ein Blatt wie der SPIEGEL eine besondere, gesellschaftskritische Funktion, nämlich die, für die Freiheit des Einzelnen gegen die Übermacht der staatlichen und gesellschaftlichen Apparate einzutreten. Liberale Wirtschaftsgrundsätze werden auf die Dauer nur gedeihen, wenn auch politisch ein liberaler Geist herrscht. So viel Freiheit wie möglich ist eine Parole, die einer marktwirtschaftlichen Regierung auch auf dem politischen Forum wohl anstände.

Aus Herkunft und Struktur des SPIEGEL resultiert, dass er sich nicht zu fürchten brauchte, das gefürchtetste Tabu Nachkriegsdeutschlands anzurühren und ins Licht der Diskussion zu zerren: die deutsche Spaltung und die Möglichkeiten, sie zu überwinden.

Seit Gründung der Bundesrepublik haben wir es für unsere vornehmste Aufgabe erachtet, das Bewusstsein wachzuhalten, dass die Bundesrepublik ihre Daseinsgrundlage einbüßt, wenn sie das Ziel der deutschen Einheit aus ihrem politischen Handeln verdrängen lässt.

Hier eröffnet sich ein breites Diskussionsfeld. Heute Abend genügt es zu sagen, dass der SPIEGEL in dieser Frage den Ruch des Negativismus auf sich nehmen musste, da er Material darüber zusammentrug, inwieweit die politische und militärische Organisation des Westens geeignet ist, den freiwilligen Verzicht auf ein gesamtdeutsches Friedensstatut der vier Großmächte, und damit auf die Wiedervereinigung Deutschlands für absehbare Zeit, in Kauf zu nehmen. Angesichts der zur Schau getragenen Naivität aller Parteien, die so taten, als sei die deutsche Wiedervereinigung ein Hauptanliegen westlicher Politik, sah sich der SPIEGEL gezwungen, dauernd die Kehrseite der Medaille zu präsentieren. Inzwischen gehört die gesunde Skepsis, die damit angefacht wurde, zum eisernen Bestand aller fähigen Parteileute, so dass der SPIEGEL auf natürliche Weise dahin kommt, leidenschaftsloser und fairer zu werden.

Dass er damit objektiver würde, ist noch nicht gesagt. Den Grad der Objektivität, den eine Tageszeitung immerhin erreichen kann, erlangt der SPIEGEL so leicht nicht. Er hat die verdammte Pflicht, fair zu sein, und dazu gehört, dass er kein vernünftiges Argument unterdrückt.

Aber durch die Art der Darstellung wird der SPIEGEL immer durchblicken lassen, wo nach seiner Meinung das Schwergewicht der Argumente liegt. Wir kommen weiter, wenn wir uns offen eingestehen, dass Objektivität in den Tagesnachrichten schon schwer genug erreichbar ist. Wie viel weniger in einem Wochenblatt, das es für eine Ehre gehalten hat, von der französischen Zeitung „Le Monde" als das „Blatt des militanten Nonkonformismus" tituliert worden zu sein!

Es macht Spaß, militant und nonkonformistisch zu sein. Aber ich glaube schwerlich, dass wir es bleiben werden. Auch junge Zeitungen werden behäbig und setzen Speck an, wenn sie sich richtig platziert haben. Außerdem verliert der Nonkonformismus seine echten Antriebe, wenn er Selbstzweck wird. Das kann aber, bei der unglaublichen Wandlungsfähigkeit der Weltlage, jeden Tag eintreten. Im Fall einer deutschen Wiedervereinigung beispielsweise, würde aus einem militanten Nonkonformismus bei uns wahrscheinlich zwangsläufig ein militanter Konformismus werden.

„Time" hat diesen Weg längst beschritten. „Time" ist ein Sprachrohr des amerikanischen Internationalismus geworden. Mit einer Auflage von insgesamt zwei Millionen ist „Time" die meistgelesene politische Zeitschrift der Welt geworden und das wichtigste Propaganda-Instrument zur Verdolmetschung des American Way of Life. Als der Präsidentschaftskampf zwischen Eisenhower und Taft auf dem Höhepunkt war, hat „Time" den republikanischen Delegierten, die in ihrer Mehrheit zu Taft neigten, wochenlang auf minutiösen Tabellen vorgerechnet, warum sie mit Taft nicht siegen könnten. Den auf dem Parteikonvent wahlentscheidenden Gouverneur, Governor Fine von Pennsylvania, hat „Time" wochenlang umlauert und unmittelbar vor dem Konvent mit einer Titelgeschichte unter Druck gesetzt. Ich gehe nicht so weit zu behaupten, dass Eisenhower die Nominierung dem „Time"-Herausgeber Henry Luce verdankt. Aber möglicherweise hat Luce, dessen Gattin demnächst als amerikanische Botschafterin zu de Gasperi gehen wird, wirklich die Nominierung und damit die Präsidentschaft entschieden.

Dem SPIEGEL sind natürlich sehr viel engere Grenzen gesetzt. Es gibt eine angelsächsische Welt, aber nur ein deutsches Sprachgebiet, von dem die Bundesrepublik etwas über die Hälfte ausmacht. Immerhin hat „Time" in den ersten sieben Jahren ihres Bestehens auch nur dieselbe Auflage erreicht wie der SPIEGEL. Aber welche Expansionskraft stand hinter dem „amerikanischen Jahrhundert" – dieses Schlagwort stammt von dem „Time"-Gründer Henry Luce –, welche Wirtschaftskraft hinter den Inseraten, welche nationale Aufgabe war zu erfüllen!

Der SPIEGEL hat nicht annähernd die Möglichkeiten wie „Time", er hält auch qualitativ mit der „Time" in kaum einem Punkt einen Vergleich aus. Wenn der SPIEGEL Glück hat, wird er in eine nationale Aufgabe hineinwachsen können, wenn er Pech hat, wird er in Routine und hohler, selbstgefälliger Beschränktheit, in einem pointierten, dürftigen Pharisäertum erstarren und kläglich versanden. Die Götter freilich, die Europa nicht findet, wird auch der SPIEGEL nicht finden können, und es ist eine Streitfrage, ob es besser ist, Standbilder auf tönernen Füßen zu haben als überhaupt keine Götter.

Wenn Sie mich fragen, meine Damen und Herren, ob ich es bedaure, nolens volens diese Zeitung gemacht zu haben, so muss ich sagen, nein und ja. Nein, denn ich habe Dinge kennen gelernt, von denen ich mir nichts hätte träumen lassen, ja, denn ich habe natürlich oft genug das Gefühl, dem Mechanismus dieser eigenartigen Schöpfung, die ohne mich kein Leben hätte, nicht gewachsen zu sein. Es gibt vielleicht keine Zeitung in Deutschland, die, gemessen an ihren Ansprüchen, so unzulänglich ist. Es gibt andererseits kaum eine, die so viel will. Was immer aber unzulänglich und fehlerhaft ist, es fällt direkt auf mich zurück, da unsere Arbeitsweise die Anonymität aller jener zur Voraussetzung hat, die an einem Artikel mitgewirkt haben. Es gibt angenehmere, weniger strapaziöse, wenn Sie so wollen auch seriösere Zeitungen zu machen. Aber ob es eine Zeitung gibt, die zu machen so viel Spaß bereitet? Nicht so leicht.

Wir sind mitten im Experiment, wir können es nicht aufgeben, wir wollen das auch gar nicht. Das Patentrezept für den SPIEGEL ist noch nicht gefunden. Hat er segensreich gewirkt oder unheilvoll?

Ich weiß es nicht, vielleicht weder noch, vielleicht beides. War er bislang ein Erfolg? Was die Auflage angeht, so war er ein Erfolg, was natürlich in erster Linie ein Verdienst meines Freundes John Jahr ist, der für die verlagstechnischen Dinge verantwortlich zeichnet. Eine politische Eine-Mark-Zeitschrift, die wöchentlich in einer derartigen Auflage herauskommt, hat es auch in einem größeren Deutschland bisher nicht gegeben. Ich glaube fest, dass eine stabile Auflagen- und Inserat-Kalkulation eine gute Unterlage für die Pressefreiheit ist, solange Auflage und Inserate den Kurs der Zeitung nicht bestimmen. Die Gefahr, dass der SPIEGEL hinter der Auflage und hinter den Inseraten herläuft, anstatt Auflage und Inserate hinter sich herzuziehen, ist auch nicht so sehr groß.

Welche Hauptgefahr gibt es dann für den SPIEGEL? Nun, meine Damen und Herren, dass er das Wichtige zu Gunsten des Interessanten vernachlässigt. Dass er nicht die Wirklichkeit, sondern die Raritäten der Wirklichkeit spiegelt. Dies, offen gesprochen, ist die einzige wirkliche Gefahr, die ich für den SPIEGEL sehe. Seinen Erfolg bemesse ich daran, wieweit es ihm gelingt, dieser Gefahr auf dem Kompromisswege auszuweichen. Die Auflage freut uns, aber sie ist für uns kein Maßstab.

Das Gesicht der Epoche

Rückblick auf zehn SPIEGEL-Jahrgänge

Manches in den ersten zehn SPIEGEL-Jahrgängen lese sich, „als würde es sich auf heute beziehen". So urteilte Rudolf Augstein 1988 im Vorwort zu einem Reprint der SPIEGEL-Hefte des Jahres 1956, in dem er den „Abschluss einer historischen Epoche in Deutschland" sah.

Die zehn ersten SPIEGEL-Jahrgänge geben dem Leser von heute eine umfassende Antwort auf die Frage, „wie das war" – die unmittelbare Nachkriegszeit, die Gründung der Bundesrepublik, die Konsolidierung des Adenauer-Staates. Das Jahr 1956 also als Abschluss einer historischen Epoche in Deutschland.

Das Vorwort für die bisher erschienenen SPIEGEL-Reprint-Jahrgänge haben so unterschiedliche Zeitzeugen wie Karl Schiller, Richard Stücklen, Heinrich Böll, Konrad Henkel, Franz Josef Strauß, Kurt Georg Kiesinger, Gerd Schmückle und Gerd Bucerius geschrieben.

„Montags war", erinnert sich Richard Stücklen 1981, „in der Regel SPIEGEL-Tag in Bonn. Auch die Abgeordneten, zu zweit und zu dritt in ihren kärglichen Arbeitszimmern, lasen den SPIEGEL, liehen sich das Blatt gegenseitig aus und diskutierten die Berichterstattung über die neue parlamentarische Demokratie in Deutschland."

Und Heinrich Böll schreibt ein Jahr später: „Ist der SPIEGEL, der in diesen 32 Jahren anders wurde, besser geworden? Hat er sich geändert, wir ihn, oder er sich mit uns? Mir scheint: nackte Häme, der wilhelm-buschige Triumph über die immer wieder bestätigte Schlechtigkeit der Welt – davon gab's weniger; viel pulvertrockener Landserhumor noch, im Heimkehrerzynismus noch spürbare Trauer, viel weniger süffig wie die oft künstliche Respektlosigkeit."

Gewichtiges Lob von Franz Josef Strauß, kein nachtragender Mensch also: „Dem SPIEGEL des Jahrgangs 1952 als einem Zeitzeugen ist jedenfalls nicht der Vorwurf zu machen, er habe damals das Gesicht der Epoche nicht oder nicht deutlich genug erkannt."

Man liest das gern nach. Mein Fazit aus dem Vorwort für den Jahrgang 1947: „Im SPIEGEL ist nicht alles, aber von einigem und anderem zu lesen. Nicht immer das Optimale. Nach Tische, nach 30 Jahren, weiß man so vieles besser." Was war nun 1956 los?

Innenpolitisch der Aufbau der Bundesrepublik, die Einführung der allgemeinen Wehrpflicht, das Verbot der KPD. Das Beharrungsvermögen des nunmehr 80-jährigen Kanzlers Adenauer war ungebrochen. Von seinem Staatssekretär Globke wollte er sich nicht trennen. Da mochte die ganze Welt getrost Skandal schreien. Strauß wurde Verteidigungsminister und begann so schnell, seinen Ruf zu ruinieren, dass man ihm kaum folgen konnte. Aber das ist eine lange Geschichte, das Ende – fast auf den Tag genau sechs Jahre später – bekannt.

Ich will hier nicht Historie treiben, nur fiel mir beim Lesen in den alten Heften auf, dass manches, vor 32 Jahren geschrieben, klingt, als würde es sich auf heute beziehen.

„Wenn die Sowjets ihr Regime liberalisieren, wenn sie sich vermenschlichen, was wird dann aus dem Glaubenssatz, dass sie Teufel sind, zum nahen Höllensturz bestimmt? Was würde aus unserer Selbstgerechtigkeit, wenn in Russland etwa jene sehr relative Freiheit einkehren würde, wie sie auf dem halben Erdball herrscht? Die gesamte Heilslehre würde einstürzen, die in dem Mythos vom baldigen Zusammensturz des Sowjetreichs gipfelt. ‚Die Guten' ... würden nicht mehr über das Böse siegen können." Und weiter: „Da öffnen sich die Konzentrationslager in einem nennenswerten Ausmaß; da werden die Verbrechen Stalins auf eine Art gebrandmarkt, die eine Wiederholung derselben Verbrechen für absehbare Zeit äußerst schwierig macht; da gehen die kommunistischen Parteien ... auf einen von der Moskauer Parteizentrale unabhängigeren Kurs; da lockern sich die ideologischen Zügel, an denen die Satelliten zappeln, auf eine für die Sowjets immerhin riskante Weise; da atmet ein ganzer Erdteil auf, weil die Menschen es wagen können, auf etwas mehr Glück, Wohlstand und Freiheit zu hoffen ..."

Chruschtschow hatte auf dem XX. Parteitag der KPdSU hart, aber nicht in der „Prawda", mit Stalin abgerechnet. „Der Genosse Stalin ist nicht mehr als Klassiker zu betrachten", so Walter Ulbrichts dürres, unnachahmliches Fazit damals. Und genau wie heute, wenn der Große Bruder die Zügel lockert, wurden die Kleinen unberechenbar, siehe Polen. Natürlich noch kein Wort von „Solidarność".

Im Oktober brach in Ungarn die Revolution aus. Im SPIEGEL stand zu lesen: „Heute ist klar, dass sich unter der versteinerten, in Waffen, Parteidoktrinen und barbarischen Normen erstarrten Oberfläche der politischen Ordnung, die der titanische Tyrann Stalin in Osteuropa errichtete, ein glühendes Lavameer der Verzweiflung, des Hasses und des Sehnens nach einem besseren Leben angesammelt haben muss. Anders ist nicht zu erklären, was in den letzten Wochen in Ungarn geschah. Die ungarische Revolution war bis gegen Mitte voriger Woche ein Naturereignis – nicht weniger und nicht mehr."

Die Leser ereiferten sich – es war der emotionalste Protest, den das Blatt je erlebt hat – gegen die Veröffentlichung von sechs ganzseitigen Fotos vom Lynchmord an einem Oberstleutnant der Sicherheitspolizei: „Erschütternd", „Zumutung", „Stellungnahme für die Sowjets". Ich hatte die Bilder von Henri Nannen geschenkt bekommen.

„Auch das Blut der ungarischen Polizisten", schrieb ich daraufhin an den „Lieben SPIEGEL-Leser", „fällt auf jenes Regime zurück, das in Ungarn nach elfjähriger Herrschaft nichts weiter zurückgelassen hat als grenzenlose, verzweifelte Wut."

Und „back of the book"? Auf den hinteren Seiten des Blattes, das damals mit durchschnittlich 60 auskommen musste, wurden zukunftsträchtige Phänomene wie der „Wunder-Trainer" Woldemar Gerschler („Wissenschaft plus Willenskraft gleich Weltrekord") und das „Kunstwirtschafts-Wunder Karajan" früh erkannt.

An Kultur-Titelhelden, E und U, das fällt auf, war um die Mitte der heute berüchtigten fünfziger Jahre kein Mangel: Picasso und Elvis the Pelvis, Sartre und Agatha Christie, Rilke („Lyrik als Religionsersatz") und Romy Schneider, noch „Jungfrau von Geiselgasteig". Gesicht der Epoche erkannt?

Dass auch Einjahrsfliegen titelbreit vorkamen – so ein dichtendes Kind namens Minou Drouet –, war 1956 so unvermeidlich, wie es immer unvermeidlich sein wird.

Leserbriefschreiber Franz-Josef Degenhardt lag nicht ganz falsch mit seiner Kritik einer SPIEGEL-Kritik über Bölls „Das Brot der frühen Jahre". Vielleicht darf aber hier auch jener Leser zitiert werden, der uns im Jahresschluss-Heft 1956 zum zehnjährigen Bestehen gratulierte: „Sie schrieben seinerzeit, dass Sie nur die ‚Zutaten' zur Meinungsbildung liefern wollten, Sie wissen besser als ich, wie gut Ihnen das gelungen ist."

Dann holts euch doch einen Zuhälter!

Der erste Konflikt mit Franz Josef Strauß

Im Jahr 1980, als Franz Josef Strauß Kanzlerkandidat der Union war, erinnerte Rudolf Augstein in dem SPIEGEL-Buch „Überlebensgroß Herr Strauß" an den Beginn des Konflikts zwischen dem CSU-Politiker und dem SPIEGEL.

Die Nacht, in der SPIEGEL und Strauß über Kreuz kamen, lässt sich genau bestimmen. Es war die vom 9. auf den 10. März 1957, eine Nacht von Samstag auf Sonntag. Mein Einsatz für den Minister, der um 22.10 Uhr vom Hamburger Hauptbahnhof abfahren wollte, war vergebens. Vergebens hatte der Ministerbeamte Gosch versucht, den Zug aufzuhalten. Die Lichter sahen wir in der Ferne entschwinden.

Da damals noch getrunken wurde, fuhren wir samt Minister zurück in mein Haus Maienweg 2. Strauß lieferte sein vorsorglich eingepacktes Brathendl wieder in der Küche ab, und es begann eine Diskussion, die allen SPIEGEL-Beteiligten heute noch in Erinnerung ist, wenn auch mit verschiedenen Akzenten.

Der Minister, gerade ein halbes Jahr für die Verteidigung zuständig, war knapp dem Tode entronnen. Sein Flugzeug vom Typ „Heron" hatte den Brand eines Triebwerks nur durch Sturzflug löschen können. Strauß machte vor, wie er, quasi auf einem Schaukelpferd sitzend, in den Abgrund gerast sei.

Dann wurde die Unterhaltung noch griffiger. Der Minister verglich die Sowjets mit Sittlichkeitsverbrechern, die man ja auch nicht frei herumlaufen lasse. Darauf schnarrte der Redakteur Hans Schmelz, später Stellvertretender Chef des Planungsstabes im Verteidigungsministerium: „Dann schlagen Sie sie doch zusammen!" Der Minister: „Wenns so mit mir reden wollt, dann holts euch doch lieber einen Zuhälter oder Ganoven und kein Mitglied der Bundesregierung!"

Er nannte seine eigenen Hitler-Generäle die „grauen Kriegsverbrecher". Man sieht, die kriminelle Sphäre wurde in dieser Nacht schon über das sonst übliche Maß hinaus strapaziert.

Drei der anwesenden Redakteure – Becker, Schmelz, Augstein – wurden fünf Jahre später während der SPIEGEL-Affäre als Schwerstverbrecher eingesperrt, getreu der Strauß-Maxime vom 9. Februar 1958 in Regensburg: „Ich nenne jeden einen potenziellen Kriegsverbrecher, der durch Schwächung der westlichen Abwehrkraft dem kommunistischen Osten strategische Vorteile verschafft."

Derjenige Redakteur, Leo Brawand, der den Abend in seinem Tagebuch festgehalten hat, entging später dem Unternehmen, weil er sich während der Nacht-und-Nebel-Aktion gegen den SPIEGEL am 26. Oktober 1962 wie das Uhrkästchen-Geißlein in einem Schrank versteckt hatte.

Zweimal an diesem Abend mussten SPIEGEL-Redakteure auf die Strafbank vor der Tür. Der Gastgeber fing sie wieder ein und brachte sie, unter lebhaftem Beifall des Ministers, an den Tisch zurück.

Strauß soll laut Brawands Tagebuch zu mir gesagt haben: „Na, wie wäre es mit uns beiden gemeinsam in Bonn? Sie als Sponsor und ich als ‚fellow traveller'?" Darauf ich, in Erinnerung an einen Münchhausen-Vers („Einer von uns muss gehn nach Haus allein"): „Lieber Gott, lass mich der andere sein!"

Die Sause endete um 3.30 Uhr in der Frühe vor dem Hotel „Prem" in Hamburg. Die drei vom SPIEGEL, die den Minister dorthin begleiteten, wurden während der SPIEGEL-Affäre für Wochen und Monate eingesperrt.

Allgemeiner Eindruck der anwesenden Redakteure: „Der nicht!" Wenn denn der Stuhl des Bundeskanzlers jemals frei werden würde, woran viele von uns angesichts der Natur Konrad Adenauers (ver-)zweifelten, so sollte bestimmt dieser flamboyante Bayer nicht auf ihm Platz nehmen. Dabei ist es geblieben bis zum heutigen Tag.

Es hätte auch anders kommen können
Die SPIEGEL-Affäre und ihre Folgen

In einem Vorwort zur Neuauflage des Buches „Ein Abgrund von Landesverrat" von David Schoenbaum erinnerte Rudolf Augstein im September 2002 an die dramatischen Ereignisse vor 40 Jahren. Auszüge:

Zwischen dem SPIEGEL, erst in Hannover, dann in Hamburg zu Hause, und den Politikern in Bonn war das Verhältnis von Anbeginn verkrampft, vor allem in den ersten Jahren der Republik. Der alte Adenauer, in der Kaiserzeit als Jurist ausgebildet, war ein Patriarch, dem eine katholische Kanzlerdemokratur als Ideal vorschwebte. Seine Möchtegern-Nachfolger Strauß, Gerstenmaier, Erhard hielten es auch nicht so sehr mit der Pressefreiheit.

Keine Frage: 1962 waren zwischen dem SPIEGEL und den Bonner Regenten eine Menge Rechnungen offen. Deshalb wurde 1962 das Jahr der SPIEGEL-Affäre.

Weil, wie im frommen Märchen, am Ende alles gut ausging, ist vielen Leuten nicht mehr bewusst, mit welcher Wucht der Stoß gegen den SPIEGEL geführt worden ist. Es war eine Staatsaktion, höchst geheim vorbereitet, initiiert vom Verteidigungsminister Strauß und seinem Kanzler Adenauer.

Im Ausland gab Strauß seine wahren Beweggründe zu erkennen: Der SPIEGEL habe ein so vorzügliches Archiv, dass eine Erpressung möglich sei. Strauß: „Ich musste handeln." Und Adenauer sprach im Bundestag von einem „Abgrund von Landesverrat". Zurufe: „Wer sagt das?" Adenauer: „Isch sage dat."

Alle Staatsgewalten waren mit von der Partie, die Bundesanwälte aus Karlsruhe, die Fahnder vom BKA (genannt „Sicherungsgruppe"), Polizisten vom „Überfallkommando", mindestens drei Geheimdienste. Der Angriff auf den SPIEGEL erfolgte zur Nachtzeit. Sein Ziel war es, das „Schmutzblatt" (Adenauer), welches „getrieben" sei „vom rücksichtslosen Vernichtungswillen" (Strauß), ein für alle Mal zu ruinieren – durch die Verhaftung der führenden Redakteure, durch die wochenlange Besetzung aller Redaktionsräume, durch Strafandrohungen größeren Kalibers: Auf das, was man uns vorwarf, stand Zuchthaus, fünf Jahre, zehn Jahre, im Höchstfall lebenslang. Die „Nebenstrafen" nicht zu vergessen, als da waren: Ehrverlust, Geldstrafe (nach oben offen), Polizeiaufsicht und so weiter.

Das Wort „Landesverrat" war seinerzeit, nur 17 Jahre nach dem Weltkrieg und auf dem Höhepunkt des Kalten Krieges mit dem Sowjetimperium, eine Keule, mit der man richtig zuschlagen konnte.

Die Täter hatten sich ordentlich in Schwung geredet. Im Bundesverteidigungsministerium ließ Strauß bewaffnete Feldjäger auf den Fluren patrouillieren. Es roch nach Krieg. Augstein, so die Gerüchte, sei nach Kuba geflüchtet, mit einem U-Boot, begleitet von verräterischen Offizieren. Es war kein Kunststück, die Beamten, Abteilung Staatssicherheit, Referate Landes- und Hochverrat, gegen den SPIEGEL in Stellung zu bringen. Die hohen Herren aus Karlsruhe und Bonn waren ja keine geborenen Demokraten.

Je mehr Einzelheiten der Nacht-und-Regen-Aktion – in Hamburg gab es am 26./27. Oktober 1962 keinen Nebel, es regnete – ans Licht kamen, desto unzweifelhafter wurde, dass die SPIEGEL-Affäre der größte Justizskandal in der rechtsstaatlichen Geschichte Deutschlands war. Für diese Haudrauf-Aktion der Staatsmacht gab es keinen Präzedenzfall.

Als die „Zupacker", so nannten die Bundesanwälte sich und ihre polizeilichen Helfer, nach wochenlangen Durchsuchungen immer noch mit leeren Händen dastanden, übernahmen die Ermittler des Bundesgerichtshofs. Der Dritte Strafsenat lehnte im Mai 1965 indes die Eröffnung eines Hauptverfahrens wegen Landesverrats ab. Conrad Ahlers, Autor der inkriminierten Titelgeschichte über die Bundeswehr, und ich wurden daraufhin „außer Verfolgung gesetzt".

Im August 1966 schließlich beerdigte das Bundesverfassungsgericht den Fall. Wir waren unschuldig. Wir hatten keine Staatsgeheimnisse verraten, keinen Landesverrat begangen. Wir hatten vielmehr unsere verfassungsmäßigen Rechte wahrgenommen, nicht mehr, nicht weniger. Das stand am Ende der SPIEGEL-Affäre zweifelsfrei fest.

Es hätte aber auch anders kommen können. Wir überstanden den Angriff auf den SPIEGEL und unsere persönliche Freiheit, weil wir in den Tagen der Attacke nicht allein blieben. Die Hamburger Verlage stellten uns Räume und Schreibmaschinen zur Verfügung. Die Empörung im Ausland schlug Wellen bis zum Rhein. Vor allem aber: Überall im Land nahmen Tausende öffentlich für den SPIEGEL und die Pressefreiheit Partei. Das hatte es bis dahin nicht gegeben.

Das Ganze bewirkte einen Klimawechsel – im Parlament, in Teilen der Justiz, im öffentlichen Leben. Es hat etwas länger gedauert, bevor von der SPIEGEL-Affäre auch die Rechtsprechung und Strafverfolgung profitierten.

Es dauert immer etwas länger, bevor der gestärkte Bürger-Sinn die Administration und ihre Paragrafen umformt. Damals, vor 40 Jahren, verlor die Staatsgewalt den Schimmer der Unfehlbarkeit. Wie stark dieser Wandel die anderen großen Ereignisse der sechziger Jahre in Gang gesetzt und stimuliert hat, kann niemand mit Gewissheit sagen. Die Eruptionen des Jahres 1968 hatten viele Ursachen, sie hielten sich nicht an Ländergrenzen. Was an Kulturrevolution davon in Deutschland geblieben ist, führt auch und unter anderem zurück zum SPIEGEL.

1968 konnte man noch nicht ganz sicher sein, dass sich die SPIEGEL-Affäre nicht wiederholen würde. Heute ist das sicher.

____ 1960–1969 ____

Es war ein Kampf

Erinnerungen an das Jahr 1962

Wenige Wochen vor seinem Tod, im Oktober 2002, gab Rudolf Augstein in einem Interview dem SPIEGEL-Autor Hans Halter Auskunft über Ablauf und Folgen der SPIEGEL-Affäre, die sich in jenem Monat zum 40. Mal jährte.

SPIEGEL: Herr Augstein, am fünften Abend Ihrer Haft sammelten sich vor der Hamburger Gefängnisbehörde mehr als tausend Demonstranten und riefen unter anderem: „Augstein raus – rein mit Strauß" oder „SPIEGEL tot – Freiheit tot". Konnten Sie das hören?
AUGSTEIN: Ja, klar. Als die Demonstranten kamen, hat man dafür gesorgt, dass ich das mitbekomme. Das Personal war zum Teil auf meiner Seite, die wollten, dass es mir gut geht. Deshalb war meine Zelle sofort frisch geweißelt worden, eine Fürsorge, die mich leider um die Lektüre all der interessanten Bemerkungen brachte, die an einer Gefängniswand stehen.
SPIEGEL: Hat man Sie wegen Ihrer Sympathisanten nach einem Monat in das Gefängnis nach Koblenz verlegt?
AUGSTEIN: Das kann einer der Gründe gewesen sein. Die Verlegung nach Koblenz war der mieseste Moment in den drei Knastmonaten. Ich war nachts eingeliefert worden in eine uralte Zelle ohne Lokus. Den Gürtel und die Schnürsenkel musste ich abgeben. Geweckt wurde morgens um sechs durch lautes Gebrüll: „Raustreten!" Und dann gleich der erste Anpfiff: Ich sollte gefälligst mein Hemd in die Hose stecken. Da dachte ich mir: Das kann ja heiter werden hier in Koblenz.
SPIEGEL: War das der schlimmste Moment in Ihrem Leben?
AUGSTEIN: Nein. Ich war einige Jahre im Krieg gewesen, an der Front. Krieg ist viel schlimmer. Einzelzelle und Hofgang ganz allein sind natürlich kein Vergnügen, aber auch nicht der Vorhof zur Hölle.
SPIEGEL: Haben Sie, zumal in den ersten Wochen, befürchtet, die Aktion ziele auch auf Ihre persönliche Vernichtung? Auf ein Leben als Zuchthäusler?

AUGSTEIN: Nein. Ich wusste, sie haben es auf die Vernichtung des SPIEGEL abgesehen, nicht auf mich persönlich.
SPIEGEL: Und wie beurteilten Sie die Chancen dazu?
AUGSTEIN: Je länger ich einsaß, desto optimistischer wurde ich. Ich wusste ja, dass wir keinen Landesverrat begangen und auch niemanden bestochen hatten. Wir waren wirklich unschuldig, jedenfalls was diese strafrechtlichen Vorwürfe anging.
SPIEGEL: In den ersten Tagen der SPIEGEL-Affäre wichen Adenauer und Strauß aber keinen Millimeter zurück.
AUGSTEIN: Das war auch nicht ihre Art. Bei aller Vorsicht und Listigkeit, die den alten Herrn 14 Jahre im Amt hielt, war Adenauer doch auch starr und übrigens ein Meister der Superlative und der griffigen Formulierungen. Mit der Parole „Keine Experimente" hatte er bei der Bundestagswahl 1957 die absolute Mehrheit gewonnen. Wie oft er „Die Lage war noch nie so ernst" gesagt hat, konnte man nicht zählen. Es ist doch klar, als er bei der SPIEGEL-Debatte im Bundestag mit dem Rücken an der Wand stand, sein Kabinett zerbröseln sah, dass er in dieser Situation auch die ganz großen Worte wählte, also: „Wir haben einen Abgrund von Landesverrat im Lande!" Und: „Augstein verdient am Landesverrat, und das finde ich einfach gemein." Man darf nicht vergessen, dass Adenauer damals bereits 86 Jahre alt war, ein Urgroßvater, der nicht mehr jederzeit alle Aspekte überblickte.
SPIEGEL: Strauß tat das?
AUGSTEIN: Und ob! Formale Intelligenz und Gedächtnis ließen bei ihm, er war damals 47 Jahre alt, nichts zu wünschen übrig. Aber keiner hat so dampfwalzenhaft nach der höchsten Macht gestrebt wie Strauß und keiner sich dabei so blockierend im Weg gestanden. Während der SPIEGEL-Affäre traten alle seine minderen Eigenschaften ans Licht: Draufhauen, Verschwörungsbesessenheit, Geheimdienst-Anbeterei, Rechtsverachtung, Skrupellosigkeit, Unfähigkeit zu jeder Selbstkritik, dazu eine außergewöhnliche Fähigkeit, sich und anderen in die Tasche zu lügen.
SPIEGEL: Apropos: Lügen.
AUGSTEIN: Strauß hat Conrad Ahlers in Spanien verhaften lassen und über diesen skandalösen Vorgang den gesamten Bundestag belogen. Jahre später hat er behauptet, man habe während der SPIEGEL-Affäre im Panzerschrank von Rudolf Augstein die „Zielkartei" für die atomaren Waffen der Bundeswehr gefunden. Daran ist kein Wort wahr, nicht einmal annähernd. Diese Behauptung ist schlichte Spinnerei gewesen.

SPIEGEL: In seinen nach dem Tod publizierten „Erinnerungen" schreibt er, 1962 sei ein „ungeheuerlicher Verrat brisanter militärischer Geheimnisse durch Augsteins Blatt" erfolgt.
AUGSTEIN: Die Wahrheit ist, dass Strauß als Einziger unter den damals handelnden Figuren erkennen konnte und wusste, dass der Artikel „Bedingt abwehrbereit" keinerlei Staatsgeheimnisse enthielt.
SPIEGEL: Die anderen Beteiligten haben es schließlich auch bemerkt.
AUGSTEIN: Anfang 1963 wusste es jeder. Strauß hatte verloren, wir hatten gewonnen. Die Einsicht war schmerzlich für ihn, für Adenauer, für dessen katholische Kanzler-Demokratur und all ihre Helfer und Nutznießer. Die SPIEGEL-Affäre, genau genommen der größte Justizskandal in der rechtsstaatlichen Geschichte Deutschlands, wäre aber womöglich anders ausgegangen, wenn nicht ein paar Umstände zusammengewirkt hätten: die Hilfe der anderen Hamburger Verlage, nicht mal Axel Springer stand abseits, die Empörung im Ausland und – das war entscheidend – die Parteinahme so vieler Deutscher zu unseren Gunsten. Der SPIEGEL hätte dem mit großer Wucht geführten Stoß nicht standgehalten, wenn die Öffentlichkeit sowie die SPD und FDP im Bundestag nicht rebelliert hätten.
SPIEGEL: Einen öffentlichen Protest in diesen Dimensionen hatte es bis dahin nicht gegeben?
AUGSTEIN: Nein. Mit der SPIEGEL-Affäre ging die Nachkriegszeit zu Ende, das patriarchalisch-katholische Regime war zu Ende. Die Ära Adenauer war vorbei, denn die Regierung Erhard ist ja doch schon etwas ganz anderes.
SPIEGEL: Ist es übertrieben, wenn manche Zeithistoriker sagen, mit der SPIEGEL-Affäre habe in Deutschland die Demokratie begonnen?
AUGSTEIN: Große Worte. Vielleicht kann man sagen, dass demokratische Normalität zur Regel wurde – trotz der Nazis und der autoritär gestimmten Staatsdiener, die ja nicht über Nacht verschwanden. Das Ganze bewirkte eben einen Klimawechsel, der durchgreifenden Politikern nicht zuträglich war.
SPIEGEL: Hat sich im Lauf der Jahrzehnte irgendeiner der SPIEGEL-Besetzer bei Ihnen entschuldigt?
AUGSTEIN: Nein. Das kann man auch nicht erwarten. Buback, der später Generalbundesanwalt geworden ist und den die RAF ermordet hat, war ja wirklich kein Gentleman. Er saß auf meinem Stuhl, las meine SPIEGEL-Akten und trank mittags in der Kantine des Presse-

hauses zwei Schoppen Wein. Die hat er selbst bezahlt, immerhin. Er war weder schnell noch fleißig, gute Manieren waren ihm fremd. Irgendein Wort des Bedauerns haben wir von dem nicht gehört, auch nicht von seinen Vorgesetzten.
SPIEGEL: Und von seinem braven Untergebenen Gerhard Boeden? Der hat es ja später zum Präsidenten des Bundesamts für Verfassungsschutz gebracht und galt allgemein als charmant.
AUGSTEIN: Mag sein. 1962 war er ein kleiner Kripo-Mann, der unsere Telefonzentrale besetzt hielt. Immer wenn ein Protestanrufer fragte, ob er denn die SPIEGEL-Telefone lahm legen dürfe, sagte er: „Das lassen Sie mal die Sorge der Sicherheitsorgane sein." Das war sein ganz spezieller Charme. Wahrscheinlich freute er sich einfach, dass er es später noch zum höheren Beamten brachte.
SPIEGEL: Nach der Volksschule hatte Boeden Schriftsetzer gelernt.
AUGSTEIN: Nichts gegen Schriftsetzer! Diesem wirklich ehrbaren Beruf verdanken wir viel, auch ich persönlich in den ersten SPIEGEL-Jahren. Bei der SPIEGEL-Besetzung haben sich die Schriftsetzer bei Auerdruck, wo das Blatt damals hergestellt wurde, wirklich eindrucksvoll verhalten. Sie haben die Beamten der Bonner Sicherungsgruppe, die unsere Redakteure begleiteten, als sie die vorzensierten und verspäteten SPIEGEL-Fahnen ablieferten, so lautstark und eindeutig beschimpft, dass die Redakteure sie beruhigen mussten.
SPIEGEL: Konrad Adenauer ist 1967 gestorben, Franz Josef Strauß 1988. Wie war Ihr Verhältnis zu den beiden zuletzt?
AUGSTEIN: Ich habe sie ja nie gehasst. Es war ein Kampf, nicht mehr, nicht weniger. Mit Strauß hatte ich ante finem schriftlich einen „Kamerad, weißt du noch"-Abend vereinbart. Und Adenauer durfte ich kurz vor seinem Tod besuchen. Er war der beeindruckendste Politiker, dem ich je begegnet bin. Wir haben uns umarmt und versöhnt. Ich war sehr bewegt, sentimental sogar, aber er auch.
SPIEGEL: Könnte sich die SPIEGEL-Affäre wiederholen?
AUGSTEIN: Nein. Aber es gibt auch keinen Grund, die Ereignisse von 1962 oder sogar mich zu bedauern. Wir sind durch die Affäre klüger geworden, also hat sie uns genützt. Vielleicht sind andere Leute dadurch auch klüger geworden, dann hat sie uns indirekt auch genützt. Außerdem: Was sind 103 Tage Gefängnis in einem langen Leben, wenn dadurch so viel erreicht wurde?

„Wir haben einen Abgrund von Landesverrat"
Die Bundestagsdebatte zur SPIEGEL-Affäre

Knapp zwei Wochen nach der Durchsuchung der SPIEGEL-Redaktion sowie der Verhaftung Augsteins und mehrerer Mitarbeiter versuchte Bundeskanzler Konrad Adenauer die Maßnahme im Parlament zu rechtfertigen. Auszüge aus dem Protokoll der stürmischen Sitzung:

ADENAUER: Ich möchte hier an alle Parteien und an das ganze deutsche Volk folgende Bitte richten.

Anhaltende lebhafte Zurufe von der SPD

ADENAUER: Es ist Landesverrat ausgeübt worden – das ist sehr wahrscheinlich ...

Fortdauernde Zurufe von der SPD

ADENAUER: ... von einem Manne, der eine Macht, eine journalistische Macht in Händen hatte. Ich stehe auf dem Standpunkt: Je mehr Macht, auch journalistische Macht, jemand in Händen hat ...

Zuruf vom SPD-Abgeordneten Wehner: ... ist nicht so pingelig!

ADENAUER: ... desto mehr ist er dazu verpflichtet ...

Wehner: ... nicht so pingelig zu sein!

ADENAUER: ... die Grenzen zu wahren, die die Liebe zum Volk ...

Lebhafte Zurufe von der SPD, Gegenrufe von der CDU/CSU, Zuruf des CDU-Abgeordneten Schmidt (Wuppertal): SPIEGEL-Partei

GERSTENMAIER (Bundestagspräsident): Lassen Sie bitte den Herrn Bundeskanzler weiterreden.

Wehner: ... aber jeder Strizzi darf die SPD beschimpfen! Weitere Zurufe von der SPD

GERSTENMAIER: Lassen Sie den Herrn Bundeskanzler weiterreden!

Oho-Rufe von der SPD

GERSTENMAIER: Der Präsident dieses Hauses schützt die Redefreiheit auch für den Bundeskanzler.

Beifall der CDU/CSU

ADENAUER: Meine Damen und Herren, ist es dann nicht erschreckend ...

Beifall der SPD und Zuruf: Sehr wahr!

ADENAUER: ... ist es dann nicht erschreckend ...

Zurufe von der SPD: Ja!

ADENAUER: ... wenn ein Oberst der Bundeswehr, nachdem er gehört hat, dass ein Verfahren gegen Augstein und Redakteure des SPIEGEL eingeleitet sei, hingeht und denen Bescheid gibt, damit Beweismaterial beiseite geschafft wird? ... Nun, meine Damen und Herren ...

Anhaltende Zurufe von der SPD

ADENAUER: ... wir haben ...

Fortgesetzte Zurufe von der SPD

ADENAUER: ... einen Abgrund von Landesverrat im Lande.

Zuruf des SPD-Abgeordneten Seuffert: Wer sagt das?

ADENAUER: Ich sage das.

Laute Rufe von der SPD: Aha! So?

ADENAUER: Denn, meine Damen und Herren ...

Zuruf von Seuffert

ADENAUER: ... wenn von einem Blatt, das in einer Auflage von 500 000 Exemplaren erscheint, systematisch, um Geld zu verdienen, Landesverrat getrieben wird ...

Pfeifen und erregte Zurufe von der SPD: Pfui! Huh!

GERSTENMAIER: Meine Damen und Herren, ich bitte Sie, die

Ordnung zu bewahren, die erforderlich ist, um die Diskussion weiterführen zu können.

ADENAUER: Mir wäre es viel lieber, wenn wir herausbekämen, wer diese landesverräterischen Informationen dem Verlag gegeben hat. Darauf kommt es mir an, das ist das Wesentliche für mich. Gott, was ist mir schließlich Augstein! Der Mann hat Geld verdient auf seine Weise. Es gibt Kreise, die ihm dabei geholfen haben, indem sie den SPIEGEL abonniert haben und indem sie Annoncen hingesetzt haben. Die Leute stehen nicht sehr hoch in meiner Achtung, die ihm so viel Annoncen gegeben haben.

Beifall der CDU/CSU

ADENAUER: Aber er hat viel Geld verdient, er hat sehr viel Geld verdient. Das ist für meinen Begriff auch kein Maßstab für seine sittliche Größe; ich kann mir nicht helfen ...

DÖRING (FDP): Herr Bundeskanzler, es fällt mir sehr schwer, das zu sagen, was zu sagen ich mich jetzt für verpflichtet halte. Ich glaube, ich brauche in diesem Hause niemandem zu sagen, dass ich mit Herrn Augstein seit Jahren befreundet bin. Ich glaube, ich brauche in diesem Hause auch niemandem zu sagen, dass es niemand mehr bedauern würde als ich selbst, wenn nach Recht und Gesetz der objektive Tatbestand des Landesverrats in diesem Falle festgestellt werden könnte. Aber, Herr Bundeskanzler, ich bin es nicht nur meinem Freunde, sondern auch dem Staatsbürger Augstein und allen anderen schuldig, dagegen zu protestieren, dass Sie hier sagen: Herr Augstein verdient am Landesverrat. Dann haben Sie als Erster hier ein Urteil gefällt, das zu fällen nur dem Gericht zusteht.

Lebhafter Beifall von Abgeordneten der FDP und der SPD

ARNDT (SPD): ... Der Herr Bundeskanzler hat auch wieder den Eindruck zu erwecken versucht, als ob es um ein Bundesgericht gehe und irgendjemand in ein schwebendes Verfahren eingreifen wollte. Nun, der einzige Eingriff in ein schwebendes Verfahren ist, dass hier Herr Augstein schon als Landesverräter behandelt wird und dass alle die diffamiert werden, die im SPIEGEL inseriert haben. Offenbar ist dem Herrn Bundeskanzler entgangen, dass die Bundeswehr immer im SPIEGEL inseriert.

Stürmische Heiterkeit und Beifall bei der SPD

Ich bat um die Luther-Bibel

Über hundert Tage in Untersuchungshaft

In Briefen an die SPIEGEL-Leser berichtete Rudolf Augstein wochenlang über die Haftbedingungen. In seiner Gefängniszelle – erst in Hamburg, später in Koblenz und Karlsruhe – widmete er sich unter anderem der Bibellektüre.

Da ich im Untersuchungsgefängnis irrtümlich als „Dissident" geführt werde, besuchte mich der evangelische Pfarrer. Ich musste ihm erklären, dass, wenn überhaupt jemand, der katholische Geistliche zuständig sei. Er, etwas verlegen: Ob ich die Schrift, das Wort Gottes, wolle. Ich: Gern. Darauf er: Es sei aber nur die Luther-Bibel. Ich bat ihn um die Luther-Bibel.

Abends, nachdem man mein Messer abgeholt hat, damit ich mir nichts antue, liege ich auf meiner durchaus kommoden Matratze und lese das Alte Testament, bis um 9 Uhr eine Hand im Flur das Licht ausknipst.

In Heft 3/1963 beschrieb Rudolf Augstein aus der Untersuchungshaft seine Hoffnung auf eine „nach dem Grundgesetz funktionierende parlamentarische Demokratie, wie wir sie bekommen werden":

In diesem Moment darf ich mich bei Ihnen, den regelmäßigen oder sporadischen Lesern, und bei vielen Nichtlesern bedanken. Es kann keinem Zweifel unterliegen, dass der SPIEGEL dem mit so ungeheurer Perfektion geführten Stoß nicht hätte standhalten können, wenn die Öffentlichkeit und die beiden liberalen Bundestagsparteien nicht rebelliert hätten, wenn die Zeitungen, das Radio und das Fernsehen nicht gewesen wären.

Wahrscheinlich wusste die Bundesanwaltschaft nicht, wie leicht man ein Zeitungsunternehmen ruinieren kann. Aber der andere, der nach Auskunft des hintergangenen Bundesjustizministers „die Dinge bis ins Letzte in der Hand" hatte, der hat es wohl doch gewusst?

Wir glauben, dass viele von Ihnen gar nicht aus Sympathie für den SPIEGEL gehandelt haben. Wir glauben, dass viele aktiv wurden, denen der SPIEGEL herzlich unsympathisch ist. Gleichwohl, als Sie für das gute Recht des Volkes eintraten, haben Sie den SPIEGEL gerettet. Das ist eine große und bedeutende Sache, die wir nicht vergessen werden. Es ist ein unbeschreibliches Gefühl, nachts in der Zelle nicht einschlafen zu können, weil der Lärm der Demonstranten durch die dicksten Mauern dringt.

Sie müssen also nicht befürchten, dass wir unbesehen in Sympathie für den SPIEGEL ummünzen, was aus Gerechtigkeitssinn und staatsbürgerlicher Verantwortung geschah. Anders ist das mit jenen vielen tausend Grüßen, Geschenken und Wünschen, die uns Untersuchungshäftlingen in die Gefängnisse geschickt wurden und für die wir uns nur pauschal bedanken können.

Es war also kein solches Kunststück, die „serenita" zu behalten, die der Professor Carlo Schmid uns gewünscht hatte. Die Anteilnahme, mit der wir zugedeckt wurden, bewies uns, dass unsere Botschaft, die wir doch oft genug entstellt und in aufgeputzter Verkleidung auf die Reise geschickt hatten, angekommen war.

Wir hatten viel mehr erreicht, als wir uns je erträumten. Der Stachel des Widerstandes gegen den „pragmatischen Verwaltungsstaat", gegen patriarchalische Erbpacht und Gängelei, gegen ein katholisches Rhein-Isar-Preußen ohne preußische Sauberkeit und Manieren hatte sich in die Herzen der Bürger gesenkt.

Da waren Artikel und Sätze, die wir vergessen hatten – man rief sie uns ins Gedächtnis. Man tadelte uns für längst und jüngst Vergangenes („Dafür sollten Sie sich zu schade sein"). Wie nie zuvor fanden wir uns im Gespräch mit dem Volk, mit denkenden Menschen aus allen Schichten und jeglicher Repräsentanz. Und immer aufs Neue: „Werden Sie jetzt nicht verbittert, das können wir uns nicht leisten."

Keine Bange. In der Ära Adenauer waren wir das Sturmgeschütz der Demokratie, mit verengten Sehschlitzen. Im ärgsten Kampfgetümmel, wo man uns manche Hafthohlladung appliziert hatte, erreichten wir nicht entfernt die Wirkung wie in dem Moment, da man uns wie mit einem Netz auf den Trockenboden schleppte und die Armierung zu demontieren gedachte.

Welche Lehren werden wir daraus ziehen? Doppelte Panzerplatten, dickere Kaliber, größere Reichweite? Mitnichten. In einer nach dem Grundgesetz funktionierenden parlamentarischen Demokratie, wie wir sie bekommen werden, bedarf es dessen nicht. Gestärkt durch das Vertrauen und die Hoffnung so vieler intelligenter Bürger, zurückblickend auf eine nicht ruhmlose Vergangenheit, werden wir den Nachweis frei Haus und Kiosk liefern, dass jede demokratische Gesellschaft den SPIEGEL hat, den sie verdient. Leser Erich Voigt, Stuttgart-Sillenbuch: „Machen Sie keinen neuen SPIEGEL! Machen Sie es wie VW-Chef Nordhoff! Verbessern Sie das Ei des Kolumbus von innen heraus!"

Mit der bundesrepublikanischen Gesellschaft lässt sich, so scheint es, etwas anfangen. Mehr jedenfalls, als wir dachten, und mehr, als sie selbst dachte. Diese Erkenntnis kann nicht ohne Folgen bleiben, auch bei uns im SPIEGEL nicht. Und so mag es denn dahin kommen, dass, nachdem wir unsere Leser beeinflusst haben, unsere Leser uns beeinflussen. So können wir Ihnen danken. So soll es sein.

Über die politischen Konsequenzen seiner Verhaftung schrieb Augstein in SPIEGEL 42/1963:

Der Journalist löst zuweilen dadurch, dass er seiner Profession leidenschaftlich genug nachgeht, Wirkungen aus, die er nicht voraussehen kann und die er nicht beabsichtigt. So wird man konstatieren dürfen, dass Ludwig Erhard schwerlich im Oktober 1963 zum Kanzler gewählt worden wäre, wenn es den SPIEGEL und die SPIEGEL-Affäre nicht gegeben hätte. Er wäre vielleicht später und vielleicht nie gewählt worden.

Ohne die SPIEGEL-Affäre hätte Konrad Adenauer mit seiner Methode, unter Berufung auf den Ernst der Lage noch ein Weilchen im Amt auszuharren, fortfahren können. Wir hatten keineswegs den Sturz einer Regierung beabsichtigt, als wir Strauß attackierten, wir hatten auch nicht beabsichtigt, ins Gefängnis zu kommen, und doch wurde die Regierungszeit Adenauers dadurch limitiert, dass wir ins Gefängnis kamen.

Rückblick in den Abgrund

Ein Gespräch über die SPIEGEL-Affäre

Im Mai 1965 waren die Landesverratsvorwürfe gegen Augstein in sich zusammengefallen. Die „Zeit" sprach aus diesem Anlass mit Rudolf Augstein und Conrad Ahlers, dem Autor der inkriminierten Titelgeschichte „Bedingt abwehrbereit" (SPIEGEL 41/1962). Auszüge:

ZEIT: Der Bundesgerichtshof hat es abgelehnt, gegen die Hauptverdächtigen in der SPIEGEL-Affäre ein Gerichtsverfahren zu eröffnen – nämlich gegen Conrad Ahlers und Rudolf Augstein. Sie sind beide mangels Beweises außer Verfolgung gesetzt worden. Damit hat sich, was der damalige Bundeskanzler Adenauer vor dem Bundestag als einen Abgrund von Landesverrat bezeichnete, als Ausgeburt einer autoritären Phantasie entpuppt. Sind Sie mit diesem Entscheid des Bundesgerichtshofes zufrieden?

AUGSTEIN: Wir sind zufrieden darüber, dass der Bundesgerichtshof auf Einflüsterungen nicht gehört hat, die ihm nahe gelegt haben, das Verfahren zumindest noch über die Wahlen hinwegzuziehen. Er hat zum ehestmöglichen Zeitpunkt einen deutlichen Schlusspunkt gesetzt. Entgegen einer weit verbreiteten Auffassung hat der Gerichtshof das Verfahren weder verschleppt noch vor sich hergeschoben. Im Gegenteil, der Senat hat seinen Beschluss ein halbes Jahr nach Erhebung der Anklage gefällt. Diese Zeit war zur Vorbereitung solch einer Entscheidung relativ kurz.

ZEIT: Sie sind über zweieinhalb Jahre lang unter dem Verdacht des Landesverrats gehalten worden. Von diesem Verdacht hat Sie auch der Beschluss, Sie außer Verfolgung zu setzen, nicht völlig gereinigt.

AUGSTEIN: Das ist im deutschen Recht nun einmal so: Der Angeklagte und der Angeschuldigte hat ein Recht darauf, nicht zu Unrecht verurteilt zu werden. Er hat kein Recht auf Feststellung seiner Unschuld.

In unserem Falle hätten die bisherigen Gutachten offensichtlich nicht ausgereicht, die objektive Tatseite zu beurteilen. Es wären also noch weitere Zeit raubende Ermittlungen notwendig gewesen. Das hat der Bundesgerichtshof nicht mehr auf sich genommen. Wir meinen, wir wären von der objektiven Tatseite her völlig entlastet worden, wenn man sich Zeit genommen hätte.

ZEIT: Herr Augstein, in dem Beschluss des Bundesgerichtshofes steht der verblüffende Passus, Sie hätten den Inhalt des Artikels „Bedingt abwehrbereit", der damals die SPIEGEL-Lawine ins Rollen brachte, vor Drucklegung gekannt und die Veröffentlichung gebilligt, hätten das aber anfänglich bestritten.

AUGSTEIN: Ja, das ist richtig. Wir standen damals unter dem Eindruck widerrechtlichen Vorgehens Angehöriger der Bundesregierung und der Bundesanwaltschaft gegen ein Presseunternehmen. Auf diesen Eindruck haben wir, solange wir es nur mit der Bundesanwaltschaft zu tun hatten, unsere Taktik eingerichtet: Wir haben gemauert – soweit es auch zum Schutze unserer Informanten notwendig war. Das wurde grundlegend anders in dem Moment, in dem das Verfahren für uns erkennbar in rechtsstaatliche Bahnen überleitete, also mit dem Auftauchen der Bundesrichter, die die Voruntersuchungen führten. Der erste Satz, den ich in meiner Voruntersuchung, die am 23. Januar 1963 begann, zu Protokoll gab, heißt: „Der Foertsch-Artikel ist mit meinem Wissen und Wollen erschienen." ...

ZEIT: Der Karlsruher Beschluss hat die beiden Hauptbetroffenen Augstein und Ahlers außer Verfolgung gesetzt. Damit ist die SPIEGEL-Affäre im Wesentlichen beendet. Sie war nicht notwendig, hätte nicht sein müssen. Wenn Sie heute zurückblicken – empfinden Sie das Ganze als einen Racheakt von Strauß?

AUGSTEIN: Ich glaube, so einfach kann man die Dinge nicht sehen. Wenn ich versuche, das ohne Leidenschaft zu beurteilen, so möchte ich annehmen, dass die ganze Atmosphäre im Bundesverteidigungsministerium zu Amtszeiten des Ministers Strauß in unguter Weise unter der expressiven Persönlichkeit dieses Mannes gestanden hat, so dass seine engeren Mitarbeiter sich unbewusst immer mehr seine Anschauung und auch sein Zweckdenken zu Eigen gemacht haben.

Daraus, glaube ich, ist die SPIEGEL-Affäre im Grunde entstanden. Dass Strauß dann später eine nach meiner Meinung nicht zu rechtfertigende Rolle gespielt hat, praktisch das Verfahren also in seine Hände genommen hat, unter Ausschaltung des Bundesjustizministers, das steht auf einem anderen Blatt.

ZEIT: Also ist das Verfahren Ihrer Meinung nach mehr aus der Atmosphäre entstanden, die Strauß als Minister um sich verbreitete?
AUGSTEIN: Sagen wir mal so: Ohne dass der SPIEGEL-Artikel „Der Endkampf" vorausgegangen wäre, ohne dass die Fibag-Sache vorausgegangen wäre, ohne dass die Affäre Onkel Aloys vorausgegangen wäre ...
ZEIT: Alles Affären, die der SPIEGEL ausgelöst hat ...
AUGSTEIN: ... ohne all diese Vorgeschichten wäre, falls man im Verteidigungsministerium oder bei der Bundesanwaltschaft überhaupt unter dem Staatsgeheimnisaspekt auf den Inhalt des Artikels „Bedingt abwehrbereit" aufmerksam geworden wäre, das Verfahren mindestens ganz anders durchgeführt worden. Es hätte damit begonnen, dass man Ahlers als verantwortlichen Redakteur einmal zur Vernehmung gebeten hätte. Man hätte Herrn Ahlers mal gefragt: Was sagen Sie dazu, woher wissen Sie es denn, würden Sie uns freundlicherweise mal Ihre Unterlagen geben. Ob man Ahlers dann am Schluss der Vernehmung vorläufig festgenommen hätte, ist eine sehr große Frage. Aber es hat eben anders begonnen.
AHLERS: Stellen Sie sich mal vor, mit denselben angeblichen Staatsgeheimnissen, mit dem gleichen Material hätten wir einen Artikel geschrieben, der die Verteidigungskonzeption von Strauß positiv beurteilt hätte. Glauben Sie, dass da irgendetwas passiert wäre? Da sagt ja der Beschluss des Gerichts sehr süß, dem SPIEGEL-Artikel über Fallex sei ja ein umfangreicher Aufsatz in der „Deutschen Zeitung" vorausgegangen, der zwar nicht in allen Punkten so weit, in anderen Punkten aber viel weiter ging als der SPIEGEL-Artikel – allerdings sei „das Anliegen dieses Artikels ein anderes" gewesen ...
ZEIT: Nun mag Strauß der Urheber der ganzen Affäre gewesen sein. Aber der Einzige, der sich in ihr blamiert hat, war er nicht. Sie haben selber einmal gesagt, es gehe in dieser Geschichte ein schwarzer Peter von Hand zu Hand.

Diese Woche hat der SPIEGEL nun mitgeteilt, Bundeskanzler Adenauer habe damals von Bundesjustizminister Stammberger verlangt, er solle den im Nebenzimmer sitzenden Chef des Bundesnachrichtendienstes, den General a. D. Gehlen, verhaften. Der Bundeskanzler hat doch in der ganzen Affäre also eine höchst undurchsichtige Rolle gespielt, ganz abgesehen davon, dass er sich mit seinen Äußerungen im Parlament disqualifiziert hat.

AUGSTEIN: Ja, aber da kennen Sie ja nun meine Meinung. Das Unterscheidungsvermögen eines – damals – 87-jährigen Mannes ist mit normalen Maßstäben nicht zu messen. Die Frage, die dabei auftaucht, ist eben nur, ob man einen 87-jährigen Mann zum Bundeskanzler haben soll. Ich würde es für sinnlos halten, an die Adresse Adenauers irgendwelche Vorwürfe zu richten. Er hat das Geschehen in seinem vollen Ausmaß nicht begriffen. Wenn er sonst solche Dinge begriff, dann deswegen, weil ihm Staatssekretär Globke alles vorbereitete. Aber hier, wo er ganz aus sich heraus handeln wollte und ohne sich mit Globke zu beraten, da hat eben sein Differenzierungsvermögen nicht ausgereicht.
AHLERS: Es kommt noch eines hinzu. Natürlich hat sich Strauß gewissermaßen auf einen Generalauftrag Adenauers berufen. Wie ist der aber zu Stande gekommen? Doch nur auf Grund von Straußens eigener Berichterstattung darüber, wie er die SPIEGEL-Affäre sah. Und er hat ja dauernd gesagt, sagt auch heute noch, wie er die SPIEGEL-Affäre sieht: undichte Stellen, Komplott.
Was ist denn damals passiert? Die Leute haben sich in ihrer maßlosen Wut noch gesteigert, als sie merkten, so leicht kriegt ihr die SPIEGEL-Jungs ja nicht: Die haben sich beim BND vergewissert, die haben sogar noch eine gewisse Sorgfalt geübt! Also musste nach dem Schema, nach dem sie die Sache betrachteten, Herr Gehlen zu den Komplotteuren gehören.
ZEIT: Was für ein Schema meinen Sie?
AHLERS: Das Schema, das sich Strauß, Bundesanwaltschaft, das Bundeskriminalamt schon nach kürzester Zeit zurechtgelegt hatten, sah doch so aus: Hier ist ein großes, hochverräterisches Komplott im Gange, das zumindest die Verteidigungskonzeption des Bundesverteidigungsministers Strauß und seiner Leute zu Fall bringen sollte.
ZEIT: Sie witterten ein Komplott gegen die damalige Regierung?
AUGSTEIN: Gegen eine bestimmte Konzeption dieser Regierung.
AHLERS: Wir wissen heute, dass Strauß dem Obersten Oster in Madrid telefonisch sagte, es sei schon ein Dutzend Generale verhaftet. Aus Amerika wurden Offiziere zur Vernehmung geholt, von denen man wusste, dass sie in irgendeinem persönlichen Kontakt mit uns standen – auch dies in dem Wahn, es müsse sich um eine Verschwörung handeln. Und nun kam überraschend, in einem relativ frühen Zeitpunkt der Ermittlungen, die Tatsache hoch, dass wir

beim Bundesnachrichtendienst Erkundigungen eingezogen hatten. Und da hat man ja sofort unseren Detlev Becker, über den die Kontakte zu Gehlen liefen, und seinen BND-Kontaktmann, Oberst Wicht, wochenlang ins Gefängnis gesperrt, obwohl sie sich ja gerade um Sicherheitsbelange bemüht hatten.

AUGSTEIN: Insofern ist das Komplott eine überdimensionierte Ausgeburt des im Übrigen ja sprichwörtlichen Verfolgungswahns von Herrn Strauß. Strauß witterte ein Riesenkomplott mit Hintermännern beim amerikanischen Geheimdienst, mit Hintermännern in der Bundeswehr, mit Hintermännern beim Bundesnachrichtendienst.

AHLERS: Die Frau des verstorbenen FDP-Politikers Wolfgang Döring, der sich im Bundestag für Gerechtigkeit gegenüber dem SPIEGEL einsetzte, war einmal Sekretärin bei Randolph Churchill gewesen, sechs Monate lang. Daraus wurde dann sofort auf einen Auftrag des Secret Service geschlossen ...

ZEIT: So dass die Anordnung Adenauers, Stammberger möge Gehlen verhaften, nur auf dem Hintergrund dieser Komplott-Theorie zu verstehen wäre?

AHLERS: Etwa zu dem Zeitpunkt, als das passiert ist, hat man mir damals in der Untersuchungshaft gesagt, die Sache verlagere sich oder ergänze sich vom Landesverratskomplex zum Hochverratskomplex. Das ist mir offiziell eröffnet worden.

ZEIT: Hauptleidtragender der SPIEGEL-Affäre war der SPIEGEL. Glaubt man im SPIEGEL jetzt, da die Affäre beendet ist, dass sie eine heilsame Wirkung im Lande hatte?

AUGSTEIN: Vielleicht hat der Staub sich noch nicht genügend gelegt, um da klar sehen zu können. Aber ich glaube doch, dass das Aufbegehren gegen autoritäres Herumfuhrwerken ohne legale Deckung bei allen Beteiligten eine bleibende Erinnerung hinterlassen hat. Und insofern haben wir keinen Grund, diese Affäre, die nun unglücklicherweise mit dem Namen unseres Blattes verbunden ist, sehr zu bedauern.

ZEIT: Kann man denn wirklich sagen, dass sich der Staub noch nicht genug gelegt hat? Könnte man nicht umgekehrt argumentieren, er habe sich schon zu sehr gelegt, es sei alles schon zu sehr vergessen?

Sie alle, im SPIEGEL, sind auf Ihrem Posten. Strauß ist nicht mehr auf seinem Posten, aber er drängt wieder nach Bonn. Konrad Adenauer ist nicht mehr Bundeskanzler, aber ist noch immer Parteivorsitzender. Der damalige Innenminister Höcherl, der die Verhaftung von Conrad Ahlers in Spanien als ein bisschen außerhalb der Legalität kennzeichnete, ist noch immer im Amt. Wer ist wirklich in der ganzen Affäre Sieger geblieben? Wer sind die Blamierten?

AUGSTEIN: Es war eben so, dass hier ein Regime diskreditiert wurde, und zwar ein sehr lange an der Macht befindliches Regime. Deshalb mussten sich die Kräfte dieses Regimes in Selbstschutz zusammenschließen. Das war nicht zu vermeiden. Dadurch ist ein Teil der heilsamen Wirkung sicherlich verloren gegangen. Aber es bleibt doch unbestreitbar, dass die Regierungszeit Adenauers nach dieser Krise bemessen war. Und es bleibt Tatsache, dass die beiden hervorragendsten Vertreter eines autoritären Kurses die Regierung verlassen mussten und andere Kräfte an ihre Stelle getreten sind.

AHLERS: Und es bleibt auch unbestreitbar, dass der Aufstand gewisser Teile der Öffentlichkeit zu unseren Gunsten, dass die Demonstration demokratischen Willens die Situation in der Bundesrepublik verändert hat. So etwas vergisst sich nicht so schnell, auch wenn es keine aktuelle Rolle mehr spielt. Es bleibt als Erfahrungsschatz latent vorhanden.

AUGSTEIN: Es könnten in einer neuen Kuba-Krise, vor der uns Gott behüten möge, die Polizeidrähte nicht mehr mit der gleichen Geschwindigkeit kurzgeschlossen werden wie damals. Es würden die Ermittlungsrichter vielleicht nicht mehr so schnell Haftbefehle ausstellen. Es würden die Bundesanwälte vielleicht nicht mehr versucht sein, die Beweise, auf Grund deren sie einzig und allein handeln könnten, sich erst durch Durchsuchung verschaffen zu wollen.

ZEIT: Die SPIEGEL-Affäre begann mit dem, was man damals „Begleiterscheinungen" nannte: mit der Nacht-und-Nebel-Aktion gegen Redaktion und Verlag, der wochenlangen Durchsuchung und Besetzung ihrer Räume. Sie haben – unabhängig von dem Verfahren, das jetzt beendet ist – dagegen eine Verfassungsbeschwerde eingereicht. Insofern ist die Affäre also noch keineswegs beendet.

AUGSTEIN: Wir haben beantragt, die gesamten Zwangsmaßnahmen, die gegen das Presseunternehmen SPIEGEL und die Angehörigen des Unternehmens gerichtet worden sind, für verfassungswidrig zu erklären. Dieses Verfahren läuft weiter, und es wird sicher in diesem Jahr noch eine Verhandlung vor dem Bundesverfassungsgericht stattfinden.

ZEIT: Dieses Verfahren richtet sich gegen Art und Ausmaß der Durchsuchung?

AUGSTEIN: Ja, und der Ansatzpunkt ist der, dass das Verfahren einleitende Gutachten des Bundesverteidigungsministeriums jeder Substanz entbehrt. Insofern steht die Verfassungsbeschwerde auf starkem Grund. Wir sagen, hier hat ein Organ der Bundesregierung pflichtwidrig gehandelt.

AHLERS: Beim Verfassungsgerichtsverfahren geht es letztlich um eine Frage, die uns alle angeht: um die Abgrenzung der Interessen zwischen Staatssicherheit und Meinungsfreiheit – Artikel 5 des Grundgesetzes. Das ist genau der Punkt, wo der Bundesgerichtshof jetzt gesagt hat, er brauche das nicht zu entscheiden. Aber für alle Journalisten ist das der entscheidende Punkt: Wie sieht es wirklich aus mit dieser Abgrenzung?

ZEIT: Sollte Ihrer Verfassungsbeschwerde stattgegeben werden – werden Sie dann Schadensersatz fordern?

AUGSTEIN: Ich weiß nicht, ob Sie mir das glauben – aber wir haben uns über diese Frage bisher überhaupt noch keine Gedanken gemacht. Für uns steht im Vordergrund, dass man eine Zeitung nicht so behandeln soll und darf. Das ist der Punkt, der uns interessiert. Uns interessiert das für künftige Fälle. Uns interessiert nicht, wie wir mit Mark und Pfennig aus der Sache herauskommen. Es könnte allerdings unter unglückseligen Umständen auch einmal andere Zeitungen treffen, die es vielleicht nicht tragen können.

AHLERS: Stellen Sie sich vor: einen Journalisten einer Provinzzeitung ohne Deckung durch seinen Verleger und Herausgeber. Der ist bei dem technischen Aufwand und den Kosten eines solchen Verfahrens verraten und verkauft!

ZEIT: Man kann also gewissermaßen sagen: Ein Glück, dass die SPIEGEL-Affäre den SPIEGEL betroffen hat. Wie hoch veranschlagen Sie den Schaden, der Ihnen entstanden ist – durch die Kosten, die Behinderung der Arbeit, durch die Art der Durchsuchung, die Quasi-Besetzung der Redaktion, den indirekten Aufruf zum Anzeigenboykott, den der damalige Bundeskanzler Adenauer im Parlament erlassen hat?

AUGSTEIN: Ich glaube, die einzig nennenswerte Größe wäre hier ein Anzeigenausfall im Jahre 1963. Und da möchte ich nun etwas sibyllinisch sagen: Er ist ganz sicher nicht so groß wie die Kosten für das fehlgeschlagene Adenauer-Fernsehen, die doch vom Steuerzahler getragen werden mussten.

Informieren heißt verändern

Der Einfluss des SPIEGEL auf die Politik

In einem Interview mit dem WDR-Hörfunk beschrieb Rudolf Augstein 1964 die journalistischen Impulse und den Stil des Nachrichten-Magazins. Auszug:

Ein wirklich guter Zeitungsartikel muss nicht irgendeine fassbare Tendenz haben und kann trotzdem die Wirklichkeit verändern. Ich glaube, dass ein leidenschaftlicher Journalist kaum einen Artikel schreiben kann, ohne im Unterbewusstsein die Wirklichkeit verändern zu wollen. Auch wenn die Tendenz des Artikels das keineswegs zur Schau trägt. Es gibt auch wieder Artikel, die genau prononciert darauf zielen, etwas zu verändern. Aber vom Stil des Nachrichten-Magazins her würde ich sagen, dass in erster Linie informiert werden soll; aber richtig informieren heißt auch schon verändern.

Man kann die Welt versuchen zu verändern, indem man in die Politik geht, man kann versuchen, sie durch Information zu ändern, man kann versuchen, sie durch Polemik zu ändern und auch durch politischen Journalismus. Das sind verschiedene Wege. Aber das möchte ich sagen, als wir 1947 angefangen haben, war auch ein ursprünglich journalistischer Impuls da, der nicht unbedingt darauf ging, die Dinge zu verändern, sondern sie zuerst einmal zu erfassen und darzustellen. Das ist ja auch eine Frage der Selbsterziehung...

Ich meine, dass der SPIEGEL eine sehr große Wirkung hat, und wenn Sie so wollen, vielleicht eine maximale Wirkung. Aber das Gefühl, dass er viele unserer Wünsche offen lässt, ist immer vorhanden, und ich glaube, stärker, als es etwa bei einer Tageszeitung der Fall wäre, weil wir uns ja auf etwas Neues eingelassen haben und dieses Neue in Deutschland heimisch machen müssen und uns selbst auch erst einmal diesem Neuen anpassen müssen.

Die Republik unterm Beil

Ossietzky und die Weimarer Republik

Anfang 1964 rezensierte Rudolf Augstein die Biografie „Ossietzky. Ein deutscher Patriot" von Kurt R. Grossmann. In seinem SPIEGEL-Artikel weist Augstein die These zurück, der Publizist und Friedensnobelpreisträger Ossietzky, der 1938 in Gestapo-Haft starb, sei „mitschuldig am Untergang der Weimarer Republik" gewesen.

Carl von Ossietzky ist der Nachwelt durch Geschehnisse in Erinnerung geblieben, die aus seiner publizistischen Essenz nicht zwangsläufig hervorgingen: durch den Prozess gegen die „Weltbühne" wegen Landesverrats und durch seine ungewöhnliche Standhaftigkeit gegenüber seinen nationalsozialistischen Kerkermeistern nach der Verleihung des Friedensnobelpreises für das Jahr 1935 an den KZ-Häftling Ossietzky.

Als der Name Ossietzky kürzlich aus aktuellem Anlass in vieler Leute Munde war, die bis dahin nie von ihm gehört hatten, meldete sich auch gleich der zu erwartende Einwand, wie die publizistische Tätigkeit Ossietzkys denn wohl zu beurteilen wäre, wenn er 1931 nicht vom Reichsgericht in einem skandalösen Prozess verurteilt und wenn er nach der Machtergreifung nicht physisch vernichtet worden wäre.

Zur Debatte stand für seine Gegner nicht jener Ossietzky, für den, mit einem Wort Heinrich Manns, 1936 „das Weltgewissen aufstand, und der Name, den es sprach, war seiner", sondern der Redakteur, der die „Weltbühne" während der entscheidenden Jahre des Verfalls der Republik und des Aufstiegs der Nationalsozialisten verantwortet und geleitet hatte. War Ossietzky, wie Klaus Harpprecht kürzlich während einer Diskussion, pikanterweise über sein Referat „Plädoyer für die Feigheit", behauptete, „in seinem fanatischen Hass gegen die bürgerliche Demokratie mitschuldig am Untergang der Weimarer Republik"?

Es versteht sich, dass in Deutschland Männer, die in Konzentrationslagern als Wahrheitszeugen zusammengeschlagen wurden, eher mit solchen Vorwürfen belegt werden als amtierende Chefredakteure. Die „Welt", wiederum pikanterweise, fand, Harpprecht habe eine „weithin schwärende deutsche Wunde" getroffen.

Wie immer, Ossietzkys Tod widerlegt nicht den Vorwurf, er habe die Republik mit erledigt. Untersucht werden muss, ob Ossietzky die parlamentarische Demokratie aus Gesinnung oder Fehltaktik nicht überzeugend verteidigt, ob er sie mit „wurzellosem Negativismus zersetzt" hat, ob er ihr gar in den Rücken fiel oder ob er in seiner Brust die Spannungen nicht auf einen Nenner zu bringen wusste, die den Staat von Geburt her auseinander rissen. War Ossietzky Demokrat oder Jakobiner, Republikaner oder Wegbereiter der proletarischen Diktatur? Material, das noch zu ordnen wäre, enthält eine Lebensbeschreibung von Kurt R. Grossmann, bis zum Jahre 1933 Generalsekretär der Deutschen Liga für Menschenrechte.

Sonderbarerweise setzen die späten Verächter Ossietzkys mechanisch entweder voraus, er sei Jude, oder aber, er sei ein Adliger gewesen. Beides stimmt nicht. Ossietzkys Vater scheint aus einem Dorf „in den deutsch-polnischen Grenzlanden" (Grossmann) gekommen zu sein, wo sich alle Bauern das „von" konzedierten. Er war erst Berufsunteroffizier, dann Stenograf bei einem Hamburger Rechtsanwalt. Er heiratete eine Landsmännin, Rosalie Marie Pratska. Carl von Ossietzky war zwei Jahre alt, als der Vater, 1891, starb. Ossietzky wurde katholisch getauft, aber unter dem Einfluss eines freigeistigen Stiefvaters protestantisch konfirmiert. Die Reife für Obersekunda und damit die Berechtigung zum einjährig-freiwilligen Wehrdienst schaffte Carl von Ossietzky trotz lebhafter und verspäteter Anstrengungen nicht, weil er in Geometrie und Algebra gänzlich versagte.

So wurde er „Hülfsschreiber" und „Bureaugehilfe" am Hamburger Amtsgericht, Abteilung Grundbuchamt, aus dem er erst am 31. Dezember 1918 auf eigenes Gesuch ausschied, nach zwei Jahren Kriegsdienst als Armierungssoldat im Stellungs- und Straßenbau. Im Entlassungsgesuch führt er als Grund für seinen Wunsch „schriftstellerische Tätigkeit" an.

Der Staat, dem Ossietzky seinen Kopf leihen wollte, war freilich unter denkbar ungünstigen Umständen entstanden. Eine im Disputieren erprobte, im Entscheiden und Führen aber durchaus ungeübte geistige Oberschicht sollte mit der Niederlage fertig werden, die der Kaiser und sein System herbeigeführt und erlitten hatten. Groß-Agrarier, Schwerindustrie und Militär-Kaste hatten ihre Positionen behauptet und strebten mit Macht der alten Ordnung zu. Nur eine revolutionäre, dem Mehrheitswillen zuwiderlaufende Enteignung und Entmachtung der Stützen des „Ancien régime" hätte die Republik sichern können, nur eine Diktatur von links. Sie aber wäre notwendig in eine kommunistische Diktatur, in Bürgerkrieg, Anarchie und schließlich Militär-Diktatur umgeschlagen.

Die SPD-Führer als Konkursvollstrecker der alten Ordnung hatten 1918 keine andere Wahl, als sich „opportunistisch" mit den Feinden der neuen Republik zu verbünden. Ein von Gesinnung und Naturell her republikanischer Journalist aber hatte kaum eine andere Möglichkeit, als die schiefe Ebene zu verdammen, auf die der Opportunismus führen musste.

Beide, Ebert und Ossietzky, hatten keine Wahl. Ebert hatte Recht, wenn er unter Berufung auf das Gemeinwohl mit den Stützen der kaiserlichen Ordnung paktierte. Aber die Ossietzkys hatten Recht, wenn sie eifervoll voraussagten, dass der Teufelspakt die Republik in die Arme ihrer Liquidatoren treiben musste (die nun freilich nicht gerade von der Henkersqualität eines Hitler hätten sein müssen). Das war so zwangsläufig und so wenig zwangsläufig, wie geschichtliche, von Personen und Konstellationen abhängige Entwicklungen durchweg sind. Aber wenn Ebert 1918 und 1923 Recht hatte, Ossietzky behielt Recht.

Anfang 1926 trat er in die Redaktion der „Weltbühne" ein, jenes von Siegfried Jacobsohn geschaffene kleinformatige Wochenblatt, das sich seit 1918 als ziegelrotes Leibheft linksgesonnener Intelligenzler eine Gemeinde von bis zu 13 000 Beziehern erobert hatte. Von der Kunst, seine Mitarbeiter zu faszinieren, war der Herausgeber ebenso besessen wie vordem vom Theater. Kurt Tucholsky, dem man einschlägiges Verständnis nicht absprechen kann, nannte ihn „den idealsten deutschen Redakteur, den unsere Generation gesehen hat". Als einziger Mitarbeiter durfte, wie Frau Edith Jacobsohn sich erinnert, Ossietzky seine Arbeiten zur Setzerei geben, „ohne dass sie den Prüfungsweg über unser sommerliches Kampen zu machen brauchten".

Jacobsohn starb ein knappes Jahr nach Ossietzkys Kommen. (Tucholsky: „Er liebte, wie wir, Deutschland und wusste, dass dessen schlimmste Feinde nicht jenseits, sondern diesseits des Rheines wohnen.") Jacobsohn selbst betrachtete als seine größte Leistung die Aufdeckung der „Feme-Morde". 16 Ermordete wusste die „Weltbühne" zu nennen, neun Todesurteile wurden gegen die der „Schwarzen Reichswehr" und den Geheimbünden angehörenden Täter verhängt, keines davon vollstreckt.

Ossietzky, politisch konsequenter engagiert als Jacobsohn, übernahm die Leitung der „Weltbühne". Er kam von den „Nie-wieder-Krieg"-Pazifisten, hatte mit Albert Einstein Anti-Kriegs-Kundgebungen im Berliner Lustgarten organisiert, sich aber von den sektiererhaften Friedenskämpfern bald getrennt.

Einmal im Jahr, nämlich auf dem Pazifisten-Kongress, so schrieb Ossietzky, müsse auch der prinzipienfesteste Antimilitarist „die bellikosen Staubecken" entleeren und die „leider Gottes immer fortwuchernde militaristische Darmflora fortspülen".

Ossietzky, dem Harpprecht fanatischen Hass auf die bürgerliche Demokratie nachsagt, glaubte an das kleine, schmale Buch, „das von der Reaktion so gehasst wird wie kein zweites: die Weimarer Verfassung"; er zog aus dem verlorenen Krieg den Schluss, man müsse „im Großen und Kleinen wieder beginnen, ehrlich zu werden"; für den Mord an Erzberger machte er die „fabelhafte politische Unbildung" des deutschen Volkes verantwortlich – keine ganz abstrusen und unaktuellen Vorstellungen, scheint mir.

Als General von Seeckt sich während des Kapp-Putsches weigerte, die Republik aktiv zu verteidigen und „Truppe auf Truppe" schießen zu lassen; als die Republik nach dem Kapp-Putsch immer noch keine Anstalten traf, das, laut Ossietzky, Seecktsche „Meisterstück"*, diese „Armee, die ganz exklusiv, ganz neben dem Staat lebt", zu integrieren, da schrieb sie sich nach Auffassung Ossietzkys selbst das Todesurteil. Die Historie gibt ihm Recht. Vielleicht war der Staat von Weimar nicht stark genug, den Kampf zu wagen? Aber dafür nannte dieser unbedingte und leidenschaftliche Kämpfer ihn eben „eine unmögliche Republik", die mit Hilfe der SPD „auf der breiten Straße der Bürgerlichkeit gelandet" sei, in einem „trüben

---

* Grossmann, der durchweg recht großzügig zitiert, schreibt „Meisterwerk".

juste milieu". Er sah diesen „Staat ohne Idee und mit ewig schlechtem Gewissen" umgeben von „ein paar so genannten Verfassungsparteien, gleichfalls ohne Idee und mit ebenso schlechtem Gewissen".

Wenn die bestehenden Parteien Ossietzky nicht zusagten, warum hat er nicht eine eigene gegründet? Auch daran hat er sich versucht. Er gehörte zu den Vätern der „Republikanischen Partei", die über die Parteivorstände hinweg die linken Massen zur Sammlung aufrufen wollte, obwohl ihre Gründer weder Marxisten noch Sozialisten waren. Der Stuttgarter Großindustrielle Bosch gab Geld, und die Massen-Partei fischte am 4. Mai 1924 im gesamten Reichsgebiet 45722 Stimmen.

War die klassische Verfassungspartei, die SPD, zu reformieren? Der Nichtsozialist Ossietzky erstrebte die Einheit der Arbeiterschaft. Die im Zeichen des Stalinismus wachsenden Hindernisse auf Seiten der KPD unterschätzte er. Die SPD, so forderte er, müsse sich nicht in Koalitionen verbrauchen, sondern „fruchtbar isolieren" und die Arbeiterschaft in einer geschlossenen Partei vereinigen. Doch der „Sanhedrin" – der Parteivorstand in der Lindenstraße – sei nicht zu beeinflussen; Otto Braun und Otto Wels, die Führer, hätten in der Partei keine Gegner. Aber wäre der Anti-Systematiker und Anti-Funktionär Ossietzky ihnen ein Gegner geworden, wenn er sich in den Parteiapparat begeben hätte?

Dies war Ossietzky: in der Diagnose glänzend, in der Therapie ohne die Mittel des politischen Handwerks und darum bodenlos. Dies war die SPD: in opportunistischem Schlendrian und falschen Prinzipien erstickend, so dass der Bau eines Panzerkreuzers ihr schon zum Verhängnis werden konnte. Nicht nur die Republik, auch die deutsche Linke muss mit einem Geburtsfehler zur Welt gekommen sein.

Als der sozialdemokratische Abgeordnete Scheidemann im Reichstag am 16. Dezember 1926 die gesamten von der „Weltbühne" angeprangerten Skandale der Schwarzen Reichswehr, der Geheimbünde und der heimlichen Zusammenarbeit mit Sowjetrussland in einem Misstrauensantrag gegen den Reichswehrminister Geßler zusammenfasste, traf er hinterher im Wandelgang auf Ossietzky und fragte: „Sind Sie nun zufrieden?" Ossietzky: „Sie haben das Richtige zur falschen Zeit getan. Für Deutschland und seine demokratische Gestaltung würde es besser gewesen sein, wenn sich Ebert nie mit den Generalen verbunden hätte."

Umgekehrt schrieb er 1928: „Die Rote Armee ist nicht der Revolver in der Faust des internationalen Proletariats, sondern in erster, zweiter und dritter Linie das Instrument des russischen Staates, der, wie bekannt, auch eine so absonderliche Schlafkameradin wie die deutsche Reichswehr nicht verschmäht hat."

War Ossietzky nicht klar, dass die „geeinte Arbeiterklasse" ohne Diktatur nicht an die Macht gekommen, dass sie von einem Bürger-Block zermalmt worden wäre? Wie sollte die rote Einigung Ereignis werden, da sie doch „ohne jenen berühmten Zusatz demokratischen Öls, ohne den kein auf europäischem Boden gewordener Organismus leben kann", nicht in Ossietzkys Kopf ging? Oder zog er die rote Diktatur der schiefen Ebene Brünings vor? Es gehe, schrieb Ossietzky am 3. Mai 1932, „um den technischen Fundus der Arbeiterschaft, ihre Presse und Gewerkschaftshäuser" und schließlich um ihr Leben.

Nach dem nationalsozialistischen Wahlsieg vom September 1930 – 107 Reichstagsmandate für die NSDAP – blieb den Sozialdemokraten nur übrig, Heinrich Brüning, den Notverordnungs-Kandidaten des Generalfeldmarschalls von Hindenburg, zu tolerieren. Hätte Brüning „ans Ziel" kommen können, wenn die Ossietzkys ihn gestützt hätten? Angesichts der Natur des ja nun nicht gerade von der „Weltbühne" gerufenen Reichspräsidenten (der laut Hans Delbrück „ehrwürdigen Null"), angesichts der „obskuren Gestalten", von denen Ossietzky ihn umgeben sah, angesichts des tatsächlichen Kräfteverhältnisses im Lande hat der Gedanke wenig für sich. Die deutschnationale, die Hugenbergsche Militär-Diktatur, vor der nicht nur Ossietzky mehr Angst hatte als vor Hitler, schien unvermeidlich.

Ossietzky schrieb über Brüning: „Wir leben in einer Diktatur, aber ihr Terror, noch immer unblutig, gibt sich hausbacken, treuherzig, schlichtbürgerlich, als Dienst am gemeinen Besten. Eine solche Politik ist weniger schrecklich als ärgerlich. Sie scheut das Blut. Sie schlägt nicht tot, sie räuchert aus. Sie versöhnt sogar manchmal durch ihre unfreiwillige Komik."

Brüning war „dieses spitznasige Pergamentgesicht, dieser Pater Filucius mit dem E.K.I am Rosenkranz". Gegen die drohenden Gefahren sei er keine schützende Mauer, höchstens die Wand aus dem „Sommernachtstraum", „die sich mitten im Spiel mit einer höflichen Verbeugung entfernt".

Nun, die Politiker entfernten sich damals noch. Der Reichskanzler von Papen stand, so die „Weltbühne", einem „Lachkabinett" vor, sein Nachfolger, Kurt von Schleicher, fiel, so Ossietzky, „als Dilettant entlarvt, geschlagen sogar auf seinem höchst persönlichen Gebiete: der Intrige" – das war ätzend gesagt, aber wie wahr!

Die Reichspräsidenten-Stichwahl 1932 zwischen Hindenburg und Hitler wurde in der „Weltbühne" kommentiert als ein „Kampf zwischen zwei konkurrierenden Firmen, die um die Quote ringen" – welch bittere Analyse! Und welch verzweifelte Konsequenz: „Die Losung für die Kandidatur Thälmanns schafft klarere Verhältnisse – indem sie alle zu sammeln trachtet, die sich weigern, die Ergebnisse von republikanischer und sozialdemokratischer Unfähigkeit wie eine Schicksalsfügung hinzunehmen."

Stimmte also der Satz des Reichstagsabgeordneten Erkelenz: „Was für Männer in Deutschland auch immer zu irgendeiner Zeit herrschen mögen, in kürzester Zeit werden sie insgesamt, ohne Unterschied der Partei, von der ‚Weltbühne' so madig gemacht, dass kein Hund ein Stück Brot von ihnen nimmt"?

Nicht ganz. Beispielsweise, als Stresemann starb, schrieb Ossietzky: „Es war Naturkraft in ihm; etwas köstlich Seltenes in einem Lande, wo Politik entweder von trüben Philistern oder anmaßenden Intellektuellen administriert wird." Die Klugheit von Seeckts, die Bonhomie des Reichswehrministers Geßler hat die „Weltbühne" respektiert. Auch dies schrieb Ossietzky über Brüning: „Selten hat ein Staatsmann, der bei aller komplizierten Gedankenverkräuselung doch kein dilettantischer Doktrinär ist, sondern ein mit Realitäten rechnender Mensch, solche Enttäuschungen erfahren."

Aber freilich, den Staat Seeckts (der speziellen Journalisten schriftlich mit der Verhängung des Ausnahmezustandes gedroht hat) und Hindenburgs hat die „Weltbühne" nicht als ihren Staat empfunden. Tucholsky in Paris, nicht Ossietzky, schrieb: „Wir verraten einen Staat, den wir verneinen, zu Gunsten eines Landes, das wir lieben, für den Frieden und für unser wirkliches Vaterland: Europa." Verrat ist oft eine Frage des Datums. Den gleichen Satz in geholperter Façon hätte auch Konrad Adenauer sagen oder schreiben können.

Tucholsky programmierte, den Manifestanten der Gruppe 47 vorauseilend, „dass es kein Geheimnis der deutschen Wehrmacht gibt, das ich nicht, wenn es zur Erhaltung des Friedens notwendig erscheint, einer fremden Macht auslieferte".

Das Urteil des Reichsgerichts gegen Ossietzky wegen Landesverrats vom 23. November 1931 – 18 Monate Gefängnis – ist zwar in seiner „übersinnlichen" (Ossietzky) Abhängigkeit vom Sachverständigen des Reichswehrministeriums und in seiner oberflächlich-parteiischen Diktion ein Unikum, entstand aber aus einer Stimmung, die hervorzurufen die Wochenschrift nicht müde geworden war. Systematisch hatte sie alle Rüstungsprojekte, die den Bestimmungen des Versailler Vertrags zuwiderliefen, aufgedeckt.

Die Urteilsbegründung gab derselbe Vorsitzende, vor dem Hitler ein Jahr zuvor hatte beeiden dürfen, er werde „Köpfe rollen lassen". Das Urteil indizierte, dass dieser Staat gespalten und nicht mehr zu heilen war.

Die Richter sprachen Ossietzky und seinem Mitangeklagten Kreiser ausdrücklich die Überzeugungstäterschaft ab: „Unbekümmert um die Interessen ihres Vaterlandes in schwerer Zeit und unter deren bewusster Nichtachtung haben sie aus Sensationsbedürfnis das Maß einer sachlichen Kritik weit überschritten."

Man ließ Ossietzky seinen Pass, damit er außer Landes gehen könne. „Märtyrer" wollte er nicht sein, er hat die Emigration erwogen, blieb aber, weil er nicht „hohl ins Land herein" sprechen wollte. Tucholskys, des Emigrierten, Beispiel schreckte.

Im Gefängnis Berlin-Tegel durfte er schreiben, aber nicht publizieren. Anstatt der verhängten 18 Monate musste er nur 7 absitzen, weil die SPD durchdrückte, dass Hindenburgs Weihnachts-Amnestie von 1932 auch Ossietzkys Tat einschloss.

Zehn Wochen war er frei, dann brannte der Reichstag. Es nützte Ossietzky nichts, dass er sein Türschild abmontiert hatte: Früh um vier am 28. Februar wurde er abgeholt. Es gibt Bilder, es gibt Schilderungen von unverdächtigen Augenzeugen, die gesehen haben, wie zerprügelt, wie geschunden und wie nobel er drei Jahre lang in mehreren Konzentrationslagern vegetiert hat.

Ich kann ihm nicht verargen, dass er zehn Tage vor dem Reichstagsbrand links von sich „nur noch Verbündete" sah. Vom ersten Tag an, so sagte er auf einer letzten Zusammenkunft seiner Gesinnungsfreunde, habe er die Republik – „wie nun von Tag zu Tag deutlicher wird, gegen den Willen der berufenen Hüter" – verteidigt, aber nun folge sein Herz unwiderstehlich dem Zug der proletarischen Masse.

Man muss einer dieser Kokett-Schreiber oder recht ahnungslos sein, will man diesen Mann einen Totengräber des Staates von Weimar nennen. Er hat das Schicksal dieses Staates wie kein anderer repräsentativ erlitten und geteilt. Er war, wie der Untertitel der Biografie verheißt, „ein deutscher Patriot".

„Warum, warum", schrieb Tucholsky an Grossmann, „ist Ossi nicht ins Ausland gegangen?" Ossietzky wollte noch abwarten. Er konnte sich nicht vorstellen, wie viehisch die neuen Herren trotz Hindenburg und Papen und trotz dem Prälaten Kaas hausen würden.

Als der auf den Tod entkräftete Häftling für den Friedensnobelpreis ins Gespräch kam, brachte man ihn aus dem „Moorsoldaten"-KZ Esterwegen mit schwerer offener Lungentuberkulose nach Berlin ins Krankenhaus, Ende Mai 1936. Göring selbst soll ihm im Hauptquartier der Gestapo zwei Stunden lang mit Worten zugesetzt haben, den Nobelpreis abzulehnen und dafür „noch heute Abend" als freier Mann nach Hause zu gehen. Ich hätte für diese Schilderung Grossmanns gern irgendeinen Beleg, so scheint sie mir etwas zweifelhaft.

Belegt ist, dass Ossietzky den Nazi-Kommissären gesagt hat: „Ich war Pazifist und werde Pazifist bleiben!" Er durfte das Telegramm nach Oslo absenden: „Dankbar für die unerwartete Ehrung – Carl von Ossietzky." Ausreisen zur Entgegennahme des Preises durfte er nicht, obwohl Hitler ursprünglich erwogen hatte, ihn ziehen und ausbürgern zu lassen – bei der Olympiade in Berlin hatte sich das Dritte Reich gerade erst im stramm gebürsteten Sonntagsstaat präsentiert.

Anderthalb Jahre lebte Carl von Ossietzky mit seiner Frau in einem Privatsanatorium, unter sorgsamer Pflege und, so hatte Göring es angeordnet, „geschickter Bewachung". Am 4. Mai 1938 ist er gestorben.

In dem Nachruf eines Emigranten aus dem südamerikanischen Exil steht der Ossietzky bezeichnende Satz: „Die Konsequenz seiner Überzeugungen trug er nicht nur geistig, und das heißt: bis zum Irrtum, sondern auch moralisch, und das heißt: bis zur Gefahr."

Die SPD, die eine CDU sein wollte

Die Unfähigkeit der Opposition

Im Wahljahr 1965 hatte Günter Grass für die Sozialdemokraten getrommelt – vergebens, Ludwig Erhard blieb vorerst Kanzler. Rudolf Augstein warf der SPD und ihrem Chefstrategen Herbert Wehner am 29. November in einem Vortrag an der Universität Tübingen vor, sie habe ihre Oppositionsrolle vernachlässigt und sich den Regierungsparteien angepasst, um von der Union als salon- und koalitionsfähig akzeptiert zu werden. Auszüge:

Günter Grass, als man ihm den Büchner-Preis aushändigte, hat in seiner überaus glänzenden Laudatio auf Günter Grass alle jene Schriftsteller verdammt, die nicht gleich ihm das Selbstverständliche getan und der Sozialdemokratischen Partei Deutschlands Wahlhilfe geleistet hätten. Grass gibt seiner Darmstädter Rede geradezu die Überschrift: „Rede über das Selbstverständliche".

Ich will hier nicht gegen Grass polemisieren. Er hat beispielhaft bewiesen, dass ein Schriftsteller sich politisch engagieren, dass er schlagkräftig argumentieren und auch in Fragen der politischen Machtverteilung sein Auditorium finden kann. Aber freilich, das „Leider" folgt auf dem Fuß. Diesem Ausbund formaler Begabung ist der Versammlungsrummel zu Kopf gestiegen, die Zirkusatmosphäre hat ihn berauscht.

Da er Partei ergriffen hatte, war es plötzlich, über Nacht, selbstverständlich, Partei zu ergreifen. Da er diese Partei ergriffen hatte, war diese Partei SPD die Partei schlechthin, gleich, in welchem Zustand. Da er der Partei offenbar keine Wähler eingebracht hatte – wiewohl er doch viel getan hatte, dem Schriftstellerstand Achtung zu verschaffen –, verwirrte sich der Schriftsteller Günter Grass so sehr, dass er den Wählern Versagen vorwarf.

Da wir heute das Thema erörtern, ob denn die SPD (noch) zu retten sei, könnten wir, nicht minder polemisch, auch die Frage stellen:

„Hat der Wähler versagt, als er nicht SPD wählte?" Oder, genauer, haben jene vier Prozent der Wähler versagt, die, anstatt den Demoskopen das prophezeite Kopf-an-Kopf-Rennen zu liefern, nicht der SPD, sondern der CDU ihre Stimmen gegeben haben?

Dies vor allem sollten wir uns klar machen: Vier Prozent der Wähler haben, von der Warte eines Günter Grass aus betrachtet, versagt. Vier Prozent haben die falsche Partei gewählt, CDU statt SPD. Vier Prozent haben aus vierzig Prozent, die pflichtgemäß SPD wählten, Besiegte, ja, Geschlagene gemacht. Nur vier Prozent. Hätten vier Prozent SPD anstatt CDU gewählt, so hätte Klaus Harpprecht (er für viele) dem Wählervolk das Zeugnis der Reife nicht vorenthalten.

Warum hacke ich auf den vier Prozent herum wie ein Buntspecht auf dem Fichtenstamm? Weil das Werben der nächsten vier Jahre um diese vier Prozent geht. Weil unser Thema auch heißen könnte: Woran hat es gelegen, dass die SPD diese vier Prozent nicht bekam? ...

Wenn ich es richtig sehe, misst die SPD ihr Wachstumstempo an dem Geschwindmarsch in die absolute Mehrheit, den die christlichen Parteien unter Adenauer zwischen 1949 und 1957 anschlagen konnten. In acht Jahren kletterte die CDU/CSU von 31 auf 50,2 Prozent der Wählerstimmen. Resignation und Entmutigung entspringen dieser, wie ich meine, außergewöhnlichen und darum falschen Perspektive.

Denn die SPD war ja keine Partei wie die CDU, die als Sammelbecken für die zerschlagene Hitlersche Volksgemeinschaft ungewöhnlich günstig platziert war. Der SPD haftete aus ihrer marxistischen Herkunft der Ruch an, die besitzbürgerliche Gesellschaft umstürzen zu wollen, und tatsächlich hat sie heute noch Schwierigkeiten, einschlägige Aktionen der Gewerkschaften abzuwehren.

Im Staat von Weimar stützte sie die geschmähte Erfüllungspolitik. In der Bundesrepublik rang sie noch lange Zeit mit der Versuchung, im Voraus verplanen zu wollen, was erst noch erwirtschaftet werden musste. Jede aggressive Aktion des russischen Bolschewismus wurde auch ihr als einer halb- oder ehemals marxistischen Partei angekreidet. Die Etiketten „Bonze" und „Funktionär" klebten am Gepäck der SPD, dafür hatten noch die Nationalsozialisten gesorgt. Die SPD-Führer hatten in der Emigration und im Zuchthaus überlebt, Wehner war früher Kommunist gewesen, und Ollenhauer gar galt als Jude – sein Anstand hinderte ihn zu dementieren. Das Bild des Ballonmützen-Sozi haftete unauslöschlich in der Erinnerung aller Bürger. ...

Dies ist unser Vorwurf an die Adresse der SPD-Führer und namentlich Herbert Wehners: Sie verloren nach den Wahlen von 1957, in denen Ollenhauer und Mellies ihre drei Prozent Zugewinn ebenfalls eingebracht hatten, die Nerven. Dass der CDU/CSU aus dem bürgerlichen Reservoir eine bequeme absolute Mehrheit zugeflossen war, brachte die SPD um den kühlen Verstand. ...

Die SPD ... musste mit ansehen, wie ihre Konkurrentin, die CDU, reich wurde; musste mit ansehen, wie Adenauer die Bevölkerung über ihre wahre Lage täuschte, wie er die demokratische Essenz achtlos verschüttete und keine Spielregel anerkannte.

Dieser Mitbewerber hatte Erfolg, obwohl er unfair war, obwohl er die Leute betrog, obwohl er ungedeckte Schecks ausschrieb. Herbert Wehner, so scheint mir, zog den Schluss, die CDU sei erfolgreich, nicht obwohl, sondern weil sie unfair war; weil sie die Leute betrog; weil sie ungedeckte Schecks ausschrieb; weil sie sich um eine solide Buchführung herumdrückte. Würde die SPD es ihr gleichtun, würde sie über Nacht in die Regierung gelangen müssen.

Wenn ich Herbert Wehner sage, meine ich ebenso die von ihm inspirierte SPD-Führung. Dass die SPD glaubte, Adenauer nur mit Adenauers Mitteln und Methoden schlagen zu können, war vielleicht des Erzkanzlers einziger beständiger Sieg.

Herbert Wehner begnügte sich nicht zu fragen: Wie bekommt die SPD mehr Stimmen? Er verschob die Perspektive, indem er fragte: Wie bringe ich die SPD in die Regierung? Er entwarf nicht die Strategie zur unaufhaltsamen Eroberung der Regierungsmacht, sondern die Taktik, sich neben die CDU auf die Regierungsbank zu mogeln. Durch einen Zaubertrick, durch einen Geniestreich sollte die SPD ins Amt.

Ein Mann, der von platter Sehnsucht nach dem Ministeramt so frei ist wie Herbert Wehner, was hat er sich gedacht? Ich glaube fast, wir müssen die persönlichen Schicksale und Erfahrungen der führenden SPD-Genossen zur Erklärung mit heranziehen. Ihnen hatten Adenauer und seine Leute vorgeworfen, sie besorgten die Geschäfte des Kreml, sie seien zu weich gegenüber den Kommunisten, sie wollten das deutsche Volk wehrlos an seine Feinde ausliefern, sie seien überhaupt die Partei der Kapitulation immer gewesen und auch jetzt.

Als ewige Neinsager hatten sie sich dem Wiederaufstieg des deutschen Volkes entgegengestellt, hatten, so dröhnte es noch im letzten Wahlkampf, nichts geleistet. Nörgler, Miesmacher, neidische vaterlandslose Gesellen, Schwächlinge, frühere Kommunisten, das waren die SPD-Führer.

Man weiß, wie empfindlich Wehner und Brandt von solchen Vorwürfen getroffen worden sind. Sie wollten nicht mit der CDU regieren, um endlich Minister zu werden, wie einige ihrer Fraktionsgenossen. Sie wollten, so befürchte ich, ihrer eigenen ehrenhaften Vergangenheit ledig gesprochen werden, und zwar von der CDU.

Hätten sie einen kühl berechneten Schurkenstreich im Schilde geführt, er hätte vielleicht sogar gelingen können. Aber diese Flucht vor dem eigenen Schatten ist mit Grund misslungen. Ich habe es der SPD vor fünf Jahren – wenn ich mich hier zitieren darf – einmal ins Stammbuch geschrieben: Die Hand, die den Wechsel fälscht, darf nicht zittern.

Vielleicht soll ich hier dem Missverständnis vorbeugen, als wollte ich so respektable Männer wie Brandt, Wehner und Erler zu wissentlichen Betrügern und Falschmünzern stempeln. Das sei ferne von mir! Auch ich weiß, dass jeder Herrschaft, die auf Zustimmung angewiesen ist, ein demagogisches Element, ja ein Element des Betrugs innewohnt.

Von Herbert Wehner glaube ich zu wissen, dass er seinerzeit subjektiv ehrlich geglaubt hat, Chruschtschows Drohung gegen Berlin mache eine Große Koalition notwendig. Ebenso glaubt er vielleicht noch heute, der Verfall der Institutionen ließe sich nur durch eine gemeinsame Regierung aus CDU und SPD aufhalten.

Die gute Meinung, so habe ich im Katechismus gelernt, vermehrt den Himmelslohn. Aber sie zählt in der Politik so wenig wie der gute Wille Ludwig Erhards. Im Ergebnis ist es so gekommen, dass die von der Partei konsequent eingesetzten Mittel alle sachlichen Zwecke überwuchert und auf den einen einzigen Zweck der Regierungsbeteiligung zurechtgestutzt haben. Die Mittel entheiligten den Zweck.

Während die Oppositionsparteien anderswo Mühe haben, sich sachlich von der Regierung abzuheben, sich zu profilieren, setzte die SPD ihr Bestreben darein, bestehende Unterschiede einzuebnen und zu verwischen. Fragen, die eine Entscheidung verlangt hätten, wurden nicht zum Teil – wie anderwärts auch, sondern gänzlich – aus dem so genannten Wahlkampf ausgeklammert. ...

Die SPD wollte kein Neinsager mehr sein, kein Mime und kein Alberich, kein Börne und kein Heine – also machte sie keine Opposition mehr.

Sie wollte nicht mehr als kommunistenhörig gelten, also verbannte sie jeden Nicht-CDU-Gedanken aus dem Parlament.

Sie wollte für wehrfreudig gelten, also jappte sie hinter Atomprojekten her, die selbst in der CDU umstritten waren. Sie wollte von der CDU akzeptiert werden, also gab sie sich konstruktiv, und das heißt in Deutschland allemal Ja und Amen sagen.

Die Bevölkerung sollte nicht eine SPD wählen, die eine bessere, durchdachtere, aufrichtigere Politik versprach und die sich dem Verfall der Institutionen entgegenstemmen würde, sondern eine SPD, die ihren Proporzanteil vom Kuchen der Lügen endlich ergattern wollte. ...

Den Höhepunkt einer dilettantisch verfehlten Werbung erklomm die SPD mit dem Schlager-Slogan: „Einmal muss man es probieren, keine Angst, es wird schon gehn. Einmal muss es ja passieren, nachher ist's noch mal so schön." Dass die Partei den Werbeleuten auf den Leim gegangen sei, ist ein Märchen. Sie hat aus richtigen Erkenntnissen der Werbeleute und Demoskopen dilettantisch Kurzschlüsse gezogen.

Nun gibt es Kritiker, die behaupten, nur so habe die SPD jene 3,1 Prozent Zuwachs, die sie tatsächlich seit 1961 erzielt hat, erringen können. Diese Kritiker müssen uns, so denke ich, den Beweis schuldig bleiben. Wir sollten es vorziehen, die parlamentarische Regierungsform noch nicht für erledigt zu halten, solange die harten Fakten den Beweis nicht erbracht haben.

Noch einmal, was mag Herbert Wehners SPD sich gedacht haben? Es muss Adenauer gelungen sein, ihr die Rolle der Opposition zutiefst suspekt zu machen. Aus der Opposition und mit Berufung auf die Opposition, so hörte man es bei der SPD von hoch und niedrig, von höchst und niedrig, kommt man nicht in die Regierung. Also musste die SPD vergessen machen, dass sie in der Opposition sitzt, musste einen derzeit schon Regierenden auf den Schild heben und beileibe keinen Oppositionsführer im Bundestag. Den Unterschied zur CDU musste sie, wo er bestand, nicht sichtbar machen, sondern verwischen. Es gab keine Opposition mehr, sondern nur noch gute Kräfte, die zusammenstehen und miteinander regieren müssen.

Der Kurzschluss dieses ingeniösen Konzepts knistert und knattert so fulminant, dass es heute einigermaßen rätselhaft erscheinen muss, wie Wehner ihm so beharrlich treu bleiben konnte. Um beim deutschen Stimmbürger salonfähig zu werden, musste die SPD neben der CDU im Salon sitzen. Andererseits würde die CDU die SPD nur akzeptieren, nachdem die SPD einen Durchbruch erzielt hätte, nachdem sie also, in anderen Worten, bei jenen vier bis acht Prozent, um die es immer nur geht, schon salonfähig geworden wäre. Entweder hatte die Partei Erfolg beim Wähler, dann konnte sie die Regierungsbildung nach der Wahl erzwingen, oder aber sie blieb zurück, dann würde ihr das konstruktivste Wohlverhalten nichts nützen.

Freilich, zu Anfang konnte Wehner noch Entwicklungen erwarten, die dem Kalkül Boden geben würden. Er sah aus Chruschtschows Berlin-Ultimatum dornige Entwicklungen entstehen, die nur im Zusammenwirken aller Parteien oder zumindest der beiden großen Parteien bestanden werden konnten. Er rechnete auf eine Art Kriegskoalition im Frieden. Er rechnete weiter mit einer Nachfolge-Krise in der CDU, aus der Adenauers Partei keinen Ausweg mehr wissen würde, nur den in die Arme der SPD.

Diese beiden Spekulationen waren nicht aus der Luft geholt. 1961, im August, wurde die Mauer gebaut, 1962, im Herbst, kam jene Krise, in der auch der SPIEGEL unfreiwillig eine Statistenrolle übernehmen musste. Beide Male benutzte Adenlauer die Große Koalition als Spielmaterial, um die FDP weich zu machen. Beide Male barsten die SPD-Führer vor Genugtuung, weil der erzböse Feind mit ihnen verhandelt, mit ihnen in einem Salon gesessen hatte. Er habe die SPD, so jubelte man, für regierungsfähig erklärt. Inzwischen, so hoffe ich, weiß auch Wehner, dass es der Wähler ist, der eine Partei für regierungsfähig erklärt, und niemand sonst.

Bei jedem passionierten Taktiker kommt irgendwann der Punkt, wo nur noch ein verrückter Einsatz die Partie wenden kann, in Wahrheit also kein Einsatz mehr. Auch Wehner erlag dieser Versuchung. Um von Adenauer, dem Inbegriff der alten Mächte, eingesegnet zu werden, war er während der SPIEGEL-Krise nicht nur bereit, Adenauer als Kanzler zu perpetuieren, sondern er nahm sogar das Mehrheitswahlrecht in Kauf. Dieses Wahlrecht hätte der SPD 1957 20 Prozent der Sitze, 1961 36 Prozent der Sitze und 1965 38 Prozent der Sitze beschert. Den schätzungsweise 310 Abgeordneten der CDU/CSU säßen dann derzeit 185 Abgeordnete der SPD gegenüber.

Da die Partei von der FDP nirgends mehr als ein Drittel der FDP-Wähler zu erwarten hätte, heißt das: Unter dem Mehrheitswahlrecht müsste die SPD, um an die Regierung zu kommen, erst recht auf die absolute Mehrheit warten.

Wer will noch annehmen, dass die SPD heute besser dastünde, wenn sie schon drei Jahre Salonfähigkeitstest in einer Großen Koalition hinter sich hätte? Ich kann den Verdacht nicht abweisen, die SPD wollte ihren Problemen durch Flucht in die Arme der CDU entgehen (wie umgekehrt die Flucht zur SPD einen ähnlichen Bankrott auf Seiten der CDU signalisieren würde); die SPD hoffte auf das Wunder einer österreichischen Dauerkoalition zweier an das Bestehende sich klammernder großer Parteien.

Um den Makel, Opposition zu sein, auszulöschen, war die Parteiführung, anders als die Bundestagsfraktion, sogar bereit, ein Wahlsystem in Kauf zu nehmen, das die Bürgerlichen zusammengezwungen und das der SPD auf acht bis zwölf Jahre ein unüberwindbares Handicap eingetragen hätte.

Der Vorwurf sei noch einmal zugespitzt. Es war richtig, das Parteiprogramm so zu ändern, dass es für die Mehrheit von morgen – von morgen! – eine Plattform bieten könnte. Es war unnütz und schädlich, das Institut der Opposition herabzusetzen. ...

Ich glaube – verübeln Sie mir die, ich gebe es zu, etwas schlichte Betrachtungsweise nicht –, dass die SPD nur gedeiht, wenn die parlamentarische Demokratie gedeiht. Die SPD-Führer am Werk zu sehen, wie sie Opposition nicht mehr vertreten, sondern verharmlosen, weil sie das Einvernehmen zum künftigen Koalitionspartner nicht trüben wollen, war mir schrecklich und wird mir, wenn sie so weitermachen, weiter schrecklich sein. Glänzende Parlamentarier erschienen plötzlich in der Rolle von Hampelpuppen, gezogen an den Drähten des unwiderstehlichen Zwangs, der CDU zum Verwechseln ähnlich zu werden. ...

Dass die SPD den Grundgedanken der parlamentarischen Demokratie weiterhin planmäßig verhatschen und minimalisieren könnte, macht mich, ich gestehe es, einigermaßen nervös. Ich glaube nicht einmal, dass sie dadurch Stimmen fängt. Der Nachweis, dass Opposition in Deutschland nichts bringt, auf Dauer nichts bringt, ist ja doch keineswegs erbracht.

Wohl aber sollte man den Nachweis als erbracht ansehen, dass Nicht-Opposition als solche, dass staatsmännische Farblosigkeit als solche, dass Gemeinsamkeitsbeschwörung als solche der SPD nichts bringt. Kaiser Wilhelm kann sagen: „Ich kenne keine Parteien mehr." Der Emigrant aus dem Spanischen Bürgerkrieg, der Mann in der Norwegerbluse, kann das nicht.

Die SPD kann noch so pfiffig tun, um der parlamentarischen Demokratie ein Schnippchen zu schlagen, sie wirkt dabei unsolide. Was man Adenauer staunend zugute hält, weil er so alt ist und weil er seit neunzehnhundertdunnemal die guten alten Zeiten und Mächte verkörpert, gerät der SPD zur Groteske. Was man Erhard nachsieht, weil er der dicke Wohlstands-Onkel Lulu ist, schlägt Brandt und Erler ins Gesicht. Sie sind keine Wundermänner. Sie müssen solide sein. ...

Die SPD, so meine ich, hätte es leicht gehabt, der Führungslosigkeit im Lager der Regierung eindrucksvollen Führungswillen entgegenzusetzen. Brandt aber, vom Gemeinsamkeitsgemäre wie von missverstandener Demoskopie verunstaltet, tauschte Sachlichkeit mit Vagheit. Er hat Führungsqualitäten, die seinem Image wegoperiert und durch kosmetische Tünche ersetzt waren. Ein Inserat entschuldigte ihn sogar für seine Norweger-Zeit. Wenn Erhard nicht verdient gewonnen hat, so hat doch Brandt verdient verloren. Erhard war immer noch er selbst, sein eigenes Abziehbild. Bei Brandt hingegen musste man fürchten, er sei das Abziehbild einer smarten Kamarilla.

„Wenn die Reklame keinen Erfolg hat", so sagt Edgar Faure, Autor von Kriminalromanen und ehemaliger Ministerpräsident Frankreichs, „muss man die Ware ändern." Ich denke, die SPD wird beides ändern müssen, Verpackung und Ware. Den Grundgedanken der parlamentarischen Demokratie, dass die Opposition der in Macht und Pfründen versackten Regierung eine personelle und sachliche Alternative entgegenzusetzen hat, wird sie neu entdecken müssen. ...

Die Partei soll ihren albernen Hoffähigkeitskomplex fahren lassen, sie soll darauf losgehen, die Regierung abzulösen, nicht aber darauf, an ihrer Verbrauchtheit zu partizipieren. Am Tag nach der

Wahl wird immer Zeit sein, eine Große Koalition zu schließen, wenn anders eine arbeitsfähige Regierung nicht zu Stande kommt. Den Weg zur FDP muss die Partei sich offen halten, schon weil sie gar nicht weiß, ob eine auf den zweiten Platz verwiesene CDU/CSU noch mit ihr zusammengehen würde. An die Einführung eines Mehrheitswahlrechts sollte sie Gedanken erst verschwenden, wenn sie die absolute Mehrheit sicher hat. Das nächste Ziel ist nicht die Regierungsbeteiligung, sondern, die wählerstärkste Fraktion im Bundestag zu werden. Eine brave alte Matka wie die SPD kommt nicht mittels eines Coups zum Zuge, sondern auf die Ochsentour. Die SPD, die andere Blätter hat gewollt, nämlich die Feigenblätter der CDU, die SPD, die eine CDU sein wollte, war ein Phantom, und das gilt es zu erkennen.

Niemand kann sich einbilden, und ich tue es am wenigsten, dass die SPD uns Dank weiß, wenn wir über sie nachdenken. So weit ist die Partei noch nicht. Aber wer die parlamentarische Demokratie will, muss auch den Regierungswechsel wollen. Freilich, keinen Regierungswechsel um jeden Preis. Die Regierungsautorität in Bonn zersetzt sich auf eine unheimliche, schon beinahe greifbare Weise. Die Opposition in diesen Verfall hineinzuzwingen scheint mir sträflich. Der Gedanke, dass dieses Staates Form in sich zerfällt, wenn seine Regierung das Fazit des Hitler-Krieges und einer jahrzehntealten Fehlentwicklung zu ziehen sich weigert, ist lebenswichtig und kann nur von der SPD in Aktion gesetzt werden, nicht von der Zeitung und dem Fernsehen.

Wahrheit ist eine Waffe, auf die man trainiert sein muss. Lassen Sie uns unser Teil an Einübung tun, damit die SPD sich wieder der Maxime ihres Gründers Ferdinand Lassalle erinnert, auszusprechen, was ist. Ich möchte hinzusetzen: auszusprechen, was sein soll. Dies ist der Weg in die Regierung, dies der Weg, den Verfall der parlamentarischen Demokratie aufzuhalten. Alle anderen Wege führen die anderen schneller ans Ziel – und Gott weiß, an was für eins.

„Für Völkermord gibt es keine Verjährung"

Gespräch mit Karl Jaspers über NS-Verbrechen

Nach langem Zögern ließ sich Karl Jaspers im Februar 1965 auf ein SPIEGEL-Gespräch mit Rudolf Augstein ein. Jaspers hatte, wie er zuvor in einem Brief an Hannah Ahrendt schrieb, Bedenken wegen des „negativistisch-hochmütigen Stils" des SPIEGEL. In den Interviews zeige sich „immer dasselbe: ungemeine Intelligenz und Informiertheit der SPIEGEL-Leute, planmäßiges Daraufausgehen (drei gegen einen), im Gespräch die schwachen Punkte zu entdecken, bei Antworten, die ihre Thesen überzeugend umwerfen, die Waffe der Ironie". Nach dem Gespräch mit Augstein („ein ganz unscheinbarer kleiner Mann mit scharfer Intelligenz und enormem präsentem Wissen") bekannte Jaspers: „So ein Mann ist mir noch nicht begegnet. Es war mir, als ob ich Verwandtschaft spüre und dann den Abgrund." Das Gespräch wurde in SPIEGEL 11/1965 gedruckt.

JASPERS: Die Führung des Gesprächs haben Sie, Herr Augstein, nicht wahr?
AUGSTEIN: Habe ich. Herr Professor Jaspers, in unserem Gespräch wollen wir die Frage ganz unbeachtet lassen, ob es juristisch möglich sei, die Verjährungsfrist zu verlängern – ob es also möglich ist, sie erst vom Jahre 1949 oder gar erst vom Jahre 1956 an zu berechnen, und auch, ob es möglich ist, sie für Mord rückwirkend von 20 auf 25 oder auf 30 Jahre zu verlängern. Es gibt für jede dieser Spielarten von kompetenter Seite juristische Thesen, die einander widersprechen.

Ebenso schlage ich vor, dass wir die Frage der außenpolitischen oder überhaupt der politischen Opportunität möglichst beiseite lassen. Ich von mir aus darf sagen, dass ich glaube, man muss, so wie die Dinge geworden sind, die Verjährungsfrist jetzt aus Opportunitätsgründen verlängern; aber es interessiert mich, wie Sie die Sache vom moralischen Standpunkt aus sehen.

Es sieht doch so aus, als ob die Prozesse gegen NS-Verbrecher nur scheinbar juristische, tatsächlich aber politische Akte sind, die nach den Normen des Strafgesetzbuches abgehandelt werden. Und das macht wohl auch oft, das bewirkt wohl oft diese Hilflosigkeit oder den Anschein der Hilflosigkeit.

Sie selbst haben über diese Kriegsverbrechen in einem anderen Zusammenhang gesagt: Es sind Verbrechen, die vom politischen Willen des Staates bestimmt waren und die sich daher von der Persönlichkeit des einzelnen Täters loslösen. Das scheint mir die Problematik im Wesentlichen zu treffen.

JASPERS: Wenn Sie mir erlauben, möchte ich vorweg die These erörtern, dass es unmöglich ist, Recht und Politik als zwei absolut getrennte Gebiete voneinander zu sondern.

Das Recht ist überall in der Welt begründet auf einen politischen Willen, den politischen Willen der Selbstbehauptung der Ordnung eines Staatswesens. Deswegen hat das Recht zwei Quellen: diesen politischen Willen und die Idee der Gerechtigkeit. Die Idee der Gerechtigkeit, die als eine ewige Idee beansprucht wird, die niemand hat und der man sich anzunähern hat.

Wenn große Dinge erfahren werden, es sich um einen Wandel im Zustand eines Gemeinwesens handelt, dann wird in Bezug auf die Gerechtigkeit gesprochen. Sonst wird durchweg geredet von dem Recht als dem gesetzten Recht, das dann absolut gelten soll.

Das gesetzte Recht ist in Gesetzbüchern niedergelegt, gilt in dem Staate, in dem es geschaffen ist, und ist in diesem Staate – in freien so genannten Rechtsstaaten – gültig. Das Recht gilt immer nur im Rahmen der Ordnung des jetzt bestehenden Staates, der sich durch diese Ordnung behauptet.

Wenn in der Geschichte die großen Einschnitte erfolgen, dann wird – so zum Beispiel unter Mitwirkung der englischen Juristen im 17. Jahrhundert – Recht geschaffen aus politischem Willen, und es wird etwas getan, was eine vorhandene Rechtsordnung in Bewegung bringt, verändert oder gar umstürzt.

In dem Augenblick, wo etwas geschieht, getan, gewollt wird, was ein Einschnitt in die Geschichte ist, eine Revolution, in diesem Augenblick gilt das Recht, das gesetzt ist, nicht absolut; sondern jetzt ist wieder die Frage: Was soll gelten? Es wird neu entschieden, was jetzt aus der ewigen Gerechtigkeit als Recht erkannt wird.

Mir scheint nun, dass der Nazi-Staat für Deutsche einen Einschnitt bedeutet, wie er für sie noch nie war. Ein Weiterleben nach dem Nazi-Staat setzt eine geistige Revolution voraus, eine sittlich-politische Revolution auf geistigem Grunde.

Nur wenn man entschlossen ist anzuerkennen, dass die Kontinuität hier unterbrochen ist – ich rede jetzt nicht von all den Kontinuitäten, die trotzdem bestehen –, hier ist im entscheidenden Punkte des sittlich-politischen Bewusstseins die Kontinuität unterbrochen. Nunmehr schaffen wir die Voraussetzung unserer jetzt gewollten politischen Ordnung – nur unter dieser Voraussetzung kann man meines Erachtens heute politisch vernünftig reden.

AUGSTEIN: Das leuchtet mir ein. Lassen Sie uns aber Folgendes vor Augen halten: Napoleon hatte bei der Eroberung von Jaffa 3000 Gefangene gemacht, das heißt, sie hatten sich ihm ergeben, weil er ihnen freien Abzug versprochen hatte. Er hat ihnen dann aber keinen freien Abzug gegeben, er hat sie auch nicht erschießen lassen, sondern hat sie, um Pulver und Blei zu sparen, mit Bajonetten niedermachen lassen. Und diese Leute hatten zum großen Teil ihre Familien bei sich. Auch diese Familien, Frauen und Kinder, wurden mit Bajonetten niedergemacht. Trotzdem wäre damals niemand auf die Idee gekommen, jemand anderen für diese Massaker verantwortlich zu machen als eben Napoleon. Wohingegen es heute, durch die Quantität und durch die Natur der nationalsozialistischen Verbrechen, durchaus üblich und richtig erscheint, jemanden, der einmal auf Befehl Frauen und Kinder erschossen hat, vor Gericht zu stellen.

JASPERS: Sollte man hier nicht doch einen ganz wesentlichen Unterschied machen? Die Napoleon-Geschichte entspricht vielen anderen der Vergangenheit. Hier wird von einem damals durch Napoleon repräsentierten Staatswesen ein Verbrechen begangen. Aber das Staatswesen ist als Ganzes kein verbrecherisches Staatswesen.

Der entscheidende Punkt ist, ob man anerkennt, der Nazi-Staat war ein Verbrecherstaat, nicht ein Staat, der auch Verbrechen begeht.

Ein Verbrecherstaat ist ein solcher, der im Prinzip keine Rechtsordnung stiftet und anerkennt. Was Recht heißt und was er in einer Flut von Gesetzen hervorbringt, ist ihm ein Mittel zur Beruhigung und Unterwerfung seiner Menschenmassen, nicht etwas, was er selber achtet und einhält. Was er will, ist Verwandlung der Menschen selber durch Gewalt, die die Menschheit im Ganzen unterwirft, geführt von irgendwelchen Vorstellungen vom Menschen, die in der Tat das Menschsein aufheben. Sein Prinzip bezeugt er durch Ausrottung von Völkern, die gemäß seiner Entscheidung keine Daseinsberechtigung auf der Erde haben sollen.

Der Grundsatz, der Nazi-Staat war ein Verbrecherstaat, hat die Konsequenzen, ohne deren Klärung all diese Probleme, von denen wir reden, meines Erachtens nicht klar werden können.

Dass er ein Verbrecherstaat sei, konnte jeder Mensch wissen in Deutschland. Dass zwar die meisten es sich nicht klar gemacht haben, ist nicht zu leugnen. Bei ihnen rede ich in vielen, nicht in allen Fällen weder von Kriminalität noch von moralischer Schuld, sondern nur von politischer Haftung.

Den Verbrecherstaat als Verbrecherstaat klar vor Augen zu haben, ist die Voraussetzung jeder weiteren Argumentation. Hier handelt es sich nicht um Meinungsverschiedenheit. Hier wirkt ein Kampf im staatlich-sittlichen Grundwillen selber. Aber da kann man noch miteinander reden. Da kann man versuchen, sich zu überzeugen; sieh doch, das sind die Konsequenzen, das sind die Voraussetzungen deines Willens. Willst du es wirklich? Das ist nicht Diskussion mit Argumenten, das ist verstehendes Hinweisen auf den Sinn im Grunde der bloß rationalen Gedanken, der Gefühle, der gedankenlosen Handlungen.

Noch einmal sei der politische Grundsatz wiederholt: Die Einsicht in die Notwendigkeit der sittlich-politischen Revolution seit 1945, der uneingeschränkte Wille zum Abbruch der Kontinuität zu dem Verbrecherstaat, die Erkenntnis und der Wille zur Neugründung, das alles ist die Voraussetzung für uns, wenn wir eine Zukunft haben. Da gibt es nicht Meinungsverschiedenheiten, da gibt es Verschiedenheiten der Gesinnung und Denkungsart. Diese müssen miteinander reden, so gut sie können. Die können aber nicht allein durch rationale Gründe sich beikommen, sondern nur in der tieferen Kommunikation, in der der Mensch des Menschen selber ansichtig und seiner selbst bewusst wird.

AUGSTEIN: Heute sehen alle, oder sagen wir: alle Gutwilligen, dass es sich um einen Verbrecherstaat gehandelt hat. Damals gehörten eine gewisse intellektuelle Schärfe und ein intellektueller Mut dazu, das in ganzer Konsequenz zu erkennen. Es gab ja genug Dinge, die die Bevölkerung einlullen konnten.

Es gab Verträge und Bündnisse mit den ausländischen Staaten, es gab die Olympischen Spiele, es gab die dauernden Mahnungen der

Kirchen, sich loyal zu verhalten, oder sogar die Mahnungen mitzumachen. Es gab den Segen für die Waffen.
JASPERS: Leider alles richtig gesehene Tatsachen!
AUGSTEIN: Von da aus kommen wir nämlich auf den Punkt, der mir persönlich am bedenklichsten erscheint.

Ich frage mich nach der Legitimität dieses Staatswesens, das wir hier gegründet haben, diese Verbrechen zu bestrafen. Es muss uns doch sehr zu denken geben, dass meines Wissens noch nicht ein Richter, noch nicht ein Staatsanwalt aus der NS-Zeit jemals vor dem Strafrichter gestanden hat. Das Recht ist tausend-, es ist hunderttausendfach gebeugt worden. Trotzdem haben die juristischen Täter nicht vor Gericht gestanden.

Das geht so weit, dass ein Mann, der selbst als Staatsanwalt am Leben seiner Mitbürger schuldig geworden ist, als Landgerichtsdirektor über einen vertierten, aber auch etwas schwachsinnigen Täter wie den KZ-Schergen Sommer zu Gericht saß. Da haben wir die Sache, haben wir das Problem in nuce. Und von daher scheint mir also die Legitimität des Strafens einfach dubios.

Wenn man weiter bedenkt, welche Staatssekretäre etwa dieser Staat in seinen Ministerien geduldet hat. Wenn man sich überlegt, dass Globke, Vialon und Hopf alle in Ehren über die Jahre hindurch beschäftigt worden sind oder beschäftigt werden, dann erscheint die Legitimität in einem noch schlechteren Licht.

Wenn ich dann weiter überlege, dass die anderen Staaten, dass auch die jüdischen Organisationen, dass auch der Staat Israel das bewusst hingenommen haben, dann ist auch der Ruf dieser Staaten und Organisationen in ein Zwielicht geraten. Es geht nicht, dass man Globke vom Staat Luxemburg aus einen Orden verleiht, wo doch derselbe Globke während des Krieges befunden hat, die Luxemburger seien keine Luxemburger, sondern seien dadurch, dass ihre Großherzogin geflohen sei, gewissermaßen staatenlos und vogelfrei.

Es geht nicht, dass Nahum Goldmann und der jüdische Staat Globke allenthalben schützen, eben weil er Wiedergutmachungsleistungen materieller Art mitbewirkt hat. Damit begibt man sich des Postaments, von dem aus man moralische Forderungen stellen kann.
JASPERS: Sie machen auf schlimme, sehr schlimme Tatsachen aufmerksam. Ich bin bedrückt wie Sie jedes Mal, wenn ich solches erfahre und mir vergegenwärtige.

Familienausflug, vermutlich im Sommer 1927: Rudolf (2. v. l.) mit Mutter Gertrude (3. v. l.) und Vater Friedrich (3. v. r.) sowie Geschwistern Anneliese, Margrete, Josef und Irmgard

Augstein als Fünfjähriger

Soldat Augstein (vorn) mit Kameraden in Russland (um 1943)

DER SPIEGEL

SPIEGEL-Gründer Augstein (2. v. r.) mit den Mit-Lizenzträgern Roman Stempka (2. v. l.) und Gerhard R. Barsch (r.) sowie den britischen Soldaten Henry Ormond und Harry Bohrer im Juli 1947 in Hannover

DER SPIEGEL

Augstein (2. v. r.) in seinem Büro in der SPIEGEL-Redaktion – damals noch in Hannover – mit den Redakteuren Hans Detlev Becker, Karlwerner Gies, Werner Hühne, Hans J. Toll und Roman Stempka

Augstein mit seiner Sekretärin Katja Kloos 1947 in Hannover

Chefredakteur Augstein 1952 in der SPIEGEL-Setzerei

Augstein mit SED-Chef Walter Ulbricht (r.) 1957 in Ost-Berlin, mit Redakteuren Hans Detlev Becker und Hans Dieter Jaene

Untersuchungshäftling Augstein während der SPIEGEL-Affäre, bei der Vorführung im Bundesgerichtshof in Karlsruhe im Januar 1963

Bundeskanzler Ludwig Erhard mit Augstein 1965 in Bonn

BUNDESBILDSTELLE

Philosoph Karl Jaspers im Februar 1965 beim SPIEGEL-Gespräch mit Augstein in Basel (oben)
Philosoph Martin Heidegger im September 1966 mit Augstein in Todtnauberg

„Stern"-Gründer Henri Nannen und Augstein beim Schreiben einer Augstein-Rede für eine neue Ostpolitik auf dem FDP-Bundesparteitag 1967 in Hannover

Gegenüberliegende Seite:
Studentenführer Rudi Dutschke mit Augstein im November 1967 bei einer Diskussionsveranstaltung in der Universität Hamburg; Augstein im Gespräch mit dem CSU-Vorsitzenden Franz Josef Strauß 1969 bei einem Empfang im Bonner SPIEGEL-Büro

Augstein mit dem Schriftsteller Günter Grass 1969 in Bonn

oben: Philosoph Ernst Bloch 1970 im Gespräch mit Augstein

Buchautor Augstein im September 1972 bei der Buchmesse in Frankfurt am Main

FDP-Bundestagskandidat Augstein mit Bundesinnenminister Hans-Dietrich Genscher 1972 beim Wahlkampf in Rheda-Wiedenbrück

AKG

DARCHINGER

FDP-Bundestagsabgeordneter Augstein mit Außenminister Walter Scheel und Innenminister Hans-Dietrich Genscher bei der konstituierenden Sitzung des siebten Deutschen Bundestags im Dezember 1972

KAI GREISER

Augstein mit Bundespräsident Gustav Heinemann im Mai 1974 in der Hamburger SPIEGEL-Dokumentation

Augstein mit Bundeskanzler Helmut Schmidt im August 1974 am Brahmsee in Schleswig-Holstein

Rechts daneben: Ex-Bundeskanzler Willy Brandt nach seinem Rücktritt mit Augstein in Süd-Norwegen im September 1974

Augstein mit SPD-Fraktionschef Herbert Wehner 1974 in Bonn

Augstein mit dem amerikanischen Boxchampion Muhammad Ali (1975)

SVEN SIMON

SPIEGEL-Herausgeber Augstein in seinem Büro (1975)

Ich mildere es nicht ab, aber vor aller Kritik, die ich mit Ihnen vollziehe und die ich in der Öffentlichkeit ausgesprochen wünsche, in ständiger Wiederholung der Tatsachenmitteilung, damit diese Tatsachen vom Volk nicht vergessen werden, möchte ich einen Grundsatz aufstellen: Die Voraussetzung all unserer Kritik ist die Existenz der Bundesrepublik. Vor aller Kritik müssen wir uns die Frage beantworten: Wollen wir diesen Staat, oder wollen wir ihn nicht? Wollen wir ihn nicht, dann ist die Konsequenz, die Revolution, den Hochverrat vorzubereiten. Wollen wir ihn, dann müssen wir tun, was wir können, um ihn besser zu machen. Und dazu gehört, dass man nicht nur die Unmenge dessen, was im Einzelnen und heute sogar noch in einigen herrschenden Grundsätzen schlecht ist, aufweist, sondern das beobachtet, was gut ist, es heraushebt und es ermutigt.

Ein Beispiel: Ich las zufällig vor wenigen Tagen, dass der Bundespräsident Lübke, Sie werden es wissen, die Unterschrift verweigert hat zur Ernennung eines Herrn Creifelds zum Bundesrichter. Der Richterwahlausschuss – der gemeinsam mit dem Minister Bucher ermächtigt ist, die Ernennungen zum Bundesgericht in Karlsruhe zu vollziehen – hatte gemeinsam mit Bucher Creifelds berufen. Und Lübke verweigert die Unterschrift. Warum? Weil die Vergangenheit von Creifelds, seine Teilnahme an Kommentaren zu Nazi-Gesetzen, nach Lübkes Urteil ihn disqualifiziert. So wenigstens habe ich die Zeitung verstanden.

Lübke, durchweg friedlich gesinnt, war bereit, die Sache erledigt sein zu lassen, wenn Creifelds freiwillig verzichtet. Das war zunächst geschehen. Lübke bestand auf seinem Rechte. Das scheint mir von großer, ermutigender Bedeutung.

Lübke ist ein Mann, von dem man sicher sehr viel sagen kann. Ich erinnere mich eines SPIEGEL-Aufsatzes vor seiner zweiten Wahl. Aber eines hat der Mann gezeigt: Er ist von redlichem Willen, und wenn er etwas einsieht, hält er durch.

Lübke wollte es dahin kommen lassen, dass die Sache grundsätzlich entschieden werden muss. Hat er als Bundespräsident das Recht, die Ernennung eines Richters materiell auf seine sittlich-politische Qualität nachzuprüfen, oder ist er verpflichtet, unangesehen der Vergangenheit des Mannes zu unterschreiben? Er macht den Anspruch, er habe als Präsident das Recht der Nachprüfung. Großartig. Das kann eine neue Ära im Geiste der Bundesrepublik eröffnen. Der Mann hält fest an seinem Recht als Präsident, das er hat. Ich finde in diesem Beispiel ein Symptom. Da ist etwas geschehen.

AUGSTEIN: Ich stimme Ihnen darin zu. Ich bin der Meinung, der Bundespräsident muss nicht nachprüfen dürfen, ob ein Richter juristisch qualifiziert ist. Das kann er nicht. Aber wenn er moralische Bedenken hat, das gilt. Aber das gilt ja nicht nur für Bundesrichter. Und so wollen wir hoffen, dass es auch einmal für Minister gelten wird, wenn es so weit ist.

JASPERS: Ja, wahrhaftig: für Minister und Staatssekretäre und wo immer der Bundespräsident seine Unterschrift zu geben hat. Er würde ja etwa die Ernennung eines Mannes zum Minister nicht vollziehen, wenn dieser Mann im Parlament bewusst die Unwahrheit gesagt hat.

AUGSTEIN: Darüber, glaube ich, kann man gar nicht diskutieren, dass der Bundespräsident das Recht haben muss, Dinge nicht zu vollziehen, bei denen er sich moralisch vergewaltigt fühlt.

JASPERS: Wir prüfen nicht den Fall, sondern wir stellen das Faktum fest, eine Handlung des Präsidenten, die für das spricht, was trotz allem die Bundesrepublik legitimiert, nicht nur im formalen, sondern auch im materiellen Sinne.

Es gibt bei uns zuweilen Männer und Entschlüsse und Handlungen, angesichts deren man innerlich zustimmt. Die Möglichkeiten, dass dieser Staat sich noch zu einem freien Staat entwickeln kann und dass er nicht endgültig zu einem Staat von Obrigkeit (der Parteienoligarchie) und Untertanen wird, sind gegeben. Der Weg ist schwer. Heute zum Beispiel dürfen wir bei den Wahlen nur im Ganzen akklamieren, im Besonderen nur für eine Gruppe innerhalb der Parteienoligarchie uns entscheiden, was nichts ändert, vielmehr uns zwingt, weiter Untertanen zu bleiben. Doch das führt zu weit ab.

Ich bin der Meinung, es wäre gut, wenn man diese positiven Dinge, wie die Handlung Lübkes, mit großem Ernst auffasst, heraushebt, in ihren Grundsätzen und Folgen interpretiert. Das würde mithelfen an der Selbsterziehung der Bevölkerung zum politischen Mitdenken und Mithandeln. Sie würde lernen, das Wesentliche zu sehen.

Was kann denn der Bundespräsident eigentlich? Er kann sehr viel. Wenn man das Grundgesetz liest, ist keineswegs vorgeschrieben, dass er nicht Reden halten darf etwa über sittlich-politische Grundsätze, nicht nur im Allgemeinen, was nichts bedeutet, sondern im konkreten Fall. Er bestimmt nicht die Richtlinien der Politik, aber er könnte gleichsam ein Zensor sein, der für die beste Auslese mitsorgt, der zwar nicht politisch beurteilt, aber sittlich-politisch auffasst und auf Grund der jedermann sichtbaren und mitgeteilten Tatsachen entscheidet. Ein solches Amt sich zu erwerben ist nach dem Grundgesetz für den Präsidenten durchaus möglich.

Wir könnten, wenn der Präsident sich so verhält, uns beglückwünschen: Wir haben einen Präsidenten, der mehr ist als ein Automat, als ein Staatsreisender, als ein Festredner, als dekorativ-repräsentative Figur bei Feierlichkeiten. Die Deutschen dürfen erwarten, dass ihr Oberhaupt vor seinem eigenen Mute nicht wankend wird, dass er vielmehr die Rechte, die ihm das Grundgesetz nicht verweigert, auch wirklich nutzt.

AUGSTEIN: Wobei wir allerdings beachten müssen, scheint mir, dass ein moralisches Argument nicht zu trennen ist von dem Sprachgewand, in das es sich kleidet. Die Überzeugungsmacht eines moralischen Arguments hängt auch davon ab.

Aber wenn ich zurückkommen darf auf das, was Sie vorhin gesagt haben, dass es darauf ankommt, einen Neubeginn mit unserem Staat zu machen und gewissermaßen die Brücken zu dem Verbrecherstaat abzubrechen, das führt uns auf ein weiteres Argument, das von den Gegnern der Verlängerung der Verjährungsfrist vorgebracht wird.

Man sagt etwa, es geht nicht, dass die Deutschen allein bestraft werden, und zwar bestraft werden bis ins siebente Glied. Prominenter Sprecher dieser Auffassung war der frühere Bundesminister Strauß, der gesagt hat, es sei eine „Erschütterung des Rechtsbewusstseins der Menschheit und eine Fälschung der Geschichte, weil man damit dokumentiert, als ob nur die Deutschen allein Kriegsverbrechen begangen hätten".

Ich meine immerhin, dass man sich mit diesem Argument, das ja zweifellos eine landläufige Meinung in Deutschland wiedergibt, wenn auch vielleicht eine uns unerwünschte, dass man sich mit diesem Argument auseinander setzen muss.

JASPERS: Das Argument wäre nicht unerwünscht, wenn es richtig wäre. Aber es verkennt den radikalen Unterschied zwischen Kriegsverbrechen und Verbrechen gegen die Menschheit. Kriegsverbrechen sind Verbrechen gegen die Menschlichkeit. Verbrechen gegen die Menschheit – leider ist der Unterschied nur in der deutschen Sprache, die Menschlichkeit und Menschheit unterscheidet, so klar –, Verbrechen gegen die Menschlichkeit sind alle die Scheußlichkeiten, die Kriegsverbrechen heißen, vollzogen gegenüber dem Feinde. Verbrechen gegen die Menschheit ist der Anspruch, darüber zu entscheiden, welche Menschengruppen und Völker auf Erden leben dürfen oder nicht, und diesen Anspruch durch die Tat der Ausrottung durchzuführen. Man nennt es heute Genozid – das Wort Völkermord genügt ja.

Der Völkermord bedeutet grundsätzlich den Vollzug des Urteils über eine andere Menschengruppe, über ein Volk, das nicht auf der Erde leben soll. Wer solches Urteil beansprucht und durchführt, ist Verbrecher gegen die Menschheit. Solche Handlungen sind geschehen gegen Juden, Zigeuner, Geisteskranke. Alle, die das begriffen haben (zuerst Hannah Arendt), erklären heute mit einem jetzt ausdrücklich gewordenen Bewusstsein: Kein Mensch hat das Recht zu urteilen, dass eine Volksgruppe nicht da sein soll. Wer auf Grund solchen Urteils die Ausrottung von Völkern durch eine Organisation vollzieht und daran teilnimmt, tut etwas, was von allen Verbrechen, die es bisher gab, grundsätzlich verschieden ist. Er handelt gegen ein Prinzip, das im Menschsein als solchem, in der Anerkennung des Menschen als solchem, liegt. Und weil er das tut, gilt ihm gegenüber: Mit Menschen, die das vollziehen, kann nun umgekehrt die Menschheit ihrerseits nicht zusammenleben.

Anders ausgedrückt: Wie in den einzelnen Staaten der Staatsanwalt, auch wenn die Angehörigen eines Ermordeten nicht Klage erheben, des öffentlichen Interesses wegen den Mord verfolgt, so müsste eine Instanz der Menschheit auftreten, wenn irgendeine Menschengruppe eine andere ausrottet. Im öffentlichen Interesse der Menschheit müssen Menschen, die das tun oder getan haben, und nur solche Menschen, mit dem Tode bestraft werden.

Gegner der Todesstrafe können sehr vieles für sich anführen. Die Befürworter ebenfalls. Aber auch Gegner der Todesstrafe können, so scheint mir, bei diesem Verbrechen, das in völlig anderen Dimensionen liegt, für die Todesstrafe sein.

AUGSTEIN: Es hat, leider, in der Geschichte das Verbrechen des Völkermordes schon oft gegeben, wenn auch nicht in solchem Ausmaß und in so konsequent überlegter Planung. Wenn die Nachrichten stimmen, rotten die Chinesen die Tibetaner aus.

JASPERS: Dass es dies Verbrechen in seinem einzigartigen Sinne schon oft gegeben hat, bezweifle ich. Ich kenne kein Beispiel. Ob es in Tibet stattfindet, ist möglich. Ich weiß es nicht. Die Einsicht aber, dass es sich hier um ein grundsätzlich neues Verbrechen handelt, halte ich für die Voraussetzung im Urteil über die Verjährungsfrage. Diese Frage findet ihre dann selbstverständliche Antwort, wenn man sich über vier eng zusammenhängende Fragen klar ist.

Erste Frage: Was für ein Verbrechen? Der Verwaltungsmassenmord, ein neues Verbrechen ohne Vorbild in der Geschichte. Dieses Verbrechen setzt einen neuen Staatstypus voraus, den Verbrecherstaat.

Zweite Frage: Nach welchem Gesetz wird geurteilt? Nach dem alle Menschen zu einer Einheit verbindenden Gesetz, dem Völkerrecht.

Dritte Frage: Wo ist die legitime Instanz für die Anwendung dieses Rechts? Solange keine Instanz der Menschheit, vor die es gehört, institutionell da ist, sind die Instanzen die Gerichte der Staaten, die die Geltung des Völkerrechts in ihrer eigenen Rechtsprechung als maßgebend erklären.

Vierte Frage: Welche Strafe? Dem einzigartigen Verbrechen gegen die Menschheit entspricht die nach Abschaffung der Todesstrafe für diese Ausnahme wiederhergestellte Ausnahme der Todesstrafe.

Diese Fragen sind bis heute nicht endgültig geklärt. Wir behandeln sie in weitem Umfange noch mit Begriffen aus der früheren Welt.

Doch ich kehre zurück zu unserer realen Situation. Sie wollten, Herr Augstein, für unsere Erörterung der Verjährungsfrage die Außenpolitik ausscheiden. Sie sind wie ich der Meinung, dass ein Handeln aus Opportunismus in diesem Falle ungewöhnlich verderblich wäre. Daher lassen wir uns auf opportunistische Argumente nicht ein.

Aber was unter dem Titel Außenpolitik steht, hat noch eine andere Seite. Zu beachten, was Menschen auf der Welt im Ernste meinen, gehört zum Menschsein. Bei Aristoteles kommt es schon vor, dass der Consensus der Völker nicht gleichgültig ist, nicht etwa, dass er des Consensus wegen schon wahr sei, aber er verdient Beachtung, da er auf die uns verbindende Wahrheit hinführen kann.

Wenn wir heute sehen, wie die ganze abendländische Welt in diesem Punkte einmütig ist, so müssen wir fragen: Wie kommen die Menschen dazu? Was liegt dem zu Grunde? Wahrscheinlich das Bewusstsein von der Einzigartigkeit des Verbrechens gegen die Menschheit, von der wir sprachen.

Und jetzt liegen die zwei Äußerungen bedeutender Instanzen vor, ich glaube aus dem vergangenen Dezember und Januar. Die französische Nationalversammlung hat für Frankreich beschlossen, dass Verbrechen dieser Art, ebendieser Art wegen, überhaupt nicht verjährbar sind.

AUGSTEIN: ... und hat die Gräuel aus dem Algerien-Krieg amnestiert ...

JASPERS: Gewiss, sehr bedenklich. Aber es handelt sich eben nicht um Verbrechen gegen die Menschheit.

Weiter: Die Beratende Versammlung des Europarats hat den Regierungen empfohlen zu beschließen, dass es für diese Verbrechen gegen die Menschheit keine Verjährung geben solle. Beide ergriffen das Wort offensichtlich angesichts der Vorgänge in der Bundesrepublik. Es sind Äußerungen, die zum Ausdruck bringen, was fast die gesamte abendländische Menschheit denkt.

AUGSTEIN: Herr Professor Jaspers, Ihre Argumentation scheint mir einen wichtigen Unterschied zu machen. Ein Mann etwa wie Strauß sagt: „Was bei der Austreibung der Deutschen aus Polen, der Tschechei und dem Südostraum geschehen ist, sollte zumindest dem Weltgewissen und Weltbewusstsein bekannt sein." Wenn ich Sie nun richtig verstehe, so meinen Sie, es sei qualitativ nicht dasselbe, ob eine Rasse oder ein Volk ausgerottet, ihm die Lebensberechtigung bestritten wird oder ob im Zuge noch so gewaltiger Untaten, die aus einem Unrechtskrieg entstanden sind, Leute vertrieben werden, vielleicht sogar auch unter Bedingungen, dass viele sterben, vielleicht sogar auch viele umgebracht werden. Das sei immer noch nicht dasselbe wie die klar gezielte Absicht, ganze Völkergruppen auszulöschen. Habe ich Sie so richtig verstanden?

JASPERS: Durchaus.

AUGSTEIN: Man sagt aber: Gut, die Nationalsozialisten haben diese Verbrechen begangen, und wir haben sie zum Teil ausgeführt.

Was wird aber mit den Sowjets? Haben die Sowjets sich nicht auch das Recht genommen, ganze Völkerschaften zu vernichten oder sie unter Bedingungen zu verpflanzen, dass es einer Vernichtung gleichgekommen ist?

JASPERS: Das ist selbstverständlich nach den gleichen Gesichtspunkten zu prüfen und zu beurteilen. Ob es so war, weiß ich nicht. Wie es war in concreto, weiß ich nicht. Ich halte es nicht für ausgeschlossen.

Es kommt aber für die Beurteilung, die wir für das, was uns angeht, zu vollziehen haben, nicht in Betracht. Die Ablenkung „die anderen auch" gilt nicht. Wenn „die anderen auch", dann sind sie nach den gleichen Maßstäben zu beurteilen. Es ist ja ungefähr so, wie wenn einer als Politiker eine Lüge vollzieht und dann sagt, ja, der andere lügt ja auch. Ich kann meine Tat doch nicht leichter nehmen, geschweige denn rechtfertigen, weil der andere dasselbe tut. Diese Erörterungen über das, was die anderen getan haben, kommen meines Erachtens für uns nicht als wichtig in Frage. Wir führen hier keinen Prozess mit anderen Staaten, sondern mit uns selbst. Wir wollen die Selbstreinigung.

Ich meine, es sei überzeugend, dass solche schrecklichen Dinge wie Dresden, wie die Flächenbombardements überhaupt, die von den Engländern gemacht wurden ...
AUGSTEIN: ... Hiroschima ...
JASPERS: ... Hiroschima, dass diese Dinge nicht auf der gleichen Ebene liegen wie das Verbrechen des Völkermordes. Wenn man bedenkt, dass in Dresden zahlreiche englische Kriegsgefangene waren, dass die Engländer keine Rücksicht nahmen, wer dabei war, dann handelt es sich um etwas, was ich zwar – darüber wollen wir jetzt nicht reden, weil es völlig andere Gründe hat – entsetzlich finde; aber es ist ein Akt gegen die Menschlichkeit und nicht ein Verbrechen gegen die Menschheit. Das Prinzip ist ein anderes. Ich brauche das kaum zu wiederholen.
AUGSTEIN: Nein. Wenn wir uns alle Schrecken und Terrormaßnahmen, die Stalin befohlen hat, vor Augen führen, so war es doch nie so, dass er eine ganze Menschengruppe erklärterweise ausrotten wollte. Er hat eben nicht dekretiert, alle Litauer müssen sterben, aber er hat vielleicht die Oberschicht in Gegenden verpflanzt, wo sehr viele von ihnen gestorben sind, so dass man beinahe von einer Ausrottung sprechen könnte. Allerdings würde ich sagen, was er im Fall Katyn gemacht hat, nämlich dass er das polnische Offizierskorps hat ermorden lassen, das kommt schon sehr in die Nähe der Verbrechen, über die wir hier sprechen.
JASPERS: Darf ich, Herr Augstein, vorschlagen, dieses Problem, das ein neues Problem ist und das uns nicht unmittelbar angeht, das Problem Katyn, fallen zu lassen? Ich traue Stalin alles zu. Es könnte sein, dass es da etwas gibt, was identisch mit dem Verbrechen gegen die Menschheit wäre. Aber es kommt für unser Problem nicht in Frage, das Verjährungsproblem jetzt in der Bundesrepublik.

AUGSTEIN: Es kommt vielleicht nicht in Frage. Aber da es von manchen Gegnern der Verjährung prononciert benutzt wird und weil sich das leider Gottes bis zu den Wahlen noch steigern wird, darüber müssen wir uns ganz klar sein, halte ich es für sehr richtig, dass Sie Ihre Meinung auch hierzu gesagt haben.

JASPERS: Jetzt steht uns die Parlamentsverhandlung über das Verjährungsproblem bevor. Ich gestehe, dass ich diesem Ereignis mit größter Erwartung und mit nicht geringer Sorge entgegensehe. Es scheint mir dabei eigentlich gar nicht so sehr darauf anzukommen, ob die Sache so oder so entschieden wird. Das klingt grotesk, aber ich meine, wie Sie es vorhin sagten: Wenn man aus Opportunismus – nachdem man erst mit großem Lärm und Stolz geäußert hat, wir sind allein zuständig, es geht nur uns an, wir lassen uns nicht unter Druck setzen –, wenn man dann jetzt aus Opportunismus den anderen folgt, so haben wir nur eine neue Verlogenheit bei uns selbst erzeugt, die schlimme Folgen haben muss.

Es kommt vielmehr darauf an, dass in diesem Parlament sich die Männer und Frauen zeigen, die im Stande sind, durch ihr Wort das Problem so ernst in der Wurzel zu fassen, der ganzen Bevölkerung so mitzuteilen, dass das allgemeine, sittlich-politische Bewusstsein entsteht: Es ist ja ganz selbstverständlich – diese Art von Verbrechen, die uns hier deutlich gemacht ist, kann keine Verjährung haben.

Die Frist um zehn Jahre zu verlängern oder die Tricks, die Ausgangstermine zu verschieben, oder andere, wären ausweichende Methoden. Die Einsicht kann nur die sein: überhaupt keine Verjährung. Alles andere verwischt das Problem.

In dieser großen Parlamentssitzung, so hoffe ich, werden Politiker sprechen, in denen Deutsche sich wieder erkennen. Sie werden mit der Kraft des Geistes sehen und sagen können, worum es sich handelt. Sie werden den Ernst der Frage zur Erscheinung bringen durch den Ton ihrer Sprache, ihr Wort, ohne Pathetik und Deklamation. Sie werden glaubwürdig machen, dass wir in einem werdenden Staate leben, der sich als Neuschöpfung nach der Katastrophe von 1933 bis 1945 findet und begreift. Dann wird Opportunismus, Zweckmäßigkeit, Angst vor dem Ausland wie nichts verschwinden und die natürliche, menschliche, einfache Ergriffenheit des Gewissens der Deutschen ihnen antworten: ja, ganz selbstverständlich.

Das Parlament ist die letzte Hoffnung. Einst 1933 sagten wir: Es ist doch nicht möglich, dass wir von einem Verbrecher regiert werden! Jetzt sagen wir: Es ist doch nicht möglich, dass wir von einer durch Parteibürokratien ernannten Gruppe von Karrieristen eines beruflichen Geschäfts, der Politik, eines Geschäfts unter anderen Geschäften, regiert werden!

Das deutsche Volk blickt auf sein Parlament. Ist es sein Parlament oder nicht?

Es ist für den bloßen Berufspolitiker keine materiell relevante, wegen des Geredes nur etwas lästige Angelegenheit. Es ist für den denkenden Deutschen ein Offenbarwerden der Gesinnungsgrundlage seines Staates.

Nun, es kann nichts passieren. Amerika schützt uns nach außen und nach innen (gegen Putsche, denen gegenüber es nach dem Generalvertrag durch die glückliche Einschränkung unserer Souveränität eingriffsberechtigt ist). Darum entsteht auch kein echtes Verantwortungsbewusstsein in Bonn. Es geht nie um Kopf und Kragen, anscheinend allzu oft nur um Betrieb, Vorteile, Karriere.

Dass es am Ende doch um Kopf und Kragen geht, aber für alle, das macht man sich nicht klar. Man kann heute nicht wissen, wann und wie der Augenblick kommt.

Es sind Zeichen da, dass die Parlamentarier nun die Sache ernst nehmen. Die Meinungsverschiedenheit ist nicht die der Parteien, sondern geht durch beide Parteien, CDU und SPD, hindurch. Der Einzelne denkt mit eigenem Gewissen, nicht als Angehöriger der Partei, sondern als Vertreter des Volkes.

Der Hamburger Bürgermeister Nevermann sagte in einer Bundesratssitzung im Februar: Die Debatten über die Mordverjährung seien unerträglich geworden, insbesondere durch die Argumente des Bundesjustizministers. Ja, in der Tat. Der Bürgermeister hat Recht.

Die Leute pflegen dann wohl zu sagen: „Emotional." Der Ministerpräsident Meyers mahnte nach den Worten Nevermanns, „nicht mit gefühlsmäßigen Gründen zu arbeiten".

Blinde Gefühle, gedankenlose Emotionen taugen allerdings nichts. Aber ohne Leidenschaft in der hellen Vernunft ist keine menschliche Wahrheit möglich. Eine geklärte, in Begriffen sich mitteilende Emotion in der Verjährungsfrage geht heute durch das Abendland. Deutsche, wie Nevermann, sind daran beteiligt. Sie denken deutlicher als mancher der Leute, die solche Denkungsweisen, die sie nicht mögen, als emotional verwerfen, während nicht selten bei ihrer vermeintlichen Sachlichkeit sie doch von privaten Abneigungen, Ängsten, Begehrungen – schlechten Emotionen – geführt werden, die sie nicht durchschauen. Doch das lässt sich im Einzelfalle kaum beweisen.

Die rationale Abstraktheit und Zweckhaftigkeit, die seit den Griechen Sophistik heißt, ist der heimliche Todfeind der Wahrheit. Und wenn ich mich dann mit Ihnen frage: Sind denn unsere bundesrepublikanischen Politiker und führenden Leute legitimiert, so sehe ich mit Trauer, dass der gegenwärtige Justizminister Bucher, dessen Sache es in erster Linie ist, den Geist des Rechtes unseres Staates zu vertreten, offenbar versagt. Er mag sonst ein trefflicher Mann sein, hier, wo er für die Bundesrepublik das Vorbild und ihr Sprecher sein sollte, zeigt er sich als blind für das, worum es sich handelt. Darf ich dazu ein Wort sagen?

AUGSTEIN: Bitte, gern.

JASPERS: Bucher argumentiert mit einer juristischen Meinung als der letzten Instanz, nämlich mit einer Meinung, ob es nach dem vorliegenden Strafgesetzbuch und Grundgesetz juristisch möglich ist, die Verjährung aufzuheben. Es ist eine bloße Meinung, denn die Fachleute sind verschiedener Meinung. Das vortreffliche, durch Ihren Hamburger Strafrechtslehrer und Kriminalisten Sieverts mit seinem ganzen Seminar erarbeitete Gutachten – auch Herbert Jäger ist unter den Unterzeichnern, der sich schon verdient gemacht hat um die hier vorliegenden Grundfragen – kommt zu einem Bucher entgegengesetzten Ergebnis. Das zeigt mit Gewissheit, dass es sich um eine Meinungsfrage handelt. Eine Meinungsfrage heißt etwas, das wissenschaftlich zurzeit noch nicht so entschieden ist, dass alle Fachleute einig sind.

Bucher macht eine Meinungsfrage dieser Art und seine Antwort auf sie zu etwas, an dem er dogmatisch festhält, als ob es eine Gesinnung sei. Daher kommt er zu der Erklärung, der Rechtsstaat sei in Gefahr, wo doch nur von einer Meinungsverschiedenheit die Rede sein kann. Er droht, wenn das Kabinett sich ihm nicht anschließe, gebe er seinen Ministerposten auf.

AUGSTEIN: Der Justizminister steht hier nur für das, was das Kabinett politisch meint – so etwa der Minister Krone, der sagt, „vielleicht wäre es richtiger, wenn unter alles ein Schlussstrich gezogen würde". Nur dass Bucher anders argumentiert, indem er meint: „Formalismus auf dem Gebiete des Rechts gibt es nicht. Das Recht ist Form in sich selbst."

JASPERS: Das ist der rationale Dogmatismus, der sich einst im 19. Jahrhundert leider mit dem Liberalismus verknüpft hat und mit der demokratischen Gesinnung. Damals zeigte sich in Leuten wie Eugen Richter und anderen Politikern eine Denkungsart, die das Rationale verabsolutiert und an sich zur Weltanschauung macht, eine Denkverfassung, die ihrerseits so intolerant ist wie irgendein kirchliches Denken und unter dem Namen Liberalismus von aller Liberalität verlassen ist.

Ich erkenne in Buchers Gedankenart den alten Typus wieder. Dazu sehe ich, dass Bucher erklärt: Zuständig sind nur wir. Wir lassen uns nicht beirren durch Demonstrationen in Washington und Tel Aviv. Wir werden nicht unter jüdischem oder israelischem Drucke handeln.

Das sind Wendungen des Stolzes, die dann, wenn aus Opportunismus die Verjährungsfrist verlängert wird, die Verlogenheit nur umso größer machen würden.

Umgekehrt müsste er sagen: In der ganzen Welt zeigt sich eine Meinung, hinter der offenbar mehr als eine Meinung steckt, eine Grundgesinnung in Bezug auf unser Menschsein heute, die so ernst ist, dass ich sie ganz anders prüfen muss. Ich muss sie mir in ihrem Sinne vergegenwärtigen.

Stattdessen das doktrinäre, juristisch-rationale Denken und der nationale Stolz. Ich will nicht fortfahren. Die Äußerungen, die er getan hat, bleiben auf einer unteren Ebene liegen, so dass man spürt: Dieser Justizminister ist nicht in der Lage, die große Situation, in der unser Rechtsleben steht im Bruch der Zeiten, in der Neuschöpfung des Staates, auch nur zu ahnen. Darum können wir nicht erwarten, dass der Justizminister Deutschland in dieser Parlamentssitzung vertritt. Wir müssen hoffen, es tun andere.

Was aber da entschieden wird, das halte ich für ein Ereignis, das für die innere Verfassung von uns Bundesrepublikanern von größten Folgen ist. Wie und in welchem Geiste und in welcher sprachlichen Klarheit es geschehen wird, ist ein Kennzeichen unseres gegenwärtigen politischen Wesens.

Wenn hier Mischmasch gemacht wird, verschleiert wird, Tricks angewendet werden, wenn hier nicht der Ernst auftritt, in dem ein Parlament sich als Vertreter des Volkes erweist, bei einer Sache, die materiell ja ganz minimal und gleichgültig ist (ob da ein paar Mörder mehr herumlaufen, spielt ja gar keine Rolle), die aber sittlich-politisch von größter Bedeutung ist. Wenn das nicht mit Klarheit herauskommt und die Deutschen nicht dastehen als die Männer und Frauen, die gewillt sind, nach dem Fürchterlichen, was sie angerichtet oder was sie geduldet haben, wirklich ein neues Staatswesen zu gründen, dann kann man fast verzweifelt sein.

Wir werden es nicht sein; denn es gibt immer noch die Chance. Es sind die vielen Stillen im Lande. Ich halte diese Parlamentssitzung im Unterschied zu den meisten Sitzungen, in denen nur materielle Entscheidungen stattfinden, für etwas, was im Laufe dieser Jahrzehnte in der Tat symptomatisch etwas entscheidet, was von unabsehbaren Folgen ist.

Wir gehören zur abendländischen Welt. Es gibt trotz allem, was man in dieser Welt angreifen mag, ein Gewissen.

Wenn wir in diesem Einklang, den man heute spürt, von Amerika über die europäischen Länder, nicht mitschwingen, dann werden wir uns wieder moralisch isolieren. Bei allen Höflichkeiten der Diplomaten und der Staatsmänner untereinander, bei allen Höflichkeiten im Umgang der Einzelnen, wird die Verachtung uns gegenüber eine neue Welle erhalten.

Max Weber schrieb in Briefen etwa um 1908 oder etwas früher sogar schon: Dass dieser Mann, der Kaiser, uns regiert und dass wir ein Volk sind, das sich dieses Regime dieses Mannes gefallen lässt (Max Weber war Monarchist), das ist nachgerade ein Politikum ersten Ranges. Denn wir werden in der Welt – und das Schlimmste ist: mit Recht – verachtet.

Wenn ich die Reihe der Erfahrungen erinnere, wie wir uns in der Welt unmöglich gemacht haben und nun nach ein paar Jahren, erstaunlich nach der so schlimmen Zeit unserer vollkommenen Verächtlichkeit, sozusagen in der Welt wieder möglich geworden sind, das ist etwas, was mit einem für die Welt unbegreiflichen Ereignis wieder verschwinden könnte.

Man wird mit uns höflich sein wie mit Negerstaaten, aber was dahintersteckt an verborgener Gesinnung: Sie wissen, Herr Augstein, davon wahrscheinlich mehr als ich. An dieser Bundestagssitzung wird etwas geschehen auf der Linie, auf der sich offenbart: Was sind wir denn eigentlich? Verstehen Sie, was ich meine?

AUGSTEIN: Ich hoffe, dass ich Sie verstehe. Ich will auch den Minister Bucher hier Ihnen gegenüber nicht verteidigen. Ich glaube, viele seiner Äußerungen waren, um das Mindeste zu sagen, nicht auf der Höhe des Problems.

Andererseits meine ich, wir müssen uns klar sein: Der Bundestag hat die Gabe, in moralischen Kategorien zu denken, so sehr verlernt, dass wir es nicht einem Einzelnen und auch nicht dem Bundesjustizminister zum Vorwurf machen dürfen.

Wenn Sie sich vorstellen, dass das Kabinett nicht wagen wird, etwas anderes als eine zweideutige Empfehlung zu geben, wenn Sie sich vorstellen, dass der Bundeskanzler gewissermaßen als Privatmann zu dieser Frage Stellung nehmen muss, dann ist das ja eine Antwort auf Ihre Besorgnisse. Die sind schon vorweggenommen in Erfüllung gegangen.

Was ich kommen sehe, ist Folgendes: Wir werden die Verjährungsfrist mit Ach und Krach verlängern aus einem einzigen Grunde, nämlich weil wir im Vorderen Orient auf allen Seiten durch unser unglückliches Operieren das Gesicht verloren haben. Das wird letztlich der Grund sein, warum die Verjährungsfrist verlängert wird.

Ich darf hier aber noch etwas anschließen, das mir auch wichtig erscheint. Wenn wir alles das, was Sie gesagt haben, als durchschlagend und überzeugend annehmen, so müssen wir uns gleichwohl fragen: Wird durch eine Verlängerung der Verjährungsfrist dem Beschuldigten etwas weggenommen, wird er in seinen Rechten geschmälert? Ich meine das jetzt nicht juristisch. Ich meine also nicht, dass der, worüber man ja auch diskutieren könnte, dass also der, der gemordet hat, ein Anrecht darauf hat, dass seine Tat nach 20 Jahren verjährt. Jedenfalls wollen wir darüber hier mit Ihrer Erlaubnis nicht diskutieren.

Ich meine es anders, ich meine: Könnte es sein, dass die Gesellschaft, um sich von dem, was sie verbrochen hat, zu befreien, dass diese Gesellschaft Einzelne herausgreift, die nur in Schattierungen schuldiger gewesen sind als die anderen auch, und sie, mit dem alten Bilde, als Sündenböcke in die Wüste schickt?

Sehen Sie, ein Staatssekretär im Verkehrsministerium, von dem Waggons angefordert worden sind, und diese Waggons waren bestimmt, Juden in die Vergasung zu fahren – ist denn dieser Mann schuldiger als die Mehrheit des Volkes? Ist er beliebig austauschbar?

Der Mann hat zufällig einen Auftrag bekommen und hat ihn zufällig, wie jeder andere Beamte wahrscheinlich auch, ausgeführt, freilich als ein Helfer an diesen „administrative massacres", dem Verwaltungsmassenmord. In München sitzen jetzt 14 Schwestern unter Mordanklage vor Gericht, weil sie die Spritzen, die von den Ärzten verordnet worden waren, den Patienten auch gegeben haben – im Euthanasie-Programm; es waren tödliche Injektionen.

Ich frage mich also: Tun wir dem Einzelnen in dieser Sache Unrecht, um uns selbst von einer Schuld zu befreien?

JASPERS: Diese Frage ist sehr berechtigt. Und sie ist zwar grundsätzlich im Allgemeinen leicht zu beantworten, nämlich: Jeder kann nur als Individuum angeklagt und verurteilt werden, nicht qua Zugehörigkeit zu einer Organisation.

Es muss immer die wirkliche Anschauung sein: Was hat dieser getan? Nun ist der Unterschied der Teilnahme an den Morden außerordentlich, auch der Unterschied des Wissens.

Wenn sich jetzt so viele herauslügen, sie haben nichts gewusst, so gibt es doch ohne Zweifel Menschen, die es eigentlich nicht gewusst, aber dunkel geahnt haben: Da geschieht etwas Schreckliches.

Ich denke an eine greise, 80-jährige Jüdin in Heidelberg, die deportiert werden sollte und noch einige Tage Zeit hatte bis zu dem Termin des Abtransports, sie nahm sich das Leben. Da kam der Gestapo-Mann, der alle Tage kam, und wie er sah, sie ist tot, trat er ans Fenster mit wirklicher Ergriffenheit und sagte: „Das haben wir doch nicht gewollt."

Von diesem Gestapo-Mann in Heidelberg bin ich fest überzeugt, er wusste nicht Bescheid, wenigstens noch nicht damals im Jahre 1942.

Natürlich ahnte jeder, irgendwas ist da nicht geheuer, und wusste, es geht um Tod und Leben. Ich selber habe das Ausmaß des planmäßigen Vergasens erst nach '45 erfahren.

AUGSTEIN: Ich auch.

JASPERS: Sie auch. Natürlich macht das Unterschiede, was ich weiß. Es ist in concreto beim einzelnen Individuum sehr schwer festzustellen. Es ist schwer, die Fälle zu unterscheiden.

Dann aber, wenn die Leute im Zusammenhang des Staatsapparats gehandelt haben und wussten, was geschieht, so ist die Staatlichkeit ihres Tuns für sie keine Erleichterung ihrer Schuld; denn es war ein

Verbrecherstaat. In dieser Auffassung scheiden sich die Geister. Es war von jedem Menschen, der Gewissen hat, das Minimum von Gewissen zu erwarten, das ihn befähigt, auch in diesem Zusammenhang das Verbrechen zu sehen. Zwar behandelten wir Ohnmächtigen diese Leute und die, die ihnen dienten, weil sie die Gewalt hatten, als Bestien mit List und Lüge. Aber wir hörten doch nicht auf, die Möglichkeit des Menschseins in ihnen zu sehen und anzuerkennen.

Jeder hat gewusst: Es ist ein Verbrechen. Dass der Staat selber ein Verbrecherstaat war, das musste ihm aufgehen in dem Augenblick, in dem ihm dieser Staat den Befehl gab, ein Verbrechen zu begehen. Und in Zukunft müsste die internationale Gesetzgebung so sein, dass jeder nunmehr weiß, wenn ich bei einem solchen Staatswesen mordend und Morde organisierend dabei bin, so bin ich sicher: Wenn dieses Staatswesen nicht die Welt erobert und die Menschheit ruiniert, werde ich umgebracht.

Eine Entschuldigung dadurch, dass einer im Staatsauftrag gehandelt habe, ist nicht anzuerkennen. Er hat Beihilfe, Mittäterschaft im Verbrecherstaat geleistet.

Aber Sie haben wiederum Recht, wenn Sie nun sagen, die Art der Beihilfe ist doch so verschieden. Das kann man doch nicht auf einen Nenner bringen. Da würde ich die erste Unterscheidung machen, die ja heute die maßgebende ist: Die sadistischen Mörder, die Einzelmörder sozusagen, haben ja sogar gegen die Vorschrift verfehlt, die Hitler selber gab.

AUGSTEIN: Das ist das einfachste Problem.

JASPERS: Ja, nur dass es in dieser Zeit kaum vorkam, dass einer deswegen bestraft wurde. Immerhin kann man das unterscheiden, das ist relativ einfach.

Das ist aber nur ein kleiner Teil. Alle anderen gehören irgendwie in den Zusammenhang dessen, was man Hoheitsakt nennt oder in anderem Zusammenhang Befehlsnotstand. Diese beiden Begriffe sind meines Erachtens als Entschuldigung nie anzuerkennen. Hoheitsakt nicht, weil es ein Verbrecherstaat war; Befehlsnotstand nicht, weil dieser Notstand bedeutet, dass man, wenn es sich um Mord handelte, seine Karriere riskierte. Unbequemlichkeiten riskierte. Man konnte an die Front geschickt werden.

Aber es ist kein Fall bekannt, dass jemand, der verweigert hätte zu morden oder an Morden teilzunehmen, dass ein Mann, der gesagt hätte, ich will das nicht machen, gebt mir einen anderen Posten, an Leib und Leben in Gefahr war.

AUGSTEIN: Na, an Leib und Leben vielleicht insofern schon, als er an die Front geschickt würde. Das war natürlich für manche Leute ein Grund. Bleiben wir bei unserem imaginären Staatssekretär im Verkehrsministerium. Wenn der gesagt hätte, nein, ich will diese Züge nicht zur Verfügung stellen, da müsst ihr euch einen anderen Staatssekretär suchen, dann wäre er vielleicht eingezogen und an die Front geschickt worden. Das wäre möglich gewesen.

JASPERS: Darf ich dazu als Zwischenbemerkung eine Geschichte erzählen? Ein Freund von mir, der 1934 den Hitler-Eid verweigerte und als Beamter entlassen wurde, im Ersten Weltkrieg Reserveoffizier war, sollte von neuem eingezogen werden. Er meldete sich, hatte das Glück, einen vernünftigen, ihm persönlich unbekannten Offizier zu finden, und erklärte, er bitte, ihn nicht als Offizier, sondern als einfachen Soldaten einzuziehen. Er wolle sich dem gemeinsamen Schicksal der Deutschen nicht entziehen; aber er könne sich nicht entschließen, Befehle zu geben. Er wurde nicht eingezogen, hörte nichts weiter und blieb bis zum Kriegsende unbeanstandet.

AUGSTEIN: Ich gehe jetzt weiter: Wodurch unterscheidet sich der imaginäre Staatssekretär von dem Heeresgruppenbefehlshaber und Feldmarschall, der die Augen zumacht, wenn in seiner Etappe von Polizei- und SS-Einheiten sämtliche Juden zusammengeschossen werden?

JASPERS: Sehr schwierig, Herr Augstein. Man muss, nicht wahr, rechtliche Unterscheidungen schaffen, die man heute noch nicht genügend hat.

AUGSTEIN: Wir kommen nämlich auf eine Merkwürdigkeit: Je mehr ein Mann Nationalsozialist war und je dümmer er Nationalsozialist war und je borniertier, desto mehr Rechtfertigungsgründe hat er heute. Man würde also, und es gibt solche Urteile schon, und zwar glaube ich sogar der höheren Gerichte, man würde einem Mann zu Gute halten: Er hat an die Befehle und Parolen des Führers geglaubt.

JASPERS: Empörend, Herr Augstein. Dieses Argument ist immer noch eine Form der halben Bejahung der nationalen Größe von '33. Solchen Glauben als Glauben zu bezeichnen hat psychologisch einen Sinn. Wo die Psychologie aufhört, das heißt, wo man den

Menschen ernst nimmt, da gibt es keinen nationalsozialistischen Glauben, sondern sittliche Verwirrung oder Verderbtheit.

AUGSTEIN: Es gibt Beschlüsse, und auch von hohen Gerichten bestätigte Beschlüsse, in denen es heißt, der und der Richter war von den nationalsozialistischen Lehren und dem damaligen Rechtsdenken verblendet – und das war dann der Grund zur Einstellung des Ermittlungsverfahrens. Man sagt, er hat die Rechtsbeugung – und eine Rechtsbeugung war es – nicht erkannt, denn er war von der nationalsozialistischen Weltanschauung geblendet.

JASPERS: Ich bitte Sie, Sie werden das so wenig wie ich respektieren. Da gilt der Scherz, den man '33 machte. Es gibt drei Eigenschaften: intelligent, anständig, nationalsozialistisch. Von denen passen immer nur zwei zusammen, niemals alle drei. Entweder ist man intelligent und anständig, dann ist man kein Nationalsozialist. Oder man ist intelligent und Nationalsozialist, dann ist man nicht anständig. Oder man ist anständig und Nationalsozialist, dann ist man nicht intelligent, sondern schwachsinnig.

Dieser Scherz ist nicht bloß ein Scherz, sondern bedeutet die Inanspruchnahme des Gewissens. Wenn ich die Leute nicht sozusagen intellektuell für unzurechnungsfähig erkläre und die Konsequenzen ziehe, dass sie nicht qualifiziert sind für die meisten Berufe, wenn ich sie nicht wirklich als idiotisch behandle, dann bin ich nicht berechtigt, aus ihrem schlechten Wissen und ihrem so genannten Glauben einen mildernden Umstand herzuleiten. Das ist kein Glaube, der Toleranz verdient, wenn er sich in Handlungen umsetzt.

AUGSTEIN: Mir scheint, dass die Bundesrepublik so sehr versäumt hat, moralischen Gesetzen Geltung zu verschaffen, und tagtäglich es noch versäumt, dass nur eine ungewöhnliche moralische Anstrengung einen Haltepunkt setzen kann.

Ich möchte das an einem Beispiel klar machen. Wir haben in München ein Bundespatentgericht, da gab es einen Senatspräsidenten Ganser. Dieser Mann hat im so genannten Generalgouvernement ein Urteil kassieren lassen, in dem eine Frau freigesprochen worden war, die ein 18 Monate altes jüdisches Kind bei sich aufgenommen und es am Leben erhalten hat. Das Kind ist in den Gasofen geschickt worden, die Frau, die es aufgenommen hatte, ist zum Tode verurteilt worden – auf die Intervention dieses Mannes hin, der das Urteil hat kassieren lassen, das ein doch weiß Gott nicht zimperliches Sondergericht ausgesprochen hatte.

Dass dieser Mann bis zum 31. Januar dieses Jahres Senatspräsident in München am Bundespatentgericht war, dass er vermutlich volle Pension bekommen wird, das zeigt mir, dass wir uns in einer Zone moralischer Finsternis bewegen, der nur ein reinigender Akt in letzter Stunde sozusagen, der vielleicht schon zu spät kommt, ein Zeichen setzen kann.

JASPERS: Herr Augstein! Ich kann Ihnen, wobei ich ebenso wie Sie selber widerstrebe, nur zugeben, wie zahlreich diese tollen Fälle sind, deren Kenntnis wir zum Teil Ihnen verdanken.

AUGSTEIN: Auch anderen, nicht nur uns!

JASPERS: Aber Sie werden mir auch zugeben, dass, so zahlreich diese Fälle sein mögen, es in Deutschland ebenfalls, man kann sie nicht zählen, tadellose Richter gibt. Es gibt Urteile, mit denen diese Mörder doch zu lebenslänglichem Zuchthaus verurteilt worden sind.

Es gibt in Deutschland die Jugend. Wenn man mit den jungen Leuten spricht, mit einzelnen wenigstens, habe ich große Hoffnung. Es gibt Handlungen, von denen ich vorhin als Beispiel eine Handlung von Lübke nannte. Zu verzweifeln halte ich für schlechthin unerlaubt. Solange wir da sind, haben wir Hoffnung.

So lange werden Sie den SPIEGEL machen, und so lange möchte ich noch hie und da beiläufig, wie unwichtig das auch sein mag, eine Äußerung tun. Verzweiflung würde bedeuten anzuerkennen, dass wir in einem Zeitalter leben, in dem aller Wahrscheinlichkeit nach die Menschheit zu Grunde geht, oder doch, dass Deutschland als geistig-sittliche Kraft für immer verloren sei.

Was der Verstand einem sagt, schon für die endgültige Wahrheit zu halten, das wäre unerlaubt. Erlaubt und geboten ist vielmehr, aus Horizonten, die ich Ihnen jetzt nicht entwickle, die Maßstäbe abzuleiten: Welche Rolle spielt in der Weltgeschichte heute die Bundesrepublik? Was hat sie für Möglichkeiten und Pflichten? Wie sehen die Dinge aus in diesem weiten Horizont? Was können wir sein, wenn wir nicht der kleine Restbestand einer verkommenen Bevölkerung sein wollen, die von der Geschichte verbraucht wird als eine Menge tüchtiger Industrieleute, tüchtiger Manager, tüchtiger Militärs und tüchtiger Gelehrter, was alles an sich noch nichts ist.

Wenn wir wirklich noch etwas sein wollen, was unserer tausendjährigen Vergangenheit angemessen wäre, dann müssen wir das, was wir tun, aus diesem weiten Horizont beurteilen und bei diesem Beurteilen jedes, was bei uns zum Guten ist, sehen und es ermutigen.

Die hoffentlich gar nicht wenigen, die nur für meine Kenntnis nicht sehr Zahlreichen, die auf guten Wegen sind, werden ja oft dadurch in die Trauer getrieben, dass sie den soliden Kontakt dieser Gesinnung in den öffentlichen Dingen nicht gewinnen.

Zu diesen öffentlichen Dingen gehören aber natürlich nicht bloß das Parlament und die Regierung, gehört nicht nur die Struktur der Bundesrepublik, von der wir heute gar nicht reden – ein großes Thema, über das ich oft nachdenke, wie sie gekommen ist, was sie eigentlich ist und was geschehen sollte –, all das muss man immer noch zurückstellen gegenüber dem Grundsatz: Wo Menschen sind, die wollen, dass unser Dasein einen Sinn, ein Gewicht habe, irgendwo verknüpft sei mit dem Grund der Dinge und nicht dieses Oberflächliche, Nichtige bedeute, da müssen diese Menschen sich finden zu gemeinsamem Denken, zu gemeinsamem Handeln. Heute scheinen sie zu verschwinden, jeder für sich isoliert.

Ich gehe aber auf diesem Weg jetzt nicht weiter. Ich möchte im Zusammenhang mit der Verjährungsfrist noch auf einen Punkt hinweisen. Die Situation scheint mir so zu liegen, dass wir heute den Begriff des Verbrechens, der hier gemeint ist, des Völkermordes, im Prinzip noch nicht genügend erkannt und nicht genügend ins richterliche Bewusstsein gebracht haben.

Ferner ist das Urteil der deutschen Richter für diese Richter so schwierig, weil an sie der Anspruch der Rechtsschöpfung geht. Die großen Richter, an die ich vorhin erinnerte, in England im 17. Jahrhundert, waren solche Rechtsschöpfer.

AUGSTEIN: Das ist in England insofern auch etwas leichter, als es dort nicht das kodifizierte, das paraphierte Recht gibt, sondern sich die Entscheidungen auf Präzedenzen stützen – auch heute noch.

JASPERS: Auch deutsche Richter könnten sich stützen auf einen Artikel im Grundgesetz, in dem ausdrücklich steht, dass die Regeln des Völkerrechts den Gesetzen der Bundesrepublik vorgehen. Also kurz gesagt: Völkerrecht bricht Landesrecht.

AUGSTEIN: Sie meinen den Artikel 25 des Grundgesetzes; er besagt, das Völkerrecht sei Bestandteil des Bundesrechtes. Er sagt auch, das Völkerrecht gehe den Bundesgesetzen vor. Aber ebenso eindeutig sagt auch der Grundgesetz-Artikel 103 Absatz 2: „Eine Tat kann nur bestraft werden, wenn die Strafbarkeit gesetzlich bestimmt war, bevor die Tat begangen wurde." Eine Rückwirkung ist also ausdrücklich ausgeschlossen.

JASPERS: Das ist die große Frage. Ich denke vielmehr so: Die rückwirkende Kraft ist nach Artikel 103 nur dann ausgeschlossen, wenn es sich um Verbrechen innerhalb der jetzt neu konstituierten Ordnung und ihrer Zeit handelt. Wohl aber ist rückwirkende Kraft möglich, ja, gefordert auf die Handlungen im vorhergehenden Verbrecherstaat. Die rückwirkende Kraft ist rechtswidrig nur innerhalb einer Ordnung im Ganzen und für die Handlungen ihrer Zeit. Dort würde sie Unsicherheit schaffen und dem Rechtsstaat widersprechen.

Immer wieder dasselbe: An der Einsicht in die Wiedergeburt und Neuschöpfung des Rechtsstaates nach dem Verbrecherstaat liegt das Urteil über das Feld und die Grenze rückwirkender Rechtsetzung und damit auch die Antwort auf die Verjährungsfrage.

Neues Recht wurde als Völkerrecht geschaffen zum ersten Mal durch das Nürnberger Statut. Das Nürnberger Statut ist die Voraussetzung der Nürnberger Urteile. Das ist nicht vorher gesetztes Recht, sondern ist frisch gesetztes Recht mit rückwirkender Kraft.

Und in revolutionären Umwälzungen, welcher Art auch immer, so war vorhin die Erörterung, ist das nicht nur legitim, sondern gehörig. Die absolute Ausschließung rückwirkender Kraft, das wäre, als ob wir den Nazi-Staat mit einschließen könnten in eine Weltordnung des Rechts.

AUGSTEIN: Aber warum wollen Sie das, Herr Jaspers? Das gültige Recht und Gesetz reicht ja durchaus, um, sofern überhaupt noch Tatbestände geklärt und festgestellt werden können, zu Urteilen zu kommen.

JASPERS: Mir scheint, das reicht durchaus nicht. Mir kommt es vor, als ob man Verbrechen völlig neuer Art von dem Charakter eines stinkenden Lavastroms auffangen wollte in den schönen Kanälen einer Kulturlandschaft des überlieferten Rechts.

AUGSTEIN: Was Sie sagen, berührt sich auch mit dem, was die von Ihnen sicherlich auch verehrte und geschätzte Hannah Arendt sagt. Sie ist, unabhängig von Ihnen, in einem Brief, den sie uns geschrieben hat, auch zu der Meinung gekommen, man hätte mit rückwirkender Kraft neue Gesetze schaffen müssen, nach denen diese Dinge hätten abgeurteilt werden können. Das ist ein kühner Gedanke, der mich im Moment ein wenig sprachlos macht, aber ...

JASPERS: Er scheint mir nicht kühn, er scheint völlig selbstverständlich. Es hätte von Anfang an die volle Klarheit geschaffen, um die man sich jetzt bemüht. Israel hat solches Gesetz mit rückwirkender Kraft 1950 beschlossen.

AUGSTEIN: Wie das in Nürnberg gemacht worden ist, ist alles andere als vorbildlich. Dem Nürnberger Verfahren haftet so viel Peinliches an, das in meinen Augen keine neue Rechtsordnung zu begründen geeignet gewesen wäre.

JASPERS: Herr Augstein, sehen Sie, selbstverständlich ist es nicht vorbildlich, wie soll man in einem solchen Augenblick erwarten, dass der Gott vom Himmel kommt und das Rechte auf großartige Weise selber macht?

Wenn es Sie interessiert, wie ich zu Nürnberg stand und stehe: Ich habe Ende '45 über die Schuldfrage geschrieben, mit sehr wenig Widerhall.

AUGSTEIN: Das kann ich nicht finden. Ich war damals junger Redakteur, wir haben das mit großem Interesse gelesen.

JASPERS: Aber auch öffentlich nichts gesagt. In der Schrift habe ich mich zu diesen Nürnberger Richtern bekannt und zu dem Statut. Und ich habe das vor kurzem wieder abgedruckt im Deutschen Taschenbuch-Verlag, in einer Sammlung meiner kleinen politischen Schriften von '45 bis '62. Ich habe dazu eine neue Einleitung geschrieben. Meinen früheren Erörterungen zu dem Nürnberger Prozess habe ich etwas hinzugefügt in Ihrem Sinne, nämlich welche Enttäuschung schon bald damit verknüpft war. Das scheint mir aber nicht entscheidend. Entscheidend ist: Der Augenblick war da, der die Rechtsschöpfung mit rückwirkender Kraft forderte. Und sie haben es dann so gut und schlecht gemacht, wie sie es eben konnten.

Vorhin schon wurde daran erinnert: Die Israelis haben im Jahre 1950 ihr Gesetz geschaffen. Als sie die Todesstrafe abschafften, haben sie eine Ausnahme für die Teilnehmer am Massenmord gemacht. Ein solches Gesetz hätten wir auch machen können. Das ist versäumt.

Wir hätten von vornherein ein solches Gesetz machen können, um völligen Abstand von dem Verbrechen zu nehmen. Es wäre nicht einfach gewesen. Alle die Unterscheidungen, die Abstufungen, die mildernden Umstände bei nicht eigentlicher Mitwirkung, sondern Duldung, hätten erwogen werden müssen. Das ist heute noch eine sehr schwierige Sache.

Was ich aber sagen wollte, ist: Die Richter heute in Deutschland werden, wie man sagt, überfordert. Überfordert zu sein, das scheint mir angemessen. Es gehört zum Menschen, überfordert zu werden. Sonst kommt das Beste, das er vermag, nicht zur Wirklichkeit.

Die Richter werden überfordert, nämlich sie können, was sie leisten sollen, nur leisten, wenn sie rechtsschöpferische Qualitäten haben. Und bei diesen Qualitäten, wenn sie sie haben, können sie sich stützen auf den vorhin zitierten Satz des Grundgesetzes: „Die allgemeinen Regeln des Völkerrechts sind Bestandteil des Bundesrechts" und: Völkerrecht bricht Landesrecht.

Aber wo ist das Völkerrecht zu finden? Es ist doch nicht kodifiziert. Die allgemeinen Regeln des Völkerrechts, wo sind sie? Aber dieses Völkerrecht anzuerkennen fordert seine ständige Erwägung und die Heranziehung der gewichtigen Zeugnisse des Völkerrechts und der internationalen Vereinbarungen.

Ich habe mich mit der Sache beschäftigt anlässlich der Frage nach den Menschenrechten. Es gibt ein Buch von einem Juristen Guradze. In dem las ich von einem merkwürdigen Falle, dem vielleicht einzigen Falle dieser Art, der in Deutschland vorgekommen ist: Anfang der zwanziger Jahre hat das damalige Reichsgericht zwei Marineoffiziere verurteilt ausdrücklich unter Berufung auf das Völkerrecht, weil sie geduldet haben, dass englische Schiffbrüchige, die ohne Gefahr hätten gerettet werden können, nicht gerettet worden sind.
AUGSTEIN: Das ist der Fall Dittmar-Boldt.
JASPERS: Es war Anfang der zwanziger Jahre. Der Fall wurde damals nicht publiziert. Man hatte Besorgnis, das zu publizieren. Sonst war es ja so, dass das Völkerrecht so weit gilt, als Landesrecht das Völkerrecht sich zu Eigen macht. Das tut das Grundgesetz in dem großartigen Stile, dass das Völkerrecht sogar Landesrecht bricht.

Schöpferische Richter könnten sich darauf stützen und nunmehr erklären, warum sie die schärfste Strafe, nämlich in Deutschland das lebenslängliche Zuchthaus, für die wirklichen Mitmörder erkennen. (Es sei denn, wir machten wie Israel ein Gesetz, das bei allgemeiner Abschaffung der Todesstrafe für diese Art Mord die Todesstrafe als Ausnahme bestehen lässt.)

Das ist möglich. Sie tun es in der Mehrzahl der Fälle bisher nicht, sondern sie halten sich an überlieferte Kategorien und fangen darin auf, was darin überhaupt nicht aufzufangen ist.

AUGSTEIN: Also da muss ich Ihnen in einem Punkt nun wieder zustimmen: Wenn es um den Schutz der persönlichen Ehre geht oder wenn es um Ehescheidungsfragen geht, dann ist unser Bundesgerichtshof durchaus rechtsschöpferisch. Dann entwickelt er sogar eine Rechtsprechung, die im klaren Widerspruch zum geschriebenen Gesetz steht. Aber das ist Zivilrecht. Wäre es von da aus gesehen vielleicht möglich gewesen, dass der Bundesgerichtshof in der von Ihnen gewiesenen Richtung vorwärts gegangen wäre?

JASPERS: Das kann immer noch geschehen.

AUGSTEIN: Möchten Sie zusammenfassen, was Sie für das Wesentliche an der Entscheidung über die Verjährungsfrage halten?

JASPERS: Sie wird durch die Weise, wie sie getroffen und wie sie begründet wird, durch die Sprache unserer Parlamentarier, durch den Ton ihrer Äußerungen ein Zeugnis sein für die sittlich-politische Verfassung der heute in der Bundesrepublik maßgebenden Führer und damit für die Bundesrepublik selber in ihrem heutigen Zustand.

Was entschieden wird, ist in Bezug auf die materielle Realität ganz unbedeutend. Aber in Bezug auf die Erscheinung unseres politischen Wesens kann die Bedeutung gar nicht hoch genug eingeschätzt werden. Denn viele Dinge würden dann in anderer Richtung als bisher von der Bundesrepublik entschieden werden.

Nehmen wir teil an dem einmütigen Gewissen des Abendlandes oder nicht? Behandeln wir auch solche Dinge opportunistisch, mit Halbheiten, mit Tricks, mit Hintergedanken? Begründen wir eine neue Verlogenheit? Oder wird der Ernst unseres politischen Willens einfach, schlicht, in klarer Sprache überzeugend in dem Parlamente, das uns vertritt, in Erscheinung treten?

AUGSTEIN: Herr Professor Jaspers, wir danken Ihnen für dieses Gespräch.

„Nur noch ein Gott kann uns retten"

Gespräch mit Martin Heidegger

Bereits 1966 erklärte sich der Philosoph Martin Heidegger bereit, im SPIEGEL-Gespräch mit Rudolf Augstein und Georg Wolff Fragen nach seiner Rolle während der Nazi-Zeit zu beantworten. Der SPIEGEL respektierte Heideggers Bedingung, dieses Dokument erst nach seinem Tod zu drucken, und veröffentlichte das Gespräch deshalb erst 1976. Auszüge:

SPIEGEL: Herr Professor Heidegger, in Ihrer Antrittsrede als Rektor der Freiburger Universität 1933 sprachen Sie – vier Monate nach Hitlers Ernennung zum Reichskanzler – von der „Größe und Herrlichkeit dieses Aufbruchs".
HEIDEGGER: Ja, ich war auch davon überzeugt.
SPIEGEL: Könnten Sie das etwas erläutern?
HEIDEGGER: Gern. Ich sah damals keine andere Alternative. Bei der allgemeinen Verwirrung der Meinungen und der politischen Tendenzen von 22 Parteien galt es, zu einer nationalen und vor allem sozialen Einstellung zu finden, etwa im Sinne des Versuchs von Friedrich Naumann.
SPIEGEL: Wann begannen Sie, sich mit den politischen Verhältnissen zu befassen? Die 22 Parteien waren ja schon lange da. Millionen von Arbeitslosen gab es auch schon 1930.
HEIDEGGER: In dieser Zeit war ich noch ganz von den Fragen beansprucht, die in „Sein und Zeit" (1927) und in den Schriften und Vorträgen der folgenden Jahre entwickelt sind, Grundfragen des Denkens, die mittelbar auch die nationalen und sozialen Fragen betreffen. Unmittelbar stand für mich als Lehrer an der Universität die Frage nach dem Sinn der Wissenschaften im Blick und damit die Bestimmung der Aufgabe der Universität. Diese Bemühung ist im Titel meiner Rektoratsrede ausgesprochen: „Die Selbstbehauptung der deutschen Universität". Ein solcher Titel ist in keiner Rektoratsrede der damaligen Zeit gewagt worden. Aber wer von denen, die gegen diese Rede

polemisieren, hat sie gründlich gelesen, durchdacht und aus der damaligen Situation heraus interpretiert?
SPIEGEL: Selbstbehauptung der Universität, in einer solchen turbulenten Welt, wirkt das nicht ein bisschen unangemessen?
HEIDEGGER: Wieso? „Die Selbstbehauptung der Universität", das geht gegen die damals schon in der Partei und von der nationalsozialistischen Studentenschaft geforderte so genannte Politische Wissenschaft. Dieser Titel hatte damals einen ganz anderen Sinn; er bedeutete nicht Politologie wie heute, sondern besagte: Die Wissenschaft als solche, ihr Sinn und Wert, wird abgeschätzt nach dem faktischen Nutzen für das Volk. Die Gegenstellung zu dieser Politisierung der Wissenschaft wird in der Rektoratsrede eigens angesprochen.
SPIEGEL: Indem Sie die Universität in das, was Sie damals als einen Aufbruch empfanden, mit hineinnahmen, wollten Sie die Universität behaupten gegen sonst vielleicht übermächtige Strömungen, die der Universität ihre Eigenart nicht mehr gelassen hätten?
HEIDEGGER: Gewiss, aber die Selbstbehauptung sollte sich zugleich die Aufgabe stellen, gegenüber der nur technischen Organisation der Universität einen neuen Sinn zurückzugewinnen aus der Besinnung auf die Überlieferung des abendländisch-europäischen Denkens.
SPIEGEL: Herr Professor, sollen wir das so verstehen, dass Sie damals meinten, eine Gesundung der Universität mit den Nationalsozialisten zusammen erreichen zu können?
HEIDEGGER: Das ist falsch ausgedrückt. Nicht mit den Nationalsozialisten zusammen, sondern die Universität sollte aus eigener Besinnung sich erneuern und dadurch eine feste Position gegenüber der Gefahr der Politisierung der Wissenschaft gewinnen – in dem vorhin angegebenen Sinne.
SPIEGEL: Und deswegen haben Sie in Ihrer Rektoratsrede diese drei Säulen proklamiert: „Arbeitsdienst", „Wehrdienst", „Wissensdienst". Dadurch sollte, so meinten Sie demnach, der „Wissensdienst" in eine gleichrangige Position gehoben werden, die ihm die Nationalsozialisten nicht konzediert hatten?
HEIDEGGER: Von „Säulen" ist nicht die Rede. Wenn Sie aufmerksam lesen: Der Wissensdienst steht zwar in der Aufzählung an dritter Stelle, aber dem Sinne nach ist er an die erste gesetzt. Zu bedenken bleibt, dass Arbeit und Wehr wie jedes menschliche Tun auf ein Wissen gegründet und von ihm erhellt werden.

SPIEGEL: Sie sagten im Herbst 1933: „Nicht Lehrsätze und Ideen seien die Regeln eures Seins. Der Führer selbst und allein ist die heutige und künftige deutsche Wirklichkeit und ihr Gesetz."

HEIDEGGER: Diese Sätze stehen nicht in der Rektoratsrede, sondern nur in der lokalen Freiburger Studentenzeitung, zu Beginn des Wintersemesters 1933/34. Als ich das Rektorat übernahm, war ich mir darüber klar, dass ich ohne Kompromisse nicht durchkäme. Die angeführten Sätze würde ich heute nicht mehr schreiben. Dergleichen habe ich schon 1934 nicht mehr gesagt.

SPIEGEL: Sie wissen, dass in diesem Zusammenhang einige Vorwürfe gegen Sie erhoben werden, die Ihre Zusammenarbeit mit der NSDAP und deren Verbänden betreffen und die in der Öffentlichkeit immer noch als unwidersprochen gelten. So ist Ihnen vorgeworfen worden, Sie hätten sich an Bücherverbrennungen der Studentenschaft oder der Hitlerjugend beteiligt.

HEIDEGGER: Ich habe die geplante Bücherverbrennung, die vor dem Universitätsgebäude stattfinden sollte, verboten.

SPIEGEL: Dann ist Ihnen vorgeworfen worden, Sie hätten Bücher jüdischer Autoren aus der Bibliothek der Universität oder des Philosophischen Seminars entfernen lassen.

HEIDEGGER: Ich konnte als Direktor des Seminars nur über dessen Bibliothek verfügen. Ich bin den wiederholten Aufforderungen, die Bücher jüdischer Autoren zu entfernen, nicht nachgekommen. Frühere Teilnehmer meiner Seminarübungen können heute bezeugen, dass nicht nur keine Bücher jüdischer Autoren entfernt wurden, sondern dass diese Autoren wie vor 1933 zitiert und besprochen wurden.

SPIEGEL: Im Februar 1934 legten Sie das Rektorat nieder. Wie kam es dazu?

HEIDEGGER: In der Absicht, die technische Organisation der Universität zu überwinden, das heißt, die Fakultäten von innen heraus, von ihren sachlichen Aufgaben her, zu erneuern, habe ich vorgeschlagen, für das Wintersemester 1933/34 in den einzelnen Fakultäten jüngere und vor allem in ihrem Fach ausgezeichnete Kollegen zu Dekanen zu ernennen, und zwar ohne Rücksicht auf ihre Stellung zur Partei.

Aber schon um Weihnachten 1933 wurde mir klar, dass ich die mir vorschwebende Erneuerung der Universität weder gegen die

Widerstände innerhalb der Kollegenschaft noch gegen die Partei würde durchsetzen können. Zum Beispiel verübelte mir die Kollegenschaft, dass ich die Studenten mit in die verantwortliche Verwaltung der Universität einbezog – genau, wie es heute der Fall ist. Eines Tages wurde ich nach Karlsruhe gerufen, wo von mir der Minister verlangte, die Dekane der Juristischen und der Medizinischen Fakultät durch andere Kollegen zu ersetzen, die der Partei genehm wären. Ich habe dieses Ansinnen abgelehnt und meinen Rücktritt vom Rektorat erklärt, wenn der Minister auf seiner Forderung bestehe. Dies war der Fall. Das war im Februar 1934.

SPIEGEL: Vielleicht dürfen wir zusammenfassen: Sie sind 1933 als ein unpolitischer Mensch auf dem Wege über die Universität in diesen vermeintlichen Aufbruch geraten. Nach etwa einem Jahr haben Sie die dabei übernommene Funktion wieder aufgegeben. Aber: Sie haben 1935 in einer Vorlesung, die 1953 als Einführung in die Metaphysik veröffentlicht wurde, gesagt: „Was heute" – das war also 1935 – „als Philosophie des Nationalsozialismus herumgeboten wird, aber mit der inneren Wahrheit und Größe dieser Bewegung (nämlich mit der Begegnung der planetarisch bestimmten Technik und des neuzeitlichen Menschen) nicht das Geringste zu tun hat, das macht seine Fischzüge in diesen trüben Gewässern der ‚Werte' und ‚Ganzheiten'." Haben Sie die Worte in der Klammer erst 1953, also bei der Drucklegung, hinzugefügt, oder hatten Sie die erklärende Klammer auch schon 1935 drin?

HEIDEGGER: Das stand in meinem Manuskript drin und entsprach genau meiner damaligen Auffassung der Technik und noch nicht der späteren Auslegung des Wesens der Technik als Ge-Stell. Dass ich die Stelle nicht vortrug, lag daran, dass ich von dem rechten Verständnis meiner Zuhörer überzeugt war, die Dummen und Spitzel und Schnüffler verstanden es anders – mochten es auch.

SPIEGEL: Sicher würden Sie auch die kommunistische Bewegung da einordnen?

HEIDEGGER: Ja, unbedingt, als von der planetarischen Technik bestimmt.

SPIEGEL: Auch den Amerikanismus?

HEIDEGGER: Auch dieses würde ich sagen. Inzwischen dürfte in den vergangenen 30 Jahren deutlicher geworden sein, dass die planetarische Bewegung der neuzeitlichen Technik eine Macht ist, deren Geschichte-bestimmende Größe kaum überschätzt werden kann. Es ist für mich heute eine entscheidende Frage, wie dem technischen Zeitalter überhaupt ein – und welches – politisches System zugeordnet werden kann. Auf diese Frage weiß ich keine Antwort. Ich bin nicht überzeugt, dass es die Demokratie ist.

SPIEGEL: Nun ist „die" Demokratie nur ein Sammelbegriff, unter dem sich sehr verschiedene Vorstellungen einordnen lassen. Die Frage ist, ob eine Transformation dieser politischen Form noch möglich ist. Sie haben sich nach 1945 zu den politischen Bestrebungen der westlichen Welt geäußert und dabei auch von der Demokratie gesprochen, von der politisch ausgedrückten christlichen Weltanschauung und auch von der Rechtsstaatlichkeit – und Sie nannten alle diese Bestrebungen „Halbheiten".

HEIDEGGER: Als Halbheiten würde ich sie auch bezeichnen, weil ich darin keine wirkliche Auseinandersetzung mit der technischen Welt sehe, weil dahinter immer noch, nach meiner Ansicht, die Auffassung steht, dass die Technik in ihrem Wesen etwas sei, was der Mensch in der Hand hat. Das ist nach meiner Meinung nicht möglich. Die Technik in ihrem Wesen ist etwas, was der Mensch von sich aus nicht bewältigt.

SPIEGEL: Sie sehen, so haben Sie es ausgedrückt, eine Weltbewegung, die den absoluten technischen Staat entweder heraufführt oder schon heraufgeführt hat?

HEIDEGGER: Ja!

SPIEGEL: Kann überhaupt der Einzelmensch dieses Geflecht von Zwangsläufigkeiten noch beeinflussen? Oder aber kann die Philosophie es beeinflussen, oder beide zusammen, indem die Philosophie den Einzelnen oder mehrere Einzelne zu einer bestimmten Aktion führt?

HEIDEGGER: Die Philosophie wird keine unmittelbare Veränderung des jetzigen Weltzustandes bewirken können. Dies gilt nicht nur von der Philosophie, sondern von allem bloß menschlichen Sinnen und Trachten. Nur noch ein Gott kann uns retten. Uns bleibt die einzige Möglichkeit, im Denken und im Dichten eine Bereitschaft vorzubereiten für die Erscheinung des Gottes oder für die Abwesenheit des Gottes im Untergang; dass wir im Angesicht des abwesenden Gottes untergehen.

SPIEGEL: Gibt es einen Zusammenhang zwischen Ihrem Denken

und der Heraufkunft dieses Gottes? Meinen Sie, dass wir den Gott herbeidenken können?

HEIDEGGER: Wir können ihn nicht herbeidenken, wir vermögen höchstens die Bereitschaft der Erwartung zu wecken.

SPIEGEL: Aber können wir helfen?

HEIDEGGER: Die Bereitung der Bereitschaft dürfte die erste Hilfe sein. Die Welt kann nicht durch den Menschen, aber auch nicht ohne den Menschen sein, was sie und wie sie ist. Das hängt nach meiner Ansicht damit zusammen, dass das, was ich mit einem langher überlieferten, vieldeutigen und jetzt abgegriffenen Wort „das Sein" nenne, den Menschen braucht zu seiner Offenbarung, Wahrung und Gestaltung. Das Wesen der Technik sehe ich in dem, was ich das Ge-Stell nenne, ein oft verlachter und vielleicht ungeschickter Ausdruck. Das Walten des Ge-Stells besagt: Der Mensch ist gestellt, beansprucht und herausgefordert von einer Macht, die im Wesen der Technik offenbar wird und die er selbst nicht beherrscht. Zu dieser Einsicht zu verhelfen: Mehr verlangt das Denken nicht. Die Philosophie ist am Ende.

SPIEGEL: Und wer nimmt den Platz der Philosophie jetzt ein?

HEIDEGGER: Die Kybernetik.

SPIEGEL: Oder der Fromme, der sich offen hält?

HEIDEGGER: Das ist aber keine Philosophie mehr.

SPIEGEL: Was ist es dann?

HEIDEGGER: Das andere Denken nenne ich es.

SPIEGEL: Sie haben gesagt, diese neue Methode des Denkens sei „zunächst nur für wenige Menschen vollziehbar". Wollten Sie damit ausdrücken, dass nur ganz wenige Leute die Einsichten haben können, die nach Ihrer Ansicht möglich und nötig sind?

HEIDEGGER: „Haben" in dem ganz ursprünglichen Sinne, dass sie sie gewissermaßen sagen können.

SPIEGEL: Die Transmission zur Verwirklichung ist auch von Ihnen nicht sichtbar dargestellt worden.

HEIDEGGER: Das kann ich auch nicht sichtbar machen. Ich weiß darüber nichts, wie dieses Denken „wirkt". Es kann auch sein, dass der Weg eines Denkens heute dazu führt, zu schweigen, um das Denken davor zu bewahren, dass es verramscht wird innerhalb eines Jahres. Es kann auch sein, dass es 300 Jahre braucht, um zu „wirken".

SPIEGEL: Da wir nicht in 300 Jahren, sondern hier und jetzt leben, ist uns das Schweigen versagt. Wir, Politiker, Halbpolitiker, Staatsbürger, Journalisten et cetera, wir müssen unablässig irgendeine Entscheidung treffen. Mit dem System, unter dem wir leben, müssen wir uns einrichten, müssen suchen, es zu ändern, müssen das schmale Tor zu einer Reform, das noch schmalere einer Revolution ausspähen. Hilfe erwarten wir vom Philosophen, Hilfe auf Umwegen. Und da hören wir nun: Ich kann euch nicht helfen.

HEIDEGGER: Kann ich auch nicht.

SPIEGEL: Das muss den Nicht-Philosophen entmutigen.

HEIDEGGER: Kann ich nicht, weil die Fragen so schwer sind, dass es wider den Sinn dieser Aufgabe des Denkens wäre, gleichsam öffentlich aufzutreten, zu predigen und moralische Zensuren zu erteilen. Vielleicht darf der Satz gewagt werden: Dem Geheimnis der planetarischen Übermacht des ungedachten Wesens der Technik entspricht die Vorläufigkeit und Unscheinbarkeit des Denkens, das versucht, diesem Ungedachten nachzudenken.

SPIEGEL: Sie zählen sich nicht zu denen, die, wenn sie nur gehört würden, einen Weg weisen könnten?

HEIDEGGER: Nein! Ich weiß keinen Weg zur unmittelbaren Veränderung des gegenwärtigen Weltzustandes, gesetzt, eine solche sei überhaupt menschenmöglich. Aber mir scheint, das versuchte Denken könnte die schon genannte Bereitschaft wecken, klären und festigen.

SPIEGEL: Kann und darf ein Denker sagen: Wartet nur, innerhalb von 300 Jahren wird uns wohl etwas einfallen?

HEIDEGGER: Es handelt sich nicht darum, nur zu warten, bis dem Menschen nach 300 Jahren etwas einfällt, sondern darum, aus den kaum gedachten Grundzügen des gegenwärtigen Zeitalters in die kommende Zeit ohne prophetische Ansprüche vorzudenken. Denken ist nicht Untätigkeit, sondern selbst in sich das Handeln, das in der Zwiesprache steht mit dem Weltgeschick.

SPIEGEL: Kommen wir zu unserem Anfang zurück. Wäre es nicht denkbar, den Nationalsozialismus einerseits als Verwirklichung jener „planetarischen Begegnung", andererseits als den letzten, schlimmsten, stärksten und zugleich ohnmächtigsten Protest gegen diese Begegnung der „planetarisch bestimmten Technik" und des neuzeitlichen Menschen anzusehen? Offenbar tragen Sie in Ihrer Person einen Gegensatz aus, so dass viele Beiprodukte Ihrer Tätigkeit

eigentlich nur dadurch zu erklären sind, dass Sie sich mit verschiedenen Teilen Ihres Wesens, die nicht den philosophischen Kern betreffen, an vielen Dingen festklammern, von denen Sie als Philosoph wissen, dass sie keinen Bestand haben – etwa an Begriffen wie „Heimat", „Verwurzelung" oder dergleichen. Wie passt das zusammen: planetarische Technik und Heimat?
HEIDEGGER: Das würde ich nicht sagen. Mir scheint, Sie nehmen die Technik doch zu absolut. Ich sehe die Lage des Menschen in der Welt der planetarischen Technik nicht als ein unentwirrbares und unentrinnbares Verhängnis, sondern ich sehe gerade die Aufgabe des Denkens darin, in seinen Grenzen mitzuhelfen, dass der Mensch überhaupt erst ein zureichendes Verhältnis zum Wesen der Technik erlangt. Der Nationalsozialismus ist zwar in die Richtung gegangen; diese Leute aber waren viel zu unbedarft im Denken, um ein wirklich explizites Verhältnis zu dem zu gewinnen, was heute geschieht und seit drei Jahrhunderten unterwegs ist.
SPIEGEL: Wir haben im Moment eine Krise des demokratisch-parlamentarischen Systems. Können nicht doch von Seiten der Denker, quasi als Beiprodukt, Hinweise darauf kommen, dass entweder dieses System durch ein neues ersetzt werden muss oder dass Reform möglich sein müsse? Sollte nicht doch der Philosoph bereit sein, sich Gedanken zu machen, wie die Menschen ihr Miteinander in dieser von ihnen selbst technisierten Welt, die sie vielleicht übermächtigt hat, einrichten können? Erwartet man nicht doch zu Recht vom Philosophen, dass er Hinweise gibt, wie er sich eine Lebensmöglichkeit vorstellt, und verfehlt nicht der Philosoph einen Teil seines Berufs und seiner Berufung, wenn er dazu nichts mitteilt?
HEIDEGGER: Soweit ich sehe, ist ein Einzelner vom Denken her nicht im Stande, die Welt im Ganzen so zu durchschauen, dass er praktische Anweisungen geben könnte, und dies gar noch angesichts der Aufgabe, erst wieder eine Basis für das Denken selbst zu finden. Das Denken ist, solange es sich selber ernst nimmt angesichts der großen Überlieferung, überfordert, wenn es sich anschicken soll, hier Anweisungen zu geben. Aus welcher Befugnis könnte dies geschehen? Im Bereich des Denkens gibt es keine autoritativen Aussagen. Die einzige Maßgabe für das Denken kommt aus der zu denkenden Sache selbst. Diese aber ist das vor allem anderen Fragwürdige. Um diesen Sachverhalt einsichtig zu machen, bedürfte

es vor allem einer Erörterung des Verhältnisses zwischen der Philosophie und den Wissenschaften, deren technisch-praktische Erfolge ein Denken im Sinne des philosophischen heute mehr und mehr als überflüssig erscheinen lassen. Der schwierigen Lage, in die das Denken selbst hinsichtlich seiner eigenen Aufgabe versetzt ist, entspricht daher eine gerade durch die Machtstellung der Wissenschaften genährte Befremdung gegenüber dem Denken, das sich eine für den Tag geforderte Beantwortung praktisch-weltanschaulicher Fragen versagen muss.

SPIEGEL: Herr Professor, im Bereich des Denkens gibt es keine autoritativen Aussagen. So kann es nicht überraschen, dass es auch die moderne Kunst schwer hat, autoritative Aussagen zu machen. Gleichwohl nennen Sie sie „destruktiv". Die moderne Kunst versteht sich oft als experimentelle Kunst. Ihre Werke sind Versuche ...

HEIDEGGER: Ich lasse mich gern belehren.

SPIEGEL: ... Versuche aus einer Situation der Vereinzelung des Menschen und des Künstlers heraus, und unter 100 Versuchen findet sich hin und wieder einmal ein Treffer.

HEIDEGGER: Das ist eben die große Frage: Wo steht die Kunst? Welchen Ort hat sie?

SPIEGEL: Gut, aber da verlangen Sie etwas von der Kunst, was Sie vom Denken ja auch nicht mehr verlangen.

HEIDEGGER: Ich verlange nichts von der Kunst. Ich sage nur, es ist eine Frage, welchen Ort die Kunst einnimmt.

SPIEGEL: Wenn die Kunst ihren Ort nicht kennt, ist sie deshalb destruktiv?

HEIDEGGER: Gut, streichen Sie es. Ich möchte aber feststellen, dass ich das Wegweisende der modernen Kunst nicht sehe, zumal dunkel bleibt, worin sie das Eigenste der Kunst erblickt oder wenigstens sucht.

SPIEGEL: Auch dem Künstler fehlt die Verbindlichkeit dessen, was tradiert worden ist. Er kann es schön finden, und er kann sagen: Ja, so hätte man vor 600 Jahren malen mögen oder vor 300 oder noch vor 30. Aber er kann es ja nun nicht mehr. Selbst wenn er es wollte, er könnte es nicht. Der größte Künstler wäre dann der geniale Fälscher Hans van Meegeren, der dann „besser" malen könnte als die anderen. Aber es geht eben nicht mehr. So ist also der Künstler, Schriftsteller, Dichter in einer ähnlichen Situation wie der Denker. Wie oft müssen wir doch sagen: Mach die Augen zu.

HEIDEGGER: Nimmt man als Rahmen für die Zuordnung von Kunst und Dichtung und Philosophie den „Kulturbetrieb", dann besteht die Gleichstellung zu Recht. Wird aber nicht nur der Betrieb fragwürdig, sondern auch das, was „Kultur" heißt, dann fällt auch die Besinnung auf dieses Fragwürdige in den Aufgabenbereich des Denkens, dessen Notlage kaum auszudenken ist. Aber die größte Not des Denkens besteht darin, dass heute, soweit ich sehen kann, noch kein Denkender spricht, der „groß" genug wäre, das Denken unmittelbar und in geprägter Gestalt vor seine Sache und damit auf seinen Weg zu bringen. Für uns Heutige ist das Große des zu Denkenden zu groß. Wir können uns vielleicht daran abmühen, an schmalen und wenig weit reichenden Stegen eines Überganges zu bauen.

SPIEGEL: Herr Professor Heidegger, wir danken Ihnen für dieses Gespräch.

„Wie sich die Welt dreht"

Letzte Begegnung mit Konrad Adenauer

Am 9. Dezember 1966 von 17.00 bis 18.30 Uhr besuchte SPIEGEL-Herausgeber Rudolf Augstein den früheren Bundeskanzler und CDU-Vorsitzenden Konrad Adenauer in dessen Büro im Bonner Bundeshaus. Es war der erste Besuch seit der SPIEGEL-Affäre. Augstein bat Adenauer, von der Unterhaltung aus dem Gedächtnis eine Niederschrift machen zu dürfen. Auszüge:

AUGSTEIN: *(murmelt etwas von einer gewissen Rührung, den Dr. Adenauer nach langen Jahren, in denen viel passiert sei, wiederzusehen.)*
ADENAUER: Ich erinnere mich noch gut, dass Sie mit Ihrem Bruder aus Neuwied kamen, um mir zu sagen, dass Sie eine deutsche „Times" gründen wollten. Sie sind dann eine Zeit lang im trüben Gewässer gefahren, aber das haben Sie mir damals ja gleich gesagt, dass Sie eine Zeit lang durch trübe Gewässer würden fahren müssen. Inzwischen sind Sie da ja durch.
AUGSTEIN: Ich kam nicht von Neuwied, sondern von Neuß, und auch nicht mit meinem Bruder, sondern allein. Als mein Bruder mit mir bei Ihnen war, das war 1954, als wir Sie wegen des Schmeißer-Prozesses vernehmen mussten. Es war auch nicht die „Times", sondern die „Time".
ADENAUER: Ach, richtig, man vergisst ja so viel.
AUGSTEIN: Im Gegenteil. Mich hat Ihr Gedächtnis für wichtige Fragen immer verwundert.
ADENAUER: Sie haben einen Artikel über den zweiten Band meiner Memoiren geschrieben, mit dem Sie sich große Mühe gemacht haben. Das hat mich sehr gefreut. Aber in meinem dritten Band, da werden Sie noch sehen, dass Sie Unrecht haben mit Ihrer Kritik...
AUGSTEIN: Wie sind Sie mit der neuen Regierung zufrieden?
ADENAUER: Ja und nein. Sehen Sie mal, da müssen doch einige Grundgesetzänderungen durchgebracht werden, dazu brauchen wir die Sozialdemokraten.
AUGSTEIN: Jedenfalls wird das durch eine Große Koalition erleichtert.

ADENAUER: Ich mache mir aber große Sorgen. Sehen Sie mal, Wehner, der ist sehr herzkrank. Wenn der ausfällt, dann ... *(Er hebt die Arme.)*
AUGSTEIN: Das hätten Sie 1957 auch noch nicht gedacht, dass wir beide einmal hier sitzen würden und uns ... *(Adenauer hebt in lachender Resignation die Arme und legt sich zurück, das ein wenig drachenhaft geschnittene Gesicht besteht nur noch aus tausend Pergamentfältchen.)*
ADENAUER: ... über die Gesundheit des Herrn Wehner Gedanken machen! Ausgerechnet Sie und ich! Sagen Sie, wie sich die Welt dreht! Und in der SPD, sehen Sie mal, wer ist denn da?
AUGSTEIN: Schmidt-Schnauze.
ADENAUER: Der, der ist noch sich am Entwickeln, da weiß man noch nicht recht. Sehen Sie mal, sind das nicht schreckliche Zeiten, in denen wir leben?
AUGSTEIN: Ja, wenn man so sieht, was von außereuropäischen Gebieten da so auf uns zurückschlägt – da muss der europäische Sozialismus Ihnen doch nicht mehr so verdächtig erscheinen wie früher.
ADENAUER: Ja, nicht wahr *(wiegt sich lachend, Kinderdrachengesicht in tausend Fältchen)*, da war ja der Karl Marx ein joldener Junge gegen das, was jetzt ist ... Das mit der Regierungsbildung hat ja eine Vorgeschichte. Dass der Herr Erhard kein politischer Mensch ist, das habe ich ja schon immer gesagt. Das habe ich ihm sogar schriftlich gegeben! Aber nun sagen Sie mal, wie hat man diesen Mann in Amerika behandelt! Das war doch immerhin der deutsche Bundeskanzler.
AUGSTEIN: Manche lassen sich das gefallen, manche nicht.
ADENAUER: Ja, aber das war ein großer Skandal. Aber wissen Sie, wie das zu Stande gekommen ist mit dem Devisen-Abkommen? Ich kann ja nur wiedergeben, was man mir erzählt hat. Dem Herrn Hassel hat man ein Protokoll vorgelegt, das sollte er unterschreiben. Man hat ihm gesagt, der Herr Erhard und der Herr Johnson seien damit einverstanden. Dabei war Herr Erhard gar nicht einverstanden. Hassel hat das unterzeichnet, weil er getäuscht worden war.
AUGSTEIN: Das scheint mir aber etwas anders gewesen zu sein.
ADENAUER: So hat der Herr Erhard mir das erzählt.
AUGSTEIN: Der Herr Erhard lügt nicht.
ADENAUER: Natürlich lügt der Erhard! *(Wieder ernst.)* Man darf nicht lügen, aber man muss den Leuten nicht immer alles sagen, muss ihnen nicht immer die volle Wahrheit sagen. So habe ich es gehalten ... *(Er berichtet, dass er demnächst nach Spanien fahren*

will, um dort eine "europäische Rede" zu halten. Das Gespräch kommt auf den Prado. Augstein nennt ihm die Prunkstücke des Museums, unter anderem die "Übergabe von Breda" von Velázquez.)
AUGSTEIN: Das Bild ist berühmt, auch wegen der historischen Szenerie. Der spanische Feldherr, der Breda einnahm, galt seinerzeit als das Vorbild eines ritterlichen Siegers.
ADENAUER: Aber der Alba soll doch fürchterlich gehaust haben ... Heute sind die Zeiten noch schrecklicher. Die Deutschen sind ja ein komisches Volk. Da hat doch bei Ihnen im SPIEGEL gestanden, wie in Berlin die Mauer gebaut worden ist. Der Herr Brandt hat mir das alles bestätigt, was Sie da geschrieben haben. Und wenn Sie sich nun vorstellen, diesem Kennedy, was haben die Deutschen dem auch noch zugejubelt! *(Gesicht in Lachfalten.)* Ich kenne doch nun wirklich Frankreich sehr gut.
AUGSTEIN: Frankreich ist über den Berg. Ihm wird es nie wirklich schlecht gehen. Bei England hat man Zweifel.
ADENAUER: Wissen Sie, was mit England ist? Seit es das Flugzeug gibt, geht es mit England bergab. Mir hat einmal ein Inder gesagt, ein sehr kluger Mann, die Engländer haben Indien wie eine Kolonie behandelt, haben das Land ausgebeutet, und wenn sie nach England zurückgekommen sind, dann hatten sie verlernt, wie man ehrlich sein Geld verdient.
AUGSTEIN: Man weiß nicht recht, ob sie den Anschluss an moderne Fertigungsmethoden rechtzeitig finden. Wenn in einer englischen Druckerei ein Mann am Arbeitstisch krank wird, der eine Platte von einer Seite auf die andere tragen muss, dann können zehn Leute herumstehen, keiner wird die Platte anfassen. Alle warten, bis der Ersatzmann von irgendwo herbeigeholt worden ist.
ADENAUER: Da habe ich hier ein ähnliches Beispiel. Sehen Sie, ich hab da hinten eine kleine Toilette, und da hat ein Vögelchen was Menschliches an die Scheibe gemacht. Ich habe gedacht, wollen mal sehen, was nun passiert. Es passierte aber nichts. Da hab ich das Fräulein Poppinga gefragt, warum die Putzfrau das nicht wegmacht. Das ist keine Sache für die Putzfrau, hat sie gesagt, sondern für den Fensterputzer, und der kommt alle 14 Tage. Die Putzfrau macht so was nicht weg. Da hab ich es selbst weggemacht. *(Er spricht dann von seiner Absicht, demnächst auch noch nach Portugal zu fahren, Augstein erwähnt eine beabsichtigte Mexiko-Reise.)*
ADENAUER: Dann grüßen Sie mir man die Inkas.

1960–1969

Einfluss auf die Geister

Vorbilder und Erfolge des SPIEGEL

In der ZDF-Sendereihe „Dialog" gab Rudolf Augstein 1967 dem Publizisten Klaus Harpprecht ein Interview. Darin definierte der SPIEGEL-Chef sein Verständnis von journalistischer Macht. Auszug:

HARPPRECHT: Herr Augstein, Sie leben in einer gewissen Distanz zur Gesellschaft dieser Bundesrepublik. Sie schreiben auf Distanz zu diesem Staat. Trotzdem, die Geschichte der Bundesrepublik weist einige große Erfolge auf. Und einer der Erfolge hat den Titel DER SPIEGEL, um nicht zu sagen, er heißt Rudolf Augstein. Würden Sie Ihre Erfahrungen der vergangenen zwei Jahrzehnte genauso betrachten?
AUGSTEIN: Sicherlich nicht. Ich glaube auch nicht, dass ich in einer Distanz zur Gesellschaft lebe. Allerdings in einer kritischen Distanz zu den Regierenden, und das halte ich nicht für schädlich.
HARPPRECHT: Keineswegs. Aber wie würden Sie selber das Geheimnis Ihres Erfolges mit dieser Zeitschrift definieren?
AUGSTEIN: Das ist ziemlich schwierig, wenn ich das selbst definieren sollte. Die Zeitung wird gekauft, weil die Leute sie lesen wollen. Das wäre vielleicht das Geheimnis des Erfolges.
HARPPRECHT: Wenn Sie an die Anfänge des SPIEGEL zurückdenken, Herr Augstein, ich weiß nicht, ob Sie mit einem ganz klaren Programm, mit einem festen Konzept gestartet sind. Aber das, was sich damals bei Ihnen abgezeichnet hat, stimmt das mit der Realität des SPIEGEL von 1967 überein?
AUGSTEIN: Das kann es nicht. Denn die Realität von 1967 ist nicht die Realität von 1947. Wir mussten uns ändern, denn die Zeitläufe haben sich geändert. Und ich hoffe, wir haben uns hinreichend geändert.
HARPPRECHT: Aber würden Sie trotzdem oder gerade deswegen den SPIEGEL so, wie er heute ist, ganz und gar als Ihr Kind erkennen? Oder haben Sie manchmal das Gefühl, dass hier ein Geschöpf

aus Ihren Händen geraten ist, das Ihnen bis zu einem gewissen Grade auch entwachsen ist, so wie es ja in einer normalen Entwicklung zur Beziehung von Eltern und Kindern zu sein pflegt?
AUGSTEIN: Ich hoffe, er wird fortlaufend weniger mein Kind sein. Das wäre schrecklich, wenn der SPIEGEL auf mich angewiesen wäre und bliebe. Es ist wahr, ganz zu Anfang war ich mehr der SPIEGEL, als ich es jetzt bin. Aber das ist nur gut so. Und er gefällt mir jetzt manchmal besser als früher.
HARPPRECHT: Es würde mich sehr interessieren, Herr Augstein – welches sind die großen publizistischen Vorbilder, an denen Sie sich orientieren? Ich habe meine und bin auch bereit, sie zu verraten. Ich habe das Gefühl, dass von der Prägung Ihres Stils her, vom moralischen Willen her, es bei Ihnen klare Orientierungen gibt.
AUGSTEIN: Es wäre vielleicht unrecht, wenn ich des Mannes nicht gedenken wollte, der vor zwei Tagen gestorben ist, nämlich des „Time"-Gründers Henry Luce. Und selbstverständlich ist das, was wir hier in Deutschland gemacht haben, auch gewachsen auf dem Boden, den Luce beackert hat. Aber Vorbilder? Ich glaube, Sie meinen eher Vorbilder unter Schriftstellern. Ich muss Ihnen die ganze Kette großer unerreichter Vorbilder nicht aufzählen, denen wir alle nacheifern, von Görres über Heinrich Heine, Börne, Karl Kraus, Maximilian Harden, Carl von Ossietzky, Theodor Wolff. Ich glaube nicht, dass einer von diesen hier speziell mein Vorbild wäre, aber ich hoffe, dass manche Fehler, die wir beim Schreiben noch machen, sich abschleifen, wenn wir diese Leute lesen.
HARPPRECHT: Das wäre die große Linie der politischen, philosophischen Aufklärung, wenn man es auf diese Formel bringen kann. Das Verhältnis eines Publizisten zum Wort ist eines. Aber es gibt eine echte Beziehung des Publizisten auch zur Macht! Ich frage mich, und es interessiert mich, ob diese Beziehung bei Ihnen sehr stark ausgeprägt ist. Denn es bleibt ja nicht wirkungslos, was Sie schreiben.
AUGSTEIN: Nein. Aber da müsste man den Begriff der Macht formulieren und definieren. Wenn Einfluss auf die Geister Macht ist, dann hat der Journalist auch Macht. Man mag die Macht für begrenzt halten. Ich halte sie, wie gesagt, für ziemlich begrenzt. Aber zweifellos übt auch der Journalist Macht aus. Und das will er. Dagegen ist ja nichts zu sagen, so wenig, wie wenn ein Politiker die Macht für sich und für seine Sache erstrebt.

HARPPRECHT: Würden Sie Ihre Rolle als Warner in dieser Republik, in dieser deutschen Publizistik empfinden?
AUGSTEIN: Ich glaube, das wäre etwas zu wenig. Man will ja nicht nur Kassandra sein und das Unglück prophezeien. Natürlich ist der Journalist a priori in so düsteren Zeitläufen, die wir nun einmal heute haben – vielleicht waren sie ja früher nicht weniger düster –, sicher immer auch ein Warner, wenn er seine Funktion richtig auffasst. Aber darüber hinaus wird er doch auch versuchen, den Lauf der Dinge nicht nur durch Warnungen zu beeinflussen, sondern auch durch gewisse Muster, die er mitwebt.

1960–1969

Das Ende aller Sicherheit?

Gegen Bonns Notstandsgesetze

Auf die Frage nach seinen wichtigsten Texten nannte Augstein unter anderem die Titelgeschichte „Notstand: Ende aller Sicherheit?" in SPIEGEL 16/1966. Augstein: „An den Notstandsgesetzen, wie sie schließlich verabschiedet wurden, habe ich einen Anteil, auf den ich mir etwas zugute halte." Auszüge aus einem 1967 erschienenen Buchbeitrag Augsteins:

Über das, was in Bonn unter dem Titel Notstandsgesetze ins Werk gesetzt worden ist und werden soll, wissen die Staatsbürger unverhältnismäßig wenig. Neun Zehntel, schätzungsweise, wissen entweder gar nicht, was darunter zu verstehen ist, oder halten die Regierung für die geeignete Instanz, welche zu erlassen. Auch die Gegner der Notstandsgesetzgebung, wiewohl zum Protestieren aufgelegt und mithin schon eine Stufe wacher, scheinen überwiegend nicht zu wissen, welche Fragen noch zur Entscheidung stehen – und welche schon entschieden sind.

In die Erinnerung eingeschrieben hat sich, dass die SPD im Wahljahr 1965 „den Notstandsgesetzen" nicht zugestimmt habe. Es sind aber sieben „einfache" Gesetze des so genannten Notstandspakets bereits in Kraft: vier „Sicherstellungsgesetze" (Wirtschaft, Verkehr, Ernährung, Wasser), zwei „Schutzgesetze" (Selbstschutz, Schutzbau) und das Gesetz über das „Zivilschutzkorps". Von den vier Sicherstellungsgesetzen hätten mindestens drei als verfassungsändernde Gesetze eingebracht werden müssen, und die SPD könnte verhindern, dass sie Gesetz bleiben. Für den Rest (Barzel: „Eine Gesetzgebung, die Deutschland einfach braucht") hat Paul Lücke, der Bundesinnenminister mit der redlichen Ausstrahlung, den Monat Mai zum Geburtshilfe-Monat bestimmt. Die dürre Kälte des Innenministers Gerhard Schröder, die verschmitzten Unverschämtheiten des Innenministers Hermann Höcherl (Wehner: „Spekulatius-Minister") sollen vergangen sein. In vertraulichen Gesprächen mit Gewerkschaftlern und SPD-Führern will Lücke seinen neuen verfassungsändernden Entwurf bis zum Juni beschlussreif machen, ohne neues Risiko, dass die Opposition die Hürde nicht nimmt.

Es sind aber die bisher schon beschlossenen Gesetze, die das Notstandsvorhaben in das düstere Licht der Verfassungswidrigkeit und der Ermächtigung eintauchen, vor allem drei so genannte Sicherstellungsgesetze, von denen der Senior aller Länderchefs, der hessische Ministerpräsident Georg August Zinn, vor dem Bundesrat sagte: „Was hier angestrebt wird, sind nach Auffassung der hessischen Landesregierung Ermächtigungsgesetze, für die in einer rechtsstaatlichen Demokratie wie der Bundesrepublik kein Raum vorhanden sein sollte." ...

Was das Parlament der Bundesregierung bewilligt hat, ist keineswegs nach Tendenz und Ausmaß voraussehbar. Der SPD-Bundestagsabgeordnete Jahn erklärte denn auch während der letzten Lesung der drei Sicherstellungsgesetze: „Wir teilen insbesondere die schweren verfassungsrechtlichen Bedenken, von denen der Kollege Dorn (FDP) hier mit Recht gesprochen hat." Die SPD hatte den Vorschlag gemacht, die Anwendung der Sicherstellungsgesetze zumindest im Frieden an eine ausdrückliche Ermächtigung des Parlaments zu binden. Die Ermächtigung sollte auf einer Zweidrittelmehrheit oder mindestens auf einer Mehrheit der gesetzlichen Mitglieder des Hauses fußen. Zufallsmehrheiten sollten ausgeschlossen werden. CDU und CSU und der überwiegende Teil der FDP lehnten das ab. ...

Man muss nicht so weit gehen, der jetzigen Bundesregierung oder einer künftigen den Willen zum Missbrauch der hier erteilten Vollmachten zu unterstellen. Die Notstandsgesetze zum Zwecke des innenpolitischen Missbrauchs zu manipulieren würde wohl kaum je eine Bundesregierung wagen können. Aber gerade wenn man für möglich hält, was die Befürworter der Gesetze ständig an die Wand malen: eine Krise in der allgemeinen Wohlstandswelle, dazu Unruhen unter, zum Beispiel, Bergarbeitern und Bauern, dazu eine außenpolitische Krisensituation wegen Berlin oder Vietnam, dazu der Wille der SPD, sich endlich in die Regierung zu schwingen: Gerade wenn man diese unglückliche Summierung für möglich hält – könnte es nicht passieren, dass die Bürokratie der Sichersteller mitsamt der Bundesregierung nach vorn flieht, Herr von Hassel als Galionsfigur voran, solcherart die Katastrophe provozierend, die man verhindern will? Nur eine Mehrheit von Bundestag und Bundesrat gegen die Bundesregierung, eine Mehrheit, die aus technischen und psychologischen Gründen wohl nie zu Stande kommen könnte, würde den vorweggenommenen Kriegsmaßnahmen, würde der totalen Mobilisierung à la Ludendorff in den Arm fallen können. ...

Schon macht sich der milde Wahnsinn breit, der die Bürokratie zu überfallen pflegt, wenn es um letzte militärische Dinge geht. So haben Adenauer und Höcherl den Bundestag in ihrer Begründung für das verfassungsändernde Gesetz wissen lassen, Notstandsgesetze täten um so mehr Not, „nachdem der moderne Sozialstaat in zunehmendem Maße die Daseinsvorsorge übernommen hat. Denn damit sind Bestand und Wohlergehen der Gesellschaft, insbesondere der breiten Massen der Bevölkerung, in erhöhte Abhängigkeit vom Fortbestand des Staates und von dessen Fähigkeit zur Erfüllung seiner Aufgaben geraten".

Mithin: Nicht die Gesellschaft muss davor bewahrt werden, atomisiert zu werden, sondern der Staat muss intakt bleiben, damit er fortbestehen und seine Aufgaben erfüllen kann. Die diese Texte machen, entscheiden auch über die Schublade.

Schon scheint kein Halten mehr. Die SPD hat sich selbst gefesselt. Das Parlament ist stolz auf die imposanten, mit so viel Fleiß zu Stande geschriebenen Gesetze. Die Regierung spricht gutwillig mit den mächtigen Gruppen, Wo immer ein Rädchen blockiert, drückt man auf die schier unerschöpfliche Tube mit der Aufschrift „Nationale Selbstachtung".

So wäre denn die auf Nummer Sicher gegründete Notstandsverfassung „das Ende aller Sicherheit"? Vielleicht. Bestimmt lässt sie die Demokratie nicht ungeschoren. Sehr wohl kann eine Existenzfrage sein, ob die Bundesrepublik noch im Frieden Kriegsmaßnahmen trifft, in der Absicht, den Krieg zu verhindern, mit dem Ergebnis aber, ihn herbeizuführen.

Denn, wie Adolf Arndt herausgefunden hat: „Es ist eine der bedeutendsten Rechtserfahrungen, dass jedes Gesetz unabhängig von seinen Urhebern eine selbständige Eigenwirkung entfaltet."

Revolution ist keine Spielerei

Diskussion mit Rudi Dutschke

Im November 1967 debattierte der SPIEGEL-Herausgeber im Auditorium maximum der Universität Hamburg mit dem Studentenführer Rudi Dutschke und anderen. Auszüge:

AUGSTEIN: Ich glaube, wir sollten uns doch klar machen, dass wir in Gefahr sind, mit der Revolution ein höchst ernsthaftes und ulkiges Spiel zu treiben, und das sollten wir vielleicht nicht tun. Die Revolution ist doch ein äußerstes Mittel aus einer – man darf sagen –, aus einer äußersten Not heraus. Und eine Spielerei, wie sie im Moment öfter erscheint, kann sie natürlich nicht sein.

DUTSCHKE: Und nun wollen wir doch erst mal wissen von denen, die das nicht meinen, was an diesem System noch dran ist. Und diese Frage ist bisher weder von Harry Ristock noch von Rudi Augstein noch von ...

(Gelächter)

AUGSTEIN: Ich muss sagen, ich habe wenig Optimismus, was Reformen angeht. Ich sehe im Augenblick kaum eine Möglichkeit, wie das Bonner System, wenn Sie mir diesen abwertenden Ausdruck hier gestatten wollen, wie das Bonner System sich aus seiner eigenen Verstrickung losmachen will. Ich sehe das überhaupt nicht. Nur, die Frage ist doch: Wenn wir sagen, dieses System ist unmöglich, wir können es nicht verbessern, es produziert nicht die notdürftigsten Reformen, es sei denn, die Leute werden geprügelt von außen, wenn das so ist, so müssen wir uns trotzdem fragen, können wir es ändern und wie können wir es ändern. Und ich glaube also, wir müssen Herrn Dutschke, und nicht nur ihn, zwingen, uns zu sagen: Welches System will er an die Stelle des jetzigen Systems setzen?

DUTSCHKE: Das wäre genau die manipulative Antwort, die ich nicht zu geben bereit bin, denn was soll es bedeuten, als Einzelner Antworten zu geben, wenn die gesamtgesellschaftliche Bewusstlosigkeit bestehen bleibt. Sie muss durchbrochen werden ...

Verurteilt, ja gebrandmarkt

Kritik am Vietnam-Krieg

„Diese Zeitschrift hält sich etwas darauf zugute, dass sie den Krieg der Amerikaner in Vietnam ... von Beginn an unzweideutig verurteilt, ja gebrandmarkt hat." Daran erinnerte Augstein im Frühjahr 1968 in einem SPIEGEL-Kommentar (Überschrift: „Thank you") zum Deeskalationskurs des US-Präsidenten Lyndon B. Johnson.

Dass der Krieg gegen Vietnam in einen großen, in einen atomaren Krieg einmünden müsse, wenn die USA sich nicht besinnen würden, war seit langem eine bare Selbstverständlichkeit unter nichtparteigebundenen Beobachtern. Kommunismus und Nationalismus waren in Vietnam eine unwiderstehliche Verbindung eingegangen, teils erst unter dem mörderischen Druck der USA.

Der Mechanismus des plebiszitär-demokratischen Systems schien die Entwicklung unaufhaltsam zu machen. Denn ein demokratischer Präsident, der vor den Wahlen auf Friedenskurs ging, lief Gefahr, von den Republikanern geschlagen zu werden. Ein Präsident aber, der vor den Wahlen den Kriegskurs verstärkte, um nach den Wahlen kurzerhand Frieden zu schließen, hätte erstens den machiavellistischen Zynismus eines de Gaulle haben müssen, zweitens dessen Fähigkeit, einen Begriff in sein Gegenteil zu verkehren, und drittens eine ihrer selbst überdrüssige, vollends marode Öffentlichkeit.

Überdies verstand es die Befreiungsfront, den Präsidenten und seine Militärs zu der Überzeugung zu bringen, dass sie noch vor den Wahlen entweder verhandeln oder den Einsatz drastisch erhöhen müssten. Für die Militärs hieß das: drastisch erhöhen. Johnson, an die Wand gedrängt, versuchte nicht, wie Hofmannsthal den Deutschen nachsagt, rückwärts durch die Mauersteine zu entweichen, sondern tat etwas gänzlich Unerwartetes, was ihm kaum jemand zugetraut hatte: Er durchbrach den Teufelskreis, indem er das Ende seiner Karriere mit dem Ende der tödlichen Eskalation verknüpfte.

Dass er aufstecken würde, hatte mancher für möglich gehalten; ebenso, dass er nach den Wahlen auf Frieden umschalten wollte. Aber keiner hatte in ihm den Mann gesehen, rechtzeitig und in großem Stil zu bekennen, dass er matt gesetzt war. Die deutsche Politik jedenfalls kennt keine Parallele zu solchem Entschluss. In einem positiven Sinn Unerwarteteres hat sich lange nicht begeben.

Das war nun der andere Johnson. Er, der bestimmt schien, als ein „Hanswurst im Furchtbaren" Epoche zu machen (den Ausdruck fand Friedrich II. für Karl XII.), setzte einen Punkt im Geiste bedeutender Vorgänger. Er, der die Nerven der Europäer und Asiaten einer mokanten Geduldsprobe unterwarf, mit seinem Lynda-Lady-Lucy-Vogel-Getue, mit seinem Spürhunde-an-den-Ohren-Ziehen, seinem texanischen Handelsvertreter-Charme, seinem Cowboy-Chargen-Gehabe, er mit seinem unehrlichen Lavieren von Kontinent zu Kontinent, er, dem niemand mehr geglaubt hätte, dass er Schmerzen leide, auch wenn er seinen Kopf wie St. Denis mit beiden Händen vor sich hergetragen hätte – Lyndon B. Johnson gab den USA, was sie dringender brauchen als eine Entsetzung Khe Sanhs: einen Schimmer Glaubwürdigkeit. Keiner der Kennedys, so mag er sich sagen, hätte jetzt gehandelt wie er; und noch ist nicht sicher, dass der eine, Präsident Kennedy, bislang in Vietnam anders verfahren wäre als der Nachfolger.

Diese Zeitschrift hält sich etwas darauf zugute, dass sie den Krieg der Amerikaner in Vietnam, dessen Klimax wohl, dessen Ende aber noch nicht da ist, von Beginn an unzweideutig verurteilt, ja gebrandmarkt hat. Ebenso meint sie, recht getan zu haben mit ihrer Weigerung, die Amerikaner und speziell Johnson Verbrecher zu nennen.

Dass Deutsche schlimmere Taten verbrochen haben, war keineswegs der Grund dieser Zurückhaltung. Vielmehr, wir glauben nicht an die ideologische Vorherbestimmtheit zum Untergang, nicht an die Vorherbestimmtheit eines Volkes oder eines Systems zum Guten oder zum Bösen. Die Menschheit mag eines Tages sich selbst vernichten; und doch gibt es nur einzelne Verbrechen und einzelne Bösewichte wie auch Situationen, die das Verbrechen ermöglichen und den Verbrecher hervorbringen. Wir glauben an keine wie immer geartete Gnadenwahl. „Der Beweis steht aber noch aus", so der SPIEGEL am 26. Februar 1968, „dass dieser Krieg, wenn er denn ohne noch größere Katastrophe zu Ende gehen sollte, die Amerikaner durchaus unbelehrt entließe."

Dass wir für das Volk von Vietnam demonstriert haben, wird den Krieg um keine Sekunde abkürzen. Aber der hunderttausendstimmige Chor der Ablehnung und des berechtigten Hasses hat sehr wohl mitbewirkt, dass Johnsons Entschluss jetzt gefasst wurde (vielleicht so sehr wie der Einfluss der Präsidenten-Gattin, die nun einen Ehrenplatz unter den mit Recht unbekannten Frauen der Geschichte verdient hätte).

Wie nach Kuba dürfen wir feststellen: Dass die Welt untergeht, dass sie bald untergeht, ist nicht zwangsläufig. Aus der Deeskalation (in die Mottenkiste nun mit diesem Modewort) muss der allmähliche Abzug der Amerikaner aus Vietnam, muss eine auf lange Sicht neue Einstellung zum kommunistischen China zwangsläufig hervorwachsen.

Irreversibel wie die Entstalinisierung in Prag und anderswo ist Präsident Johnsons Entschluss. Um Jahrzehnte älter geworden, wird die amerikanische Nation Johnsons Amtsperiode auslaufen sehen: belehrt, dass mit Napalm Prinzipien nicht durchgesetzt werden können, die im eigenen Land nicht mächtig genug sind, den Mord an Präsidenten und prominenten Führern der Minderheiten, den Mord an schwarzen Mitbürgern zu verhindern.

1960-1969

Fünfzig Prozent am Unternehmen

Ein Geschenk an die Belegschaft

Ende 1969 erläuterte Rudolf Augstein – zu jener Zeit Alleineigentümer des SPIEGEL – in einer Betriebsversammlung seinen Plan, die Hälfte des Unternehmens den Mitarbeitern zu übereignen. Über seine Absicht ließ Augstein im SPIEGEL ein Kommuniqué veröffentlichen:

Der alleinige Inhaber des SPIEGEL-Verlags und Herausgeber des Nachrichten-Magazins DER SPIEGEL, Rudolf Augstein, gab in einer Versammlung der Betriebsangehörigen zum Jahresende bekannt, dass die Gesamtheit der Mitarbeiter des SPIEGEL durch eine eigene, von der SPIEGEL-Verlag Rudolf Augstein KG unabhängige Organisation, bereits vom Jahre 1970 an am Unternehmensgewinn des SPIEGEL-Verlags beteiligt werden soll. In einer mehrstufigen Entwicklung, die nach den Vorstellungen Augsteins etwa 1980 abgeschlossen sein kann, sollen die Mitarbeiter auch eine 50-prozentige Beteiligung am Unternehmen einschließlich einer 50-prozentigen Beteiligung am Unternehmensgewinn erhalten.

Die Gewinnanteile aus der 1970 einsetzenden Gewinnbeteiligung sollen einer rechtsfähigen Organisation aller Mitarbeiter des SPIEGEL-Verlags zufließen und von dieser Organisation in eigener Verwaltung und Verantwortung dazu benutzt werden, langjährigen Angehörigen des SPIEGEL-Verlags bei Erreichen bestimmter Altersgrenzen Leistungen zu gewähren. Die Mitarbeiter-Organisation kann von 1976 an sukzessive Geschäftsanteile bis zur Höhe von 50 Prozent übernehmen, die ihr von Augstein übertragen werden. Rudolf Augstein erklärte, Voraussetzung der Verwirklichung dieses lange erwogenen Planes sei die Vereinigung sämtlicher Geschäftsanteile in seiner Hand gewesen, die erst 1969 durch die Abfindung des früheren Mitgesellschafters Richard Gruner erreicht wurde. Sämtliche Verpflichtungen aus dieser kostspieligen Transaktion würden voraussichtlich erst 1976 abgegolten sein. Die Übertragung von Geschäftsanteilen könne mithin erst 1976 beginnen, während Gewinnanteile bereits von 1970 an verfügbar seien. Den Äußerungen Augsteins zufolge werden die derzeitige Geschäftsführung, die aus Rudolf Augstein und dem Verlagsdirektor Hans Detlev Becker besteht, sowie die derzeitige Chefredaktion – Johannes K. Engel und Günter Gaus – in ungeschmälerter Verantwortung tätig bleiben wie bisher. Sollten jedoch künftig Entscheidungen über die Nachfolge der derzeitigen Geschäftsführer und Chefredakteure anstehen, so würde die Organisation der Mitarbeiter bei der Auswahl der Nachfolger ein anteiliges Mitspracherecht ausüben.

Auf den Trümmern ein Fanal

Kontroverse um Mitbestimmungsforderungen

„Wir sind und bleiben eine liberale, eine im Zweifelsfall linke Redaktion", versicherte Rudolf Augstein am 24. September 1971 am Ende einer Rede vor der SPIEGEL-Belegschaft. Anlass waren linke Forderungen nach redaktioneller Mitbestimmung und „Streikgerede" (Augstein) in SPIEGEL-Ressorts. Augstein warb in seiner Rede um Verständnis für die Entscheidung, „dass der SPIEGEL sich von Leuten trennt, die auf seinen Trümmern ein Fanal abschießen wollen". Auszüge:

Meine Herren, wir sind uns wohl einig, dass der SPIEGEL aus den Schlagzeilen wieder heraus muss. Man kann sich sehr wohl in eine Krise hineinreden und aus der Krise in eine Sackgasse. Was wir in diesen Tagen tun und meines Erachtens tun müssen, dient der Aufrechterhaltung unserer Integrität und Arbeitsfähigkeit. Unser Selbstrespekt kann es nicht zulassen, dass wir dem Krisen- und sonstigen Gerede tatenlos freien Lauf lassen. Maßnahmen zur Wiederherstellung der Loyalität und Kollegialität sind betriebsnotwendig.

Die Redaktion des SPIEGEL hat vor zwei Jahren einen unwiderruflichen Weg in die verantwortungsbereite Mitbestimmung angetreten. In der Gesellschafterversammlung dieses Hauses werden demnächst 50 Prozent der Kapitalanteile von den Betriebsangehörigen vertreten. In dem fünfköpfigen Delegiertenrat, der die beiden Gesellschaftervertreter des Betriebs instruiert, haben, jedenfalls nach den bisherigen Plänen, Angehörige von Redaktion und Dokumentation drei Sitze. Es gibt schlechtweg nichts, was in einer Gesellschafterversammlung nicht zur Sprache gebracht und verantwortlich entschieden werden kann – wie es umgekehrt nur weniges gibt, das in einer 225-köpfigen Vollversammlung der Redaktion verantwortlich beraten und entschieden werden könnte. Die letzten Tage und Wochen haben das bewiesen.

In einer Vollversammlung, deren Mitglieder mehrheitlich um Verbesserung ihres Status im weitesten Sinne kämpfen, finden Anträge gegen die Leitung der Redaktion oder des Hauses leicht eine Mehrheit. Anträge gegen die Geschäftsführung und die Chefredaktion können darum nur in Extremfällen vertretbar und sinnvoll erscheinen. Der Gedanke, weitere Zusammenarbeit mit dieser Chefredaktion sei der Redaktion nicht zumutbar, streift die Grenze des Lächerlichen. Wer sich zum „Widerstandskämpfer" hochstilisiert, muss auch für die Folgen – eventueller Ruin des Unternehmens – einstehen. Das verbale Sichaufpusten und Missbilligen bleibt folgenlos, mit der einen Ausnahme, dass die Reputation des Blattes und so manches andere abnehmen.

Demokratie bedeutet nicht, dass jeder überall Bescheid wissen und über alles mitbestimmen muss. Ob eine Personalentscheidung richtig war und wie sich amtierende Chefredakteure und Herausgeber verhalten, darüber kann man verantwortlich nur reden, wenn man die Hintergründe kennt. Die Hintergründe aber können vor 200 Leuten nicht ausgebreitet werden, auch mit Rücksicht auf die von einer Personalentscheidung Betroffenen nicht. Wir würden sonst die Teller zum Fenster hinauswerfen, von denen wir essen müssen.

Sehr wohl können einzelne Redakteure dieses Hauses sich die Kenntnisse aneignen, die denn immer noch nötig sind, um die Geschäfte und die Redaktion zu führen. Von allen Mitgliedern einer Vollversammlung solche Kenntnisse zu verlangen wäre indes unbillig. Wollte man den formalen Demokratiebegriff des parlamentarischen Systems auf unseren Betrieb übertragen, so würde das erstens bedeuten, dass die Redaktion ständig in der Minderheit gegenüber allem übrigen Personal wäre. Weiter würde das bedeuten, dass innerhalb der Redaktionsvollversammlung zwei oder mehr Fraktionen einen permanenten Wahlkampf gegeneinander führen müssten. Eine nichtarbeitende Opposition als Minderheit gegen die arbeitende Mehrheit agitatorisch tätig, dies Schreckensbild genügt, um die Untauglichkeit der parlamentarisch-demokratischen Regeln für unsere Arbeit darzutun.

Mit uns wollen genügend qualifizierte Redakteure und Dokumentaristen verantwortlich zusammenarbeiten, die mit uns das ordnungsgemäße Erscheinen des Blattes unter allen Umständen gewährleisten. Bei den Wortführern der Vollversammlungsstrategie ist das nicht der Fall. Ließe man sie machen, würde das Blatt weder erscheinen noch den unerlässlichen wirtschaftlichen Kredit genießen.

Diskussion über die beste Art, gute Artikel zu produzieren, ist wichtig, ja selbstverständlich, und wir haben hier nicht einmal einen Nachholbedarf. Die Diskussionsbereitschaft aller Beteiligten darf aber nicht weiter durch den Versuch gelähmt werden, mit Hilfe des Instruments Vollversammlung die Kompetenz der arbeitsfähigen Institutionen in diesem Haus zu unterlaufen. Einschlägig unternommene Versuche weisen herostratische Züge auf, so als solle bewiesen werden, dass in einer nach kapitalistischen Regeln funktionierenden Presse evolutionäre Mitbestimmung und Mitverantwortung zum Scheitern verurteilt sind. Wir werden diese Versuche künftig als solche kenntlich machen und nicht mehr zulassen, dass Halbtagsredakteure auf Kosten der überlasteten ihre Zeit mit Hauspolitik zubringen. Das Wort Agitation soll hier künftig mit einem kleinen a geschrieben werden.

Personaldebatten können grundsätzlich nicht vor Vollversammlungen geführt werden. Aber es muss der Spitze des Hauses gestattet sein, Maßnahmen zu ergreifen und zu begründen, wenn die Existenz des gesamten Unternehmens wortwörtlich auf dem Spiel steht. Das aus diesem Haus in die Schlagzeilen gepumpte Streikgerede ist unverantwortlich und muss aufhören, es sei denn, die es ausstreuen, wollten die Probe aufs Exempel machen. Alle, die in der jetzigen SPIEGEL-Arbeit einen Sinn erblicken, stehen vor der Wahl, mit uns den SPIEGEL weiterzumachen oder ihn mit anderen zu zerstören.

Dass der SPIEGEL sich von Leuten trennt, die auf seinen Trümmern ein Fanal abschießen wollen, scheint mir hingegen selbstverständlich.

Ich persönlich habe den Eindruck, dass ein Teil der hier journalistisch Tätigen die gewiss nicht kleinen Fortschritte, die wir in der gesellschaftlichen Neuordnung des SPIEGEL und in der verantwortlichen Mitbestimmung anvisiert haben, noch nicht nach ihrem wahren Wert einschätzen. Um das notwendige Verständnis wollen wir werben, auch wenn wir unseren Standpunkt mit Festigkeit vertreten. Mit Festigkeit heißt nicht, unter Begleitmaßnahmen.

Eine Nacht der langen Messer findet nicht statt. Mitbestimmung, vollverantwortliche Selbst- und Mitbestimmung aus den bestehenden Institutionen heraus, bleibt unser Ziel, ebenso ein funktionsfähiger Redaktionsrat, den Geschäftsführung und Chefredaktion zu allseitigem Gewinn konsultieren können und sollen, ja, wenn die Voraussetzungen wieder da sind, müssen. Wir sind und bleiben eine liberale, eine im Zweifelsfall linke Redaktion.

Loyalität und Interesse

Ein kurzer Ausflug in die Politik

In zwei „Hausmitteilungen" im SPIEGEL, im Abstand von fünf Wochen, teilte das Nachrichten-Magazin das Ruhen der Herausgeberfunktion Augsteins während dessen Mitgliedschaft im Bundestag beziehungsweise die Rückgabe seines Mandats mit. In einem Brief an den FDP-Vorsitzenden Walter Scheel begründete Augstein den Mandatsverzicht mit der Berufung von Chefredakteur Günter Gaus zum ersten Leiter der Ständigen Vertretung der Bundesrepublik in der DDR. Auszüge aus den „Hausmitteilungen":

Datum: 18. Dezember 1972   Betr.: SPIEGEL

Für die Dauer eines Mandats im Deutschen Bundestag wird Rudolf Augstein sein Amt als Herausgeber des SPIEGEL ruhen lassen. Die Arbeit der Redaktion leiten wie bisher die Chefredakteure Johannes K. Engel und Günter Gaus gemeinsam.

Datum: 22. Januar 1973   Betr.: SPIEGEL

Der Herausgeber des SPIEGEL, Rudolf Augstein, hat sein Mandat als Abgeordneter des Siebten Deutschen Bundestages zurückgegeben. Er hat seinen Entschluss in einem Brief an den Vorsitzenden der Freien Demokratischen Partei, Walter Scheel, begründet, den er vor der Fraktion dieser Partei verlas:

Lieber Herr Scheel,

Umstände, die ich nicht voraussehen konnte und die Ihnen in Ihrer Eigenschaft als Vizekanzler wohl bekannt sind, machen es notwendig, dass ich mich wieder aktiv in die Geschäftsführung und in die Chefredaktion des SPIEGEL einschalte. Darum werde ich der Frau Bundestagspräsidentin unmittelbar nach der Abgabe der Regierungserklärung mitteilen, dass ich mein Bundestagsmandat niederlege. Um das Mandat habe ich mich sehr wohl in der Erkenntnis beworben, dass ich eines nicht zu fernen Tages zwischen meiner Stellung im SPIEGEL und meiner beruflichen Tätigkeit als aktiver Parteipolitiker würde wählen müssen. Da Günter Gaus die Chefredaktion des SPIEGEL verlässt, sehe ich mich schon jetzt mit dieser Entscheidung konfrontiert. Loyalität und Interesse, auch das öffentliche, lassen mir in dieser Situation keine andere Wahl als den SPIEGEL ... Ihnen, lieber Herr Scheel, und der Partei, die sich so wacke geschlagen und die mich nobel behandelt hat, wünsche ich Glück und Erfolg. Selbstverständlich werde ich der FDP, der ich nun schon 16 Jahre angehöre, weiterhin verbunden sein.

Mit freundlichen Grüßen
Rudolf Augstein

Aus dem Antwortbrief Scheels an Rudolf Augstein:

Lieber Herr Augstein,

recht herzlichen Dank für Ihren Brief vom 17. Januar. Wir alle bedauern, dass die Umstände Sie in diese Entscheidungssituation hineingezwungen haben, und respektieren Ihren Entschluss ...
Ich weiß, dass auch die relativ kurze Zeit Ihres besonderen Engagements für die FDP in Vorbereitung und Durchführung Ihrer Kandidatur nicht spurlos an Ihnen vorübergegangen ist. Sie waren immer ein suchender Liberaler, aber Sie haben nun nach jahrelanger distanzierter Bindung an uns Ihre politische Heimat wirklich bei uns gefunden. Dass diese Feststellung Sie niemals der Pflicht entheben wird, in Ihrer alten und nun wieder neuen journalistischen Funktion uns auch kritisch zu begleiten, ist eine Grunderkenntnis liberalen Denkens.

In diesem Sinne grüße ich Sie recht herzlich als Ihr
Walter Scheel

Wort an einen Freund

Warum Wehner zurücktreten sollte

Kaum einem anderen deutschen Politiker habe er sich über die Jahre „so verbunden und befreundet gefühlt" wie dem SPD-Strategen Herbert Wehner, schrieb Augstein am 11. März 1974. In demselben Kommentar appellierte er an den SPD-Fraktionschef, über einen freiwilligen Rücktritt nachzudenken. Auszüge:

Wenn einer Herbert Wehner anheim gibt, über den freiwilligen Rücktritt vom Amt des Fraktionsvorsitzenden nachzudenken, so sei es billig auf den Knien. Aber die Logik der Macht ist unerbittlich.

Kein deutscher Politiker der Nachkriegszeit, Adenauer und Ulbricht nicht ausgenommen, hat exemplarischer Politik gelebt. Keiner ist exemplarischer verletzt worden, keiner hat sich über seine Beschädigungen, die Wehner mit grimmiger Scheu nach außen kehrte, so grandios erhoben. Keiner war so sehr der Gefangene seiner Obsessionen, und keiner ist so souverän und wiederum menschlich mit seinen Vorurteilen umgegangen.

Personen, ohne welche die Geschichte des 20. Jahrhunderts nicht gedacht werden kann, leben nur noch wenige, die Geschichte löst sich auf zur unkenntlichen Struktur. Mitteleuropa namentlich sähe wohl nicht sehr viel anders aus ohne Adenauer, Ulbricht und Wehner. Aber wer sich weiterhin ergreifen lassen will von einer leidenschaftlich sich verzehrenden Figur; wer die Macht in aller ihrer Doppelbödigkeit des Treibens und Getriebenwerdens als eine Grundform, wenn nicht die Grundform menschlicher Existenz ansieht, dem war und bleibt Herbert Wehner der Mann teilnehmender Passion.

Und noch ein persönliches Wort: Keinem deutschen Politiker außer Wolfgang Döring habe ich mich all die Jahre so verbunden und befreundet gefühlt wie Herbert Wehner (womit über dessen reziproke Gefühle nichts gesagt wird, Erfahrung und spezifisches Gewicht waren zu verschieden). Das Vorrecht des Journalisten, festzustellen was ist, erweist sich in solchem Fall als elendes Geschäft.

Die „Frankfurter Allgemeine Zeitung" im Februar 1979 über das Verhältnis Augstein/Wehner:

Und Augstein? Wehner macht von der Möglichkeit einer Anekdote Gebrauch. Er empfange Augstein nicht mehr, es gebe keinen Sinn. Er, Wehner, bringe seiner kranken Frau samstags regelmäßig einen Blumenstrauß mit nach Hause. Eines Donnerstags komme er nach Hause und seine Frau sage: Herbert, so einen gewaltigen Blumenstrauß habe ich noch nicht bekommen. Er war von Rudolf Augstein. Pass auf, zog Wehner den Schluss, dann kommt am nächsten Montag ein schlimmer Artikel. Er hatte Recht.

Rudolf Augstein zwölf Tage später in der „Frankfurter Allgemeinen Zeitung":

Die Sache mit dem „gewaltigen Blumenstrauß" für Wehners Frau Lotte, dem dann der „schlimme Artikel" sozusagen auf dem Fuß folgt, ist so hübsch komponiert, dass ich hier nur widerspreche, weil Wehner, wieder einmal, seine eigene Denkungsart ganz naiv anhand anderer Leute enthüllt. Also hätte ich Frau Lotte Wehner, dieser passionierten Gärtnerin, keine Blumen geschickt? Doch, mehrfach. Zuletzt am 7. März 1974, nachdem Wehner mir während eines Essens im Bonner Presseclub erzählt hatte, es gehe ihr nicht gut. Damals war es, in den Worten Wehners vor dem Bremer Landesparteitag der SPD, ein „wunderbarer, riesengroßer" und noch kein „gewaltiger" Strauß. Am 11. März 1974 erschien unter der Überschrift „Wort an einen Freund" ein Artikel, den jeder nachlesen kann, gewiss kein „schlimmer" Artikel. Respektvoll auf den Knien, wie es sich gehört, aber doch unmissverständlich stand da zu lesen: Brandt und Wehner zusammen, das geht nicht mehr. Einer muss weichen, und wenn denn einer, dann nicht Willy Brandt. So war die Sache, mit und ohne Blumen. Frau Lotte Wehner kenne ich seit über 20 Jahren.

1970–1979

Man trägt wieder Pferd

Vom schwierigen Umgang mit Wagners „Ring"

Immer wieder bereicherte Augstein auch den Kulturteil des SPIEGEL mit seinen Beiträgen – so Ende 1976. Die „Deutsche Zeitung" berichtete darüber: „Im Rahmen einer breit angelegten Rezension äußerte sich SPIEGEL-Herausgeber Rudolf Augstein zur Neuinszenierung von Wagners ‚Ring'. Der Opernkritiker Augstein war endlich geboren. Verwundern konnte das nur den, der die polyvalente, multikreative, allem Fachidiotentum resistente Universalität des fragilen Verlegers bis heute nicht zu würdigen bereit gewesen war. In Wirklichkeit führte die publizistische Bahn A.s seit 1945 nicht nur durch dick und dünn und Glanz und Elend der unbestechlich deutenden und zeugenden Zeitgenossenschaft, sondern jedem Normalsterblichen vor Augen, was der Journalistenberuf kann, wenn er nur darf ..."

Dass man sich in Deutschland über Wagner betrügt, befremdet mich nicht. Das Gegenteil würde mich befremden. Die Deutschen haben sich einen Wagner zurechtgemacht, den sie verehren können: sie waren noch nie Psychologen, sie sind damit dankbar, dass sie missverstehen. Aber dass man sich auch in Paris über Wagner betrügt!

Friedrich Nietzsche, 1888

Jene Kritiker, die Chéreau über Stein und Grüber oder Grüber und Stein über Chéreau stellen, halten sich nicht die Waage, recht beliebig. Fast scheint es so, als zögen die Deutschen Chéreau vor, weil er Bayreuth inszeniert hat, und die Franzosen, weil er kein Deutscher ist.

Vergleicht man die Kritiken an Sängern, Bühnenbild und Regisseuren, so wird einem ganz flau. Es fehlt offenbar an irgendeinem Maßstab, alles schwimmt auf dem Grunde des Rheins. Nur dass Sir

Georg Solti „Rheingold" und „Walküre" trotz des mäßigen Pariser Orchesters packender dirigiert hat als Pierre Boulez die Jubiläumsaufführungen dieses Jahr in Bayreuth, dafür lege ich meine Hand in den Feuerzauber.

Chéreau hatte die Erstgeburt am Jubiläumsort, hat alle vier Abende der Tetralogie bestritten, hat den Krach gewollt und bekommen, hat ihn sämtliche Aufführungen lang auf offener Bühne zelebriert. Das spricht für ihn und gegen Stein, der sich vorzeitig davongemacht hat. So zu tun, als sei Theater wichtig, diese Geste wird man von hoch subventionierten Regisseuren verlangen dürfen.

Dass die nun so spektakulär abgebrochene Tetralogie in Paris von verschiedenen Regisseuren und Bühnenbildnern gegeben wurde (und weiter hätte gegeben werden sollen), muss kein Nachteil sein. Wie Chéreau in Bayreuth bewiesen hat, lässt sie sich einheitlich und modisch und aktuell nicht bewältigen. Man muss dies Monsterwerk in seinen anrührenden Mythen und seinem oft mythischen Brimborium entweder ernst nehmen, wie das 100 Jahre lang geschehen ist: Oder man sollte es Mauricio Kagel anvertrauen, damit er es folgerichtig persifliert. Bühne und Kostüme der Bayreuther Aufführung von 1876, inszeniert von Mauricio Kagel – das wäre immerhin eine Sache, wäre zumindest nach meinem Geschmack gewesen.

Macht die Musik da mit, als bloße Begleitung zu einer vier Abende währenden Persiflage? O nein, gewiss nicht, ganz abgesehen von Stadträten und Honoratioren, von Musikern und Sängern. Was immer Wagner gekonnt oder nicht gekonnt hat, der Mythos wird erst durch die musikalische Emotion Gestalt und lebendig ...

Teilhabe am Verrat? – No, Sir!

Disput mit Gerd Bucerius über einen Abhörskandal

Im März 1977 enthüllte der SPIEGEL in einer Titelgeschichte („Lauschangriff auf Bürger T.") illegale Abhörpraktiken zu Lasten des Atommanagers Klaus Traube. Daraufhin warf der Hamburger Verleger Gerd Bucerius in der „Zeit" dem SPIEGEL vor, Gesetze der journalistischen Ethik verletzt zu haben:

Der SPIEGEL weiß, dass er ihm verratenes Geheimmaterial nicht veröffentlichen darf; dass er vielleicht sogar wegen Verletzung von Dienstgeheimnissen (§ 353c StGB) bestraft werden kann. Aber, sagt er, er habe gewissenhaft das Für und Wider abgewogen und gefunden, dass das Interesse der Bürger die Veröffentlichung verlangte.

Als Bundesinnenminister Maihofer sich bei der Abwägung für den Staat und gegen Traube entschied, nahm er eine politische Last auf sich. Als der SPIEGEL nach seiner Abwägung veröffentlichte, hatte er davon einen Vorteil. Viele Journalisten beneiden ihn um die Geschichte. Die Presse lebt von der Neuigkeit und der Aufregung um sie. Der SPIEGEL war bei der Abwägung also Richter in eigener Sache und ein interessierter Richter dazu.

Der SPIEGEL, so wies mich Rudolf Augstein vor Jahren schriftlich zurecht, als ich mich mit ihm über sein Blatt stritt, „der SPIEGEL ist und bleibt schillernd und zwiespältig, was zu ändern ich nicht der Mann bin". Und: „Ich bin der Gefangene meines Systems, das mich zwingt, das Handwerk über die Politik und über die Meinung zu stellen."

Das Gleiche gilt für die Presse der ganzen westlichen Welt. Wir sind allzumal Handwerker. Aber rechtfertigt das die Teilhabe am Verrat?

Eine Woche darauf erschien in der „Zeit" unter dem Titel „No, Sir!" eine Replik von Rudolf Augstein:

Mein guter alter Freund Gerd Bucerius hat sich in der „Zeit" zu Wort gemeldet und dem SPIEGEL wegen dessen „Teilhabe am Verrat" Vorwürfe gemacht. Die Begründung liest sich so abenteuerlich, als hätte ein Registraturbeamter und nicht der Verleger Bucerius seinen Griffel bemüht.

Im Fall Traube: Der SPIEGEL hat den Vorteil, dass seine Verantwortlichen sich wegen der Veröffentlichung geheimer Unterlagen (nicht, wie der Jurist Bucerius schreibt, „wegen Verletzung von Dienstgeheimnissen") bis zu drei Jahren Gefängnis eingehandelt haben könnten. Ist das ein purer Vorteil und keine Last? Schließlich kennen einige von uns Gefängnisse auch von innen.

Für Maihofer mag man so manche Entschuldigung anführen. Aber man wird wohl schwer sagen können, dass er sich „für den Staat" entschieden habe. Er hat erst hinterher, aus der Veröffentlichung des SPIEGEL nämlich, erfahren, dass er sich für den Bruch des Grundgesetz-Artikels 13 entschieden hatte.

Ich habe zu jenen sechs oder sieben Leuten gehört, die über die Veröffentlichung im SPIEGEL zu entscheiden hatten. Unser Urteil war: Bruch der Verfassung durch den Verfassungsminister, ganz sicher aus ehrenwerter Absicht. Jeder von uns hatte Skrupel. Hätten wir gewusst, was wir jetzt wissen, dass nämlich der Verfassungsschutz ohne Wissen und ohne Abwägen des Ministers und seiner engsten Mitarbeiter eingebrochen hatte: Wohl niemand von uns hätte irgendwelche Skrupel empfunden.

Der Journalist, ein Privatmann, kann mit dem Staat nicht paktieren, so viel verstehe ich vom Geschäft. Was er allenfalls bewirkt, läuft über die Rotationen und über die Sender. Buci, solch einen Schwachsinn hätten Sie uns nicht vorsetzen dürfen!

Wollen Sie dem SPIEGEL übel nehmen, dass er seinen „Vorteil" wahrnimmt, inklusive Auflage und Beachtung? Oder den Parteien, dass sie ihren Vorteil wahrnehmen, den Wahlsieg etwa um (fast) jeden Preis?

Muss ich Ihnen, dem früheren Bundestagsabgeordneten, dem liberalen Verleger par excellence, sagen, dass der Politiker und der Journalist Ihres Verstandes der Gesellschaft Vorteile verschafft, wenn er seine eigenen Vorteile wahrnimmt?

Dass der Verfassungsschutz, der ständig in der Grauzone an Recht und Gesetz vorbeioperiert (und operieren muss?), geeignet sein soll, die Verfassung zu interpretieren, ist ein Witz.

Er hat, was das Grundgesetz angeht, einen chronisch lahmen Arm. Er bricht, in Bund und Ländern, Gesetz und Recht, tagtäglich. Innenminister und Parlamente müssen ihn kontrollieren. Und darüber soll nicht geschrieben werden dürfen? Da soll man schweigen, soll einer, nach meiner subjektiven Meinung, weniger kompetenten Konkurrenz das Gespräch und die Gesprächsführung überlassen? No, Sir!

Strauß ist kein Hitler

Ein Kommentar zur Bundestagswahl 1980

„Verfolgungswahn" und „Stammtisch-Selbstüberhebung" warf Augstein in einem Kommentar zur Bundestagswahl 1980 dem zur Macht strebenden CDU/CSU-Kanzlerkandidaten Franz Josef Strauß vor.

Strauß ist kein Hitler. Sicher nicht. Hitler war – im Negativen – einer der wirksamsten Politiker der Geschichte. Er hat die Weltstellung Europas 30 Jahre früher zerstört, als dies vielleicht sonst geschehen wäre. Er hat jene wohl unvergleichbaren Verbrechen an ganzen Völkern und Volksgruppen begangen, die den Namen „Deutscher" unsterblich gemacht haben (neben Bach, Beethoven, Goethe, Kant, Hegel etc. pp.). Es gibt keine Berechtigung, dem Franz Josef Strauß auch nur einen Teil des Rufes und Ruches anzudichten, der den Hitler umwölkt.

Woher kommt denn aber der Vergleich, der einem immer wieder entgegengehalten wird und von dem die Verbreiter meist selbst nicht zu sagen wissen, was konkret sie berechtigt, so zu denken? Mir scheint, das lässt sich, ohne den Kanzlerkandidaten zu beleidigen, dingfest machen.
■ Die Art, wie Strauß die persönlich-politische Macht anstrebt, ist unvereinbar mit den Vorstellungen einer demokratischen Partei und auch aller im Bundestag vertretenen Parteien, Straußens CSU ausgenommen. Das Gefühl, „er will die Macht um jeden Preis", bei keinem anderen deutschen Nachkriegspolitiker nachweisbar, beleidigt den Konsensus aller Demokraten.
■ Die Beschimpfung des politischen Gegners, bei Konrad Adenauer durch Alter und Grundsätze noch legitimiert, hat durch Strauß ihre allgemein korrumpierende Dimension bekommen. Eine Schlammschlacht wie derzeit wäre ohne ihn nicht denkbar. Strauß hat mit den gemeinen Verunglimpfungen angefangen, zu Beginn seiner Karriere. Er ist der Prototyp des Menschen, der beschimpft wird, weil er beschimpft.
■ Strauß denkt von sich, und hier darf man wohl sagen wie Hitler, dass er und nur er die Welt oder doch zumindest Europa vor einer Katastrophe bewahren kann. Er hätte, und dazu spricht der Führer

in seinen Tischgesprächen ganz ähnlich, den Ersten Weltkrieg verhindert, und wenn nicht, dann gewonnen*.
Er hätte Afghanistan verhindert. Er wünscht sich sogar, 1932 Reichskanzler gewesen zu sein, damit er den Führer selbst hätte verhindern können (womit dieser Artikel entfallen wäre)**.
Es gibt keinen anderen deutschen Politiker der Nachkriegszeit, von dessen Selbsteinschätzung sich Ähnliches behaupten ließe***.
Dies ist eine Stammtisch-Selbstüberhebung, die an Wahn grenzt und die diesen Mann, würde er Bundeskanzler, als eine Potenz des Krieges und nicht des Friedens erscheinen ließe.
■ Strauß leidet, wie Hitler, an der Gesinnung, dass überstaatliche Mächte ihn verfolgen. Was immer ihm schief läuft, es waren die Bolschewisten mit Walter Jens und Co. an der Spitze, eine einzige linke Verschwörung bis hart an den Schreibtisch des FDP-Generalsekretärs Verheugen. Ein Angriff auf Strauß, an dem das KGB nicht beteiligt wäre, würde ihn sprachlos machen. Landläufig nennt man so etwas „Verfolgungswahn".
■ Strauß glaubt, wie Hitler, an die Weltrevolution, nur ohne Juden und Chinesen. Dass die Sowjets mit sich selbst mehr Probleme haben als mit uns, weiß er im Kopf, aber nicht im Bauch. Strauß ist, wie Hitler, ein Bauchredner.
■ Strauß ist nicht rotzig, wie des Öfteren unser Kanzler Schmidt. Aber er hält sich, anders als unser Kanzler Schmidt, für einen Erwählten, für den Messias. Es leidet keinen Zweifel, dass auch der Führer an seine Mission geglaubt hat.
Zum Schluss darf man Strauß gutbringen, dass er zwischen seinem Sturz 1962 und dem 5. Oktober 1980 strikt das Gegenteil von dem erreicht hat, was er im Kopf wollte. Im Bauch wollte er, was er auch die nächsten vier Jahre wollen wird: einen CDU-Kanzler verhindern, demnächst Ernst Albrecht.
Kein Hitler also, auch hier nicht.

* Hitler in der Nacht vom 24. auf 25. Juli 1941: „Wenn ich (1914) Reichskanzler gewesen wäre, hätte ich innerhalb von drei Monaten die Obstruktion beseitigt und eine Konsolidierung aller Kräfte erreicht gehabt."
** Strauß im Fragebogen der „FAZ" am 29. August 1980 auf die Frage: „Wer oder was hätten Sie sein mögen?" „Professor für Geschichte oder deutscher Reichskanzler 1932".
*** Strauß in der „Welt": An der Spitze Europas standen 1914 „durchweg Epigonen, Politiker kleineren Zuschnitts, aber keine Staatsmänner."

Mit Lachen die Wahrheit sagen

Antworten auf Fragen der "FAZ"

"Heitere und heikle Fragen als Herausforderung an Geist und Witz" – so charakterisiert die "FAZ" jenen berühmten Fragebogen, den der Schriftsteller Marcel Proust in seinem Leben gleich zweimal ausfüllte und den das Blatt 1980 auch Rudolf Augstein vorlegte.

Was ist für Sie das größte Unglück?
Dasselbe wie für Daniel Keel: Langeweile.

Wo möchten Sie leben?
In Utopia oder in meiner Kindheit oder in Hamburg.

Was ist für Sie das vollkommene irdische Glück?
Nicht wünschbar.

Welche Fehler entschuldigen Sie am ehesten?
Langmut gegen Freunde.

Ihre liebsten Romanhelden?
Zeno Cosini, Wronsky.

Ihre Lieblingsgestalt in der Geschichte?
Der Läufer von Marathon.

Ihre Lieblingsheldinnen in der Wirklichkeit?
Margaret Thatcher, Indira Gandhi, Golda Meir.

Ihre Lieblingsheldinnen in der Dichtung?
Fromme Helene, Circe.

Ihre Lieblingsmaler?
Chiricio und Nachfahren.

Ihre Lieblingskomponisten?
Ehedem Wagner.

Welche Eigenschaften schätzen Sie bei einem Mann am meisten?
Zärtlichkeit und Treue.

Welche Eigenschaften schätzen Sie bei einer Frau am meisten?
Treue und Zärtlichkeit.

Ihre Lieblingstugend?
Zynismus.

Ihre Lieblingsbeschäftigung?
- - - .

Wer oder was hätten Sie sein mögen?
Dirigent.

Ihr Hauptcharakterzug?
Einsteckenkönnen.

Was schätzen Sie bei Ihren Freunden am meisten?
Dass es wenige sind.

Ihr größter Fehler?
Misserfolg.

Ihr Traum vom Glück?
Nicht wünschbar.

Was wäre für Sie das größte Unglück?
Enthaltsamkeit.

Was möchten Sie sein?
Zu mir selbst gerecht und ein guter Christ.

Ihre Lieblingsfarbe?
Bleu mourant (zu Deutsch: blümerant).

Ihre Lieblingsblume?
Fehlanzeige.

Ihr Lieblingsvogel?
Pinguin.

Ihr Lieblingsschriftsteller?
Arno Schmidt.

Ihr Lieblingslyriker?
Louise Labe.

Ihre Helden in der Wirklichkeit?
Alle Großen von Alexander bis Schmidt.

Ihre Heldinnen in der Geschichte?
Weiß keine, Jeanne d'Arc. Helena?

Ihre Lieblingsnamen?
Die meiner Kinder.

Was verabscheuen Sie am meisten?
Überlegenheitsgetue.

Welche geschichtlichen Gestalten verachten Sie am meisten?
Den Schah von Persien, weil er seine Getreuen eingesperrt und dem Chomeini ans Messer geliefert hat.

Welche militärischen Leistungen bewundern Sie am meisten?
Meinen Rückzug aus der Ukraine.

Welche Reform bewundern Sie am meisten?
Den Übergang von der Gabelsberger-Kurzschrift zu Stolze-Schrey.

Welche natürliche Gabe möchten Sie besitzen?
Musikantentum.

Wie möchten Sie sterben?
Im Schlaf.

Ihre gegenwärtige Geistesverfassung?
Mal luzide, mal solide.

Ihr Motto?
„Es hat mir so wollen behagen, mit Lachen die Wahrheit zu sagen."

Ein Nietzsche für Grüne?

Zur Philosophie vom Übermenschen

Im Sommer 1981 warf Rudolf Augstein in einer Titelgeschichte die Frage auf: „Steht Deutschland eine Nietzsche-Renaissance bevor?" Antwort: „Ganz gewiss, wenn die Vernunft zertrümmert, wenn der heilige Irrationalismus gepriesen wird." Auszüge aus der SPIEGEL-Titelgeschichte:

Wenn ich nur den Muth hätte, Alles zu denken, was ich weiß.
Nietzsche, 1887

Wir leben die Periode der Atome, des atomistischen Chaos.
Nietzsche, 1874

In 50 Jahren, so schreibt der Sohn der Mutter am 18. Oktober 1887, werde sein Name in einer Glorie von Ehrfurcht strahlen. Die Prophezeiung war nicht rundum falsch. Zwei Diktatoren hatten ihm anno 1937 ihre Reverenz erwiesen.

Als richtiger aber erweist sich die zweite Selbst-Prophetie, er werde unzweifelhaft „einige Jahre früher in Frankreich ‚entdeckt' sein als im Vaterlande". Wer? Der vor Hitler die ungeheuerlichsten Dinge gesagt, gedacht, geschrieben hat, Friedrich Nietzsche, 1844 in Röcken bei Leipzig geboren und 1900, seit zwölf Jahren geistig umnachtet, in Weimar gestorben.

Zwei Italiener, Giorgio Colli und Mazzino Montinari, haben im Nachlass gewühlt und sind fündig geworden, weil sie, wie Montinari meint, Nietzsche nicht erst „entnazifizieren" mussten. Frankreichs „neue Philosophen" haben ihn für sich entdeckt, Antimarxisten, Strukturalisten und Neo-Marxisten. Das „Vaterland" hat ihm 1980 ein Rowohlt-Literaturmagazin sowie 1978/79 und 1980 zwei abendfüllende Biografien gewidmet, im Hamburger Thalia Theater taucht er leibhaftig auf und beteuert seine Unschuld, in München kraxelt er schreiend zwischen Opernstyropor umher.

Steht Deutschland eine Nietzsche-Renaissance bevor? Ganz gewiss, wenn die Vernunft zertrümmert, wenn der heilige Irrationalismus gepriesen wird. Auch in Deutschland ist die Anarcho-Losung: „Keine Macht für niemand!" Funke aus Nietzsches Haupt. Nur darf man die „Geistesgeschichte" nicht falsch klassifizieren. Sie ist tatsächlich nur die Abfolge von Gedanken und höchst fragwürdig, was die Folgen angeht.

Der krasse Widerspruch in der Aufnahme Nietzsches seit 1945, in der Aufnahme dieses bis 1889 hellen Geistes, sticht ins Auge: Er wird gerühmt wie kein Zweiter, siedelt manchmal schon über Darwin, Marx und Freud, wird aber für das, was er als sein Eigentliches hielt, für Herrenmenschen- und Eroberertum, für Verachtung und Ausrottung unwerten Lebens, für kruden Machtegoismus und barbarische Kriegsschwärmerei nicht mehr in Anspruch genommen.

Im Gegenteil, Umberto Saba, Dichter und Jude, schrieb noch in den vierziger Jahren: „Allzu viele Jahre, ein ganzes Mittelalter müssen vergehen, ehe die Menschen aufhören, Nietzsche falsch zu verstehen, das heißt, zu verdammen und zu verfluchen." Und von Albert Camus stammt das Wort: „In der Geistesgeschichte gibt es, mit Ausnahme von Marx, keinen Fall, der dem Nietzsches an Abenteuerlichkeit gleichkommt; und niemals wird man das Unrecht gutmachen können, das man ihm angetan hat."

Man darf Nietzsche nicht wörtlich nehmen, so Thomas Mann 1918, darf ihm (fast) nichts glauben, so derselbe 1930. 17 Jahre später, nach Hitler, suchte Mann in diesem „Socialisten"-Verächter den verkappten Sozialisten ...

Absage an den Personenkult

Begegnung mit KP-Generalsekretär Jurij Andropow

Augsteins entschiedener Einsatz für eine Strategie der Entspannung öffnete ihm und dem SPIEGEL die Türen der Mächtigen in Moskau: zu umfassenden, grundsätzlichen Gesprächen mit den sowjetischen Generalsekretären Breschnew (1981 während der Polen-Krise), Andropow und Gorbatschow (1988, 1991). Über ein 1983 geführtes Gespräch mit dem gesundheitlich bereits erheblich angeschlagenen Andropow schrieb Augstein im SPIEGEL:

Über dem Sessel, auf dem der Generalsekretär des ZK der KPdSU, Jurij Andropow, am Konferenztisch seines Arbeitszimmers im Gebäude des Zentralkomitees seiner Partei Platz zu nehmen pflegt – es ist der 5. Stock, ein zweites Arbeitszimmer hat er im Kreml –, hängt ein Porträt seines Vorgängers, des im November vorigen Jahres verstorbenen Leonid Breschnew. Ein Andropow-Porträt hingegen konnten wir in keiner Moskauer Amtsstube erblicken.

Der dem Rang nach und vermutlich auch de facto mächtigste Mann der Sowjetunion ist nicht unbedingt fotoscheu, aber er drängt, anders als sein publicitybewusster Vorgänger, nicht ins Rampenlicht. Er hat die Bitte, von jenen Fotos, die der Fotograf Jupp Darchinger für den SPIEGEL aufnimmt, keines als Titelporträt zu verwenden. Eigens für ein Titelbild möchte er weder sitzen noch stehen, weder für eine Minute noch für eine Sekunde.

Das entspricht der beschlossenen Linie, keinen Personenkult à la Breschnew aufleben zu lassen. Es scheint aber auch ebenso der Natur des Generalsekretärs zu entsprechen, die sich nicht auf die Titelseiten vordrängt.

Andropow hält sich gerade, aber er ist, anders als es im SPIEGEL stand, nicht groß. Allenfalls könnte man ihn „mittelgroß" nennen. Darchinger schätzt ihn auf 1,76 Meter.

Er bevorzugt auch weder Whisky noch Cognac, wie im Westen

verbreitet wird, sondern trinkt Cognac und Wodka gleich gern, wenn auch nur sehr in Maßen. Sein Anzug ist nicht eleganter als der eines chinesischen Spitzenmannes, nur dass er Zivil trägt, hervorragend konfektioniert, auf dem Revers das Banner eines Deputierten des Obersten Sowjets. Er soll einmal behauptet haben, er könne nicht Englisch sprechen, spricht aber Englisch. Er versteht ein wenig Deutsch, wie ich feststellen konnte.

Wieder sitze ich einem Generalsekretär der KPdSU gegenüber (diesmal ohne meine Kollegen Hans Engel und Dieter Wild). Wieder sitzen neben dem Generalsekretär der unentbehrliche Konferenzgehilfe Andrej Alexandrow und der Chef der Auslands-Informationsabteilung Leonid Samjatin, diesmal in umgekehrter Reihenfolge: Samjatin gibt neben dem Chef ergänzende Hinweise, auch in Richtung Dolmetscher. Alexandrow, der so ungefähr alle Sprachen der Welt händelt, schreibt, die dicken Brillengläser fast auf den Tisch gelegt, unermüdlich mit ...

Das aufgestellte Tonband nimmt Andropow entweder nicht wahr, oder es stört ihn nicht. Er weiß offenbar, dass er nichts sagt, was er später bedauern könnte. Er scheint auch zu wissen, dass man einem Westmenschen Dinge sagen kann, die hinterher als nicht gesagt betrachtet werden. Er benimmt sich nicht wie ein Mann, der 15 Jahre lang der größten Sicherheitsbehörde der Welt vorgestanden hat. Er dürfte der erste kommunistische Spitzenmann seit Erfindung des Tonbands sein, der frei in ein aufgestelltes Tonband spricht.

Die Zustände sind unnatürlich

Der Traum von der Einheit

Im Jahre 1984, ein halbes Jahrzehnt vor dem Fall der Mauer, hielt Rudolf Augstein in den Münchner Kammerspielen eine Rede über die Deutsche Frage. In der zweiten Hälfte des Vortrags befasst er sich mit der Teilung Deutschlands und den Chancen einer Wiedervereinigung. Auszüge:

Es gab, nach dem Ersten Weltkrieg, dies jedenfalls meine Schlussfolgerung, keine Lösung der Deutschen Frage. Frankreichs Rache, obwohl immer noch zu gelinde, war fürchterlich. Ein Deutscher, der später noch bedeutend wurde, erstrebte eine eigene Lösung: Konrad Adenauer, Oberbürgermeister der zu Preußen gehörenden Stadt Köln.

Was war sein Rezept? Dies: Zerschlagung Preußens, indem man die Rheinlande von Preußen trennte und ihnen einen – zumindest militärischen – Sonderstatus gab. Das neue Gebilde sollte zwar mehr Katholiken als Protestanten, aber auch genügend Protestanten beherbergen, so viele, dass man es noch als gemischtkonfessionell ansprechen konnte. Es sollte im Verband des übrigen Reiches verbleiben – wie, haben wir nicht erfahren –, damit es nicht nach dem schlechten Vorbild der verdorbenen Weltstadt Paris „verwelsche", verwelscht würde, ipsissima verba. Hauptstadt sicherlich Köln. Leitender Staatsmann? Nun, Sie ahnen und wissen es.

War das Landes- und Hochverrat, was Adenauer damals zwischen 1918 und 1923 plante und träumte? Keineswegs, wenn man die spätere Hitler-Geschichte bedenkt, auf das Datum kommt es an. Es war nur total unrealistisch. Keine Reichsregierung konnte dem zustimmen, keine preußische Regierung, England keinesfalls, in London misstraute man Frankreich, und die Rheinländer, Katholiken wie Protestanten, wollten das auch nicht. Wer wollte dann aber?

Der Kölner Klüngel um die „Kölnische Volkszeitung", diese hinter und vor dem Staatsmann Konrad Adenauer, der sich sehr geschickt aus der Affäre zog, er wurde nämlich Präsident des preußischen

Staatsrats. Es war 1911, als Walther Rathenau, der 1922 ermordet wurde, sein prophetisches Wort sprach: „Zieht Preußen von Deutschland ab, was bleibt? Ein verlängertes Österreich, eine klerikale Republik, der Rheinbund." Das Wort ist prophetisch, aber es ist auch falsch, denn Rathenau hat nie die ökonomischen Verhältnisse richtig in seine Konzepte eingeordnet.

So verwundert es denn auch nicht, denselben Adenauer nach 1945 als den Mann der Stunde wiederzutreffen. Von einer Hauptstadt Berlin wollte er, wie bekannt, nichts wissen. Einem persönlichen Freund von mir, Michael Thomas, der kürzlich seine Erinnerungen niedergelegt hat und der ihn zufällig als Einziger nach Berlin begleitete, sie waren zu zweit, berichtet Folgendes: Adenauer sieht das zerstörte Berlin und sagt voller Befriedigung: „Diese Stadt hat ihren Charakter verloren."

Genau das, was er nie gewollt hatte, den Charakter dieser Stadt, den hatte sie verloren, und darüber war er recht befriedigt. Es verwundert demgemäß auch nicht, die Bundesrepublik im Jahre 1984, in ernsthaften französischen Zeitungen als „une fédération rhénane" beschrieben zu finden, eine rheinische Föderation. Das klingt ein wenig ähnlich dem „Rheinbund" von Napoleons Gnaden, der Confédération du Rhin.

Die Geschichte hat nun also auch unseren Konrad Adenauer eingeholt. Frankreichs Staatspräsident Mitterrand hat denn auch nur Art und Weise der Andreotti-Äußerung kritisiert, nicht die Substanz. Ich zitiere sie noch einmal zum besseren Verständnis: „Wir alle sind damit einverstanden, dass es zwischen den beiden Deutschlands gute Beziehungen geben muss, aber hier soll man nicht übertreiben. Der Pangermanismus muss überwunden werden. Es gibt zwei deutsche Staaten, und zwei sollen es bleiben."

Dies war das erklärte Ziel der Alliierten von 1943, Preußen zu zerschlagen und Preußen-Deutschland zu teilen. Anders hielt man eine Lösung der Deutschen Frage nicht mehr für möglich, und man kann das aus damaliger Sicht verstehen. Dass Stalin ganz Deutschland einsacken wollte, glaube ich persönlich nicht, es gibt da wenig gesicherte Erkenntnisse. Den Kommunismus in einem Land, das höher industrialisiert und organisiert war als die Sowjetunion, hielt er durchweg für gefährlich, ebenso den Kommunismus in einem Land, das volkreicher wäre als die Sowjetunion, siehe das China von Mao und Deng.

Stalin hatte es leicht, er wusste, was er wollte, und er konnte allein wollen: so weit nach Westen vorrücken, wie es nur ging, um kommunistische Regime allen Ländern aufzuerlegen, die von der Roten Armee überrannt waren. Die Amerikaner hatten buchstäblich kein Konzept, die Engländer hatten ein halbes, konnten sich aber gegen die Amerikaner nicht durchsetzen.

Deutschland und seine Hauptstadt bis an die künftigen polnischen Grenzen zu besetzen, dies war nicht das Ziel des Oberkommandierenden der Alliierten Streitkräfte, des Generals Eisenhower. Für dies Ziel hätte er mehr Leute opfern müssen, als er tat. Aber er hatte das Ziel gar nicht. Die USA unter Roosevelt hatten, was Deutschland angeht, kein vernünftiges und praktikables Kriegsziel.

Heute, wo sich die Interessen der Europäer und der USA nicht mehr parallel, sondern teilweise schon in verschiedene Richtungen entwickeln, können die Jüngeren sich kaum noch vorstellen, was der Auftritt namentlich der USA im Deutschland von 1945 bedeutet hat. Die Sowjets haben damals den Ruf, der ihnen vorauseilte, vollauf gerechtfertigt. Wer konnte, floh. Niemand wusste damals, dass von den sowjetischen Kriegsgefangenen nur jeder Dritte überlebt hatte, von den Deutschen in sowjetischer Hand aber jeder Zweite überleben würde. Das war angesichts der zivilisatorischen Unterschiede eine klare Ziffer. Stalin hatte offenbar nicht den Befehl gegeben, die deutschen Gefangenen als Untermenschen zu behandeln.

Was seine Truppen aber anrichteten, reichte hin. Es gibt keinen Zweifel, dass die Deutschen lieber von den westlichen Alliierten als von den Kommunisten besetzt und regiert werden wollten, und daran hat sich bis heute nichts geändert. Wer mir im Mai 1945 gesagt hätte, wir würden demnächst schon wieder deutsche Universitäten haben, den hätte ich schlicht für verrückt erklärt. Sehr schnell, vielleicht zu schnell, wurde Deutschland in seinem westlichen Teil der Nutznießer der Spaltung zwischen West und Ost.

Als der Kalte Krieg offen zu Tage lag, machten die Alliierten und ihr Kanzler Adenauer gleichwohl einen schweren, in seiner Fernwirkung noch nicht abzuschätzenden Fehler. Sie verboten den Deutschen das Nachdenken über ihre Zukunft. In das westliche deutsche Staatswesen wurde eine Zeitbombe eingebaut. Die Teilung sollte absolut sein, sie genoss absoluten Vorrang.

Eine Zeit lang schien es, als liege sie auch im Interesse der Sowjets, und seit ganz langem bis heute scheint es wieder so. Kurz vor seinem Tode im Jahre 1953 aber schien Stalin mit einem neutralen Gesamtdeutschland zu spielen. Wie ernst er das gemeint hat, wird nie jemand wissen. Mir, der ich die Zeit damals schon miterlebt habe, fiel auf, dass Adenauer und die Westmächte fürchteten, er meine es ernst. Ich habe jetzt den SPIEGEL-Reprint des Jahres 1952 durchgeblättert und habe zu meinem Erstaunen gefunden, dass es damals nur zwei Leute gab, die sich mit der Deutschland-Frage intensiv befasst haben und die heute noch aktiv politisch tätig sind, das sind mein Freund Strauß und ich.

Wir waren damals gar nicht so ganz verschiedener Meinung, und wir sind komischerweise auch heute gar nicht ganz verschiedener Meinung. In der Zwischenzeit gab es da einige Kontroversen. Ich will nur darauf hinweisen, dass es dem SPIEGEL darum ging, die konventionelle Rüstung zu stärken, und es Strauß darum ging, die atomare Rüstung zu stärken, wenn nicht sogar atomare Waffen in die Hand zu bekommen. In diesem Punkt hat mir die Geschichte, glaube ich, Recht gegeben. Sonst aber kann man, wenn man auf uns beide zu sprechen kommt, sehr wohl von einer Kontinuität des Irrtums sprechen.

Jedenfalls, Stalins Angebot durfte nicht daraufhin abgeklopft werden, ob es eines war. Die drei westlichen Alliierten waren dagegen, die Mehrheit der westdeutschen Bevölkerung war dagegen. Und Stalin starb am 5. März 1953.

Danach war die Unterhaltung, wie sich herausstellen sollte, mehr theoretischer Natur, sie hatte einen Alibi-Charakter. Immerhin haben die amerikanischen Planer ihrem Präsidenten Eisenhower 1955 ein Papier mit nach Genf gegeben, in dem dargelegt wurde, dass ein neutrales, mäßig bewaffnetes Deutschland durchaus auch im Interesse der Vereinigten Staaten liegen könne. Bis heute liegt hier die einzige Möglichkeit zur Veränderung des Status quo auf friedlichem Wege. Dies müssen wir uns klar machen. Bis heute ist aber alle Welt mehr am Status quo interessiert. Auch das müssen wir zur Kenntnis nehmen.

Nun ist Politik nicht nur die Kunst des Möglichen – das Mögliche macht sich ja heute meist von selbst –, sie ist auch die Kunst des Unmöglichen, des Zukünftigen, desjenigen, was man erreichen will, aber jetzt noch nicht erreichen kann. Der junge Rimbaud wollte

Klavierspielen lernen, hatte aber kein Klavier. Da schnitzte er sich Tasten in den Küchentisch und übte auf diesem Holz.

Noch einmal, ich glaube nicht, dass zwischen 1952 und 1953 wirklich eine Chance vertan worden ist, weil Stalins Nachfolger nicht die Autorität hatten, solch eine kühne Wendung, hätten sie sie denn gewollt, durchzusetzen. Aber die Westdeutschen und die West-Berliner haben damals bewiesen, dass sie über ihre Zukunft nicht nachdenken, dass sie belogen werden wollten, und dies nicht nur von Adenauer. Die Lebenslüge dauert ja bis heute, sie währet immerdar, und sie heißt jetzt „Wiedervereinigung unter einem europäischen Dach".

Dies europäische Dach wird es ohne einen dritten und wohl letzten Weltkrieg nicht geben, und das heißt, es wird es überhaupt nicht geben. Niemanden stört das übrigens weniger als die Bewohner der Bundesrepublik. Aber wann immer die Regierenden der DDR mit uns verhandeln wollen, wird die politische Intelligenz unserer Nato-Verbündeten und namentlich unseres westlichen Nachbarn Frankreich ebenso wach wie die der Moskowiter. Das schlechte Gewissen pocht, sicher nicht im Osten, aber bei uns im Westen. Wie, wenn die Deutschen aufwachten? Wie, wenn sie von den Sowjets sanft geweckt würden?

Nun ja, sie können nicht aufwachen, weil die Sowjets wohl den Wecker nicht haben, sie können uns nicht wecken, noch lange nicht. Das Riesenreich ist mit sich selbst beschäftigt und wohl nur dann zum Handeln zu bewegen, wenn man es auf ganzer Front angreift. Die Sowjets, so scheint es, sind gar nicht fähig, die deutsche Karte zu spielen.

O ja, sie haben diese deutsche Karte. Der Schlüssel zu einer Veränderung der Verhältnisse, zu einer grundstürzenden Veränderung der Verhältnisse in Mitteleuropa liegt durchaus in Moskau, aber nur in der Theorie. Dies ist nämlich keine Frage der Ideologie, sondern des wirtschaftlichen Gefälles. Und deswegen würde diese deutsche Karte stechen. Nur, es gibt für dieses Spiel noch keine Spielregeln. Sie müssten erfunden werden. Man kann sehr wohl bezweifeln, dass die Sowjetrussen je in der Lage sein werden, ihren Trumpf, denn es ist ein Trumpf, auszuspielen.

Was also dann? Als Egon Bahr in Tutzing 1963 die Parole „Wandel durch Annäherung" ausgab, fand ich, er habe den Mund zu voll genommen. Inzwischen sehe ich das anders. Inzwischen sehen wir nämlich die Ergebnisse. Ein Wandel des SED-Regimes hat stattgefunden, ein in Moskau argwöhnisch beobachteter Wandel, ein Wandel durch zumeist wirtschaftliche Annäherung. Wer die Interessen der SED-Führung für identisch hält mit den Interessen der Führung in Moskau, der ist nur noch ein Tor. Aber ebenso ist klar, dass die SED kein Interesse daran haben kann, ihre Herrschaft an eine pluralistische und parlamentarische Demokratie abzugeben.

Immer noch gibt es „20 Millionen Deutsche zu viel", diesmal wohnen sie in der DDR. Sie wohnen in einem halbwegs menschenwürdigen Staatswesen, ja, sie wohnen vielleicht menschenwürdig überhaupt. Zu viel aber für einen zentral gelenkten, demokratisch verfassten Wirtschaftsstaat wären die Deutschen in Ost und West allemal und immer noch. Die Vergangenheit schreckt.

Es mag wohl sein, dass solch ein Staatswesen die Kriegsgefahr nicht vergrößern, sondern vermindern würde, ich persönlich glaube das. Aber unsere Umwelt wird das nicht glauben. Krieg wegen Deutschland wird es wohl nicht geben, die Deutschen selbst wollen ihn am wenigsten und haben den meisten Grund dazu, ihn nicht zu wollen. Krieg aber, der in Deutschland beginnt und in Deutschland nicht endet, Krieg, der auf Deutschland nicht beschränkt bliebe, der bleibt möglich, ja, er wird möglich. Ihn zu verhindern ist eigentlich unsere Pflicht, soweit wir unsere Handlungsfähigkeit, solch ein Übel zu verhindern, nicht schon in andere Hände gelegt haben.

Die Bundesrepublik und die DDR sind keine souveränen Staaten. Um ein Mehr an Unabhängigkeit müssen sie jeweils kämpfen. Da wird es nicht zu vermeiden sein, eine neue Konvergenztheorie zu erfinden und auszufüllen. Ich will sie so beschreiben: Stellt sich heraus, dass die DDR mehr Freiraum für sich erringen kann, als wir bisher dachten, so müssen auch wir unseren Freiraum auszuweiten trachten, und nicht nur dann, wenn es um Geschäfte geht. Keinesfalls dürfen wir auf deutschem Boden eine manichäische Spaltung zwischen Gut und Böse akzeptieren, wie das den beiden Weltmächten gelegentlich passend erscheint. Die bisherige Geschichte hat uns gelehrt, dass solche Spaltung in Gut und Böse in sich selbst immer irrsinnig war. Es ist ein verständliches Prinzip, den Status quo festnageln zu wollen. Aber die Geschichte, solange wir von ihr noch reden können, fließt. Sie lässt sich nicht nageln.

Die Zustände in Mitteleuropa sind unnatürlich, obzwar von allen oder von den meisten gewollt. Wir sehen das tagtäglich in Polen und tagtäglich in den Botschaften der Bundesrepublik in Ost-Berlin und in Prag und demnächst in anderen unserer Botschaften. Irgendwann wird Vernunft gefragt sein oder auch die totale Unvernunft.

Die Vernunft wird sich nicht darin erschöpfen können, dass den Franzosen die Wahl bleibt, ihr eigenes Territorium, und nicht unseres, mit Atomwaffen zu verteidigen. Die Raison d'être der Bundesrepublik wird auch nicht darin sich erschöpfen können, dass sie die europäische Abschussrampe der USA ist. Was in geschichtlichen Prozessen am Ende herauskommt, unser Kanzler würde sagen, hinten, ist niemals das, was irgendeiner der Handelnden, was irgendeine der handelnden Mächte gewollt hat, so wusste schon Friedrich Engels.

Wir haben nicht den geringsten Grund, der Nato adieu zu sagen, solange sie Mitteleuropa stabilisiert. Darauf zu warten, dass die Sowjets mit ihrer deutschen Karte überkommen, wäre töricht. Aber ebenso können wir nicht dafür gutsagen, dass wir die deutsche Karte der Sowjets, sollten sie sie jemals ausspielen, von vornherein für nichtig erklären würden, wie wir das einmal getan haben.

Die meisten von uns werden dergleichen vermutlich auch gar nicht mehr erleben. Die Russen müssten anders sein, als sie sind und als sie waren, um sich ihr Vorfeld freizukaufen. Sie haben das polnische Problem am Hals, das mit ihren Mitteln nicht lösbar ist. So bleibt uns nichts anderes, als jeder kriegerischen Lösung mit Wort und Tat zu widerstehen.

Die Politik dieser Bundesregierung ist gegenüber der DDR moderat, befindet sich gegenüber den Ostproblemen insgesamt aber immer noch auf dem früheren verbalen Kriegskurs, sonst hätte unser Kanzler gewiss nicht von den Berufsvertriebenen eine Medaille für seine Verdienste um den Osten angenommen. Ich frage mich, was diese Verdienste um den Osten sind oder sein könnten. Es ist höchst angenehm, melden zu können, dass Deutschland keinen dritten Krieg mehr will, aber wichtig ist auch, dass es nicht als Proberampe eines atomaren Krieges missbraucht wird. Wer immer uns erzählt, dies sei unmöglich, den müssen wir fragen: Sind Sie prinzipiell gegen ein neu vereinigtes, neutrales, von Atomwaffen freies Deutschland? Und wenn die Antwort ausfällt, so, wie wir sie erwarten, dann entgegnen wir: „Wir sind weder gegen die USA, die uns 1945 tatsächlich befreit und gerettet haben, noch gegen Frankreich, noch gegen den Westen insgesamt, wie sollten wir? Wir sind auch nicht, wie Dostojewski uns noch genannt hat, ‚das ewig protestierende Reich', nicht mehr."

Mögen Frankreich und England ihre überständigen Großmachtvergangenheitsbedürfnisse vor den Falklands und auf dem Muroroa-Atoll kultivieren. Wir machen unsere eigenen Interessen geltend nur dann, wenn wir annehmen können, dass sie nicht unseren Interessen allein, sondern dem Frieden in aller Welt dienen können.

Ein Gemeinplatz, eine Allerweltsformel? Gewiss. Aber mehr ist im Moment nicht zu haben. Wir sollten nicht glauben, wir in Deutschland jedenfalls gewiss nicht, dass es gälte, einen Zipfel vom Mantel des Herrgotts zu erhaschen, der durch die Geschichte schreitet oder rauscht.

Vieles ist möglich, nicht aber der Zusammenbruch des russischen Großreichs auf Grund westlichen Drucks. Die Sowjets sehen keinen Ausweg. Sie fühlen sich an die Wand gedrängt. Immer, wenn die Russen ihre heilige, und ich sage jetzt die Russen, nicht die Sowjets, ihre heilige Katastrophe von außen nahen sehen, vergessen sie all ihre Misere und stürzen sich besinnungslos in ihre Vaterlandsidentität. Die Beispiele Leningrads, Stalingrads und der Schlacht vor Moskau sollten, was den russischen Nationalcharakter angeht, da doch schrecken.

Ich gebe zu, der Status quo ist etwas Beruhigendes, man kann sich an ihm so schön festhalten. Wie Andreotti es so unübertrefflich sagt, zwei deutsche Staaten sind es, und zwei sollen es bleiben. Das denken viele, die überhaupt daran denken, wohl die meisten. Aber die Voraussetzung ist, dass auch die Rahmenbedingungen sich nicht ändern. Auch sie müssen im Status quo verharren. Zu den Rahmenbedingungen gehört beispielsweise, dass zu den beiden Supermächten nicht noch eine dritte hinzutritt. Nun, das scheint vorerst nicht in Sicht.

Weiter gehört dazu, dass bei zwei Supermächten zwischen den beiden ein ungefähres Gleichgewicht herrscht. Hier hatten wir während der letzten vier Jahre Grund zu Befürchtungen. Zwar, die Vernichtungskapazität scheint auf beiden Seiten hinlänglich riskant, hinlänglich abschreckend. Aber die Sowjetunion ist politisch, wirtschaftlich, technisch doch deutlich schwächer. Sie hat Probleme mit ihren nichtrussischen Völkerschaften, die demnächst die Mehrheit dieses Landes rein zahlenmäßig darstellen werden, ein Problem, das in meinen Augen schlimmer ist als das rassistische Problem, das die USA mit ihrer schwarzen Bevölkerung haben. Sie hat Polen und Afghanistan am Hals, wohingegen die USA sich von Watergate und Vietnam lösen und erholen konnten. Der Status quo im westlichen Vorfeld der Sowjetrussen ist nicht mehr gegeben, da fließt alles. Man sieht nicht, wie Polen kommunistisch bleiben kann und ob es noch kommunistisch ist, ja, ob es je kommunistisch war.

Man sieht nicht, wie die Sowjets sich aus ihrem Vorfeld überhaupt zurückziehen können. Man kann andererseits aber auch nicht annehmen, dass sie in 50 Jahren dort noch sitzen. Je mehr die kommunistische Ideologie verblasst, desto stärker treten die zugedeckten Nationalismen, die künstlich zugedeckten Nationalismen, zu Tage. Wir sehen in Erich Honecker heute mehr den Deutschen als den Kommunisten, in dem General Jaruzelski mehr den Polen, umgekehrt in Walter Ulbricht sahen wir mehr den Kommunisten als den Deutschen. Dem Rumoren im Vorfeld der Russen entspricht ein Rumoren auf dem Glacis der Westmächte, in der Bundesrepublik eben. Mehr ist es noch nicht. Es kann mehr werden.

Aufmerksam wird in Frankreich registriert, dass von der äußersten Linken bis zur äußersten Rechten, von Egon Bahr bis zu Franz Josef Strauß, die vielfältigsten Kontakte mit dem anderen deutschen Staat gesucht werden. Hier, das Nachrichten-Magazin „L'Express" hat eine ganze Ausgabe dem Deutschland-Problem gewidmet. Wir hören von einem der klügsten Franzosen, dem Politikwissenschaftler Joseph Rovan, mir gut bekannt, er ist mit mir befreundet, es gäbe bei uns nationalistische Träumer, die von einem einzigen großen deutschen Staat träumen.

Ja, was spräche dagegen, dies Gebot des Grundgesetzes zu träumen, vorausgesetzt, wir wollen den Polen die Gebiete nicht wieder abnehmen, in denen sie inzwischen wohnen? Nur glaubt kaum jemand, dass die Sowjets den von ihnen besetzten deutschen Staat verlassen werden. Niemand sieht, wie sie das tun könnten. Aber ist damit gesagt, dass dieser große Block im Herzen Europas, und ich zitiere, „nicht aufhören würde, seinen Nachbarn Angst einzuflößen", wie Joseph Rovan meint? Dieser nicht übergroße große Staat, immer noch 20 Millionen Menschen zu viel, der keine Ansprüche jenseits seiner Grenzen hätte, keine Armee, die fähig wäre, einen Krieg zu beginnen, wirtschaftlich schon längst nicht mehr aggressiv, wenn auch wirtschaftlich sicherlich die stärkste Macht in Mitteleuropa, und in Europa überhaupt, keinen Willen und keine Handhabe zu irgendeiner Revision? Wer würde den zweiten deutschen Staat hindern, sich mit der Bundesrepublik zu einem gemeinsamen Wirtschafts- und Urlaubsgebiet zu vereinigen, wenn nicht die Rote Armee?

Hier kommt der Pferdefuß unseres französischen Verbündeten zum Augenschein. Sie wollen uns, wie bisher, per Atomwaffen und Besatzungsstatut dominieren, wissen aber, dass wir ökonomisch stärker wären, und das schreckt sie, immer wieder 20 Millionen zu viel. Rovan schreibt in dem Nachrichten-Magazin „L'Express": „Die große Mehrheit der Deutschen in den beiden Staaten wünscht nichts anderes als die Durchsetzung der Menschenrechte und bessere Lebensbedingungen für die Menschen in der DDR, auch wenn beides sich nur sehr schrittweise verwirklichen ließe."

Richtig. Aber die Unnatur der Dinge bleibt beunruhigend, die Gefahr für den Frieden auch. Solange anderes nicht zu haben ist, wird man sich mit der unbestreitbaren, immer relativen Verbesserung auf verschiedenen Gebieten im Verhältnis zur DDR abfinden. Aber gewiss nicht, weil wir, die Deutschen, gelernt hätten, dass die Einheit der Nation sich auch in der staatlichen Vielfalt erhalten lasse. Sie lässt sich nämlich gegenüber einem kommunistischen Regime nicht erhalten.

Rovan meint, wir sähen die Teilung gar nicht als nationale Frage an, anders als die Franzosen, die schon vor ihrer Nationwerdung in einem Staat vereint gewesen seien. Ich denke, da verschätzt er sich. Wäre, so meint Rovan, die Sowjetunion in der Lage, in der DDR die demokratischen Freiheiten wieder herzustellen, den Pluralismus der Parteien und freier Wahlen – ich frage mich, wie sie das tun sollte –, dann würde die Frage der Wiedervereinigung, sagt Rovan, sekundär, und die beiden deutschen Staaten könnten sich zusammen, aber getrennt, in einer europäischen Konföderation wiederfinden. Nur, warum dann noch getrennt? Noch dazu mit einem getrennten Berlin, und das alles der Franzosen wegen.

Und wie sollten die Sowjets zu solch einem für sie lebensgefährlichen Experiment in der Lage sein? Wo endet, apropos, diese europäische Konföderation? An Polens Ostgrenze? Am Ural?

Nein, es wird bei diesen beiden deutschen Staaten in einander feindlichen Bündnissen bleiben. Es sei denn, die Sowjetunion sähe sich sowohl gezwungen wie in der Lage, ihre Überraschungskarte aus dem Ärmel zu ziehen und das ominöse Tauschgeschäft anzubieten, das da heißt: Abzug aus der DDR, dafür ein neutrales, mäßig bewaffnetes Deutschland.

Die Bundesregierung und den Bundestag möchte ich sehen, die dann Nein sagen würden, wie früher zu Adenauers Zeiten, ohne Sondierungen. Aber das ist noch nicht einmal Zukunftsmusik, sondern nur ein Rechenexempel, sehr abstrakt und vielleicht gar niemals wirklich, denn die Anschlussfrage, das B hinter dem A, wäre ja der Abzug aus Polen. Wunder gibt's, aber ich habe in der Politik noch keines erlebt.

Der Fall der weißen Westen

Flick und die „gekaufte Republik"

Der Flick-Affäre ist das 1984 erschienene Buch „Flick. Die gekaufte Republik" von Hans Werner Kilz und Joachim Preuß gewidmet. Rudolf Augstein schrieb das Vorwort, in dem er die Bestechlichkeit der Akteure, das Versagen der Justiz und die Bedeutung des investigativen Journalismus behandelte.

Springers „Welt" schrieb von einem „Reinigungsprozess". Gewisse Schattenseiten und Schwachstellen der Demokratie seien ans Licht getreten, der „Geldsegen der Industrie und Banken" etwa auf die „Wahlmaschinerie".

Und weiter in der „Welt": „Durch die Spenden ist der Einfluss der Industrie und der Interessenverbände auf die Parteien beträchtlich." Wahr, wahr. „Besonders natürlich wirken die Interessengruppen auf die regierende Liberaldemokratische Partei ein."

Nur: Das Blatt des Eberhard-von-Brauchitsch-Freundes Axel Springer schrieb nicht über die staatsanwaltschaftlichen Ermittlungen gegen den liberalen Wirtschaftsminister Graf Lambsdorff, seinen Vorgänger Friderichs und den ehemaligen Flick-Gesellschafter von Brauchitsch, Schlüsselfigur in der Flick-Spendenaffäre, der längst ein Büro in Springers Imperium bezogen hat. Springers „Welt" berichtete über den japanischen Politiker Tanaka, der in erster Instanz zu vier Jahren Gefängnis verurteilt worden ist, weil er von Lockheed Millionen angenommen haben soll.

Und was die Medien bei der Aufdeckung dieses Bestechungsskandals ausgerichtet haben, umschrieb die „Süddeutsche Zeitung" so: „Ohne diesen Rückhalt wären die Ermittlungsbeamten vielleicht nicht so mutig gewesen, hätten sie mit Sicherheit nicht so unbehindert arbeiten können."

Nun sind japanische Staatsanwälte nicht so sehr darauf angewiesen, dass die Springer-Presse ihnen Deckung im Tanaka-Fall gibt, mehr schon deutsche Staatsanwälte auf einen Rückhalt in der deutschen Presse im Falle Flick.

Wer aber hat in der Bundesrepublik Deutschland den Beamten Rückhalt gegeben? Wer hat dafür gesorgt, dass sie unbehindert arbeiten konnten? Dies war mit Sicherheit der Leiter des Bonner SPIEGEL-Büros, Dirk Koch, der die Chefredaktion ständig bedrängt hat, die staatstragenden Stützen der Republik zu schleifen. Nur widerstrebend habe ich mich einer Argumentation gebeugt, die ich im Grunde doch für richtig halten musste.

Schließlich war ich es ja selbst, der in der Nacht vom 17. auf den 18. Dezember 1981 den Bundesvorsitzenden der FDP und Bundesaußenminister Hans-Dietrich Genscher gegen drei Uhr anrief. Nie sonst habe ich einen Minister zwischen zehn Uhr abends und zehn Uhr früh angerufen, nie den Vorsitzenden einer Partei. Zum Zeitpunkt des Gesprächs war die Aktion „Amnestie für alle" wohl schon schief gelaufen. Warum schief gelaufen? Weil der SPIEGEL in seinen Ausgaben vom 7. und 14. Dezember Alarm geschlagen hatte.

Der sozialdemokratische Bundesjustizminister Jürgen Schmude teilte am Morgen des 18. Dezember seinem Fraktionsvorstand mit, er persönlich werde die Amnestie-Aktion nicht mittragen. So war sie erledigt. Die SPD-Bundestagsabgeordneten bekamen das für sie ausgedruckte Schandpapier gar nicht erst in ihre Hände. Es enthielt schon nicht mehr die Tatbestände der Bestechlichkeit, der Bestechung, der Vorteilsannahme und der Vorteilsgewährung.

Dies hatte mir Hans-Dietrich Genscher nächtens auch versichert. Keinen Zweifel hingegen kann es daran geben, dass die FDP den Vorwurf der Vorteilsannahme und Bestechung in die Debatte eingeführt hatte und nicht der SPIEGEL. Sie war es, die am meisten dahin drängte, die Bestechungstatbestände der Vorteilsannahme und der Vorteilsgewährung in die von den Parteien geplante Exklusiv-Amnestie mit hineinzunehmen.

So strikt ich gegen jede Sonderamnestie aufgetreten war, unter anderem gegenüber meinem gräflichen Freunde, und immer auftreten würde: Es war Dirk Koch, der Leiter des Bonner SPIEGEL-Büros, der uns davon überzeugte, dass die Öffentlichkeit angerufen werden musste.

Und es war Hans Leyendecker, Redakteur im Düsseldorfer SPIEGEL-Büro, der ein Jahr lang quer durch die Bundesrepublik zu Recherchen unterwegs war – den staatsanwaltschaftlichen Ermittlungen hinterher, manchmal auch voraus. Wenn es einen Redakteur Kowalski im SPIEGEL in dieser Affäre gab, wie ihn Hans Magnus Enzensberger in diesem Buch beschreibt, dann war es Hans Leyendecker.

Unser Wirken ist „Hintertreppen-Journalismus", so hörten wir aus dem Munde des Parlamentarischen Staatssekretärs im Bundesjustizministerium, Professor Hans Hugo Klein von der CDU, inzwischen zum Richter am Bundesverfassungsgericht gewählt.

Solchem Vorwurf müssen wir standhalten.

Schließlich geht es um den demokratischen Rechtsstaat, den offenbar die im Bundestag vertretenen Flick-Parteien garantieren, den der SPIEGEL aber erschüttert. Es geht um das, wie die „Zeit" schrieb, „Beispiel des bislang massivsten Unternehmens zur Korrumpierung von Staats- und Mandatsträgern" seit Bestehen der Bundesrepublik.

Nun, da Anklage erhoben worden ist, wird niemand dem SPIEGEL mehr vorwerfen, er habe die Anklage erhoben, er sei ein Instrument der „Vorverurteilung". Wahr ist, dass die Staatsanwälte einen Tatbestand bis zur Anklage geführt haben, den die Mandatsträger der FDP so sehr fürchteten, dass sie auf Amnestie drängten. Wahr ist auch, dass keiner der Betroffenen heute schon als Schuldiger feststeht, dass keiner „vorverurteilt" worden ist. Die Justiz wird sich in diesem Fall wohl hüten, ihre Binde von den Augen zu nehmen.

Man stelle sich vor, diese Bestechlichkeitsamnestie wäre erlassen, den Staatsanwälten das Bein abgehackt und gleichwohl das in diesem Buch veröffentlichte Flick-Material veröffentlich worden. Hätte das etwa keinen Schaden für den Rechtsstaat ergeben?

Man kann dies alles, wie Chefredakteur Herbert Kremp in der „Welt", als eine Konspiration, die liberale Partei zu vernichten, abtun. Kremp: „Denn nichts vermag in der wohlhabenden Republik leichter Verdächte zu erregen als eine normale und interessierte, jedenfalls nicht feindselige Beziehung zwischen den Sphären des Staates und der Wirtschaft."

Ja, wem fiele da nicht der wichtige japanische Politiker Tanaka mit seinen Lockheed-Geldern ein?

Drei Leute vom SPIEGEL, unter ihnen ich, sind angeklagt, weil sie Teile aus den Akten der Staatsanwaltschaft zitiert haben. Hätten wir das nicht sollen? Gilt nicht für uns auch, was die „Süddeutsche Zeitung" über unsere Kollegen in Tokio geschrieben hat, dass wir nämlich dem Skandal ein „nicht erlahmendes Interesse" entgegengebracht hätten, ohne welches die Ermittlungsbeamten „mit Sicherheit nicht so unbehindert" hätten arbeiten können?

Haben wir eine Rechtfertigung? Ja. Es geht nämlich um das dicht gewobene Netz korrumpierender Gesinnung, aus dem die Parteien partout nicht herausfinden wollen.

Sie, die doch laut Artikel 21 des Grundgesetzes über die Herkunft ihrer Mittel öffentlich Rechenschaft legen sollen, haben sich im Parteiengesetz von 1967 eine Hintertür gelassen, die sie im Laufe der Jahre zu einem offenen Scheunentor auszuweiten wussten. Es fehlt in diesem Gesetz die Strafsanktion, es ist eine Art Gurtmuffelvorschrift. Der § 25 des Parteiengesetzes lautet:

„Spenden an eine Partei oder einen oder mehrere ihrer Gebietsverbände, deren Gesamtwert in einem Kalenderjahr 20 000 Deutsche Mark übersteigt, sind unter Angabe des Namens und der Anschrift des Spenders sowie der Gesamthöhe der Spende im Rechenschaftsbericht zu verzeichnen."

Da nun unstreitig ist, dass Flick an die Parteien mehr gezahlt hat als 20 000 Mark pro Jahr, warum taucht der Name Flick in keinem Rechenschaftsbericht auf? Nun ja, man mag mit Theodor Eschenburg sagen, es sei nicht ratsam, in das Finanzgebaren der Parteien hineinzuleuchten. Wie aber, wenn Flicks Interesse, Steuern zu sparen, an eine Milliarde reicht, und wenn alle hohen Parteichargen davon wissen? Kann man sich dann noch blind und taub stellen?

Den Bonner Staatsanwälten, so steht zu vermuten, ist der Unterschied zwischen einem Schatzmeister, der als solcher kein Amtsträger im Sinne des Gesetzes ist, und einem Wirtschaftsminister bewusst. Ebenso müsste Graf Lambsdorff wissen, dass es ein Unterschied ist, ob er Geld „in die eigene Tasche gesteckt" hat (was weder der SPIEGEL noch sonst jemand behauptet) oder ob er Spenden der Firma Flick für die Partei „veranlasst, vermittelt oder erhalten" habe, und zwar während seiner Zeit als Bundesminister. Noch 1979, seit zwei Jahren Minister, mahnte er eine für ihn „vorgesehene" Spende an.

Stimmt es denn nicht, dass, wie die „Frankfurter Rundschau" schreibt, „beachtliche Teile der Justiz über Jahre hinweg" praktisch gelähmt worden sind, dass hier die Presse „alleinige Überwachungsinstanz" („Stuttgarter Zeitung") ist, da die öffentlich-rechtlichen

Medien weitgehend ausfallen? Und sieht sich die hier einschlägige Presse nicht einem „geballten Machtkartell" (wieder die „Stuttgarter Zeitung") gegenüber?

War es denn einer Regierung, deren Kanzler „geistig-moralische Führung" für sich beansprucht, nicht möglich, einen durch eigenes Handeln in Misskredit geratenen Minister zu entbehren, der vielleicht nichts anderes getan hat als andere, aber quantitativ und qualitativ doch mehr als andere?

Man mag uns, die wir der Katze die Schelle umgehängt haben, als die eigentlichen Übeltäter anprangern, wir sind das gewohnt. Uns geht es auch nicht um den Kopf eines Ministers, mit dem jedenfalls ich mich seit über zwölf Jahren freundschaftlich verbunden fühle. Vielmehr, die Parteien müssen dazu angehalten werden, die Gesetze einzuhalten, die sie sich selber setzen.

Schließlich können wir Nichtparlamentarier keine Gesetze für uns selbst machen, und trotzdem müssen wir sie einhalten. Was ist ein Parteiengesetz wert, das jede Strafe vermeidet?

Dass die „FAZ" um eine „harte Reaktion des Bundesjustizministers" einkommt, nun nicht gegen die Gesetzesbrecher, sondern gegen den SPIEGEL, muss uns befriedigen. Wer hätte anderes erwartet?

Das „Darmstädter Echo" schrieb vor Jahresfrist: „Deshalb könnte es sein, dass kaum einer angeklagt wird und am Ende doch alle noch die weiße Weste anhaben. Genauer: So hätte es kommen können, wenn nicht der SPIEGEL mit den Vernehmungsprotokollen einen Zipfel der Wahrheit erwischt hätte."

Richtig. Inzwischen ist angeklagt. Es geht uns nicht um Vorverurteilung, wie man uns freigebig unterstellt, sondern, für den Fall der weißen Westen, um das Urteil danach. Geben wir unserem Gemeinwesen noch eine Chance, erschüttern wir den Staat!

Die neue Auschwitz-Lüge

Gespenstische Debatte um den Judenmord

In einem SPIEGEL-Essay setzte sich Rudolf Augstein 1986 mit einer Reihe von Veröffentlichungen deutscher Historiker auseinander: „Wer so denkt und spricht, ist ein konstitutioneller Nazi."

Man hätte es vor fünf Jahren noch kaum für möglich gehalten, was sich derzeit unter Historikern, Philosophen und Soziologen abspielt. Es sind nur wenige Historiker, Philosophen und Soziologen, und gewiss hat die übergroße Mehrheit der Bevölkerung daran keinen Anteil. Aber die Diskussion wird geführt. Wer sie verfolgt, kann sich nur die Augen reiben.

Es geht um das Stichwort Auschwitz. Musste man sich früher mit den Unverbesserlichen um die Frage streiten, ob es denn wirklich sechs Millionen Juden gewesen seien und ob man die Gaskammern nicht nur gestellt habe, so ist diese Frage von dem Kölner Historiker Andreas Hillgruber geklärt worden.

Es waren nach seiner Rechnung, die er uns akribisch aufschlüsselt, „über fünf" Millionen Menschen. Da es ja andere Vernichtungslager gab, beziffert Hillgruber die Zahl der jüdischen Auschwitz-Opfer „nach der zuverlässigsten Schätzung" auf etwa eine Million.

Bis hierher kann man lesen. Im Gefolge des 40. Jahrestages der deutschen Kapitulation 1945 hat man sich aber neue Sorgen gemacht. Allen Ernstes müssen wir uns mit folgenden Fragen beschäftigen:

■ Durfte Hitler, nein, musste Hitler sich von den Juden aller Welt bedroht fühlen, nachdem ihm der Präsident des Jüdischen Weltkongresses, Chaim Weizmann, im September 1939 zusammen mit England „den Krieg erklärt" hatte – war der Jüdische Weltkongress mithin ein Staat, dem alle Juden dieser Erde, ob sie davon wussten oder nicht, angehörten; durfte Hitler sich berechtigt fühlen, die Juden als Kriegsgefangene zu behandeln und zu internieren? Dies meint der Faschismusforscher Ernst Nolte.

■ War die systematische Vernichtung der Juden im ganzen deutschen Machtbereich „wirklich vorausbestimmt?", so fragt Hillgruber.
■ Ist es Ausdruck einer neuen „Herrenvolk-Gesinnung", wenn argumentiert wird, ein hoch zivilisiertes Volk hätte einer solchen Untat nicht fähig sein dürfen? Dies behauptet Joachim Fest.
■ Muss man die Akzente der Geschichtsschreibung über die Hitler-Epoche neu setzen, weil die Sieger bisher die Geschichtsschreibung diktiert haben; darf man fragen, wie die Geschichte Israels wohl „akzentuiert" würde, wenn es den Arabern gelungen wäre, die Israelis ins Meer zu werfen? Nolte fragt so.
■ Hatte Stalin Hitler vorexerziert, wie man mit seinen Feinden umgehen musste; sind Hitlers Rassenkampf und Stalins Klassenkampf vergleichbare Dinge? Fest meint es.
■ Lohnt sich der Nachweis, dass Hamburg im Jahre 1943 bombardiert wurde, ohne dass die Alliierten von Auschwitz etwas wussten? (Nolte). War das, in der Sicht Noltes, auch eine „asiatische" Tat? Wie Auschwitz?
■ Hatten die Alliierten auch ohne Kenntnis der so genannten (Nolte) Judenvernichtung vor, Deutschland zu amputieren und in mehrere Stücke zu schneiden? (Hillgruber). Ja, das hatten sie nach zwei deutschen Expansionskriegen vor – ab 1942.
■ Erpressen uns die Juden in Israel, immer unter Hinweis auf Auschwitz? (Nolte drückt das vornehmer aus). Nun ja, das werden sie schon tun. Aber es blieb doch dem deutschen Regierungssprecher 1984 vorbehalten, auf israelischem Boden zu warnen, man solle doch „Auschwitz nicht instrumentalisieren".
■ Müssen wir uns wirklich heute noch darüber unterhalten, ob Hitler die Vernichtung der Juden allein gewollt hat, gegen den Willen aller seiner Paladine (Hillgruber); oder ob die Umstände des Krieges ihn in die Judenvernichtung hineingetrieben haben, so dass er selbst gewissermaßen als Letzter davon erfahren hat? (dies David Irvings überspitzte These).

Ohne Hitler, so die freimütige Erwägung Hillgrubers, wären die Juden auch diskriminiert worden, aber nicht Mann, Frau und Kind vergast.

Hierzu sei Staatssekretär Hans Globke zitiert, der zweitwichtigste Mann in Adenauers Reich. Zuständig für die gesetzliche und formale Entrechtung der Juden, erfand er, der hebräische Lexika nicht lesen konnte, 1938 Zwangsnamen, von denen er annahm, sie würden als jüdisch kenntlich sein: Faleg, Feibisch, Feisel oder Feitel für die Männer; für die Frauen Schewa, Schlämche, Slowe oder Sprinzi.

Man soll ja nicht die Klappentexte zitieren, aber hier müssen wir es tun. So den von „Zweierlei Untergang": „Hillgrubers Aufsehen erregende Arbeit wendet sich gegen die landläufige Meinung, wonach die Zerschlagung des deutschen Reiches eine Antwort auf die Untaten des NS-Regimes gewesen sei."

Wer so denkt und spricht, ist ein konstitutioneller Nazi, einer, wie es ihn auch ohne Hitler geben würde. Bei solch einem Historiker ist die Auslöschung der europäischen Juden „eingebunden in diesen Untergang der Deutschen". Jeden Lehrer, der seinen Schülern derlei vermittelt, müsste man des Schuldienstes verweisen.

Warum? Hillgruber weiß und belegt, dass niemand das Reich Hitlers 1939 bedroht hat. Großbritanniens Premier Chamberlain ging bis zum Äußersten – nach meiner Ansicht zu Recht –, um seinem Land einen neuen Krieg und den Verlust des gesamten Empire zu ersparen.

Er hatte eine Art Vierer-Balance zwischen Großbritannien, dem Deutschen Reich, dem Italien Mussolinis und Frankreich im Kopf. Wie verrückt Hitler war, konnte er nicht wissen und musste es erproben. Selbst kontinentale Staatsmänner ohne Regenschirm haben sich da geirrt.

Die Diskussion unter den so genannten Fachleuten nimmt sich gespenstisch aus, auch auf Seiten derer, die den Revisionisten, den Neue-Akzente-Setzern, widersprechen. Ein Nicht-Historiker, Erich Kuby, hat in dem nach meiner Meinung eindrucksvollsten seiner bisherigen Bücher „Als Polen deutsch war" den Sachverhalt einleuchtend beschrieben: Hitler wird nur verständlich, wenn man davon ausgeht, dass er auf seinen relativ frühen Tod hingelebt hat und dass er, was man sein Lebenswerk doch wohl nennen muss, obgleich es ausschließlich im negativen Bereich angesiedelt war, nicht als ein Stück der realen Welt, einer Welt aus geschichtlich fassbarer Substanz, begriffen hat. Er hat etwas vom Zauberkünstler, der aus einem angeblich leeren Zylinder ein Kaninchen hervorzieht, unterscheidet sich aber darin ganz elementar von diesem, dass sein, Hitlers, Zylinder wirklich leer, das Kaninchen ursprünglich nicht vorhanden war und er es dann doch hervorgezogen hat, zum Erstaunen der Welt, noch viel mehr aber zu seinem eigenen Erstaunen, über das er niemals hinweggekommen ist."

Wie er dann doch darüber hinwegkam, indem er sich ganz real und auf Nummer Sicher ermordete, wissen wir. Kubys Buch handelt von Polen, betrifft aber mehr die Juden. Denn es sind auf polnischem Boden mit Sicherheit mehr polnische Juden als polnische Nichtjuden umgebracht worden.

Da muss man denn die Rechnungen der Reichsbahn für die Todestransporte lesen – 50 Prozent Rabatt – und wie Vernichtungszüge als Militärzüge deklariert wurden, damit sie oberste Priorität hatten.

Man kennt gemeinhin, wenn denn überhaupt, nur die Gaskammern in den sechs Vernichtungslagern. Man praktizierte aber vorher schon den Massenmord mittels Gaswagen oder auch mit Motorabgasen in stationären Räumen. Alle Philosophen, Historiker und Soziologen sollten sich das Faksimile folgender Rechnung zu ihrem jeweiligen Gemüte führen: „Die Firma Motoren-Heyne, Leipzig C 1, Anton-Bruckner-Straße 8, lieferte für letzteren Zweck zum Preis von 140 RM (netto Kasse) einen gebrauchten, betriebssicheren Dieselmotor am 2. November an SS-Sonderkommando X, z. Hd. Herrn SS-Hauptsturmführer Krim.-Kom. Rothmann, Kulmhof/Post Eichstädte (Wartheland)."

Man weiß mittlerweile, dass ungefähr eine Million Menschen deutscher Zunge direkt mit der Vernichtung der Juden befasst war – Angehörige nicht gezählt.

Von den Führern der Wehrmacht kann man nicht glauben, dass sie nichts wussten von jenem Tatbestand, den Kuby so beschreibt: „Die deutsche Besatzungspolitik in Polen war vom ersten Kriegstag an Ausrottungs- und Vernichtungspolitik. Sie hatten sich die Aufgaben säuberlich geteilt."

Wann immer die Offiziere putschen wollten, und es wollten recht wenige putschen, kam ein Sieg dazwischen. Derselbe General Halder, der angeblich 1938 während der „Sudetenkrise" (schönes, falsches Wort) putschen wollte, schrieb im September 1941 in sein Tagebuch, nahezu verzückt, man habe in 14 Tagen Russland geschlagen. Er war damals Chef des Generalstabs des Heeres.

Diese teutonischen Krieger hassten ihren Führer nicht wirklich. Sie hatten Angst vor seinen Misserfolgen. Solange die ausblieben, stand das Bündnis zwischen Wehrmacht und Hitler eisern.

Als Vollstrecker, die den Wahn ihres Herrn verkannten, erlaubten sie tatsächlich, im Osten ein Großreich aufzubauen, in dem noch ihre Enkel und Urenkel leben würden, Angehörige eines Herrenvolkes. Vor Augen hatten sie Hindenburg und Ludendorff, die ja die Ukraine und die Krim selbst beinahe unterworfen hatten, beinahe.

Man kann hier leider nicht umhin, Ribbentrops Staatssekretär zwischen 1938 und 1943, den Freiherrn Ernst von Weizsäcker, zu erwähnen, der zwar den Krieg gegen Russland für schädlich hielt, in seinen privaten Aufzeichnungen und Briefen aber keinen Hehl daraus machte, dass er das ganze Sowjet-Pack herzlich verachtete. Von der Judenvernichtung muss er gewusst haben. Trotzdem diente er seinem Führer noch als Botschafter im Vatikan bis zum letzten Tag.

Hitlers „ideologische Untat" ging aus den Grundelementen seiner Politik mit aller inneren Notwendigkeit hervor, schreibt Nolte. Das bedeute aber nicht, „dass diese Grundelemente an sich und gleichmäßig historisch grundlos sowie moralisch verwerflich sind". War diese Diskussion fällig? Das scheint doch so:

■ Es mussten die deutschen Hitler-Verbrechen in die Verbrechen aller Jahrtausende eingemeindet werden, damit wir wieder ein normaler Staat unter anderen sind. So etwas heißt man „Normalisierung der Geschichte". Wir können kein anständiges Mitglied der Nato sein, wenn nach 40 Jahren mit Vorwürfen nicht Schluss ist.

■ Wir müssen diesmal auf der richtigen Seite stehen. Dafür ist unerlässlich, dass die Verbrechen Hitlers zu Ende sind, diejenigen Stalins und seines Nachfolgers Gorbatschow aber noch andauern. Die Vergangenheit kann nicht aufgearbeitet werden („Trauerarbeit"), sie muss aktiv in die Zukunft gewendet werden, und das heißt allemal, hirnlos gegen den Bolschewismus.

Nicht umsonst verrät uns Ernst Nolte, die Vernichtung der Kulaken, der mittelbäuerlichen Schicht, zwischen 1927 und 1930 sei vor Hitlers Machtergreifung geschehen, die Vernichtung der Alt-Bolschewiken und zahlloser zufälliger Opfer des Stalinschen Wahns zwischen 1934 und 1938 vor Beginn des Hitler-Krieges. Aber Stalins Wahn war, anders als der Hitlers, ein realistischer Wahn.

Nach all dem Gefasel kommt hier ein diskutables Etwas: ob Stalin den Hitler hochgeschaukelt hat und ob Hitler den Stalin. Darüber lässt sich diskutieren, nur führt die Diskussion nicht auf den Punkt.

Es ist sehr wohl möglich, dass dem Stalin gefallen hat, wie Hitler 1934 mit seinem Duz-Bruder Ernst Röhm und der gesamten SA-Führung umgegangen ist. Nicht möglich ist, dass Hitler den Krieg gegen Polen begonnen hat, weil er sich von Stalins Regime bedroht fühlte.

Hitler war einer der glaubwürdigsten Politiker. Er hat sein Programm angekündigt und durchgeführt. 1927 schrieb der 38-Jährige in „Mein Kampf": „Im russischen Bolschewismus haben wir den im zwanzigsten Jahrhundert unternommenen Versuch des Judentums zu erblicken, sich die Weltherrschaft anzueignen."

Er rechtet respektvoll mit Bismarck, schreibt dann aber: „Das Riesenreich im Osten ist reif zum Zusammenbruch. Und das Ende der Judenherrschaft in Russland wird auch das Ende Russlands als Staat sein. Wir sind vom Schicksal ausersehen, Zeugen einer Katastrophe zu werden, die die gewaltigste Bestätigung für die Richtigkeit der völkischen Rassentheorie sein wird."

Armer Führer, er hat Stalins Pogrome gegen seine jüdischen Ärzte nicht mehr erleben dürfen. Man muss nicht in allem mit Konrad Adenauer übereinstimmen. Aber angesichts der dumpfen Neigung, die Mitverantwortung der preußisch-deutschen Wehrmacht wegzuleugnen („Der Eid! Der Eid!"), gewinnt man Verständnis für die Auffassung des Nichtpatrioten Adenauer, es sei das Hitler-Reich die Fortsetzung des preußisch-deutschen Regimes gewesen.

Sicher bleiben angesichts Hitlers, dieses letzten großen Einzelverbrechers der Welt, Zumutungen und Probleme, die man überhaupt nicht lösen kann. Sollte der Planet eines Tages menschenleer sein, so gewiss nicht seinetwegen.

Was sollen wir mit dem Regime Pol Pot anfangen, das in Kambodscha fast ein Drittel der Bevölkerung ausgerottet hat? Anerkannt von der Uno, müsste es in der Sicht Noltes und Hillgrubers ein nützliches Regime sein. Beweist es doch, dass die Hitler gehen, der Kommunismus aber bleibt.

Vielleicht kam der 40. Jahrestag der Kapitulation 40 Jahre zu früh. In seiner auf der ganzen Welt gerühmten Rede hatte der Bundespräsident zum 40. Jahrestag der deutschen Kapitulation einen Schlussstrich unter eine lange Periode „europäischer Geschichte" ziehen wollen. Er sagte: „40 Jahre sollte Israel in der Wüste bleiben, bevor der neue Abschnitt in der Geschichte mit dem

Einzug ins verheißene Land begann. 40 Jahre waren notwendig für einen vollständigen Wechsel der damals verantwortlichen Vater-Generation."

Für was denn verantwortlich? Der Vergleich war in doppelter Hinsicht gewagt. Erstens waren die Israeliten nur deswegen zu 40 Jahren Wüstenstrafe von ihrem Stammesgott Jahwe verurteilt worden, weil sie sich geweigert hatten, Land zu erobern, das ihnen nicht gehörte. Sie weigerten sich, die Amalekiter und Kanaaniter, die Hetiter, Jebusiter und Amoriter „zu verschlingen" (dies der deutsche Ausdruck in der von beiden christlichen Konfessionen erstellten Jerusalemer Bibel). Sie hatten, schlicht gesagt, Angst vor diesem Eroberungskrieg. Da ist wohl klar, dass ihr potenzbegieriger Jahwe mächtig böse wurde.

Vor 40 Jahren begannen aber auch in Nürnberg jene Prozesse, in denen der Bundespräsident einen der „damals verantwortlichen Vater-Generation", seinen Vater Ernst von Weizsäcker, verteidigte, nicht nur aus Kindesliebe, sondern, wie er öffentlich Günter Gaus sagte, „aus tiefer innerer Überzeugung". Er glaube nicht, so sagte nun der Sohn, dass sein Vater sich „dem Regime zur Verfügung gestellt" habe.

Wenn nicht das, was denn sonst? Man hätte die Absolution um 40 Jahre vertagen sollen.

Was hat der SPIEGEL mit Barschel gemacht?

Vom Wert des investigativen Journalismus

Nach dem Tod des zurückgetretenen schleswigholsteinischen Ministerpräsidenten Uwe Barschel in Genf nahm Rudolf Augstein den SPIEGEL gegen den Vorwurf in Schutz, er habe den CDU-Politiker mit einer „grausigen Kabale" zur Strecke gebracht. In einem Vorwort zu dem Buch „Waterkantgate" setzte sich der SPIEGEL-Herausgeber im Herbst 1987 mit der konservativen Kritik am investigativen Journalismus auseinander.

Man hört derzeit viel Sprücheklopferei, wie etwa, dass man in der Politik anders und menschlicher miteinander umgehen müsse. Aber wer sich so salbungsvoll sorgt, hat meist den Fuß zum nächsten Tritt schon erhoben.

Das Rollenverständnis der Politiker in dieser Republik war gleich zu Anfang von Korruption geprägt. Der Erfolg zählte, sonst nichts. So übernahm auch die Presse ihre Rolle, nicht engelgleich, sondern menschlich anfechtbar.

Denn Rollen spielen wir. Austauschbar sind wir auch. Man denke nur an Thomas Becket, den Kanzler König Heinrichs II. von England. Die Kirchengüter hat er der Krone zugeschanzt, solange er der Mann des Königs war. 1162 zum Erzbischof von Canterbury erhoben, hat er sie zurückgefordert. Dieses Spiel, wie so manches andere, endete 1170 tödlich: „Mord im Dom".

Politische Skandale pflegen bei uns nicht tödlich zu enden, und das ist gut so. Jenes lähmende Entsetzen, das sich bei den ersten Meldungen über Uwe Barschels Tod („Selbstmord mit dem Revolver") in hirnlosen Bekundungen Luft machte, hatte seinen Grund in dem Missverhältnis zwischen den Anschuldigungen und diesem, wie es schien, drastischen Kurzschluss.

Für Uwe Barschels Freitod – Mord und Herzversagen einmal beiseite – gibt es bis heute keine andere Erklärung als die, dass er ein zu enges Berufsbild hatte. Ein Leben als Nicht-Ministerpräsident, als Nicht-mehr-Aufsteiger, ein Leben etwa als wohl dotierter Rechtsanwalt, konnte er sich nicht vorstellen.

Sollte es auch anders gewesen sein, wir tun gut daran, uns nur dieses Ende, an dem wir teilhätten, vorzustellen. „Was hat der SPIEGEL mit Barschel gemacht?", fragt die stets unschuldige „Welt" (hier darf getreten werden) unter dem Motto „grausige Kabale".

Da auch der SPIEGEL wie jeder andere Betroffene seine Rolle gespielt hat, ist er verpflichtet, sich über sich selbst Klarheit zu verschaffen und der Öffentlichkeit Rechenschaft zu geben.

Das Unglück ist, der SPIEGEL, fehlbar wie jede andere Institution, hat sich in diesem Fall Barschel ohne Fehl und Tadel verhalten. Auch das Gegenteil wäre ja möglich gewesen. Aber da müssten wir schon arge Pharisäer sein, wenn wir bei uns selbst nicht mehr reinen Tisch machen könnten.

Wie sehen die Vorwürfe aus, die dem SPIEGEL gemacht werden könnten (den Dauerbrenner „linke Kampfpresse" lassen wir als zu geißlerisch beiseite, er wäre schon beim Bau der Pyramiden als veraltet zurückgewiesen worden):

Er habe viel früher von den Machenschaften in der Kieler Staatskanzlei gewusst, als er berichtet hat. Dies ist beweisbar falsch. Jeweils den neuesten Stand hat er in der nächsterreichbaren Ausgabe wiedergegeben.

Er habe den Reiner Pfeiffer ins Spiel gebracht, um die Wahlen in Schleswig-Holstein zu beeinflussen. Auch dies ein absurder Vorwurf. Jeder weiß oder wusste jedenfalls bis zu diesem Wahltag, dass Wahlen am Wahltag selbst und am Tag davor nicht mehr beeinflusst werden können, es sei denn, die Welt stürzte ein.

Der SPIEGEL musste annehmen, dass sein Bericht, gedruckt am Sonnabend, von den Medien erst nach Schließung der Wahllokale am Sonntag zur Kenntnis genommen würde. Sicher hätte ein Bericht eine Woche vorher unter Umständen Einfluss auf die Wahlen nehmen können, positiv oder negativ. Nur lag irgendeine Aussage irgendeines Pfeiffer bis zum Mittwoch vor der Wahl noch nicht vor.

Vielfach belegt ist, dass der SPIEGEL auf Wahlen keine Rücksicht nimmt. Wären Pfeiffers „Schweinereien" dem SPIEGEL als die des Herausforderers Björn Engholm bekannt geworden, so hätte er ohne Rücksicht auf Wahlverluste der SPD nicht gezögert, sie zu drucken.

Der SPIEGEL sieht sich nicht als den Spielmacher in Bundestags- oder Landtagswahlen.

Der SPIEGEL hat seine Bedeutung, so er eine hat, weil er auf Parteiungen und Wahlen eben keine Rücksicht nimmt. Eine ihm offenbarte „Schweinerei" zu unterdrücken oder auch nur zu verzögern wäre aus einleuchtenden Gründen für den SPIEGEL tödlich.

War es zulässig, am Vortage der Wahl einen SPIEGEL-Titel drucken zu lassen, auf dem „Barschels schmutzige Tricks" stand? Die feine Sommer-„Zeit" will keinen Zweifel daran dulden, dass sie die Präsentation dieser Pfeiffer-Story im SPIEGEL für fragwürdig hielt, meint aber gleichwohl, der SPIEGEL habe mit seinen Enthüllungen der Republik einen Dienst erwiesen.

Richtig, richtig. Der SPIEGEL konnte der Republik diesen Dienst nur erweisen, indem er sich die feine hanseatische Art der „Zeit" nicht zu Eigen machte. Was vorn plakatiert wurde, entsprach restlos dem Umfeldwissen der damit befassten Redakteure. Der SPIEGEL hat sich, mit Blick auf die allein für ihn zuständige Staatsanwaltschaft Hamburg, nicht bedeckt gehalten, sondern im Kern mit den Pfeiffer-Aussagen identifiziert. Er hielt und hält den Kern für wahr.

Dass dieser plakative SPIEGEL-Titel, erst am Montag nach der Wahl im Handel, die Wahlen beeinflussen könnte, ist eine bis dato durch keinerlei Erfahrung gedeckte Idee, auf die mithin auch der SPIEGEL nicht verfallen konnte. Vermutlich sind die Wahlen durch den SPIEGEL-Titel nicht im Geringsten beeinflusst worden, aber das ist bloße Vermutung.

Da es aber die Aufgabe des SPIEGEL nicht ist, Wahlen zu beeinflussen, wird jeder skandalträchtige Artikel gedruckt in dem Moment, wo er wasserdicht ist. Dieser hier, wie man sieht, war es. Das so genannte Restrisiko – Pfeiffer von der CDU auf den SPIEGEL angesetzt – konnte in Kauf genommen werden. ...

Es bleibt eben nur dieser einzige und auch nur diskutable Punkt, ob man gegen einen sichtbar angeschlagenen Wahlkämpfer und Ministerpräsidenten belastendes Material vorbringen dürfe. Hier ist unsere Ansicht, bestätigt noch durch den vermutlichen Selbstmord, wir durften nicht nur, wir mussten.

Theo Sommers inzwischen offenbar überholter Vorwurf in der „Zeit", der SPIEGEL sei zu „feige" gewesen, Barschel mit der eidesstattlichen Versicherung des immerhin staatlich angestellten Pfeiffer zu konfrontieren, wirkt im Nachhinein nur noch blauäugig. Was hätte eine Konfrontation in dem mittlerweile entblätterten Kreise dieser Staatskanzlei wohl anderes bewirkt als eine technisch einwandfreie, im Übrigen aber unwahre Widerlegung?

Hielt man für möglich, Barschel habe von den Aktivitäten seines Pfeiffer gewusst, wovon die SPIEGEL-Redakteure überzeugt waren, so hätte eine „Konfrontation" nichts weiter bewirkt als einen Maulkorb zur Unzeit, der dann 14 Tage nach der Wahl wieder abgenommen worden wäre.

So muss sich keineswegs der SPIEGEL fragen lassen, wie er künftig mit den Politikern umgehen wird. Er wird es weiterhin auf seine bewährte Art tun, menschliches Versagen eingeschlossen. Es müssen sich vielmehr die Politiker fragen, ob sie dem SPIEGEL und anderen Presseorganen weiterhin die Gelegenheit geben wollen, sie als das anzuprangern, was sie inzwischen geworden sind: rücksichtslose Macht- und Postenjäger. Es stimmt, die „Kampfpresse" sucht sehr wohl Einfluss und Macht. Aber sie kann, anders als die Politiker, Einfluss und Macht nicht usurpieren.

Der hier schreibt, hatte selbst Gelegenheit, jene Rücksicht am eigenen Leibe zu verspüren, mit der Christdemokraten unter Bruch jeden Rechts gegen politische Gegner vorgehen. Mein damals 13-jähriges Kind hat mir 1962 ins Gefängnis geschrieben, warum ich denn nicht bei ihm sei. Meine Frau wurde für eine Nacht zu Nutten und Kleinstdieben in eine Zelle gesperrt. Ich wäre damals nicht auf die Idee gekommen, dass man meiner Familie unrecht tut. Ich hatte auch kein zu enges Berufsbild. Sehr wohl machte ich mir Gedanken, wie ich den Untergang des SPIEGEL beruflich überleben würde.

Naturgemäß hat sich dem SPIEGEL viele Jahre lang die Frage gestellt, die jetzt pikanterweise von Blättern des Springer-Konzerns aufgeworfen worden ist: ob nämlich der Gebrauch politischer und publizistischer Mittel durch jeden Zweck geheiligt werde.

Dies soll man sich anhören von den Verlegern der „Bild"-Zeitung, die wegen ihres Sportteils zu Recht gerühmt wird; dies von jenen Leuten, die Reiner Pfeiffer für 9000 Mark monatlich eingestellt und an die Kieler Staatskanzlei auf ein Jahr ausgeliehen haben. Da kann man denn doch melancholisch werden.

Ich mag nicht von einem Kommentator des Springer-Konzerns (Peter Gillies in der „Welt") lesen: „Die Grenze zwischen Leben und

Filmförderer Augstein (r.) mit den Regisseuren
Hark Bohm, Rainer Werner Fassbinder und Bernhard Wicki
1977 in der Hamburger SPIEGEL-Redaktion

SPIEGEL-Gespräch mit
Frankreichs Staatspräsident
Valéry Giscard d'Estaing 1979
in Paris, mit den Redakteuren
Helmut Sorge, Dieter Wild
und Augstein

Augstein mit dem
ehemaligen US-Außenminister
Henry Kissinger 1979 auf
der Frankfurter Buchmesse

Augstein beim SPIEGEL-Gespräch mit dem chinesischen Staats- und Parteichef Hua Kuo-feng 1979 in Peking

Augstein mit Soldaten der chinesischen Volksarmee (1979)

Augstein im Kindergarten der Volkskommune Schanghai-Ost (1979)

Der sowjetische Staats- und Parteichef Leonid Breschnew mit Beratern beim SPIEGEL-Gespräch 1981 mit den Redakteuren Augstein, Johannes K. Engel und Dieter Wild im Kreml

Gegenüberliegende Seite:
Augstein auf dem Roten Platz in Moskau 1981

SPIEGEL-Redakteure Augstein, Wild und Engel (2. v. r.) mit den Breschnew-Beratern Walentin Falin und Nikolai Portugalow beim Bearbeiten des Breschnew-Gesprächs in Moskau

Schriftsteller Ernst Jünger (M.) 1982 beim SPIEGEL-Gespräch mit den Redakteuren Augstein, Hellmuth Karasek (2. v. r.) und Harald Wieser (r.) in Wilflingen

Verleger Axel Springer mit Augstein 1982 in Hamburg

Augstein bei der Verleihung der Ehrendoktorwürde
der britischen Universität Bath 1983

MARTIN HASWELL

Augstein mit dem „Zeit"-Verleger Gerd Bucerius 1985 in Hamburg

Augstein 1987 beim SPIEGEL-Gespräch mit dem im Exil lebenden sowjetischen Schriftsteller Alexander Solschenizyn in dessen Landhaus im US-Bundesstaat Vermont

Augstein 1989 mit der „Zeit"-Herausgeberin Marion Gräfin Dönhoff

DARCHINGER

RAINER UNKEL/ACTION PRESS

Der sowjetische Staatschef Michail Gorbatschow mit Augstein
im Februar 1991 in Moskau

Augstein mit dem Industriellen-Ehepaar Berthold und Else Beitz im Oktober
1992 anlässlich des Besuchs der britischen Königin Elizabeth II. in Bonn

FRANK DARCHINGER/DER SPIEGEL

CHRISTIAN AUGUSTIN/ACTION PRESS

Augstein mit Bundeskanzler Helmut Kohl beim Empfang für die Queen

Verleihung des Großen Bundesverdienstkreuzes an Augstein im August 1997 mit Hamburgs Erstem Bürgermeister Henning Voscherau

Augstein im Spiegelsaal des Schlosses in Versailles im August 1998

Augstein mit dem Schriftsteller Martin Walser
im September 1998 in Saint-Tropez

Verleihung des Titels „World Press Freedom Hero" durch das International
Press Institute im Mai 2000 in Boston

MONIKA ZUCHT/DER SPIEGEL

Augstein mit seiner Frau Anna Maria nach ihrer Hochzeit im Oktober 2000 im dänischen Tondern

Augstein mit dem Schauspieler Sir Peter Ustinov im April 2001 bei einem Empfang des Bundespräsidenten im Berliner Schloss Bellevue zu Ustinovs 80. Geburtstag

Ludwig-Börne-Preisträger Augstein mit Laudator Frank Schirrmacher im Mai 2001 in der Frankfurter Paulskirche

JOSE GIRIBAS/DER SPIEGEL

Augstein mit Bundeskanzler Gerhard Schröder
im Februar 2002 im Berliner SPIEGEL-Büro

Tod gebietet es, unsere politische Kultur zu überprüfen." Dann überprüft mal schön. Der Knüppel liegt hier beim Hund.

Diese Art von Arbeitsteilung kennen wir zu gut, gerade der Springer-Konzern und die Partei Uwe Barschels werden sie wie bislang handhaben. Sie denken denn doch nicht daran, über irgendetwas nachzudenken. Was ihnen im Kopf ist, bringen sie ja gleichzeitig zu Markte.

So steht nun also die „Schuldfrage": Nicht schuld ist der Springer-Konzern, der Reiner Pfeiffer angestellt hat, um eine damals vermutete Konkurrenz – sie ist als „Hamburger Morgenpost" inzwischen Wirklichkeit – kaputtzumachen. Nicht schuld ist der Springer-Konzern, der Reiner Pfeiffer für eine abenteuerliche Weile an die Staatskanzlei in Kiel und an den Steuerzahler ausgeliehen hat.

Nicht schuld ist die Staatskanzlei, die einen Mann angestellt hat, dem sie offenbar jede Halunkerei auf Staatskosten zutraute. Sie alle sind eben nicht schuldig. Schuldig aber ist der SPIEGEL, da er eine unglaubliche, eine beweisbare Affäre öffentlich gemacht hat.

Plötzlich findet auch Theo Sommer in der „Zeit", Barschel hätte „früher als irgendein anderer wissen müssen, dass da in seiner Staatskanzlei Schmieriges ausgeheckt worden war". So milde mag man es wohl ausdrücken. Das Niveau der Skandale, so meint nun plötzlich Dieter Gütt im „Stern", richte sich nach dem Niveau des sie betreibenden Personals.

Ich mag Kollegen nicht heuchlerisch beschuldigen. Aber ich denke doch bis zum Beweis des Gegenteils, SPIEGEL-Redakteure hätten, wären sie denn unbefugt in Barschels Hotelzimmer eingedrungen, erst einmal nachgesehen, ob ihm noch zu helfen war, und dann das Zimmer fluchtartig verlassen. Das Foto hätte man gar nicht machen oder es der Polizei überlassen sollen.

Nichts, wie gesagt, wird sich ändern: die Politik nicht, die Politiker nicht, die Zeitungen und Zeitschriften nicht. Man wird Besserung geloben, aber mit schon gespanntem Knie für den nächsten Tritt.

Mein Ehrenwort, ich freue mich

40 Jahre SPIEGEL – und ein Abschied

Am 21. September 1987, drei Tage nachdem Barschel seine Unschuld mit seinem „Ehrenwort" bekräftigt hatte, feierte der SPIEGEL in der restaurierten früheren Fischauktionshalle in Hamburg-Altona sein 40-jähriges Bestehen und den Abschied von Chefredakteur Johannes K. Engel. Auszüge aus der Begrüßungsrede von Rudolf Augstein:

Mein Ehrenwort, ich freue mich, dass Sie gekommen sind.

Ich kann hier nicht alle namentlich begrüßen, die es verdienen, sonst wäre ich morgen früh um drei noch nicht damit fertig. Darum begrüße ich Sie alle pauschal und im Stück, Gott mit Ihnen. Dies ist ein erweitertes Familienfest. Alle fröhlichen Gästinnen und Gäste sind willkommen, denn wichtige Herrschaften gibt es heute hier nicht.

Warum nach 35 Jahren – das erste Betriebsfest, das wir 1951 in Hannover-Linden feierten, habe ich noch in bester Erinnerung – schon wieder ein Fest? Warum hat man nicht den 50. Geburtstag des Blattes abgewartet?

Wer so gescheit fragt, dem kann geholfen werden.

Johannes K. Engel, der dem Blatt in der Führungsriege über 40 Jahre angehört hat, davon über 25 Jahre als Chefredakteur in wechselnder Besetzung mit mir, hat sich ordnungsgemäß abgemeldet und die Kommandobrücke verlassen.

Ich denke, dass Hans Engel, mehr als ich, jenen Typ des Nachrichten-Magazins verkörpert, der den Gründervätern vorgeschwebt hat. Gemeinsam haben wir mit Henry Luce, dem „Time"-Gründer und eigentlichen Stammvater aller Nachrichten-Magazine, gesprochen. Nie, so glaube ich sagen zu dürfen, hat „Time" in den USA so viel Einfluss gehabt, wie der SPIEGEL in dem Mittelstaat Bundesrepublik hatte und hat.

Hans, es wird dich freuen, dass wir in diesen Tagen schon wieder das haben, was zwei hoch gestellte Schleswig-Holsteiner eine SPIEGEL-Affäre nennen.

Meine Antwort: ein klares Ja

Gorbatschow und die „deutsche Karte"

Ein „klares Ja" zur Wiedervereinigung stand im Mittelpunkt einer Rede Rudolf Augsteins zum 40-jährigen Bestehen der Evangelischen Akademie Tutzing am 12. Juli 1987.

Die deutsche Frage, sie scheint allen Nachbarn Deutschlands wichtiger als den Deutschen selbst. Ich weiß nicht, ob Ihnen schon einmal aufgefallen ist, welch ein Lärmen entsteht, wenn aus irgendeinem nichtigen oder sonst wie rein spekulativen Grunde die deutsche Frage zur Sprache kommt.

Niemand regt sich auf, wenn er an die beiden Korea denkt, an die beiden China; die Frage der beiden Vietnam hat sich auf revolutionäre Weise erledigt, durch den Sieg des Nordens über die Schutzmacht des Südens, vielleicht nicht zur Zufriedenheit des gesamten Südens, jedoch ohne Weltuntergang. Neue Kraftzentren haben sich gebildet, an die man früher nicht gedacht hat.

Die Deutschen aber dürfen partout über eine Vereinigung der beiden ihnen verbliebenen Landesteile nicht einmal nachdenken, ohne dass ihnen krasse Undankbarkeit – für was sollten die Deutschen zwischen Elbe und Oder wohl dankbar sein? – und Verrat am Westen vorgeworfen würden.

Tatsächlich denken recht wenige Westdeutsche an eine Vereinigung der beiden Landesteile. Die kühneren Köpfe meinen sogar, es solle der DDR eine Art Bestandsgarantie und eine eigene Staatsbürgerschaft zuerkannt werden, damit sie sich in dem ihr gesetzten Rahmen freier bewegen könne. Hirngespinste fürwahr, aber auch sie wecken Verdacht. Nichts wird in West und Ost weniger gern gesehen als eine noch so delikate, noch so friedliche Zusammenarbeit zwischen der Bundesrepublik und der DDR.

Ja, der französische Staatspräsident François Mitterrand, in der Opposition bis 1981 ein Feind der Force de frappe übrigens, hat Mitte Januar in London vor dem Royal Institute of International

Affairs einige Feststellungen getroffen, die den Stand der deutsch-französischen Beziehungen in einem recht besonderen Licht erscheinen lassen. Wenn, so sagte er warnend, die konventionelle Verteidigung Europas durch Verminderung der Atomwaffen immer wichtiger werden sollte – ein auf Wehrkunde-Tagungen allseits anerkanntes Ziel –, dann, ich zitiere, „würde Deutschland wieder zu einem sehr mächtigen Partner, ja, zu einem unverzichtbaren Partner".

Ja, da haben sie 1984 in Verdun doch minutenlang Händchen gehalten. Eine derart intransigente und unkonstruktive Haltung kann nicht aus dem klassischen französischen Streben nach Gloire allein erklärt werden. Allerdings auch nicht allein aus den Verbrechen Hitlers und seiner Eliten. Könnte man denn wirklich auf die Bundesrepublik, anders als auf England und Frankreich, derzeit noch verzichten? Will man weiterhin auf die Bundesrepublik als einen Partner verzichten?

Mir scheint, wir müssen da weiter zurückgehen. Man hat uns, und dafür habe ich ein gewisses Verständnis, schon die Gründung des Deutschen Reiches nicht verziehen. Der große Bismarck ist denn doch gegen Frankreich recht teutonisch und germanisch vorgegangen. Jacob Burckhardt in Basel mokierte sich über das „Sedan-Lächeln" auf deutschen Gesichtern.

Bismarck, dieser wehrdienstscheue Landwehrleutnant in Kürassierstiefeln und Generalsuniform, war ein Wotansknabe und Teutone, ein heidnischer Protestant, der seine Herrschaft nicht umsonst und nicht zufällig mit dem Kulturkampf gegen die Katholiken begann. Zum Untergang des von ihm so kunstvoll zusammengemogelten Reiches hat auch er, der rachsüchtige Gewalttäter, sein Teil beigesteuert.

Hellsichtig fürchtete Jacob Burckhardts Kollege, der Baseler Professor Friedrich Nietzsche, die „Extirpation des deutschen Geistes zu Gunsten des Deutschen Reiches", die Auslöschung also, und er behielt nicht ganz Recht, aber doch mehr Recht als Unrecht. Man betrachte das abscheuliche Denkmal für Kaiser Wilhelm I. an der Porta Westfalica, man betrachte Arminius, den Cherusker, im Teutoburger Wald, mit dem Eiffelturm und der New Yorker Freiheitsstatue denn doch nicht zu vergleichen. Weder in London noch in Paris hätte der Polizeipräsident die Jubiläumsausstellung eines dem Regime ergebenen Malers verbieten können, wie das dem Direktor der Akademie Anton von Werner 1913 mit Rücksicht auf Frankreich widerfuhr. Es bedurfte ja nicht eines Hitlers, um die deutschen Eliten in einen wahnhaften Expansionskrieg zu treiben, wie das 1914 geschah.

Ich denke also, und so manche Verspätung in der Akzeptanz geistigen deutschen Gutes bestärkt mich darin, dass man zwar Frankreich den großen Napoleon, Deutschland aber das Jahr 1871 nie verziehen hat, schon vor Hitler nicht, ja, schon vor 1914 nicht.

Es gab eine tiefe, heimliche, schwelende Missstimmung. Man war nur allzu bereit, das Reich, noch einmal gesagt: heimlich, wie einen Abtrünnigen zu behandeln, der den gemeinsamen Kulturkreis des Abendlandes verlassen hatte und nun außerhalb als heimlicher Feind am Rande stand.

So jedenfalls sah es nicht nur Nietzsche, bei dem man ja auch meistens das Gegenteil nachweisen kann, nicht nur Burckhardt, diese beiden Baseler Professoren, sondern auch der Russe Fjodor Michailowitsch Dostojewski.

Zwar mochte er die deutschen Spielhöllen, aber, auch ganz ohne Bismarck, die Deutschen nicht. Selbstzufriedene Prahlerei kreidete er ihnen als einen uralten Charakterzug an. Dass er die Polen und vielleicht auch alle übrigen Europäer nicht mochte, steht auf einem anderen Blatt.

Dostojewski, man weiß es, wurde von Nietzsche wegen dessen psychologischer Subtilität nahezu angebetet. In der Spree Selbstmord zu verüben – ich weiß nicht, ob das überhaupt geht – erschien dem Russen schon vor 1870 denn doch allzu lächerlich. Man müsse dafür „sehr wenig Stolz" haben. Er war auch ein panslawistischer, großrussischer Chauvinist, den es nach Konstantinopel und, man staune, nach Indien verlangte. In den Russen sah er das Gott-Träger-Volk, so hat er Russland genannt.

In dem demütigen, leidenden, frommen, verkommenen, trunksüchtigen und schmutzigen Muschik; in der Autokratie des despotischsten aller europäischen Despoten; in der russisch-orthodoxen Religion unter dem Vater Zaren erblickte er, alles insgesamt genommen, den Weltenheiland.

Keine Erniedrigung konnte ihm zu tief, keine Strafe ihm hart genug sein. Aber im sibirischen Zuchthaus, dem „Totenhaus", stürzte er wie von Sinnen hinter den Schergen eines zu mehreren Tausend

Stockschlägen Verurteilten her und keuchte: „Nehmt euch des Unglücklichen an!" Der nächste epileptische Anfall ließ dann nicht lange auf sich warten.

Ein angenehmer, ein demutsvoller Gesell, das nun eben war der fleischliche Dostojewski nicht, außer vielleicht im Umgang mit Kindern. Das Pfandhaus lag dem chronischen Spieler näher als das Ehebett, wo er roh und erfolglos agierte. Er als Erster hätte sagen dürfen: „Ich bin ein Mensch; nichts Menschliches ist mir fremd."

„Ich bin das Sprachrohr des Volkes", liebte er zu sagen, wenn man ihn nach seiner Legitimation fragte. Er zog dann die Hosen hoch und zeigte die Narben seiner eisernen Ketten an den Knöcheln, Ketten im Gewicht von mindestens zehn Pfund. Erst Tschechow hat dem Mythos vom heiligen russischen Muschik ein Ende bereitet.

Nur eben, eine Frau hat Dostojewski zur Räson gebracht, man kann sagen: gerettet, obwohl er ursprünglich doch nur eine Stenotypistin suchte. Und ein Schnupperer dessen, was nicht zu greifen war, aber in der Luft lag, das war er eben auch.

Die deutsche Frage hat er wie durch Zufall aufgeworfen, vielleicht, weil sie ihn beschäftigte, vielleicht, weil er Geld brauchte. Und so schrieb er denn im Mai 1877 den Artikel „Deutschland, das protestierende Reich", aus dem ich die folgenden beiden Absätze zitiere:

„Sprechen wir jetzt einmal von Deutschland, über seine jetzige Aufgabe, diese ganze verhängnisvolle und auch alle anderen Völker angehende deutsche Weltfrage."

„Was ist das nun für eine Aufgabe?"

„Das ist sein Protestantentum: nicht allein jene Formel des Protestantismus, die sich zu Luthers Zeiten entwickelte, sondern sein ewiges Protestantentum, sein ewiger Protest, wie er einsetzte einst mit Armin gegen die römische Welt, gegen alles, was Rom und römische Aufgabe war, und später gegen alles, was vom alten Rom aufs neue Rom und auf all die Völker überging, die Roms Idee, seine Formel und sein Wesen übernahmen."

Die Deutschen, viele von Ihnen wissen es, kommen in der russischen Literatur des 19. Jahrhunderts nicht sonderlich gut, um nicht zu sagen: schlecht weg. „Sind wir etwa solche Deutsche?", ruft Natascha in „Krieg und Frieden" empört, als bei der Räumung Moskaus das Problem auftaucht, ob man lieber Verwundete oder seinen Besitz auf die Schlitten laden solle.

Stolz, der positive Deutsche in Gontscharows „Oblomow", Oblomows Gegenstück, läuft sich des Morgens die Schuhsohlen ab (keine Kosten-Nutzen-Rechnung hier und heute), als er hört, etliche Ecken weiter gebe es Brötchen für eine halbe Kopeke billiger. (Eine Fußnote zum Vergnügen: Der Spieler Dostojewski hatte sich die Sohlen seines einzigen Paars Schuhe schief gelaufen und suchte die Schieflage zu reparieren, indem er bewusst, zum Erstaunen der ihm Begegnenden, seinen Gang in Richtung der dickeren Sohlenhälfte verlagerte.)

Turgenjew, ja, ihm hat man vorgeworfen, er sei unser Freund. Tschechow schwerlich, Gogol kannte uns nicht. Dostojewski, und dies spricht ja nun wirklich für ihn, stellt sich den Kölner Dom als eine Art „Briefbeschwerer" vor.

Immerhin, Dostojewski attestierte dem deutschen Protest, und das muss uns ja beinahe befremden: „Die Stimme Gottes tönte aus ihm und verkündete die Freiheit des Geistes."

Hier hätte er sich mit Nietzsche kaum verständigen können, der ja in Luther den ungeistigen Bauerntölpel sah, unfähig, die raffinierte Weltherrschaftsherrlichkeit der Renaissance-Päpste und ihre in Cesare Borgia verkörperte Ruchlosigkeit der „germanischen blonden Bestie" zu verstehen. Zwar sah auch Dostojewski das römische Papsttum für „dem Kopfe des Teufels" entsprungen an. Wie merkwürdig aber, wenn seine oft wirren politischen Gedanken (Alexander Herzen: „Nicht ganz klar im Kopf") sich in der Kunst und durch seine Kunst klären! Wie subtil seine von Iwan Karamasow vorgetragene „Legende vom Großinquisitor", vergleichbar nur mit Jean Pauls „Rede des toten Christus vom Weltgebäude herab, dass kein Gott sei", dem so genannten „Ersten Blumenstück" aus dem „Siebenkäs".

Bei all seinen persönlichen und literarischen Widersprüchlichkeiten bleibt Dostojewski der große philosophisch-religiöse Romanschriftsteller und wird nicht, wie der spätere Tolstoi, ein predigender Schriftsteller-Philosoph.

Man hat sich all die Zeit damit abgefunden, dass jener Mann, der kurz vor seinem Tode in seiner großen Puschkin-Gedenkrede ausrief: „Demütige dich, du stolzer Mensch!", die Demut predigte, aber nicht immer lebte, schon gar nicht in seinen politischen Schriften.

Berlin täte gut daran, räsoniert der politische Schreiber 1877 im „protestierenden Reich", sich bewusst zu machen, dass Deutschland das Bündnis mit Russland mehr brauche als umgekehrt Russland das Bündnis mit Deutschland: kein ganz aberwitziger Gedanke, der alte Kaiser hatte ihn auch. Aber wie kommt Dostojewski darauf? Er sagt es nicht, aber man kann es aus dem epileptischen Text erraten: Als gegen alle westlichen Strömungen, gegen das westliche Erbe des römischen Weltreichs, als gegen das römische Papsttum protestierendes Reich hatte Deutschland sich schlicht isoliert. Es brauchte eine Schutzmacht, eine Rolle, die das Zarenreich seit Kunersdorf ja tatsächlich gespielt hat.

Man denke, dass Dostojewski ein Jahr vor dem Berliner Kongress schrieb, als Bismarck dem gegen die Türken siegreichen Zaren wohl oder übel seine Undankbarkeit bezeigen musste, um England nicht zu verprellen. Es gibt, so sagte dem Bismarck damals sein jüdischer Bankier Bleichröder, keinen „ehrlichen Makler", und so sollten, nebenbei bemerkt, auch unsere Bundeskanzler das Makeln zwischen Ost und West lassen.

Dostojewski zitiert ausnahmsweise sich selbst, den Romanschriftsteller, und zwar aus den „Dämonen", nicht seinem typischsten, wohl aber seinem politischsten und hellsichtigsten Werk. So schreibt er:

„Jedes Volk glaubt und muss glauben, wenn es nur lange am Leben bleiben will, dass in ihm, und nur in ihm allein, die Rettung der Welt liegt, dass es bloß lebt, um an die Spitze aller Völker zu treten, sie alle in das eigene Volk aufzunehmen und sie, in harmonischem Chor, zum endgültigen, ihnen allen vorbestimmten Ziele zu führen."

Ein orthodoxer Christ im Sinne der russischen Orthodoxie war Dostojewski nicht. An England denkt er nicht, oder wenn doch, dann, weil er Indien annektiert wissen will. Aber wo sonst, außer in den „Dämonen", findet man 1871 den Furcht erregenden Satz: „Es ist ein Wahnsinn, durch das Abhauen von hundert Millionen Köpfen eine neue Zeit und Menschheit heraufführen zu wollen."

Seitdem hat das große deutsche Volk sein Wort gesagt, und es war zweimal nicht gerade das der christlichen Allmenschlichkeit, wie sie Dostojewski vorschwebte. Aber auch das große russische Volk hat gesprochen oder ist noch dabei, und wiederum ging es nicht sehr christlich zu und auch nicht sehr allmenschlich. Aber, nicht wahr, es muss ja ein Volk an die Spitze aller Völker treten, und welches sollte das sein, wenn nicht das große russische, das alle anderen Völker, und sei es mit eisernem Zepter, wie in der Bibel beschrieben, zur Allmenschlichkeit hinführen würde?

Dass Religionen, und sei es durch ihre Passivität, die gesamte politische Wirklichkeit beeinflussen können, ist unumstritten. Wie anders hätten die beiden großen Staatsdenker Machiavelli, der erste Theoretiker des Willens zur Macht, und Thomas Hobbes, der Theoretiker des Gesellschaftsvertrages, so innigen Wert darauf gelegt, dass einerseits Religion sein müsse, andererseits aber die Macht des „Principe" und des „Leviathan" durch sie nicht im Mindesten eingeschränkt werden dürfe – ein Prinzip, das Friedrich der Große bis ins Absurde trieb. Wie hätte europäische Vielfalt sich entwickeln können, wenn der römische Papst gewesen wäre, was Innozenz III. 1198 in seiner Krönungsrede für sich beanspruchte: Er sei geringer als Gott, aber größer als der Mensch. Wie, wenn der Kaiser oder der Papst gesiegt hätte? Wie, wenn Spanien, Frankreich und England sich nicht zu absoluter Souveränität aufgeworfen hätten? Wie, wenn die Reichsfürsten nicht zu quasi souveräner, die Reichsstädte nicht zu einer Selbständigkeit gelangt wären, an der man nicht achtlos vorübergehen konnte?

Ich habe mich manchmal gefragt: Was wäre geworden, wenn Wallenstein Generalissimus beider Zweige Habsburgs, des Kaisers in Wien und des Königs von Spanien, geworden wäre? Was, wenn nicht der Schweden-König Gustav Adolf, sondern der Herzog von Friedland bei Lützen sein Leben ausgehaucht hätte?

Müßige Denkspiele. Nicht müßig der Gedanke, dass der Protestantismus, aus dem Protest gegen den päpstlichen Alleinvertretungsanspruch erwachsen, immer auch mehr als ein Protest, mehr als eine Abspaltung, dass er immer auch eine kulturelle, politische und wirtschaftliche Geisteshaltung verwirklichte.

Es kann ja schwerlich ein Zufall sein, dass die drei mächtigsten Staaten des Jahres 1900, von denen keiner gegen die beiden anderen hätte siegen können, nicht katholisch, sondern protestantisch geprägt waren. Der Papst in Rom heute hat nicht Macht, weil er katholisch, sondern weil er Pole ist.

„Niederdeutsche und Angelsachsen, Preußen und Puritaner sind die eigentlichen Titanen der modernen Technokratie", heißt es 1938 bei dem Philosophen Walter Schubart in seinem Buch „Europa und die Seele des Ostens". Schubart wurde 1941 aus Riga nach Sibirien deportiert. Man hat von ihm nicht wieder gehört.

Ich sehe schon, ich zitiere zu viel, aber hier kann mir der verschollene Walter Schubart noch einmal behilflich sein. Er schreibt: „Es gibt Menschen, die zitieren, und solche, die sich zitieren lassen. Der typische Deutsche gehört zu den Ersteren. Er fühlt sich am wohlsten, wenn er sich an Autoritäten anlehnen kann."

Nun denn, dann bin ich eben ein typischer Deutscher, der sich anlehnen muss. Der Religionssoziologe Max Weber wusste sich nicht anders zu helfen, als uns den Protestantismus als eine zugleich angepasste wie treibende Kraft vorzustellen.

Seit dem Bau der Eisenbahnen und Dampfschiffe galt und gilt das Protestantentum als die Religionsform der frühen Moderne. Richard Nixon hielt für den Höhepunkt der Menschheitsgeschichte nicht Geburt und Auferstehung des Herrn Jesus Christus, sondern die Landung zweier Amerikaner auf dem Mond. William Safire, sein Redenschreiber und kein Christ, berichtet uns davon genüsslich.

Sie werden von mir nicht den Versuch erwarten, dass ich mit Ihnen philosophiere oder theologisiere, dazu reicht es bei mir zumindest nicht (und bei einigen von Ihnen möglicherweise auch nicht). Aber gerade weil der Protestantismus immer eine religiöse wie auch eine weltliche Grundhaltung war, muss ich hier den Religionsphilosophen Paul Tillich einführen, der bemüht war, das „protestantische Prinzip", wie er es nannte, auszudeuten. Tillich glaubte an dieses Prinzip, aber auch wieder nicht. Das Zeitalter der Reformation: es stand ja selber unter dem protestantischen Protest. Mithin war der Protestantismus dazu verurteilt, anders als der römische Katholizismus, sich selber aufzuessen, und sei es mit Hilfe seiner Evangelischen Akademien.

Hier geriet Tillich in ernste Schwierigkeiten. Kompromisslos, wie er war, schrieb er 1937 im amerikanischen Exil: „Das ist das, was ich das protestantische Prinzip nenne, das kritische Element in den Bekenntnisformen der Glaubensgemeinschaft und damit das Element des Zweifels im Akt des Glaubens."

Jetzt wird es echt gefährlich. Tillich, obwohl er von der Mondlandung und Richard Nixon noch nichts wusste, überschrieb 1937 einen Aufsatz mit „Das Ende der Protestantischen Ära", allerdings nur im englischen Urtext. In deutscher Übersetzung wurde die Überschrift mit einem Fragezeichen versehen, ich weiß nicht, ob mit seiner Zustimmung.

Wie nun weiter? Nun, Tillich meint nur eine bestimmte Verwirklichung des Protestantismus. Er meint, ich zitiere, „die protestantisch-humanistische Ära". Tillich: „Die protestantische Ära ist zu Ende, nachdem ihr fast alle geschichtlichen Voraussetzungen, auf denen sie ruhte, entzogen sind."

Ich frage mich: Ist solch eine Kernspaltung möglich? Wie, wenn wir die Reste des Humanismus dringlicher bräuchten als die Reste des Protestantismus? Glücklicher Papst, glückliches Rom. Dorten kann man an Dogmen festhalten, die einem Übersetzungsfehler entsprungen sind, an der Jungfrauengeburt etwa. Der erzbischöfliche Geldschieber Marcinkus wird im Vatikan der weltlichen Gewalt entzogen wie Luther auf der Wartburg der päpstlichen. Man muss die Wirklichkeit konsequent leugnen, dann ist sie auch nicht.

Man kann sehr wohl gleichmäßig gegen Hunger, Geburtenkontrolle und Abtreibung anpredigen, so als ob ein verhungerndes Kind die gleichen oder auch nur ähnliche Schmerzen zu erdulden hätte, wenn denn überhaupt Schmerzen, wie ein abgetriebener Fetus von drei Monaten. (Um nicht missverstanden zu werden: Ich habe meine katholische Kindheit, die Familie zählte zwölf Köpfe, in angenehmer Erinnerung. Wir nahmen unserer Kirche übel, dass sie sich gegenüber den Nationalsozialisten nur diplomatisch verhielt, sahen in ihr aber immer noch ein mächtigeres Potenzial als bei den Protestanten, vielleicht zu Unrecht. Dass die Nationalsozialisten 1935 unseren ehemaligen Hildesheimer Bischof Nikolaus Bares ermordet hätten, stand für uns ohne jeden Zweifel fest, wie wir auch dachten, sie hätten den Reichstag angezündet. Beides haben sie, wie wir wissen, nicht getan.)

Tillich, nur konsequent, verstieg sich im Jahre 1926 zu der Behauptung: Gott könne zuzeiten stärker durch eine nichtreligiöse Bewegung sprechen als durch die christlichen Kirchen. Tillichs Formel dafür heißt: „Latente Religion in nichtreligiösen Formen." Vielleicht wurde ich zur Nazizeit solch ein latenter Protestant. Damals gab es ja noch, was Max Weber den „Geistesprotestantismus" nennt.

Als ich von 1962 auf 1963 unter einem katholischen Regime im Gefängnis saß, als eine Art Staatsgefangener, nicht allzu schlimm also, empfing ich von protestantischer Seite viel Ermutigung. Ein Theologe, ich glaube, es war Gollwitzer, machte mich aufmerksam auf einen der so genannten „kleinen Propheten", auf Amos, wo es heißt: „Der Herr nahm mich hinter die Herde und sprach: Geh und rede gegen mein Volk." Einen einzigen glückseligen Augenblick glaubte ich, der Nicht-Christus-Gläubige und Wunsch-Religiöse, jedenfalls Agnostiker, Werkzeug eines anderen, eines höheren Willens zu sein. Gegen solche Schwächen ist niemand gefeit.

Dass die Bundesrepublik eine katholisch inspirierte Schöpfung war, stimmt zwar. Und doch hatte Martin Niemöller ihr zu Unrecht das Etikett aufgeklebt: „In Rom gezeugt, in Washington geboren." Es war ja die übergroße Mehrheit der drei westlich besetzten Zonen, die diesen Staat wollte, weil kein anderer zu haben war, jedenfalls keiner in bürgerlich-demokratischer, ja, und auch in kapitalistischer Freiheit.

Das protestantische, das protestierende, das preußische, das Berliner Reich, es wäre mit ihm auch ohne Adenauer zu Ende gewesen. Warum? Weil die Sieger es teilen wollten. Es macht Adenauer nicht kleiner, sondern eher größer, dass er die Teilung bewusst in Kauf nahm und, wenn nicht mit dem Intellekt, instinktiv auch wollte. Mir, dem weltlichen Protestanten, schien diese Haltung, zumal sie recht katholisch und gegen die offenkundige Wahrheit begründet wurde, nicht zulässig.

Ob es einen Herren der Geschichte gibt, weiß ich nicht. Jedenfalls können wir in sein Kartenspiel nicht gucken. Auch nachträglich nicht. Stalin nahm das Geheimnis seiner Deutschland-Note 1953 mit ins Grab. Mir fiel damals auf, dass gerade die Adenauer-Leute fürchteten, er hege ernsthafte Absichten.

In Gorbatschows Karten können wir schon eher kiebitzen. Und da geschieht eine, vom deutschen Blickpunkt aus gesehen, merkwürdige Sache. Kaum hat die Sowjetunion einen agilen und handlungsfähigen Generalsekretär, da taucht sogleich das Schreckgespenst des ewig protestierenden Reichs auf. Wie, wenn Gorbatschow das ausspielen würde, was man die „deutsche Karte" zu nennen sich gewöhnt hat?

Denn, nicht wahr, eines steht fest: Die beiden Berlin, die beiden deutschen Staaten, sie müssen voneinander getrennt bleiben. 80 Millionen Menschen in der Mitte Europas, das wäre ein Wirtschaftspotenzial, wie man es den Deutschen nach den beiden Weltkriegen nun nicht mehr zugestehen will.

Dieser Staat müsste eine konventionelle Armee haben, die stark genug wäre, sich gegen einen konventionellen Angriff zu verteidigen. Dies wäre dann wohl die konventionell schlagkräftigste Armee der Welt. Atomwaffen hätte dieser konventionell bewaffnete Staat natürlich nicht, zum Angriff wäre er absolut unfähig.

Gleichwohl, ein Partner, mit dem, etwa aus französischer Sicht, künftig wieder zu rechnen wäre, das wäre dieser Staat. Die Franzosen wollen so etwas nicht, die jeweils führenden Franzosen jedenfalls nicht. Ein zur Neutralität verpflichteter Partner müsste dieser Staat auch sein, sonst käme er gar nicht zu Stande. Um der größeren Klarheit willen wollen wir noch hinzufügen, dass seine Ostgrenzen, die an der Oder und Neiße, von allen vertragschließenden Mächten, Friedensvertrag hin, Friedensvertrag her, garantiert würden. Kein deutscher Bundeskanzler müsste mehr zu einem Schlesier-Treffen, das unter dem Motto „Schlesien bleibt unser" steht.

Wie wenig unsere Nachbarn solch einen Staat wünschen, wird uns in regelmäßigen Abständen eingebläut. Dieses Jahr haben wir für die Klarheit selbst gesorgt. Zum – tatsächlich überflüssigen – Gedenken an den 17. Juni 1953 hatte sich der Deutsche Bundestag den Festredner Professor Fritz Stern auserkoren, einen nun wahrlich kompetenten Mann, in Breslau geboren, in den USA lebend, schreibend und lehrend. Aber auch dieser Historiker unterließ es nicht, dem Bundestag folgenden Satz zu sagen: „Dieser Aufstand war zukunftsweisend, wenn auch manche unmittelbare Interpretation in die Irre führte. Es war kein Aufstand für die Wiedervereinigung."

Dies nannte der Kommunistenfresser vom Dienst der „FAZ", Ernst-Otto Maetzke, „skandalös". In meinen Augen war es nicht skandalös, sondern eine falsche Darstellung, entsprungen didaktischer Absicht. Der Aufstand war keineswegs zukunftsweisend, und die unmittelbare Interpretation 1953 war die richtige: Es war ein Aufstand für die Wiedervereinigung.

Nun kann man auch als Deutscher guten Grundes fragen, wie das Theo Sommer in der „Zeit" getan hat: Wollen wir solch eine Wiedervereinigung, wie ich sie vorhin beschrieben habe? Können wir sie wollen? Aus der Nato austreten? Vielleicht die Europäische Gemeinschaft verlassen? Den Westen verprellen und alte Ängste neu beleben?

Sommers Antwort ist ein klares Nein. Er sagt, das können wir nicht wollen. Meine Antwort wäre: ein klares Ja, wenn die fiktiv dem Gorbatschow in die Hand geschobene Karte nicht gezinkt sein sollte. Das „klare Ja" wäre ein spekulatives Ja, wie mir soeben bewusst wird, während ich es ausspreche. Aber die Gründe kann ich ja vortragen. Ich meine, der Frieden in Europa wäre sicherer, als er jetzt ist. Die beiden deutschen Staaten mit dem Pulverfass Berlin sind die derzeit gefährdetsten Staaten der Welt. Die Nato ist wahrlich keine Eidgenossenschaft, ihr fehlt jede glaubwürdige Militärdoktrin.

Die EG hat die in sie gesetzten Erwartungen nicht erfüllt. Ihre bedeutendste Errungenschaft ist die wirtschaftliche und politische Zusammenarbeit zwischen Paris und Bonn, überaus wichtig, oft und von Grund auf problematisch.

Ich sehe nicht, wie solch ein neudeutscher Gesamtstaat mit allseits festgelegten Grenzen und ohne Atomwaffen seine Nachbarn gefährden könnte. Es stimmt, dass die Gewichte in Europa durch ihn verschoben würden, aber nicht unbedingt zu Lasten des Westens. Ein unsolides Angebot aus Moskau fände nicht die Zustimmung der westlichen Besatzungsmächte und auch nicht der Bundesrepublik. Wohingegen ein seriöses Angebot, dies meine ich wenigstens, von der Mehrheit der Deutschen beider Staaten angenommen würde, nicht aus Protest gegen irgendwen oder gegen irgendwas.

Was wir jetzt machen, ist Status-quo-Denken, Maginot-Denken. Die SPD hat zu lange an Deutschland-Illusionen festgehalten, bis 1959. Nun verfällt sie ins Gegenteil. Sie sucht den großen Puppenspieler hinter der Marionettenbühne und dekretiert, das Bismarck-Reich sei eine Fehlentwicklung gewesen. Ob es das nun war oder nicht, jeder weiß ja, dass es mit ihm zu Ende ist.

Nur, warum muss man dann am Status quo festhalten? Warum braucht man das Bismarck-Reich als Legitimation dafür, dass sich am Status quo in Berlin und in den beiden Deutschländern friedlich nichts ändern dürfe, und kriegerisch scheidet ja ohnehin aus? Man kann verstehen, dass Paris und London der SPD hier wohlgefällig zunicken.

Hier wäre sie denn wieder, die „deutsche Unruhe"? Hier wären die „Querelles allemandes", das ewig protestierende Reich? Hier der „ewige deutsche Protest"? Keineswegs.

Zwei Drittel der Umfrage-Deutschen im Westen wünschen sich die Wiedervereinigung, wie man sich eine Sache wünscht, die in undefinierbarer Ferne liegt, einen Schlitten zu Ostern etwa. Kaum jemand glaubt daran, ganze acht Umfrage-Prozent meinen, diese Wieder- oder besser Neuvereinigung werde in den nächsten zehn Jahren kommen. Wenn Bundesländer bei uns schwerer regierbar werden, so gewiss nicht wegen der ungelösten deutschen Frage. Denn, nicht wahr, die Antwort, der Schlüssel zur deutschen Frage, der angeblich in Gorbatschows Händen sein soll, er knirscht noch in keinem Schloss.

Ich denke, ich stehe nicht im Verdacht, die preußisch-deutsche Geschichte von Friedrich bis Hitler zu frohlockend beurteilt zu haben. Die Bundesrepublik oder besser Adenauer hat sich der Lebenslüge bedient, der Westen wolle die Wiedervereinigung, und er könne sie erzwingen. Beides war immer erkennbar falsch, und damit ist es seit langem aus. Nun kommt ein Gorbatschow, und sogleich treten neue Illusionen an die Stelle der abgetanen.

Das Gefährliche an der deutschen Frage ist ja, dass sie unerwartet und am heikelsten Punkt, in Berlin nämlich, aufbrechen könnte, ohne irgendeinen innereuropäischen Konflikt. Zähmen kann man dies Biest gewiss nicht. Chefredakteur Theo Sommer versucht sich gleichwohl daran. Er will nicht bänglich, wie er schreibt, auf eventuelle Kreml-Angebote warten, sondern selber den Hebel in die Hand nehmen.

Wie sieht das aus? Nun, wir verzichten auf die Einheit, die DDR-Bewohner kriegen dafür ihre Freiheit zurück. Die Grenzen müssen durchlässig werden. Mauern und Sperren müssen weg. Ich frage: Ist denn eigentlich vergessen, warum Mauern und Sperren gebaut wurden? Sind die Voraussetzungen entfallen? Werden sie in nächster Zukunft entfallen? Nach meiner Ansicht nicht.

Mal abgesehen davon, dass wir über Wünsche und Ansprüche der Ostdeutschen nicht so einfach verfügen können: Ich halte für möglich, dass die Mehrzahl der DDR-Deutschen mit Sommers Freiheits- und Mauer-weg-Programm einverstanden wäre. Nur, dies ist und bleibt immer noch eine dynamische Kiste, nicht Maginot. Was wäre denn mit Gorbatschow? Wird er erpicht darauf sein, Erich Honecker durchlässige Grenzen und freies Reisen aufzuzwingen? Ich kann es mir kaum vorstellen.

Wie macht man das, lieber Theo, dass die DDR ihr System beibehält und gleichwohl die Teilung (wer verordnet sie?) von den ehemals Reichsdeutschen nicht schmerzhafter empfunden wird als die Teilung zwischen Österreich und der Bundesrepublik? Da müsste dann wohl Österreich, das für ganze sieben Jahre, meist Kriegsjahre, dem Reich einverleibt war, kommunistisch werden. Österreich ist so wenig ein gefährliches Areal wie Andorra.

Dass wir nicht in einem protestierenden Reich leben und dass wir auf keines hoffen, liegt doch zuletzt und zuerst daran, dass auch wir nicht zu sagen wüssten, wie man das Sowjetsystem reformieren könnte, ohne vom Schlitten zu fallen. Wie man Polen und die DDR sich selbst überlassen könnte, ohne auch noch den Rest des Glacis zu verlieren, und damit jede kommunistische Herrschaft in Osteuropa – wer wüsste das, wer könnte das?

Dass auch wir mit Schwierigkeiten zu rechnen hätten, wenn Gorbatschow seine berühmte Karte ausspielte oder seinen Sesam-Schlüssel ins Schloss steckte; dass wir nicht so frei sind, wie wünschbar wäre und wie man uns glauben gemacht hat, daran sind wir von Fritz Stern unüberhörbar erinnert worden. Ich denke, hier sprechen wir über kein aktuelles Thema. Aber wer immer uns den Status quo im Eigeninteresse aufzwingen wollte, würde uns zu Protestanten machen.

Die Verhinderung der deutschen friedensstiftenden Neueinheit kann so wenig als oberstes Ziel deutscher Politik gelten wie zu Stalins Lebzeiten die möglicherweise schon damals unmögliche Wiedervereinigung.

Geschichtsmächtig, geschichtsträchtig

Gespräch mit Alexander Solschenizyn

In seinem abgeschiedenen, streng gesicherten Landhaus im US-Bundesstaat Vermont führte Russlands verstoßener Literatur-Nobelpreisträger Alexander Solschenizyn, Opfer und Chronist des „Archipel Gulag", im Oktober 1987 ein vielstündiges Gespräch mit Augstein. Der SPIEGEL veröffentlichte es unter der Überschrift „Man lügt über mich wie über einen Toten". Auszüge:

AUGSTEIN: Alexander Issajewitsch, man darf Sie mittlerweile in einem Atem mit den großen russischen Romanschriftstellern Tolstoi und Dostojewski nennen. Da Sie selbst mehr Wert darauf legen, ein geschichtsmächtiger Schriftsteller zu sein, dürfen wir vielleicht die belletristischen Aspekte Ihres Werkes hintanstellen. Sind Sie damit einverstanden?

SOLSCHENIZYN: Bei dem Urteil über Wert und Bedeutung meiner Bücher wird es mir wie allen anderen gehen: Es wird sich 20, 50 oder 100 Jahre nach dem Tode des Autors fällen lassen. Jetzt ist es zu früh, darüber zu reden. Ja, ich will wirklich, dass meine Bücher auf das Bewusstsein meines Volkes einwirken. Aber dieser Umstand darf nicht davon ablenken, dass sie zur schöngeistigen Literatur gehören. Ohne die literarische Form könnten sie nicht ernsthaft wirken. Denn die politische Publizistik unterscheidet sich von einem künstlerischen Werk dadurch, dass ihr Autor für einen Artikel oder für eine Rede einen bestimmten Standpunkt einnehmen muss. Ich habe dann die jeweiligen Opponenten vor mir, die ihrerseits auch einen bestimmten Standpunkt einnehmen, so dass meine Darlegung immer linear sein wird. Ein Werk der schöngeistigen Literatur aber bietet eine umfassende Vorstellung, bietet nicht nur drei Dimensionen, sondern Dutzende von Richtungen. In der politischen Publizistik fühle ich mich stark eingeengt, darum habe ich damit schon vor viereinhalb Jahren Schluss gemacht.

AUGSTEIN: Schon als Zehnjährigem stand Ihnen das Vorbild des Grafen Tolstoi vor Augen, sicherlich am meisten sein Werk „Krieg und Frieden". Wir gehen wohl nicht fehl in der Annahme, in Ihnen habe sich damals schon der Gedanke auszubilden begonnen, dass Sie für Ihre Zeit ein ähnlich geschichtsmächtiges und geschichtsträchtiges Epos zu Stande bringen würden?
SOLSCHENIZYN: Tatsächlich, Tolstois „Krieg und Frieden" hat mich auf den Gedanken gebracht, dass man so großformatige Werke überhaupt schreiben kann. Aber meine Aufgabe bezieht sich auf das 20. Jahrhundert.

Es wäre ein Alptraum gewesen

Zum Tod von Franz Josef Strauß

Im Oktober 1988 starb Augsteins politischer Antipode Franz Josef Strauß. Der SPIEGEL widmete dem CSU-Politiker eine Titelgeschichte, in der Rudolf Augstein unter anderem schrieb:

„De mortuis nil", das geht nicht. Aber der Zu- und Kernsatz „nisi bene" geht auch nicht. Dass am Schluss alles ausgeklammert wird, was stört, und alles illuminiert, als hätten wir hier den König der Könige vor uns, auch das geht nicht. Wer täte dem toten Franz Josef Strauß Ehre an, wollte er ihm auf die Briefsteller-Methode hinterherrufen?

Trotz all seiner populistischen Schwenks, zu denen er auch fähig war, bleibt es doch dabei: Ein Außenminister, ein Bundeskanzler Strauß an der Spitze seiner Bayern, er wäre ein Alptraum gewesen.

Auch Adenauers Demokratie-Verständnis war nicht stärker entwickelt. Aber vielleicht haben beide, zwecks Überbrückung, unserem bis dahin undemokratischen Staat einen großen Dienst erwiesen.

Was Strauß sich alles leisten konnte, war nur ihm, dem Alt-Bayern, und sogar ihm auch nur in Bayern möglich, diesem katholisch-bäuerlichen Land am Rande der Alpen, diesem einzigen traditionell gewachsenen föderativen Staatsgebiet. Hier musste er mit seinen vielseitigen Begabungen der Größte werden, es gab keinen anderen wie ihn.

Aber Bayern hing ihm auch wie ein Mühlstein am Halse; das ist von ausländischen Beobachtern schon früh erkannt worden. Die Norddeutsche Tiefebene wählt eigentlich keinen Mann von südlich der Mainlinie, keinen Alt-Bayern und vor allem keinen Alt-Bayern dieses Schlages. Er musste nur wenig dazu tun, und das Bundeskanzleramt war ihm verstellt.

Um die so genannte SPIEGEL-Affäre wird in allen Artikeln und Kommentaren zum Tode von Franz Josef Strauß sorgfältig herumgeschrieben. An diesem Verdrängungsprozess kann ich mich nicht beteiligen, obwohl ich diesem flamboyanten Alt-Bayern zum Schluss so wohlgesinnt war wie nur irgendeiner. Wenn doch alle Artikel und Kommentare den heißen Brei aufkochen, dass er sein Bundeskanzler-Ziel nicht erreicht hat, warum dann an dem entscheidenden Vorgang vorbeihuschen?

Privat, unter uns beiden, war die Sache ja längst begraben. Wir hatten sogar einen „Kamerad-weißt-du-noch-Abend" (schriftlich) vereinbart.

Gott mit dir, Franz Josef Strauß.

Politiker sollten ihre Worte wägen

Gespräch mit Michail Gorbatschow

„Alles fließt, alles verändert sich" – wegweisende Worte des sowjetischen Generalsekretärs Gorbatschow in einem SPIEGEL-Gespräch, zu dem er Rudolf Augstein und vier Redakteure im Oktober 1988 im Kreml empfing. Auszüge:

GORBATSCHOW: Als Gastgeber darf ich Sie zunächst einmal willkommen heißen, Sie – Vertreter einer prominenten Zeitschrift, die, wie es mir scheint, nicht nur in der Bundesrepublik, sondern in der ganzen Welt als ein ernst zu nehmendes Blatt gilt. Das bedeutet bei weitem nicht, dass ich mit allem einverstanden bin, was Sie schreiben. Ich weiß auch nicht, Herr Augstein, ob Sie mit allem einverstanden sind, was in Ihrem Blatt steht. Aber das ist eine andere Sache ...
AUGSTEIN: Meine Kollegen sind auch nicht immer meiner Meinung.
GORBATSCHOW: Wenn das bei Ihnen passiert, gilt das als ganz in Ordnung. Aber wenn es bei uns Diskussionen gibt, dann spricht man im Westen von einer politischen Keilerei, von einer Spaltung in der sowjetischen Führung. Da wird mit zweierlei Maß gemessen: Bei Ihnen ein Meinungsstreit, aber bei uns ...
SPIEGEL: Das stimmt nicht mehr, das hat sich sehr geändert. Man muss nur jeden Tag die westdeutsche Presse lesen, dann sieht man, wie sehr es sich geändert hat.
GORBATSCHOW: Und woher kommt das? Jetzt werde ich Sie interviewen.
SPIEGEL: Der Grund für die Veränderungen ist: Man sieht jetzt Filme, die man früher nicht gesehen hat. Man liest Zeitungen, Zeitschriften und Bücher, die man früher nicht gelesen hat. Man verfolgt öffentliche Auseinandersetzungen im Fernsehen, und zwar auch in Ihrem Fernsehen, die es früher nicht gegeben hat. So kann man sagen: Im Überbau hat der Prozess der Änderung schon einen Punkt

erreicht, an dem es ein Zurück nicht mehr geben kann. Sowjetbürger haben offenbar keine Angst mehr, ihre Meinung zu äußern, auch wenn sie von Ihrer Meinung abweicht. Ihr Land präsentiert sich uns nun in einer neuen Gestalt, es bietet ein Bild, das wir vor fünf Jahren nicht für möglich gehalten haben.
GORBATSCHOW: Das ist eine interessante Beobachtung.
SPIEGEL: Ihre Reformen setzen oben an, um dann in die Tiefe, in die unteren Etagen zu gehen. Dadurch wird der Prozess schwieriger.
GORBATSCHOW: Streng genommen stehen wir erst am Anfang unseres Weges, gemessen an den hohen Zielen, die wir uns selbst gesetzt haben. Wir sehen selbst, dass wir von unserem Endziel noch weit entfernt sind, von der Verwirklichung tief greifender Veränderungen ...

Sie versuchen, mich auf Konkretes festzulegen, ich spreche von der Philosophie des Prozesses: Schließlich unterhalte ich mich mit Deutschen ... Allerdings: Philosophie und politische Prozesse haben viel miteinander zu tun.

Wenn sich die Philosophie nur mit sich selbst befasst, ohne sich in reale Politik umzusetzen, in praktische Schritte – dann ist das zu wenig.
SPIEGEL: Hegel hat über die Deutschen gesagt: „Wir haben allerhand Rumor im Kopfe und auf dem Kopfe; dabei lässt der deutsche Kopf aber eher seine Schlafmütze ganz ruhig sitzen und operiert innerhalb seiner."
GORBATSCHOW: Ja, das ist wirklich vor langer Zeit gesagt worden. Ich würde mich da lieber auf die Griechen beziehen: Panta rhei. Alles fließt, alles verändert sich.
SPIEGEL: Und da nun wieder ist richtig, was Kant sagt in seiner Schrift „Zum ewigen Frieden", was damals niemand verstand, vielleicht er selbst nicht. Denn er sagt etwas, was für uns heute noch keine Selbstverständlichkeit ist, aber es wird eine werden – dass der dauerhafte Friede eines Tages kommen wird, entweder durch die moralische Einsicht von Menschen, die dem kategorischen Imperativ folgen, oder durch einen Zyklus immer größerer Gewalt, der ihn zur praktischen Notwendigkeit werden lässt. Eigentlich ist ein Krieg in Europa fast schon gar nicht mehr denkbar.
GORBATSCHOW: Mir waren diese Gedankengänge Kants nicht bekannt, ich höre sie mit Interesse. Ich kann ihnen zustimmen,

besonders unter den heutigen Rahmenbedingungen. Wir müssen darüber nachdenken, wie man im realen Europa, in einer realen Welt von heute leben kann. Wir müssen Wege zu einem Miteinander suchen, wie schwer es auch sein mag. Verheerend wäre es, wenn sich die Situation umkehren sollte. Das gilt für alle. Heute kann niemand in Deckung gehen.

Meinungen, ein wenig verschieden

Antwort auf Erich Böhme

Im Herbst 1989 schrieb der damalige SPIEGEL-Chefredakteur Erich Böhme zehn Tage vor der Öffnung der Mauer einen Kommentar zum Thema Wiedervereinigung mit dem Kernsatz: „Ich möchte nicht wiedervereinigt werden." In der folgenden Ausgabe antwortete ihm Rudolf Augstein:

Mein Freund und Kollege Erich Böhme hat den SPIEGEL-Lesern – und mithin auch mir – letzte Woche mitgeteilt, er wolle nicht wiedervereinigt werden.

Der Artikel war von einem Format, dass man ihn auch dann hätte drucken müssen, wenn nur zwei Leute allein eine Zeitung machen würden und ganz entgegengesetzter Ansicht wären.

Nun bin ich gar nicht entgegengesetzter, sondern nur anderer Ansicht. Ich möchte aber klar machen, wo ich mich in dieser Diskussion politisch von Erich Böhme unterscheide.

Zur Person: Erich Kuby hat mich kürzlich einen Nationalisten genannt, und das bin ich auch, wie Mitterrand und Thatcher, um ganz hoch zu greifen. Lieber allerdings lasse ich mich als Patrioten bezeichnen, diesen Begriff habe ich in aller Subtilität vor 40 Jahren von Carlo Schmid geerbt. Damals schimpfte man mich „Kommunist", weil ich als einer der ganz wenigen die Gebiete jenseits der Oder und Neiße auf immer abgeschrieben hatte.

Kein vernünftiger Mensch strebt in den Bismarckschen Reichsverband zurück, der auf dem Müllhaufen der Geschichte sein Unwesen treibt. Aber kann man, wie Erich Böhme zu meinen scheint, das Geschehen (ehedem „die Geschichte") planerisch vergewaltigen?

Er spricht von einer „spontanen Freiheitsbewegung" im Osten, zu Recht, wie ich meine. Dergleichen gewinnt immer ein Eigengewicht.

Möglicherweise ist ihm der Gedanke des alten Friedrich Engels fremd, dass jeder Handelnde seine eigenen Interessen vertrete, am Ende aber das herauskomme, was niemand gewollt hat. Früher hätte man von Gottes Wegen gesprochen, die nicht unsere Wege sind, damals, als Gott noch nicht in Rom wohnte, sondern der „Herr der Geschichte" war.

Ich bin auch nicht bereit, den Gneisenau von Waterloo und „den emotionalen Paulskirchen-Klimbim von 1848" dem Kehricht der Geschichte zuzugesellen, und Bismarck bleibt immer noch ein verhängnisvoll großer Mann.

Erich Böhme macht eine Rechnung auf, die dem Staatsoberhaupt von Weizsäcker und dem Außenminister Genscher erlaubt, ja vorgeschrieben sein mag: „Europe first". Aber auch das lässt sich ja nicht dekretieren. Wir haben es hier mit zwei, vielleicht nur scheinbar gegenläufigen, Bewegungen zu tun.

Wir wissen nicht, was schwieriger zu bewältigen ist, die expandierende europäische Einigung – wo soll sie enden, am Ural etwa? – oder die Beendigung der bisherigen deutschen Geschichte mit einem Neuanfang.

Bonn kann ja Hauptstadt bleiben. Es ist auch gar nicht gesagt, dass Deutschland in seinen jetzigen Grenzen militärisch neutralisiert werden müsste; vielleicht ja, vielleicht nein. Im Übrigen sind wir durch die bisherige Überrüstung ohne eigenes Bestimmungsrecht bereits neutralisiert, wir merken das nur nicht oder nur bei den Tiefflügen.

Dass die Westdeutschen um jeden Preis „bei der europäischen Stange" (Böhme) bleiben müssen, ist erstens, siehe die Wirtschaft, eine Weisheit der Binse, versteht sich aber zweitens gleichwohl nicht von selbst. Das Ende dieser Fahnenstange, denn das ist sie immer noch, können wir nicht sehen.

Hier sind zwei miteinander konkurrierende Prinzipien, die beide von der Bundesrepublik, nach Fug und Recht, vorangetrieben werden, wobei wir mit einer recht langen Latte im Maul durch einen dichten Wald laufen. Hier hat kein Prinzip Vorrang. Das Erreichbare ist wichtig. Möglich auch, dass die beiden bislang konkurrierenden Prinzipien an derselben Stelle aus dem Wald wieder heraustreten und in eins gehen; möglich ja, aber doch nicht sicher.

Kann sein, dass beides zusammen geht und einander bedingt; kann sein, kann aber auch nicht sein. Wir dürfen uns nicht im Vorhinein auf etwas festlegen, was erst in unbekannter Gestalt auf uns zukommt.

Darf man annehmen, Präsident Bush würde die Nato auflösen, wenn Gorbatschow dasselbe mit seinem Paktsystem täte? Dafür gibt es nun nicht den geringsten Anhaltspunkt. Vielmehr: Gorbatschow soll seinen recht locker gewordenen „Pakt" auflösen, und dafür wird die Nato so gnädig sein, ihre jeweils allermodernsten Atomwaffen nicht über die Elbe hinaus vorzuschieben. So ist es gemeint.

Es fehlt nun nur noch der „Mantel der Geschichte", dessen Zipfel dann offenbar Genscher zu erhaschen gehalten sein soll. Dankenswerterweise spricht Erich Böhme da nur von der „Gunst der Stunde". Sie mag ja kommen, wer weiß das? Aber bis dahin möge doch der Kunsthandwerker Genscher in seinem „Work in progress"-Shop durchprobieren, was er in vielen Jahren gelernt hat. Nicht ein Bismarck soll Genscher, sondern Genscher soll er sein.

Je bedrohlicher den Alliierten ihr vielleicht doch demnächst nicht zu vermeidender Abzug aus Berlin vor Augen steht, desto strikter beharren sie auf ihrem Recht. Ein, zugegeben, minderer Marschierer wie der amerikanische Verteidigungsminister Cheney kann sich seine Rolle in Berlin anders als die eines Leuchtturms in der immer noch roten Flut nicht vorstellen.

Die Präsenz der vier Siegermächte in Berlin ist gewiss derzeit noch notwendig, vielleicht sogar für eine lange Zeit. Aber offenkundig wollen sie da auch nicht weg. Schließlich haben sie ihre Rolle für Deutschland als Ganzes wahrzunehmen, und das hieß bislang: aufzupassen, dass die Deutschen westlich der Oder und Neiße nicht wieder zusammenfinden.

Schon bei der Viermächtekonferenz 1955 in Genf gingen „beide Seiten mehr oder weniger unverhüllt von der Existenz zweier deutscher Staaten aus und richteten ihr Hauptaugenmerk auf die Frage der Sicherheit in Europa" (Ludolf Herbst).

Wiedervereint samt „Polen raus!", wiedervereint mit Annaberg-Gedenken möchte auch ich nicht werden. Das werden andere oder sogar die Deutschen selbst verhindern. Aber niemand kann voraussagen, wie denn das künftige Deutschland aussehen solle. Böhme würde es bei einem „nachbarlichen oder konföderierten Zusammenleben" bewenden lassen.

Meine Phantasie reicht nicht aus, mir das vorzustellen. Die drüben haben es doch in der Hand, welche Deutschen sie sein wollen, wenn der vielleicht trotz allem noch langwierige militärische Prozess abgeschlossen sein sollte. Eine amphibische Macht kann sich kontinental am ehesten zurückziehen, aber sie zögert damit auch am längsten.

Warum eine Mauer mitten durch Deutschland, wo doch alle Mauern bis zum Ural fallen sollen? Warum ein geteiltes Berlin, wo doch für Jerusalem trotz aller ethnischen und Annexionsprobleme gelten soll und gelten wird: zweigeteilt? Niemals.

Dies falsche Gewicht wird die junge Generation, weil das nichts mit Auschwitz zu tun hat, nicht mehr mittragen.

Was ist der Unterschied zwischen der „Wiedervereinigung und der unvermeidbaren Einigung der beiden Deutschlands"? Diese Frage findet man in dem Pariser Wirtschaftsblatt „Les Echos". Man wird nicht sagen können, dass Frankreich der Gemeinschaft bisher übertriebene Opfer dargebracht hat. Aber auf diesem klassischen Exerzierfeld der Revolutionen spricht man unsere Probleme klarer, man muss sogar sagen: ehrlicher aus.

Es findet auf unterer Ebene ein Dialog statt. „Les Echos": „Im Augenblick werden auf unserer Seite der Maginot-Linie diese Perspektiven – sehr Fair Play – noch relativ gelassen erwogen. Es ist aber nicht sicher, dass hier und da verdrängte Empfindsamkeiten nicht mit einiger Heftigkeit wieder erwachen, wenn plötzlich die wirtschaftliche und politische Schlagkraft der neuen deutschen Realitäten erkannt wird."

Hier haben wir den Knackpunkt. Die USA sind stolz auf ihre Wirtschaftsmacht, ebenso Japan. Aber Deutschland, zerstückelt und verkürzt, soll seine Wirtschaftsmacht, tatsächlich dann die drittstärkste der Welt, nicht nutzen dürfen.

Was wäre denn da so gefährlich? Das Prestige der Franzosen, die 1939 in den Krieg geprügelt werden mussten; das Prestige Englands, das Falkland noch nötig hatte und das uns zweimal, 1918 und 1945, besiegt hat. Sollen sich doch beide ein Beispiel an den Polen nehmen, denen übler mitgespielt worden ist als allen anderen zusammen! Sie wissen die deutsche Wirtschaftsmacht zu schätzen, sie wünschen sie sich geradezu herbei.

„Die Gelegenheit ist günstig", sagt Erich Böhme. Ich weiß das nicht so recht, ich sehe nur ungeheuerliche Verwerfungen, die günstig oder nicht günstig auslaufen können. Und, anders als er, will ich wiedervereinigt oder neu vereinigt werden, wenn auch nicht um jeden Preis.

Mindestens 250 Jahre waren seine und meine Vorfahren mit den Vorfahren der auf dem Staatsgebiet der DDR Lebenden verbunden, seit 1871 sogar in einem Bundesstaat; mit den Österreichern hingegen nur ganze sieben Jahre.

Und darum sollen alle vier Siegermächte aus Berlin verschwinden, sofern sie sich über eine neue Friedensordnung einigen können. Sie werden dann nicht mehr gebraucht, sie fallen uns dann nur noch zur Last.

In seinem Kommentar „Die Gelegenheit ist günstig", auf den Augstein Bezug nahm, hatte Böhme unter anderem geschrieben:

Ich möchte nicht wiedervereinigt werden. Mich drängt nichts in jenen Reichsverband zurück, über dessen Wiege das Schwert hing und dessen Segnungen in gut 40 halbwegs friedlichen, viertelwegs demokratischen Jahren vom größenwahnsinnigen Endgalopp in den Ersten Weltkrieg bei weitem überragt wurden. Wenig verbindet mich mit den einzig demokratischen, aber schnell vom Wurm des Selbstzweifels und der Not aufgefressenen 14 Jahren der Weimarer Republik.

Und was sollte mich mit den hysterischen zwölf Jahren des Diktators Gröfaz verbinden, dem perversen Reichsvernichter und seinen braunen Horden? Mit den scheinheilig beschworenen Grenzen von '37, die doch nur den Start ins „Großdeutsche Reich" markierten und an der Ziellinie '45 endeten? Lasst uns diesen Unfug der „Wieder"-Vereinigung vergessen mit jenen Worten, mit denen sich Thomas Bernhard von Schein-Freunden trennte: „Nix is', bleed is', aus is'."

Nix is' mit der Reminiszenz an 1813 und die nationale Kopfgeburt der Deutschen, lasst die toten Steine des Völkerschlachtdenkmals in Ruhe verwittern, lasst uns den emotionalen Paulskirchen-Klimbim von 1848 vergessen, mit dem die demokratieunwillige Mehrheit der Deutschen ohnehin nichts anzufangen wusste – außer Gedichte aufsagen und Lieder singen.

Hitler, Stalin, Churchill, Roosevelt haben die alte Landkarte zusammengerollt und ins Feuer geworfen. Was soll sie uns heute, 44 Jahre später, noch nützen?

Der Zug ist abgefahren

TV-Streitgespräch mit Günter Grass

Unter der Leitung des ARD-Moderators Joachim Wagner führten Rudolf Augstein und Günter Grass im Februar 1990 ein Streitgespräch zum Thema „Deutschland, einig Vaterland?". Auszüge:

WAGNER: „Wir entscheiden nicht, wir sind nur Zuschauer unseres Schicksals", dieser Satz von Theodor Heuss aus dem Jahre 1946 könnte von heute sein. Die DDR ist zusammengebrochen, ehe das Miteinander der beiden deutschen Staaten auch nur versucht werden konnte. Der Deutschland-Rausch hat alle Dämme weggerissen. Trotz dieser wohl nicht mehr zu bremsenden Dynamik gibt es in der DDR wie in der Bundesrepublik noch eine starke Minderheit, insbesondere unter den Intellektuellen, der Linken, die sich mit dem Gedanken eines „einig Vaterland" nicht abfinden kann oder will. Dazu gehört der Schriftsteller Günter Grass. Er ficht seit Jahren schon, wie er es nennt, wider das dumpfe Einheitsgebot. – Rudolf Augstein tritt ebenso konsequent wie behutsam seit Jahrzehnten für die deutsche Einheit ein. Das war für uns Anlass, erneut die Grundsatzfrage nach dem künftigen Schicksal unserer Nation aufzuwerfen – trotz aller ökonomischen Wiedervereinigungszwänge und parteipolitischen Festlegungen, trotz nationaler Euphorie und Hektik. Eine Stunde zum Innehalten und Nachdenken. Abseits und jenseits der Bonner und Berliner Politik und ihrer Vereinigungsrhetorik. Die Schlüsselfrage: Wird eine Zukunft Deutschlands in einem Staat auch seiner Vergangenheit gerecht?
AUGSTEIN: Keiner, der direkt nicht betroffen ist, kann Auschwitz fürchterlicher finden als ich. Ich finde nur, wir können es in der praktischen Politik nicht perpetuieren. Das können ja unsere Kinder gar nicht nachvollziehen, das geht nicht. Wir haben es erlebt, auch zu spät erlebt, aber wir haben es immerhin erlebt – die können das schon gar nicht mehr erleben.
GRASS: Aber sie fragen danach. Das betrifft meine Kinder ...

AUGSTEIN: Und wir erzählen ihnen ja auch alles, aber sie werden es trotzdem nicht begreifen, weil es überhaupt nicht zu begreifen ist.
GRASS: Aber Auschwitz ist ja nicht plötzlich entstanden...
AUGSTEIN: ... ist nicht konstituierend für den künftigen Lauf der Welt.
GRASS: Aber Sie haben doch selbst die Folge, die schreckliche Folge von Friedrich dem Großen über Bismarck und so weiter, Ludendorff...
AUGSTEIN: Unter denen hat es trotzdem kein Auschwitz gegeben.
GRASS: Aber in der Folge war es schon drin.
AUGSTEIN: Es war drin, es war eine der Optionen der Geschichte.
GRASS: Ein modernes Verbrechen von diesem Ausmaß, und Auschwitz ist ja nur eine Kennziffer für all das, ist nur von einem Einheitsstaat zu machen. Antisemitismus hat es in Preußen, in Österreich...
AUGSTEIN: Das ist völlig unlogisch, was Sie da sagen.
GRASS: Es ist doch so, dass man einen einzigen, großen Staat braucht, um so etwas zu realisieren; und es ist realisiert worden. Wir wären ja töricht, wenn wir nicht von der Vernunft Gebrauch machten und uns jetzt etwas einfallen ließen, das uns und unseren Nachbarn Gewähr gäbe vor einer möglichen Wiederholung, in welcher Form auch immer. Selbst das hysterischste Reagieren auf unseren Einheitswunsch in Richtung Wiedervereinigung hat seine Berechtigung in sich...
AUGSTEIN: Auschwitz wird automatisch durch die Geschichte relativiert. Das ist keine Frage...
GRASS: ... nach Ihrem Geschichtsverständnis! Wenn jemand sagt, das ist keine Frage, werde ich schon nachdenklich. Ein Mann von Ihrer Intellektualität sollte...
AUGSTEIN: Ich bin doch immer unter meinem Niveau...
GRASS: In diesem Fall sind Sie's...
WAGNER: ... Ich will einen Satz vorlesen von Herrn Grass vor der Akademie Tutzing; er hat dort gesagt: „Wer gegenwärtig über Deutschland nachdenkt und Antworten auf die deutsche Frage sucht, muss Auschwitz mitdenken. Der Ort des Schreckens schließt einen zukünftigen deutschen Einheitsstaat aus."
AUGSTEIN: Dann müssen Sie auch die USA teilen, dann müssen Sie Japan teilen, damit die keine Atombomben machen können. Das ist keine politische Betrachtungsweise. Das ist Religion.

GRASS: Moralische Betrachtungsweise muss ja nicht unbedingt im Gegensatz zu dem stehen, was politische Betrachtungsweise ist...
AUGSTEIN: Tut sie aber nun mal.
GRASS: ... und wir wären gut beraten gewesen in Deutschland, wenn wir die Hinweise von Philosophen, einigen Philosophen und Schriftstellern, frühzeitig erkannt und bedacht hätten.
AUGSTEIN: Beispielsweise Max Weber, nicht?
GRASS: Lassen Sie mir doch meine Beispiele! Schelling, der früh erkannt hat, dass die Deutschen ein Volk von Völkern sind, dass bei uns das föderalistische Element eigentlich das glücklichere ist als das, das zum Einheitsstaat drängt. Es gibt eine Vielzahl von Positionen, die, aus Kenntnis der Deutschen, nicht auf den Einheitsstaat hinausliefen. Nehmen Sie den Begriff der Kulturnation von Herder – wir wären mit einem solchen Begriff von Nation viel besser gefahren als mit dem, der uns dann von Bismarck aufgezwungen wurde. Das sind Dinge, über die man nachdenken muss und wo auch philosophischer oder literarischer Dreinspruch oder Ratschlag nicht einfach mit der Redensart „Das ist zu moralisch gesprochen" weggewischt werden kann. Ich finde eher, das ist die Beratung in Sachen Politik, die wir benötigen, gerade in einer Situation wie heute. In der Tschechoslowakei, in Polen, auch in Ungarn, überall dort, wo diesen Völkern durch Gorbatschows Verdienst und durch jahrzehntelangen Kampf nun endlich Freiheit zukommt, sind Schriftsteller, sind Philosophen mit im Gespräch und werden ernst genommen. Was ich Ihnen vorwerfe, obgleich Sie zu dem anderen Lager gehören sollten, ist, dass Sie das mit Hinweisen auf Realpolitik, auf einen gewissen Darwinismus in der Politik, wegwischen. Dadurch verlieren wir eine Komponente im politischen Denken, auf die wir nie wieder verzichten sollten. Gerade jetzt nicht.
AUGSTEIN: Sie sind der Mann gewesen, der als erster großer deutscher Literat in die Politik eingestiegen ist. Was haben Sie uns geraten? Realismus.
GRASS: Aber das schließt doch den moralischen Maßstab nicht aus!
AUGSTEIN: Nein, habe ich ihn ausgeschlossen? Nur, was Sie jetzt machen, ist etwas anderes. Der Zug ist abgefahren, Sie sitzen nicht mit drin. Und Sie haben nicht gemerkt, dass es Dinge gibt, die man philosophisch eben nicht lösen kann, die sozusagen das einfache Volk löst...

GRASS: Sie meinen, man kann gar nicht mehr darüber sprechen?
AUGSTEIN: Sprechen kann man über Vergangenes, und das tun wir. Der Zug ist weg.
GRASS: Und ich behaupte, der Zug ist noch nicht weg. Der Zug steht nicht, man kann ihn aber zum Halten bringen, man kann ihn auf ein anderes Gleis bringen, man kann noch erkennen, dass dieses Gleis, auf dem er so rast, scheinbar erfolgreich, nicht das richtige Gleis ist, es gibt bessere Gleise, und dieses Gleis habe ich beschrieben.
WAGNER: Nehmen wir einmal an, der Zug wäre noch anzuhalten, Herr Grass. Wir haben ja viele Jahre gesagt, die eigentliche Existenzberechtigung der DDR liegt in dem Versuch, einen Staat zu haben, in dem der Marxismus-Leninismus praktiziert wird. Diese staatsphilosophische Grundlage ist weg. Bankrott, hat versagt. Wir haben dann auch weiterhin immer gesagt, es ist ein gängiges Argument gewesen: In dem Moment, wo der Marxismus-Leninismus kaputt ist, tot ist, entfällt auch die Existenzberechtigung für die DDR. Sie sagen, sie entfällt nicht. Was erhoffen Sie sich von einem zweiten deutschen Staat, der ja auch bürgerlich-demokratisch geprägt sein wird, neben der Bundesrepublik? Was sind Ihre Hoffnungen?
GRASS: Also zuerst einmal: Der Zug fährt, und Sie sagen, er ist nicht mehr anzuhalten...
WAGNER: Ich habe gesagt, nehmen wir an, er wäre noch anzuhalten; dann muss man doch fragen, warum.
GRASS: Wenn er nicht mehr anzuhalten ist, ist das für mich ein Indiz, dass das eine falsche Politik ist. Ein Zug, den man nicht mehr anhalten kann, der rast in der Tat und ist nicht mehr zu korrigieren. Doch jetzt zu Ihrer Frage. 40 Jahre Bundesrepublik...
AUGSTEIN: Sind wir die Weichensteller?
GRASS: Wir sind ja auch nicht hier im Gespräch als Weichensteller, sondern als die, die auf Grund...
AUGSTEIN: Doch, doch, wenn wir den Zug anhalten wollen, müssten wir Weichensteller sein.
GRASS: ... dann müssten wir Politiker haben, die in der Lage sind, das zu tun, und da habe ich zurzeit einige Zweifel. Aber, 40 Jahre die beiden Staaten, da ist – unsere Geschichte kennen wir, die klammern wir mal aus – die DDR, das heißt 40 Jahre Leid ertragen und eine kurze Phase selbst erkämpfter Freiheit. Die Leute, die das gemacht haben, auf den ersten Leipziger Montagsveranstaltungen, auf den

Straßen, kommen heute kaum noch zu Wort. Auf den Montagsveranstaltungen sprechen andere, die aus wirtschaftlicher Not heraus als einzige Lösung die Einheit Deutschlands beschwören. Das gehört alles zur Geschichte dieses Staates. Auch ohne Marxismus-Leninismus, SED-geprägt, hat dieser Staat seine eigene Geschichte gehabt. Er sollte das Recht haben, jetzt, nachdem er sich selbst Freiheit erkämpft hat, seine Entwicklung in einer Konföderation fortzusetzen, sie mit einzubringen in das deutsch-deutsche Gespräch. Ob dann in zehn Jahren – ich komme jetzt auf Willy Brandts Vorschlag zurück – auf der Grundlage dieser beiden konföderierten Staaten ein Bundesstaat entstehen könnte, also das, was die Paulskirche mal angestrebt hat, was leider nicht vollzogen wurde, das ist eine andere Frage.
WAGNER: Sehen Sie das genauso, Herr Augstein?
AUGSTEIN: Ich möchte Günter Grass bitten, ihn mal interpretieren zu dürfen, er kann mich dann ja berichtigen. Ich glaube, was Sie – natürlich zutiefst ehrlich – umtreibt, ist Folgendes: In der DDR herrscht Angst vor der Marktwirtschaft, Angst vor Drogen und Aids, Angst vor Ausländern, Angst vor der Zukunft und Angst vor dem Phantom der Freiheit. Wenn Sie diese Ängste alle bündeln, ergibt es natürlich keinen Staat, und wir können den DDR-Bürgern ja nicht tätig helfen, dass sie nicht zu uns kommen – das können wir nicht. Wir könnten sie in Frieden lassen, wenn sie sich selbst regieren könnten – das können sie ersichtlich nicht. Also, glaube ich, es führt überhaupt gar kein Weg um eine Vereinigung herum. Willy Brandt hat das ja auch geglaubt, er glaubt es nur jetzt nicht. Politiker dürfen auch mal ein bisschen mogeln, denn es ist Mogelei, was er jetzt macht. Diese Ängste, die ergeben keinen Staat.
WAGNER: Aber das ist ja sehr negativ interpretiert, Herr Augstein...
AUGSTEIN: Was haben sie denn Positives? Kindergärten...
WAGNER: Herr Grass, Sie wollen einen zweiten deutschen Staat retten und bewahren, das bedeutet ja auch, dort ist für Sie eine erhaltenswerte Identität, kulturelle Identität. Was ist das denn? Stasi, Unterdrückung in den Schulen, es klappt nichts, eine bankrotte Wirtschaft – was wollen Sie eigentlich retten, was rettenswert ist?
GRASS: Ich möchte nicht, dass da die Dampfwalze drübergeht und das Ganze vereinnahmt wird und die dort erlebten Strukturen, erlittenen Strukturen vom größeren Bruder umdotiert und umbenannt werden oder zu verschwinden haben. Es ist dort etwas gewachsen...

Ich glaube, dass der Reichtum Deutschlands, nicht nur in kultureller Beziehung, in der föderativen Struktur liegt. Die ist in Jahrhunderten gewachsen, und wir sollten daraus die Lehre ziehen, dass das, was in der DDR in 40 Jahren entstanden ist, nicht einfach eingeebnet werden kann. Dass die Leute, die sich dort ein Stück Freiheit erkämpft haben, ein Recht auf Eigenständigkeit innerhalb des neuen deutschen Verständnisses besitzen. Das führt zum Beispiel dazu, dass sie jetzt auf ihre Länderstruktur zurückgehen und dann mit den Ländern der Bundesrepublik ins Gespräch kommen können. Diese Wege dürfen nicht verbaut werden. Da ist der Zug nicht abgefahren.
WAGNER: Herr Grass, Sie reden in den vielen kleinen Details – es gibt ja viele Gegner von Ihnen, die Ihnen einfach unterstellen, dass Sie diese Zweistaatlichkeit nur erhalten wollen, weil Sie die DDR wieder als Test- oder Laborfeld für einen dritten Weg benutzen wollen. So etwas Ähnliches wird ja in der DDR auch gesagt.
GRASS: Ich widerspreche. Ich rede vom dritten Weg nicht in Form einer Wirtschaftsreform – da ist nichts mehr zu retten; und ich bin in der Tat ein Befürworter der sozialen Marktwirtschaft, halte allerdings die Betonung auf dem Wort „sozial". Und ich glaube, dass das von der Bevölkerung der DDR auch akzeptiert wird, wenn das Wort „sozial" erhalten bleibt. Das ist ja bei uns nicht immer der Fall. Im Übrigen: Es ist ja merkwürdig, dass ein Nachdenken über dritte Möglichkeiten unter Verbot steht, neuerdings. Mich hat ein Mann wie Dubček beeindruckt, der nach 21 Jahren zurückkommt, auf den Balkon steigt und sagt, jetzt endlich – nach 21 Jahren Schweigen – jetzt endlich dürfen wir unseren Traum vom Sozialismus mit menschlichem Gesicht verwirklichen.
AUGSTEIN: Da möchte man mal neugierig sein...
GRASS: Ja, natürlich, Sie sind der große Skeptiker, ich bin auch skeptisch, und trotzdem habe ich einen ungeheuren Respekt. Und ich habe Respekt vor Václav Havel...
AUGSTEIN: Ich auch.
GRASS: ... der Dubček respektiert. Obgleich Václav Havel nie an einen demokratischen Sozialismus geglaubt hat, respektiert er diese Haltung. Ich wünschte mir in der Bundesrepublik gleichfalls Respekt vor Leuten, die 30, 40 Jahre, manche, die Älteren noch länger, an ihren Sozialismus geglaubt haben, die enttäuscht worden sind, von sich selbst, von ihren Leuten, und die diesem Traum nachhän-

gen. Wie gegenwärtig über Intellektuelle in beiden Staaten hergezogen wird, die sich die notwendige Arbeit machen, in dem einen wie anderen Bereich, über einen dritten Weg, über eine dritte Möglichkeit nachzudenken, wie über die gespottet wird, das ist unsäglich.
AUGSTEIN: Ich finde nicht. Die haben das verdient ...
GRASS: Ich habe mir erlaubt zu sagen, dass im Fall der staatlichen Einigung, wie immer sie verlaufen wird, neben der bloßen Zweistaatlichkeit als Ausland zu Ausland und der anderen, der Wiedervereinigung, eine dritte Möglichkeit besteht, nämlich in Form einer Konföderation. Das ist in diesem Fall der dritte Weg, den ich vorschlage.
AUGSTEIN: Und ich erlaube mir zu sagen, dass Politik die Kunst des Möglichen ist – unter Einschluss des Moralischen, was bei Bismarck oft nicht der Fall war –, und es ist eine Unkunst, jetzt zwei deutsche Staaten überhaupt noch in Erwägung zu ziehen. Das ist vorbei, die Sache ist gelaufen. Noch nicht gelaufen sind die schwierigeren Sachen wie Sicherheit und Nato. Das dauert noch. Das dauert wahrscheinlich noch Jahre. Im Übrigen dauert ja auch alles, was wirtschaftlich geschieht, fünf Jahre, drei Jahre, sieben Jahre – wer weiß denn das. Das kann niemand wissen.

Rote Kleider, weiße Falten

Auch ein Hannoveraner: der Dichter Kurt Schwitters

Für die „Frankfurter Anthologie" der „FAZ" schrieb Rudolf Augstein am 27. Oktober 1990 über seine Schulzeit in Hannover, den dort geborenen Schriftsteller Kurt Schwitters (1887 bis 1948) und dessen Gedichtband „Anna Blume und ich".

Kurt Schwitters

An Anna Blume
Merzgedicht I

O du, Geliebte meiner siebenundzwanzig Sinne, ich liebe dir! – Du deiner dich dir, ich dir, du mir.
– Wir?
Das gehört (beiläufig) nicht hierher.
Wer bist du, ungezähltes Frauenzimmer? Du bist
– bist du? – Die Leute sagen, du wärest – lass
sie sagen, sie wissen nicht, wie der Kirchturm steht.
Du trägst den Hut auf deinen Füßen und wanderst
auf die Hände, auf den Händen wanderst du.
Hallo, deine roten Kleider, in weiße Falten zersägt.
Rot liebe ich Anna Blume, rot liebe ich dir! – Du
deiner dich dir, ich dir, du mir. – Wir?
Das gehört (beiläufig) in die kalte Glut.
Rote Blume, rote Anna Blume, wie sagen die Leute?
Preisfrage: 1.) Anna Blume hat ein Vogel.
                 2.) Anna Blume ist rot.
                 3.) Welche Farbe hat der Vogel?
Blau ist die Farbe deines gelben Haares.
Rot ist das Girren deines grünen Vogels.
Du schlichtes Mädchen im Alltagskleid, du liebes grünes Tier, ich liebe dir! – Du deiner dich dir, ich dir, du mir. – Wir?

Das gehört (beiläufig) in die Glutenkiste.
Anna Blume! Anna, a-n-n-a, ich träufle deinen Namen.
Dein Name tropft wie weiches Rindertalg.
Weiß du es, Anna, weißt du es schon?
Man kann dich auch von hinten lesen, und du, du
Herrlichste von allen, du bist von hinten wie von
vorne: „a-n-n-a".
Rindertalg träufelt streicheln über meinen Rücken.
Anna Blume, du tropfes Tier, ich liebe dir!

Mit „Anna Blume" verbindet mich ein früher Pennälertriumph, denn ich habe dieses Gedicht des von den elenden Nazis verfemten Kurt Schwitters kurz vor Hitlers Überfall auf Polen öffentlich zu Gehör gebracht, und zwar in Hannover, woher der Dichter stammt (und wo auch ich geboren wurde).

Mein Kunsterzieher am Ratsgymnasium, der Oberstudienrat Bernhard Haake, jetzt 86 Jahre alt und Ehrenbürger von Rotenburg an der Wümme, hatte stets geistige Konterbande für die ihm befreundeten Schüler parat.

Nie ohne Parteiabzeichen, servierte er uns wenigen Freunden neben Schwitters so manches, was gut und verboten war. Als Mitglied einer Marionetten-Spielschar der Hitlerjugend und also berufen, auch die bunten Abende auszurichten, war es mir ein Leichtes, meinen Vortrag der „Anna Blume" mit dem erschrockenen Ausruf zu rechtfertigen: „Und der Mann soll aus Hannover stammen!"

Schwitters (geboren 1887, gestorben 1948 in England, und zwar in Ambleside/Westmoreland) gehörte zu den Mitbegründern der Dada-Bewegung und war einer der vielseitigsten und bizarrsten Künstler jener Zeit. Es gibt kaum eine Kunstform, in der er sich nicht hervorgetan hätte. Sogar eine eitle „Sonate in Urlauten" hat er verfasst.

Auch mit seiner Heimatstadt Hannover trieb er seinen vorwärts weisenden Unfug. Er las den Namen von hinten nach vorn, was „re von nah" ergibt, und übersetzte die Silbe „re" mit „rückwärts". Die umgekehrte und also in der richtigen Silbenfolge gelesene Bedeutung des Namens wäre demnach „Vorwärts nach weit", also, um Schwitters zu folgen: „Hannover strebt vorwärts, und zwar ins Unermessliche."

1935 war er klug genug, Deutschland zu verlassen. Am schwersten fiel ihm der Abschied von seinem MERZBAU in Hannover in der Waldhausenstraße 5, einer das ganze Haus durchwuchernden Collage-Plastik, an der er zwölf Jahre lang unablässig gearbeitet hatte. Als das Haus 1943 ein Opfer der Bomben wurde, hoffte Kurt Schwitters bis zu seinem Tode im englischen Exil, es würden unter den Trümmern noch MERZ-Stücke zu finden sein, obwohl „aus Gips und leicht zu zerstören".

„Anna Blume" gibt es in mehreren Versionen. Zweifelt jemand daran, dass es sich um ein glühendes Liebesgedicht handelt, das einen Unbefangenen in die haarsträubendste Verwirrung zu versetzen vermag? Warum sind Annas rote Kleider in weiße Falten zersägt? Warum ist die Farbe ihres gelben Haares blau und das Girren ihres grünen Vogels rot? Woher nimmt sich der Autor seine siebenundzwanzig Sinne? Wir wissen es nicht und alles andere auch nicht. Doch spüren wir, Kunst ist es, wenn auch eine bodenlose. Um mit Schwitters zu reden: „Ein restloses Verstehen ist ja auch bei so ganz außergewöhnlichen Dingen nicht erforderlich."

... oder es wird gemacht, was ich will
Blick zurück auf die Entwicklung des SPIEGEL

In einem SPIEGEL-TV-Interview zu seinem 70. Geburtstag gab Rudolf Augstein ausführlicher als bei früheren Anlässen Auskunft über seine Jugend, seine politischen Ambitionen und seinen Einfluss auf die SPIEGEL-Redaktion.

Über seine Heimkehr nach Kriegsende 1945:

Dann kam ich in Hannover an, traf meinen braven Vater, wie er die Erbsen auspulte fürs Mittagessen. Da war ich eben zu Hause. Jetzt musste ich ja überlegen, was tun. Und da hörte ich, dass mein alter Feuilletonchef Chefredakteur einer Zeitung war, die hatte eine Vorderseite, eine Rückseite und erschien viermal die Woche. Das war das „Hannoversche Nachrichtenblatt", und es lag nahe, dem einen Besuch abzustatten, und der brauchte einen, weil er ja eigentlich eine politische Überschrift gar nicht machen konnte.

Über die Gründung des SPIEGEL-Vorläufers „Diese Woche":

Ich hatte inzwischen einige Artikel geschrieben, und ein Mann, mit dem ich später sehr befreundet war, namens Harry Bohrer – die Nazis haben seine Mutter und seine Schwester umgebracht, wovon er mir erst ganz zum Schluss erzählt hat, als er beinah selber schon tot war – sagte: „Wir wollen eine Zeitschrift machen, die es in Deutschland nicht gibt, und wir brauchen jemanden, der uns das macht." Da habe ich gesagt: „Eine politisch-satirische Wochenschrift, das traue ich mir zu." „Na", hat er gesagt, „das ist nicht ganz so, wir zeigen es dir aber." Dann brachten sie ein Nachrichten-Magazin, das eine Nachahmung von „Time" war, aber ein englisches Nachrichten-Magazin, und zeigten uns den Umbruch, übersetzten uns die Artikel, zeigten uns, wie man Überschriften macht. Aber das sollte ein British Paper sein. Ich dachte: Warum nicht?

Über die Zusammenarbeit mit den britischen Lizenzgebern:

Wir wurden zensiert. Normalerweise dauert die Zensur einen Tag, für uns dauerte sie immer drei oder vier Tage. Alles wurde beanstandet, ich tat auch alles, dass die Beanstandungen berechtigt waren. Die Franzosen beschwerten sich, die Russen ohnehin immer, die Engländer, das Foreign Office beschwerte sich. Das Ding war nicht zu halten. Und ich habe nun beschlossen, das Blatt muss sofort in deutsche Hände kommen. Ja, welche deutsche Hand war da? Ich war da. Und dann kriegte ich eine vorläufige Lizenz als Herausgeber, der ich auch heute noch bin. Ich kam raus, der Stabssergeant sagte: „Du bist verrückt, hier steht, dass du weiterhin zensiert wirst." Da sagte ich: „Komm mit mir und mach das dem Kolonialoffizier klar." „Nein", sagte er, „das kannst du nur selbst." Ich geh rein, grüß schön höflich, offiziersmäßig, zeige auf einen Füllfederhalter, gebe ihm den in die Hand und streiche den Zensurparagrafen durch. Und dann sagte ich: „Thank you, Sir, thank you." Dann bin ich rausgegangen, und die Zensur war weg.

Über die Nachfrage nach den ersten Ausgaben des SPIEGEL, der zunächst eine Reichsmark kostete:

Da ja Papier damals so knapp war, wurden Zeitungen auch oft – zu Hitlers Zeiten hätte man gesagt: als Wurstzeitungen – gekauft. Also nicht nur zum Lesen, sondern in erster Linie zum Einwickeln von irgendwelchen Gegenständen. Bei 15 000 Auflage blieb nicht ein einziges Stück zurück. So viel Papier man hatte, so viel wurde verkauft. Da war einem Aufstieg überhaupt nichts in den Weg zu legen.

Über sein Elternhaus:

Es war eine riesengroße Familie, und Probleme tauchten eigentlich gar nicht auf. Mir fiel später auf, dass ich viel krank war. Und ich glaube, das lag daran, dass meine Mutter, die ja sehr viel zu tun hatte mit sieben Kindern, sich um mich besonders gekümmert hat. Als ich so etwa zehn wurde und anfing, Fußball zu spielen, war ich auch nicht mehr krank. Jedenfalls haben die vielen Schwestern, die ich hatte, mich immer nur halb höhnisch, halb bewundernd den Kronsohn genannt. Das war ich dann also. Ich habe von dieser Krone wenig gemerkt, aber ich wurde auch nicht schlecht behandelt, sondern gut.

Ich persönlich ging – aus ähnlichen Gründen, wie Heinrich Böll sie uns geschildert hat – gern zur Kirche. Auch dann, wenn ich nicht musste. Der Weihrauch, alles, was die katholische Kirche an sinnlichen Eindrücken zu bieten hat – das gefiel mir, als ich Kind war. Meine Mutter war die gläubigste Frau der Welt. Bei meinem Vater änderte sich das im Laufe der Jahre etwas, weil er sagte: „Wenn ich zwei so erfolgreiche Söhne habe, die ja sichtlich nicht sehr gläubig sind, dann muss an der Sache irgendetwas falsch sein." Aber ich bin nicht ausgetreten aus der Kirche, solange meine Mutter lebte, weil ich nicht wollte, dass sie so etwas auf Umwegen erfährt.

Wir hatten auch gelitten unter der Wirtschaftskrise, aber mein Vater blieb treu und brav Brüning-Anhänger und Zentrumsmann, und als er mich zur Schule brachte am ersten Tag, da zeigte er an die Wand, wo eine Büste des Reichspräsidenten Ebert stand, und er sagte: „Der wird da nicht mehr lange stehen." Das war mit einem bitteren Unterton. Es gab also von vornherein überhaupt gar nicht die Überlegung, ob man sich mit diesen Leuten einlassen sollte oder konnte. Man konnte es nicht.

Ich gehörte der Hitlerjugend nicht an, und auf der ganzen Schule gehörten insgesamt vier jugendliche Heranwachsende der Hitlerjugend nicht an. Für die wurde extra ein Staatsjugendtag eingerichtet, wo vier Stunden vier Lehrer mit vier Schülern beschäftigt waren. Dann wurde Karl May vorgelesen, dann wurde Fußball gespielt, und dann haben die Lehrer sich zusammengetan und haben gesagt: „Tut uns den Gefallen, lasst uns das so nicht weitermachen! Tretet ein!" Das haben wir eingesehen und sind in die Hitlerjugend eingetreten. Wir waren allesamt nicht zum Helden geboren.

Über das Zeitungsvolontariat, das er 1941 aus Abneigung gegen Reichsarbeits- und Wehrdienst absolvierte:

Ich hatte mich für gar keine Berufslaufbahn entschlossen, sondern ich hatte mich nur entschlossen, die Zeit möglichst vergnüglich und fruchtbar totzuschlagen. Das war bei so einer Zeitung gut möglich. Ich schäme mich nicht und genier mich nicht – ich hatte nicht vor, an dem Kriege positiv mitzuwirken.

Über eine glückliche Fügung während seines Militärdienstes, den er im April 1942 antrat:

Da bekam ich einen Urlaubsschein über Sonntag nach Hannover. Und als ich wiederkam, waren alle anderen weg. Und der Spieß, der sagte ganz säuerlich zu mir: „Alle Ihre Kameraden sind unterwegs nach Stalingrad." Stalingrad sagte mir gar nichts. Ich habe nicht etwa gedacht, dass da etwas Besonderes los war. Es war so, als wenn man mir gesagt hätte: „Du gehst nach Woronesch" – da ging ich nämlich dann hin. Da war die allergrößte Stille. Der Fluss war direkt vor mir, und ich schoss einmal die Woche am Sonntag gegen zwölf eine Fünf-Zentimeter-Haubitzgranate über den Fluss. Ich fürchte, ich habe durch Zufall mal einen Menschen da getroffen, was nicht meine Absicht war.

Praktisch kamen wir immer voll in den Rückzug hinein. Bis man sich entschlossen hatte, uns irgendwohin zu verlegen, wo es brannte, war der Brand schon wieder weiter weggerutscht. Ich glaube nicht, dass wir ganz großen Anteil am Ergebnis dieses Krieges genommen haben.

Über die Manipulation bei der Wahl Bonns zur Bundeshauptstadt, die 1950 zur Einrichtung eines parlamentarischen Untersuchungsausschusses führte:

Der hat uns ja eigentlich zum ersten Mal bekannt gemacht. Es ist unstreitig Geld geflossen. Und die Frage ist nur, ob das entscheidend war. Aber dass Geld hin- und hergeschoben wurde, das wurde bewiesen, so dass wir damit zufrieden sein konnten.

Über seine frühen Leitartikel unter dem Pseudonym Jens Daniel:

Nationalismus kann man es nennen, aber dann gibt es viele Nationalismen auf dieser Welt. Ist England nicht nationalistisch? Ist Frankreich nicht nationalistisch? Was erlauben sich die USA nicht alles jetzt. Also in dem Sinn bin ich natürlich immer Nationalist gewesen. Ich hatte auch einen inneren Hass auf die Sowjetmacht und ihre deutschen Untertanen – ja.

Zu dem Vorwurf, er sei ein Zyniker:

Da ist die Frage, was man unter einem Zyniker zu verstehen hat. Nicht jede Machtpolitik ist zynisch, aber vielfach ist Machtpolitik zynisch. Nicht jede falsche Aussage ist zynisch, aber manche ist es. Ich finde nur, ohne eine gesunde Dosis Zynismus ist das Leben viel zu gefährlich geworden.

Über die SPIEGEL-Affäre 1962:

Ich kriegte einen Anruf, dass der SPIEGEL von Polizei umstellt sei, es seien einige verhaftet worden, wer, wusste man nicht. Ich aber würde bestimmt gesucht, was ja auch logisch war. Und mein Bruder, der sagte: „Ich kenne den Herrn Staatsanwalt Buback, das ist ein ordentlicher Mensch, du musst dich da hinbegeben. Ich habe ausgemacht, dass du morgen um zehn Uhr im Polizeihauptquartier erscheinst." Da habe ich gesagt: „Nein, zehn, das ist zu früh, zwölf, um zwölf Uhr bin ich da." Ja, dann habe ich noch gefrühstückt, Sachen gepackt, und dann war ich eben im Untersuchungsgefängnis ...

Hier war nun die Stunde der Exekutive gekommen. Und ich bin ganz sicher, und ich glaube, wenn er (Strauß) jetzt noch hier säße, würde er es zugeben, dass er dies benutzen wollte, um uns für immer auszuschalten ...

Es ist mir nicht schlecht gegangen, überhaupt nicht, auf meinen persönlichen Untergang waren die nicht aus, sie wollten den SPIEGEL erledigen, für immer. Das dachte ich 14 Tage lang. Bis ich aus den Nachrichten merkte, das würde nicht gelingen ...

Vielleicht sind wir durch die Affäre klüger geworden, und dann hat sie uns genützt. Vielleicht sind andere Leute durch die Affäre klüger geworden, dann hat sie uns indirekt auch genützt ...

Ich finde eins gut, nämlich es ist einer breiten Öffentlichkeit zum Bewusstsein gebracht worden, dass es ein journalistisches Berufsrisiko gibt, zu dem wir uns bekennen. Wir sind durchaus der Meinung, es kann passieren, dass ehrenhafte Leute ins Gefängnis kommen aus ehrenhaften Gründen, weil sich innerhalb der Gesellschaft bestimmte Spannungen ergeben, die ausgetragen werden müssen.

Über die Zeit nach der SPIEGEL-Affäre, als sich die Auflage binnen drei Jahren auf etwa 600 000 erhöhte:

Ich glaube, das kam durch Claus Jacobi *(Chefredakteur von 1962 bis 1968)*, also die Veränderungen, die er ins Blatt gebracht hat, mehr in Richtung eines Erzählblattes, etwas weniger politisch.

Über die Gründe für seine FDP-Kandidatur 1972 im konservativen Wahlkreis Paderborn und über seinen Einzug über die Landesliste in den Bundestag:

Erst jetzt stellte sich die Möglichkeit, aktiv in der Politik weiterzuwirken und das fortzusetzen, was man bisher als Journalist jahrelang mit Hartnäckigkeit betrieben hat. Ich sehe also hier eine konsequente Fortsetzung, kann aber niemanden zwingen, das genauso zu sehen wie ich.

Mein Problem war: Ich musste meinen endgültigen Platz auf Anhieb finden, das ist in der Politik ganz selten. Ich wäre nur auf einem Posten möglich gewesen, und das war der Fraktionsvorsitz. Weil der überhaupt nicht zur Disposition stand, war ich ohnehin erledigt. Denn in den ersten Sitzungen schon bekam ich zu hören: „Was hat der SPIEGEL da gegen uns geschrieben!" Da war meine Lage ohnehin unhaltbar.

Über seinen Rückzug aus dem Bundestag, nachdem SPIEGEL-Chefredakteur Günter Gaus sein Ausscheiden aus der Redaktion angekündigt hatte:

Sie hatten mir versprochen, Gaus wird nicht Regierungssprecher. Dies Versprechen haben sie gehalten. Aber sie haben ihn stattdessen zum ersten Ständigen Vertreter in Ost-Berlin gemacht, damit musste ich automatisch zurück. Ich war froh, wieder in Hamburg zu sein.

Über die Machtverhältnisse in der Redaktion:

Die Redaktion anrufen hat keinen Zweck. Da muss man schon selber Sachen schreiben, mit der die Redaktion dann nicht einverstanden ist. Man muss ihnen sagen, dass es nun mal leider mein gutes Recht ist – wenn ich euch schon machen lasse, was ihr wollt, dann müsst ihr auch mich machen lassen, was ich will. Wenn sich das beißt, müssen wir uns einigen, oder es muss das gemacht werden, was ich will.

Wen provoziere ich denn?

Ein Gespräch mit Jungredakteuren

Kurz vor seinem 70. Geburtstag war Augstein erstmals in einem SPIEGEL-Gespräch nicht Interviewer, sondern der Interviewte. Der älteste Redakteur des SPIEGEL diskutierte 1993 mit vier Redaktionsmitgliedern der jüngeren Generation: Susanne Koelbl, damals 28, Marianne Wellershoff, 30, Hajo Schumacher, 29, Gabor Steingart, 31. Auszüge:

SPIEGEL: Herr Augstein, 1967 haben Sie gesagt: „Der SPIEGEL wird fortlaufend weniger mein Kind sein. Das wäre schrecklich, wenn der SPIEGEL auf mich angewiesen wäre." Ist er noch Ihr Kind?
AUGSTEIN: Das wäre ja ein ziemlich dickes, großes Kind. Nein, das ist alles cum grano salis zu nehmen. Der SPIEGEL wird schon ohne mich können. Jederzeit.
SPIEGEL: Warum sieht man Sie so wenig im SPIEGEL?
AUGSTEIN: Ich arbeite lieber zu Hause. Wenn ich aber da sein muss, komme ich. Und auch, solange ich was Nützliches bewirken kann oder zumindest den Gedanken habe, ich könnte es.
SPIEGEL: Wie sieht dieser Nutzen aus?
AUGSTEIN: Kann man erst ermessen, wenn ich gar nicht mehr bin.
SPIEGEL: „Sturmgeschütz der Demokratie" hat der junge Rudolf Augstein sein Blatt einst genannt. Beim Lesen Ihrer Kommentare entsteht mitunter der Eindruck, dass Sie heute nur noch mit der Schrotflinte schießen.
AUGSTEIN: Entschuldigen Sie mal, Sturmgeschütze sind doch nur in Zeiten angebracht, wo es etwas zu stürmen gibt. Das ist heute nicht mehr der Fall.
SPIEGEL: Wie bitte?
AUGSTEIN: Das Land ist im Kern gesund. Mit den Problemen, die wir jetzt haben, können wir langfristig wohl fertig werden. Wenn wir denken, wir könnten es nicht, werden wir zu Recht als wehleidig gescholten.

SPIEGEL: Der SPIEGEL schreibt Woche für Woche das Gegenteil: Umweltzerstörung, Staatsverschuldung auf Rekordniveau, Massenarbeitslosigkeit. Wie passt das zusammen?

AUGSTEIN: Wenn ich sage, Deutschland ist ein kerngesundes Land, dürfen Sie die Ironie, die dabei mitschwingt, da das Zitat schließlich von Heine stammt, nicht außer Acht lassen. Ich bin wie Sie der Meinung, dass es Probleme gibt, für die man im Augenblick keine Lösung hat. Was Schopenhauer einen „ruchlosen Optimismus" nennt, können Sie mir wirklich nicht vorwerfen. Den hab ich nicht.

SPIEGEL: Ist es nicht Ausdruck einer Art präsidialer Gleichgültigkeit, dass der Herausgeber diese Probleme als nicht mehr so brennend empfindet? Ein politisches Blatt, haben Sie früher einmal gesagt, muss Opposition betreiben.

AUGSTEIN: Aber nur zu 51 Prozent. Von der Opposition allein kann man doch nicht leben, noch dazu, wenn man Rezepte gar nicht anzubieten hat. Wer nichts zu sagen hat, soll keine Kommentare schreiben.

SPIEGEL: Was ist aus dem Kämpfer Augstein geworden, der vor noch nicht allzu langer Zeit gesagt hat: „Kohl bleibt Kohl, da hilft auch kein Zylinder"?

AUGSTEIN: Gilt heute auch noch.

SPIEGEL: Heute lesen wir aber: „Kohl ist kein schlechter Politiker."

AUGSTEIN: Wenn ein Mann diese Durchsetzungsfähigkeit und diesen Fleiß hat und alles niederbügelt, dann ist er doch ein guter Politiker. Er mag eine schlechte Politik machen. Das ist etwas anderes.

SPIEGEL: Kann der Herausgeber Augstein seinem Blatt diese Bewertung des Politikers Kohl zumuten?

AUGSTEIN: Ich hab eins gelernt und allerdings auch schon frühzeitig gelernt: Man kann politische Gegner nicht wegschreiben.

SPIEGEL: Aber gegen sie anschreiben.

AUGSTEIN: Auch nicht.

SPIEGEL: Wollen Sie Kohl jetzt wegloben?

AUGSTEIN: Glauben Sie mir: Was Kohl angeht, habe ich eine ziemlich strikte Meinung. Im Grunde ist das eine subtile Art, mit ihm umzugehen, die ich für wirkungsvoller halte, als wenn man immerzu schreibt, Kohl ist tot oder am Ende, Kohl macht's nicht mehr lange. Das hilft nichts. Aber natürlich bin ich der Meinung, er sollte nach den nächsten Wahlen nicht mehr Kanzler sein, egal, ob was Besseres kommt oder nicht. Kohl hat sich verbraucht.

SPIEGEL: Sie haben geschwiegen, als in Hoyerswerda und Rostock Asylbewerberheime brannten, als in Mölln und Solingen Türken ermordet wurden. Warum?
AUGSTEIN: Da habe ich einen Fehler gemacht.
SPIEGEL: Eine Woche nach den Morden in Solingen haben Sie in einem Kommentar Ihre Ablehnung der doppelten Staatsbürgerschaft damit begründet, die Türken gehörten „einem Kulturkreis an, der mit dem unseren nichts gemein hat". Stehen Sie noch dazu?
AUGSTEIN: Durchaus, durchaus. Fahren Sie mal in den Osten der Türkei, besuchen Sie die Kurden, und fragen Sie die, wie sich die Türken dort benehmen.
SPIEGEL: Es geht nicht um die Türken in der Türkei, sondern um die Türken in Deutschland.
AUGSTEIN: Die Türken in Deutschland sind ja beinahe deutsche Staatsbürger, und sie könnten es, wenn sie es wollten, auch rechtlich werden. Ich bin gegen die doppelte Staatsbürgerschaft. Das ist graue Salbe. Die Politiker lösen das Problem mit einem Schlagwort: doppelte Staatsbürgerschaft. Nützen wird es gar nichts, und kommen tut sie auch nicht.
SPIEGEL: Am Ende scheint uns doch die Frage entscheidend: Wem nützt es? Und was Sie in diesem Fall geschrieben haben, könnte eher den Rechten genützt haben.
AUGSTEIN: Woher wissen Sie denn das? Sie können nicht behaupten, die Leute lesen den SPIEGEL und knüppeln dann Türken nieder. Wenn ich meiner Sache so sicher bin, ist mir egal, was andere Leute dazu sagen und schreiben. Das müssen Sie mir glauben, dass ich dafür eine Nase habe. Wenn man nicht weiß, was zu tun ist, muss ein Schlagwort her. Doppelte Staatsbürgerschaft, das klingt so gut. Und alle sagen: Jawohl, das ist die Lösung. Dann muss es doch einen geben, der sagt: Nein, das ist nicht die Lösung.
SPIEGEL: Die Franzosen, die zweifellos zu unserem Kulturkreis gehören...
AUGSTEIN: Das kann man wohl sagen, ja.
SPIEGEL: ... werden von Ihnen ebenfalls rüde attackiert. Wenn Sie schreiben, Mitterrand und Balladur hätten nur ein Ziel, nämlich „Deutschland wirtschaftlich zu schädigen", dann erinnert das schon an revanchistische Töne nach dem Ersten Weltkrieg.
AUGSTEIN: Wenn Sie die Wahrheit nicht sehen wollen, müssen Sie sich einen neuen Herausgeber suchen.

SPIEGEL: Das deutschfeindliche Frankreich, das Sie beschreiben, haben die Nachkriegsgenerationen nie erlebt. Warum wittern Sie dauernd irgendwo eine Verschwörung?
AUGSTEIN: Ich wittere Politik. Die politische Klasse in Paris ist deutschfeindlich, nach wie vor. Und die Franzosen machen Europapolitik mit den besten Experten, die sie haben, wohingegen wir nach Brüssel die Leute schicken, die wir hier nicht mehr gebrauchen können. Auf diese Weise stehen wir nicht gleich zu gleich. Ich bin doch keiner, der schreit: Wir müssen in den Sicherheitsrat, wir brauchen das Vetorecht, wir wollen Deutsch als Amtssprache in Brüssel. Das ergibt sich alles von selbst. Aber ich bin für Vertragstreue und glaube nicht, dass die durch Gesten ersetzt werden kann.
SPIEGEL: In Ihren Kommentaren sind Sie oft ein ressentimentgeladener Provokateur.
AUGSTEIN: Wen provoziere ich denn?
SPIEGEL: Uns.
AUGSTEIN: Schadet nichts. Die Wahrheit muss ja doch ans Licht.
SPIEGEL: Margaret Thatcher wird vom SPIEGEL attackiert, weil sie immer noch sagt, die Deutschen seien furchtbar aggressiv, man müsse sie kontrollieren. Haben Sie nicht vergleichbare Vorurteile?
AUGSTEIN: Was Frau Thatcher angeht, brauche ich kein Vorurteil zu haben, da habe ich ein Urteil. Eine so erfahrene und tüchtige Politikerin, die sagt, die Gefahr, die jetzt von Deutschland ausgehe, sei auch militärischer Art – da muss ich schlucken. Ich möchte diese mitleidlose Dame nirgendwo bei uns an der Spitze sehen.
SPIEGEL: Sie geben mit gleicher Münze zurück, wenn Sie Gesamteuropa unterstellen, es wolle uns Deutsche „in unserem politischen Spielraum einengen und noch kräftig absahnen".
AUGSTEIN: Sagen sie doch alle selbst.
SPIEGEL: Schon wieder Ihre Verschwörungstheorie. Haben Sie etwas dagegen, wenn man Sie einen Nationalisten nennt?
AUGSTEIN: Ich denke national, daraus habe ich nie ein Hehl gemacht. Wir können nicht darauf verzichten, unsere nationalen Interessen wahrzunehmen, wenn alle anderen das auch tun. Wir müssen uns doch wehren dürfen gegen diesen dauernden Verdacht, wir wollten hier noch irgendwas erobern. Wir wollen nichts erobern. Wir verteidigen unsere Besitzstände. Das tun die anderen auch. Wir dürfen uns aber nie erlauben, das zu tun, was die Franzosen tun.

SPIEGEL: Ansichten eines Provinzlers, wie Sie sich selbst mal genannt haben?
AUGSTEIN: Ja, aber eines weit gereisten Provinzlers.
SPIEGEL: Bei vielen Themen hat die Redaktion schon gegen Sie angeschrieben, in Sachen Maastricht sogar sehr demonstrativ.
AUGSTEIN: Sehr dämlich allerdings auch.
SPIEGEL: Wie weit darf sich ein Herausgeber von seiner Redaktion entfernen?
AUGSTEIN: Rein rechtlich bestimmt der Herausgeber die geistige Richtung des Blattes. Dies war natürlich immer Makulatur. Ich bin doch keine Verhinderungsmaschine. Aber der Herausgeber muss sich nicht allem anpassen, was in dem Blatt, das er herausgibt, gedruckt wird. Ich schreibe, was ich denke, weil das die einzige Richtlinienkompetenz ist, die mir verblieben ist. Und nach der muss sich niemand richten.
SPIEGEL: Und das soll die ganze Macht des Herausgebers sein?
AUGSTEIN: Alle diese Hebel, die man theoretisch hat, nutzen sich so schnell ab. Wenn ich meine Befugnisse ausschöpfen würde, das wäre verheerend. Aktionismus können Sie von mir nicht erwarten, und das tut dem Blatt gut. Sie wissen, wir haben keine schriftliche Verfassung, was geschrieben werden darf und was nicht.
SPIEGEL: Alles ist möglich?
AUGSTEIN: Wir müssen den Lesern gute Geschichten liefern. Lesbar und informativ müssen sie sein, und vergnüglich dürfen sie auch sein.
SPIEGEL: Das finden die Leser auch im „Playboy".
AUGSTEIN: Wir müssen aber politisch kenntlich sein. Wir können allerdings nicht sagen, wir sind ein Blatt, das nur linke Positionen vertritt, wo es linke Positionen in dem Sinne wie früher gar nicht mehr gibt. Es geht ja jetzt alles immer quer durch alle Reihen. Aber aus der Entstehungsgeschichte des SPIEGEL ergibt sich doch, dass bestimmte Dinge bei uns nicht möglich sind.
SPIEGEL: Zum Beispiel?
AUGSTEIN: Ich würde nur von einem Autor, der nicht der Redaktion angehört, eine Geschichte wollen, die etwa den päpstlichen Standpunkt in der Abtreibungs- und Pillenfrage befürwortet. Als Meinung des Blattes könnte es nicht erscheinen.
SPIEGEL: In solch fundamentalen Fragen ist die Redaktion sich ziemlich einig…

AUGSTEIN: ... aber bei weniger fundamentalen Fragen werde ich manchmal ausgetrickst. In einer Serie über den Hitler-Stalin-Pakt hieß es, der polnische Außenminister Beck sei stets betrunken gewesen. Da hab ich gesagt: An solchen Maßstäben kann man die Menschen nicht messen. Daraufhin haben sie geschrieben: „tipsy". Da habe ich nachgeguckt, was „tipsy" heißt, nämlich betrunken. Ich hätte mithin sagen können: Ihr habt mich gelinkt. Doch das sind Sachen, um die ich keinen Krach mache.
SPIEGEL: Sind Sie ein ängstlicher Mensch?
AUGSTEIN: Wenn Sie mich foltern, werde ich sofort versuchen, alles auszusagen, was Sie hören wollen, aber sonst bin ich nicht ängstlich.
SPIEGEL: Sind Sie als Journalist ängstlich?
AUGSTEIN: Ich weiß nicht, ob diese Frage gerade auf mich passt.
SPIEGEL: Es gibt Kollegen, die sich daran erinnern, dass Sie vor SPIEGEL-Gesprächen kalkweiß waren ...
AUGSTEIN: O Gott, o Gott!
SPIEGEL: ... und angespannt und richtig nervös. Können Sie sich daran erinnern? Oder waren das bös meinende Kollegen?
AUGSTEIN: Nein, das waren überqualifizierte Kollegen, die Wahrnehmungsfähigkeiten haben, die mir abgehen. Richtig erschrocken habe ich mich zuletzt, als ich in New York saß und die Falschmeldung hörte, Barschel habe sich erschossen. Da dachte ich, o Gott, o Gott, Ehrenwort, Ehrenmann, Ehrenrevolver, Ehrenschuss. Ich fürchtete damals, die Chefredakteure könnten ein zu großes Rad gedreht haben. Inzwischen weiß man, es lag genug auf dem Tisch, und Barschel, so wie er war, konnte durchaus an Selbstmord denken.
SPIEGEL: In wichtigen Fragen reden beim SPIEGEL auch die Mitarbeiter mit. 1974 haben Sie ihnen 50 Prozent der Anteile am SPIEGEL geschenkt, die Mitarbeiter bestimmen seither bei allen wichtigen Entscheidungen mit. Sie wollten dann 1989 dieses Modell wieder rückgängig machen. Warum?
AUGSTEIN: Ich hatte Zweifel. Ich war unsicher, ob wir uns dadurch nicht zu sehr blockierten. Ich dachte mir, dass wir unbeweglicher seien als andere. Es geht oft darum, dass wir gern Rücklagen bilden würden, anstatt die Gewinne auszuschütten. Da sind die Mitarbeiter natürlich ein bisschen schwerhörig.
SPIEGEL: Das heißt, Sie haben Ihre Großzügigkeit bereut?

AUGSTEIN: Zwischendurch habe ich es bereut. Heute tue ich das nicht mehr. Wir sind zwar etwas unbeweglicher als andere, aber das wird durch das größere Selbstbewusstsein der Mitarbeiter kompensiert.
SPIEGEL: Die Unbeweglichkeit des Unternehmens geht doch in erster Linie auf Sie zurück. War nicht der ärgste Gegner des Unternehmers Augstein der Zauderer Augstein, der eine Tageszeitung, eine Druckerei, ein Fernseh-Engagement nie so richtig gewollt hat?
AUGSTEIN: Ich bin gar kein Unternehmer. Verleger bin ich nur im Nebenberuf.
SPIEGEL: Im Vergleich zu Axel Springer oder Franz Burda sind Sie immer der Journalist Augstein geblieben. Wurmt Sie das?
AUGSTEIN: Ich halte von Journalismus so viel, dass ich mich über Springer und Burda weiß Gott nicht erregen muss. Springer war ein großartiger Unternehmer, aber ein Journalist in unserem Sinne ist er nicht gewesen.
SPIEGEL: Sie haben Ihren Erfolg selbst ja mal so definiert: „etwas Sein, etwas Schein, etwas Schwein". Könnten Sie das ein bisschen gewichten?
AUGSTEIN: Zumindest nicht mehr scheinen als sein.
SPIEGEL: Und das Schwein?
AUGSTEIN: Ja, Schwein muss man haben. Glück eben. Und das hatte ich, und nicht zu knapp.
SPIEGEL: Lesen Sie „Focus"?
AUGSTEIN: Gewiss nicht. Ich blättere es ein bisschen durch.
SPIEGEL: Haben die keine guten Geschichten?
AUGSTEIN: I wo.
SPIEGEL: Und das bunte Layout? Sollte der SPIEGEL seines ändern?
AUGSTEIN: Wenn's nach mir ginge, hätten wir noch das Layout von 1947.
SPIEGEL: Wie furchtbar.
AUGSTEIN: Deswegen mische ich mich da auch nicht ein, ich bin da zu konservativ. Das mag auch am Alter liegen.
SPIEGEL: Wird es nach Ihnen noch einen Herausgeber geben?
AUGSTEIN: Das ist nicht zwingend für die Zukunft.
SPIEGEL: Ihr Verlegerkollege Gerd Bucerius hat Helmut Schmidt zum Herausgeber der „Zeit" berufen. Planen Sie Ähnliches?
AUGSTEIN: Einen Politiker? Um Gottes willen, das fehlte noch.

SPIEGEL: Der „Stern" ist nach dem Ausscheiden seines Gründers und Herausgebers Henri Nannen in eine Führungskrise geraten. Könnte dem SPIEGEL das gleiche Schicksal drohen?

AUGSTEIN: Wenn ein Mensch abhaut, der mehr oder weniger durch Zufall Gründer wurde, ist das immer schwierig. Es wird immer Leute geben, die dann sagen, das hätte es unter Kaiser Wilhelm nicht gegeben. Die Wahrheit ist: Auch wenn ich, wie der Jurist sagt, wegfalle, wird der SPIEGEL sich gut weiterentwickeln.

SPIEGEL: Das Fernsehen knabbert an den Marktanteilen auch der Printmedien, das Wort verliert an Kraft. Verliert der SPIEGEL an Einfluss?

AUGSTEIN: Die Reizüberflutung könnte uns irgendwann schaden. Es ist schwer, etwas dagegen zu tun, weil es eine so allgemeine Gefahr ist. Aber um die nächsten 30 Jahre ist mir nicht bange.

SPIEGEL: Dann wären Sie 100. Wollen Sie eigentlich ewig leben?

AUGSTEIN: Auf keinen Fall. Selbst wenn Sie mir jetzt ewiges Leben anbieten, ich würde es nicht annehmen.

SPIEGEL: Herr Augstein, wir danken Ihnen für dieses Gespräch.

Morgen früh kann ich tot sein

Ein „Zeit"-Gespräch zum 70. Geburtstag

Für die „Zeit" vom 15. Oktober 1993 führte André Müller mit dem fast 70-jährigen Rudolf Augstein das wohl persönlichste Gespräch, dem sich der SPIEGEL-Herausgeber stellte.

ZEIT: Sie sind der bekannteste, wohl auch bedeutendste Publizist in Deutschland. Sie schreiben seit 45 Jahren politische Kommentare. Aber Sie haben schon früh geäußert, dass durch das Schreiben nichts zu bewegen sei.
AUGSTEIN: Es gibt in mir den Journalisten, der seine Arbeit tut, und daneben den Viertelphilosophen, der weiß, dass er durch Journalismus substanziell nichts verändern kann.
ZEIT: Ist das nicht schizophren?
AUGSTEIN: Nein, das ist es nicht. Ein Journalist, der über Ökologie einen Artikel schreibt, tut das nicht, um die Ökologie zu retten, sondern weil er die kleine Hoffnung hat, andere Menschen dazu zu bringen, dass sie etwas vernünftiger leben.
ZEIT: Diese Hoffnung haben Sie nicht.
AUGSTEIN: Doch.
ZEIT: Ihre Maxime, so sagten Sie in einem Fernsehinterview, heißt: „Hoffung ist gut, doch nicht zu hoffen ist Verstand."
AUGSTEIN: Man kann ja in Widersprüchen denken, in Widersprüchen schreiben und handeln, man muss es sogar. Lesen Sie Nietzsche, da finden Sie dauernd den Widerspruch.
ZEIT: Nietzsche hat ja keine SPIEGEL-Kommentare geschrieben.
AUGSTEIN: Damals gab es die Ökologie noch nicht.
ZEIT: Ein Meinungsjournalist, der alle zwei Wochen zu einem bestimmten Thema Stellung bezieht, muss doch, zumindest während er schreibt, den Zweifel an Sinn und Zweck seines Tuns unterdrücken.
AUGSTEIN: Ich will ja nur, dass die Journalisten ihr Tun nicht überschätzen. Vielleicht kennen Sie die Geschichte von dem Schuster in Ungarn, der jede Woche einen Artikel gegen den Zaren schreibt,

anschließend zur Brotzeit geht und sagt, der wird sich aber am Montag ärgern.
ZEIT: Das genügt als Motiv?
AUGSTEIN: Ja.
ZEIT: Vor drei Jahren konnten Sie sich nicht vorstellen, dass Sie mit 70 immer noch für den SPIEGEL schreiben.
AUGSTEIN: Das war damals die Lage. Die hat sich geändert. Meiner Ansicht nach wäre es im Augenblick falsch aufzuhören, aus internen Gründen.
ZEIT: Halten Sie sich für unentbehrlich?
AUGSTEIN: Unentbehrlich ist niemand. Aber es ist ein Unterschied, ob ich tot bin oder als Lebender nichts für den Laden tue.
ZEIT: Schon in den fünfziger Jahren sagten Sie, der SPIEGEL langweile Sie.
AUGSTEIN: Das habe ich immer gesagt, bis ich mich daran gewöhnte.
ZEIT: Eigentlich wollten Sie Dichter werden.
AUGSTEIN: Nein, ich bin kein Dichter, auch kein Dramatiker.
ZEIT: Ihr einziges Theaterstück „Die Zeit ist nahe", 1947 uraufgeführt in Hannover, wurde in Ihrem eigenen Magazin verrissen.
AUGSTEIN: Ja, zu Recht und mit meiner Hilfe.
ZEIT: Von Ihren Gedichten sind zwei bekannt. Das eine, das Sie mit 17 schrieben, heißt „Sehnsucht nach dem Guten" und beginnt so: „Oh Gott, ich habe das Große gewollt, ich wollte den Himmel offenbaren, der über den dunkelsten Tiefen schwebt, ich wollte die weite Welt durchfahren und das Schöne preisen, das darin lebt wie im Stein das Gold. "
AUGSTEIN: Das hat mir damals gefallen. Heute gefällt es mir natürlich nicht.
ZEIT: Das zweite, „Brunnen in der Ukraine", spielt auf Ihre Kriegserlebnisse an: „Der Brunnen Arme ragten nicht so steil zum Himmel auf, war nicht das Wasser tief in Bodens Grund. Doch lärmt kein Eimer, weil sie stumm sind wie das Land, das ewig schlief. Sie klagen schweigend, und sie klagen an, weil Menschenmund sich nicht zur Klage fand. Als Gottes Finger drohn sie wolkenan. Doch, die das Land schlug, war's nicht Gottes Hand?" Wie viele Gedichte haben Sie noch geschrieben?
AUGSTEIN: 20 vielleicht.
ZEIT: Man merkt, dass Sie gläubig waren.

AUGSTEIN: Damals schon nicht mehr.
ZEIT: Sie sind in einem katholischen Elternhaus aufgewachsen. Wann sind Sie vom Glauben abgefallen?
AUGSTEIN: Mit 13, 14. Ich habe ihn an der Kasse abgegeben.
ZEIT: Was war der Grund?
AUGSTEIN: Das weiß ich nicht mehr. Ich war bei den Jesuiten. Ich war auch kurze Zeit Messdiener, aber kein guter. Ich weiß nur, dass ich meinen Pater, als es geschehen war, fragte, ob man aus dem Glauben ohne eigene Schuld fallen kann. Darauf hat er geantwortet, es gebe zwei Denkschulen, die sich dazu verschieden äußern. Das hat mir genügt. Ich habe jene Schule gewählt, in der man den Glauben schuldlos verlieren kann, und ihn dann nie wiedergefunden, es auch nicht gewollt.
ZEIT: Das stimmt nicht. In einer Rede vor der Evangelischen Akademie in Tutzing haben Sie sich als „Wunsch-Religiöser" bezeichnet.
AUGSTEIN: Mag sein, dass ich das in einem Schwächeanfall mal so dahingesagt habe.
ZEIT: 1987.
AUGSTEIN: Das ändert sich doch so oft. Mein Bedürfnis an Religion ist begrenzt. Man möchte wissen, was die Welt zusammenhält, aber man weiß es doch nicht.
ZEIT: Sie waren viermal verheiratet. Jetzt haben Sie eine Lebensgefährtin. Können Sie sich ein Leben ohne Partnerin vorstellen?
AUGSTEIN: Schwer.
ZEIT: Weshalb?
AUGSTEIN: Sie fragen mich, warum ich ohne Frauen nicht leben kann?
ZEIT: Ja.
AUGSTEIN: Ich kann doch nicht sagen, dass ich gern ficken möchte, oder wollen Sie das jetzt hören?
ZEIT: Nicht unbedingt.
AUGSTEIN: Na, sehen Sie.
ZEIT: Ich dachte, es hat vielleicht damit zu tun, dass ein nichtreligiöser Mensch dringender eine Stütze braucht.
AUGSTEIN: Stützen braucht jeder Mensch, ob religiös oder nicht.
ZEIT: Nach vier Scheidungen drängt sich die Frage auf, ob Sie zu viel von den Frauen erwartet haben.
AUGSTEIN: Vielleicht die Frauen von mir.
ZEIT: Waren Sie der Verlassene?

AUGSTEIN: Einmal, ja. Meine erste Frau habe ich geheiratet, weil sie schwanger war und ich bis heute der Ansicht bin, ein Kind soll den Namen des Vaters haben. Abtreiben ging damals nicht in Hannover.
ZEIT: Ihr erster Sohn war kein Wunschkind.
AUGSTEIN: Mehr oder weniger.
ZEIT: Stefan.
AUGSTEIN: Jetzt Maria Sabine.
ZEIT: Nach einer Geschlechtsumwandlung.
AUGSTEIN: Ja, ich habe versucht, sie als Sohn zu behalten, aber sie hat sich durchgesetzt. Es ist komisch, auch das zweite Kind war kein Wunschkind, aber an dem Tag, als es geboren war, wurde es eines. Das dritte war gewollt, das vierte war ein Wunsch meiner damaligen Frau, den ich teilte.
ZEIT: Wie wichtig sind Ihnen die Kinder?
AUGSTEIN: Ich bilde mir ein, dass ich ohne sie nicht mehr am Leben wäre. Ich brauche sie.
ZEIT: Sie brauchen es, von ihnen geliebt zu werden.
AUGSTEIN: Ich nehme es an. Ist ja auch keine Schande.
ZEIT: Nein, bestimmt nicht. Mir fällt auf, dass Sie darüber ohne jeden Zynismus sprechen.
AUGSTEIN: Ich bin ja nicht immer zynisch.
ZEIT: Der Zynismus, sagen Sie, sei Ihre Lieblingstugend.
AUGSTEIN: Ja, kein Zyniker zu sein ist in heutiger Zeit nahezu lebensgefährlich.
ZEIT: Weil man ohne Zynismus am Leben verzweifeln würde.
AUGSTEIN: Könnte sein.
ZEIT: Sie würden Selbstmord begehen.
AUGSTEIN: So weit bin ich noch nicht, weil ich glaube, dass zwar jeder das Recht hat, sich umzubringen, man aber nur dann davon Gebrauch machen sollte, wenn man schwer krank ist.
ZEIT: Ist das eine moralische Forderung?
AUGSTEIN: Nein. Ich meine nur, es gibt genug Dinge, die wichtig sind und die man tun kann. Einen wirklichen Grund für den Selbstmord außer sehr schwerer Krankheit sehe ich nicht. Dann allerdings ist es ein absoluter Grund.
ZEIT: Albert Camus beginnt sein Buch „Der Mythos von Sisyphos" mit der Behauptung, das einzige wirklich ernste philosophische Problem sei der Selbstmord. Einen Lebenssinn gebe es nicht. Der Mensch,

der den Selbstmord vermeiden will, müsse sich dazu entschließen, das Sinnlose zu tun, bewusst und so lange wie möglich.
AUGSTEIN: Ja, und er wird dabei glücklich sein.
ZEIT: Sind Sie das?
AUGSTEIN: In diesem Sinn, ja.
ZEIT: Sie haben es nicht nötig zu glauben, dass das, was Sie tun, sinnvoll ist.
AUGSTEIN: Ich war ja zu Anfang ein Nullphilosoph. Den Gedanken, warum man handelt, habe ich mir zu Anfang gar nicht gemacht. Ich war jung und wurde durch Zufall in eine Aufgabe gestellt, die ich, so gut ich konnte, erfüllen wollte. Uns ging es doch nach dem Krieg ziemlich gut. Wir haben uns nicht gefragt, warum das so ist, oder doch, aber wir haben nicht philosophisch gefragt. Heute würde man sagen, wir haben nicht hinterfragt.
ZEIT: Sie wollten auf die Politik Einfluss nehmen.
AUGSTEIN: Ja, natürlich. Dass ein Journalist seine Leser beeinflussen will, ist doch nicht ungewöhnlich. Das kann er tun.
ZEIT: In Ihrem Fall aber wissend, dass es ihm nicht gelingt.
AUGSTEIN: Das ist nicht wahr. Es ist vieles gelungen.
ZEIT: Sie haben verhindert, dass Franz Josef Strauß Kanzler wurde.
AUGSTEIN: Zum Beispiel.
ZEIT: Aber diesen Erfolg heben Sie doch sofort wieder auf, indem Sie sagen ...
AUGSTEIN: ... er sei es in gewisser Weise dann doch geworden.
ZEIT: Nein, indem Sie sagen, die Geschichte wäre auch ohne Sie so verlaufen.
AUGSTEIN: Auf Dauer, ja. Auf Dauer verläuft alles, was wir Menschheit nennen, in einem Nichts, das wir nicht kennen.
ZEIT: Sie sprechen vom Menschheitsende.
AUGSTEIN: Ja. Ich kenne viele, die glauben, dass wir in 2000 Jahren immer noch existieren werden. Ich glaube das nicht. Es wird eine Katastrophe geben, und die wird niemand verhindern können. Im Jahr 2030 werden auf der Erde dreimal mehr Menschen als heute leben. Das sind zu viele, und nichts spricht dafür, dass Pest, Aids oder Kriege daran etwas ändern werden.
ZEIT: Der Philosoph Hans Jonas sagt eine Zunahme der Unfreiheit in den Industriestaaten voraus, weil die Umwelt den Verzicht auf vieles erzwingen werde, wenn es den Politikern nicht gelingt, Ein-

schränkungen, die man sich freiwillig auferlegt, durchzusetzen. In der Demokratie, so Jonas, werden die Politiker, da sie im Hinblick auf Wahlen nicht Verzicht propagieren können, dazu nicht in der Lage sein. Also bliebe nichts anderes übrig, als eine Art Tyrannei einzuführen.

AUGSTEIN: Das geht nicht, weil es einen tyrannischen Generalsekretär der Uno nicht geben kann. So wie es jetzt ist, sind die doch nicht einmal in der Lage, in Somalia etwas Vernünftiges auf die Beine zu stellen.

ZEIT: Muss ein Mensch, der denkt wie Sie, nicht in Depressionen verfallen?

AUGSTEIN: Nein. Man kann Angst vor der Zukunft haben, man muss es sogar. Aber man muss nicht Depressionen haben. Furcht ist begründet. Gewaltsame Konflikte stehen bevor. Jugoslawien ist erst der Anfang. Wir werden unseren Eurozentrismus aufgeben müssen. Es wird zu Umverteilungskämpfen ungeahnten Ausmaßes kommen. Ich glaube nicht, dass wir die Instrumente haben, damit fertig zu werden.

ZEIT: Jetzt reden Sie wie ein alttestamentarischer Prophet, der hoffentlich Unrecht hat.

AUGSTEIN: Ich bin nur der Prophet Amos. Das ist ein sehr kleiner Prophet.

ZEIT: Es bereitet Ihnen Vergnügen, Dinge zu prophezeien, auch wenn Ihre Voraussage sich später als falsch erweist.

AUGSTEIN: Vergnügen nicht.

ZEIT: Geirrt haben Sie sich schon oft.

AUGSTEIN: Ja.

ZEIT: Die deutsche Wiedervereinigung haben Sie nicht mehr für möglich gehalten.

AUGSTEIN: Nicht zu diesem Zeitpunkt. Aber da ich mich hier in zwar nicht guter, aber allseitiger Gesellschaft befinde, macht mir das nicht viel aus. Ich habe mich geirrt wie alle anderen auch.

ZEIT: Nicht alle. Adenauer hat darauf gebaut, dass der Ostblock, wenn der Westen stark bleibe, von selber zusammenbricht.

AUGSTEIN: Auch Adenauer war am Schluss seines Lebens sehr skeptisch. Er glaubte nicht, dass der Osten in einer ernsthaften Krise stecke. In Wahrheit gab es diese Krise schon damals. Wir haben das alle falsch eingeschätzt. Wir haben diesen Staat, die DDR, am

Leben gehalten, teils aus Eitelkeit, siehe Strauß, der sich gegen Kohl profilieren wollte, teils aus achtbaren Gründen. Wir haben Herrn Honecker die roten Teppiche hingelegt.

ZEIT: Sie waren einer der Ersten, der für die staatliche Anerkennung der DDR eintrat. 1967, in einem Vortrag an der Hamburger Universität, sagten Sie, in der DDR sei ein menschenwürdiges Leben möglich. Wörtlich: „Die DDR hat Aussicht, irgendwann die Mehrheit ihrer Arbeiter und einen Teil der Intelligenz für sich zu gewinnen."

AUGSTEIN: Ja, da lag der Irrtum. Wir haben dem gesamten Ostblock, China gibt es ja übrigens noch, auch Nordkorea, obwohl nicht mehr lange, eine Lebenszeit zugetraut, die über die unsrige weit hinausgehen würde.

ZEIT: Den Bau der Berliner Mauer nannten Sie ein vernünftiges Unternehmen.

AUGSTEIN: Ein notwendiges, weil es keine Alternative gab, und was notwendig ist, das ist auch vernünftig, sagt Hegel.

ZEIT: Haben Sie sich mit Ihren damals eher linken Ansichten bei den Studenten anbiedern wollen?

AUGSTEIN: Na ja, ein bisschen habe ich mich schon angebiedert.

ZEIT: Um nicht als reaktionär dazustehen?

AUGSTEIN: Das ist schwierig. Ich hielt von der Studentenbewegung im Einzelnen nichts, aber ich hielt sie im Ganzen für nötig.

ZEIT: Wieso?

AUGSTEIN: Wir waren doch damals ein arg verspießertes Land.

ZEIT: Sind wir das heute nicht?

AUGSTEIN: Doch, heute wieder.

ZEIT: 1956 sind Sie in die FDP eingetreten. Im Jahr darauf kandidierten Sie zum ersten Mal für den Bundestag.

AUGSTEIN: Ja, weil wir, mein Freund Wolfgang Döring, andere und auch ich, Adenauer absetzen wollten, was uns vielleicht auch gelungen wäre, hätte es nicht den Ungarn-Aufstand gegeben, der Adenauers Politik gegenüber der Sowjetunion zu bestätigen schien.

ZEIT: Warum haben Sie sich nicht der SPD angeschlossen?

AUGSTEIN: Die kam für mich nie in Frage. Deren Ideologie habe ich damals schon nicht gemocht, und sie ist auch jetzt nicht viel wert.

ZEIT: Welche Ideologie?

AUGSTEIN: Verstaatlichung der Banken, der Versicherungen und so

weiter. Bis zum Godesberger Programm 1959 war die SPD für mich gar nicht wählbar, die CDU ohnehin nicht. Also was blieb dann übrig?
ZEIT: Bei Ihrem zweiten Versuch, in die Politik einzusteigen, 1972, kamen Sie dann doch in den Bundestag. Drei Monate später gaben Sie Ihr Mandat wieder zurück.
AUGSTEIN: Dafür hatte ich Gründe.
ZEIT: Sie wollten Fraktionsvorsitzender werden. Es blieb aber Mischnick.
AUGSTEIN: Das stimmt. Alle dachten, er werde Minister. Es stimmt aber auch, dass der damalige Chefredakteur des SPIEGEL, Günter Gaus, Ständiger Vertreter der Bundesrepublik in Ost-Berlin wurde.
ZEIT: Der SPIEGEL brauchte Sie. Waren Sie insgeheim froh darüber?
AUGSTEIN: Ja.
ZEIT: Die „FAZ" schrieb damals, Sie müssten beschwipst gewesen sein, als Sie meinten, Sie könnten Politiker werden.
AUGSTEIN: Das kann man ja schreiben. Richtig ist, ich wollte kein Journalist mehr sein, sondern im Bundestag eine Rolle spielen. Richtig ist auch, dass das dumm von mir war. Aber ich habe dazugelernt.
ZEIT: Sie sind zum Journalismus zurückgekehrt, dessen Aufgabe, so schrieben Sie 1947, es sei, „den tierischen Bierernst und die Wichtigtuerei" in der Politik bloßzustellen. Glauben Sie, den Mächtigen mit Ironie beizukommen?
AUGSTEIN: Man kann es versuchen.
ZEIT: Bei Helmut Kohl ist es nicht gelungen.
AUGSTEIN: Teilweise doch.
ZEIT: Den haben Sie einen „Tölpel", „Tolpatsch", „außenpolitischen Trümpel" und „Minus-Kanzler" genannt. Genutzt hat es nichts.
AUGSTEIN: Der Kohl ist so bräsig und im Übrigen so gut im Geschäft, dass bei dem gar nichts nützt. Man darf auch nicht übersehen, wie fleißig er ist, und das bei einer Fress- und Sauflust, die ihresgleichen sucht.
ZEIT: War Helmut Schmidt weniger fleißig?
AUGSTEIN: Schmidt aß und trank doch nur mäßig.
ZEIT: Ich wusste gar nicht, dass Kohl ein Trinker ist.
AUGSTEIN: Der belohnt sich mit Essen und Trinken.
ZEIT: Ärgert es Sie, dass er dem SPIEGEL keine Interviews gibt?
AUGSTEIN: Gar nicht, weil das sehr langweilige Gespräche wären, wie man sie überall lesen kann ...

ZEIT: Nicht langweiliger als Gespräche mit Töpfer, Glotz oder Blüm.
AUGSTEIN: Der Blüm ist doch ganz originell. Ein häufiger Gesprächspartner des SPIEGEL war Franz Josef Strauß.
ZEIT: In Ihrer „Rede über das eigene Land", 1984 an den Münchner Kammerspielen, haben Sie ihn „mein Freund" genannt.
AUGSTEIN: Das war ironisch gemeint. Ein richtiger Freund war er natürlich nicht. Aber ich hatte manch schönes Erlebnis mit ihm. Der Strauß hatte, was in der Politik wenige haben, er hatte Gemüt. Als seine Frau starb, hat er mir richtig Leid getan. Wie ein nasser Sack hat er dagesessen. Die Marianne war ja eine sehr starke Frau. Die hat ihm tatsächlich verboten, sich ein Schwimmbad zu kaufen, obwohl er das sicher gut hätte gebrauchen können. Ich war dabei. Das kost' zu viel, Franzi, hat sie gesagt. Ich hab ihn gefragt, Herr Strauß, warum gehen Sie jedes Jahr nach Bayreuth? Er hat geantwortet, mit dem „Parsifal" und dem „Tristan" und dem „Ring", da hob i meine Schwierigkeiten, aber schaun S'... Weiter kam er nicht, denn seine Frau fuhr dazwischen und sagte, geh, Franzi, red kan Stuss, was du da machst, das ist Grenzlandförderung. Ganz geduckt hat er dagesessen.
ZEIT: Glauben Sie immer noch, er wäre als Kanzler eine Gefahr für die Demokratie gewesen?
AUGSTEIN: Ja, das glaube ich. Er hat doch bis zuletzt Atomwaffen gewollt, und er hatte überhaupt kein Verhältnis zum Recht. Hätten Adenauer und Strauß einander nicht so gehasst, wären sie wirklich gefährlich gewesen.
ZEIT: In seinen „Erinnerungen" vergleicht er Sie mit dem germanischen Sagengott Loki.
AUGSTEIN: Wahrscheinlich dachte er, das sei die Frau von Helmut Schmidt.
ZEIT: Nein, er schreibt: „Augstein, von Komplexen geplagt, ist in der deutschen Publizistik das, was der listig-verschlagene Loki in der germanischen Sagen- und Götterwelt ist."
AUGSTEIN: Dagegen habe ich nichts.
ZEIT: Mit den „Komplexen" spielt er auf Ihre Kleinwüchsigkeit an. Sie sind nur knapp 1,70 Meter groß.
AUGSTEIN: Das ist ein so alter Hut, den hätte man schon beim Bau der Pyramiden als veraltet zurückgewiesen. Aber es ist ganz klar, dass ein Mann wie Strauß so denken muss.

ZEIT: Weil er sich Ihren Nihilismus nur so erklären kann.
AUGSTEIN: Nihilismus kann ja verschiedene Bedeutungen haben. Man kann die von Nietzsche nehmen ...
ZEIT: Der Nihilist als der letzte Vollender, damit Neues entsteht.
AUGSTEIN: Ja, aber man soll mich nicht überschätzen. Ein astreiner Nihilist bin ich nicht.
ZEIT: Sehr ausführlich geht Strauß auf einen Vorfall ein, der sich 1979 auf Sardinien ereignet hat. Sie wurden auf dem Flugplatz von Olbia mit 40 Gramm Haschisch im Gepäck festgenommen und von einem italienischen Gericht zu 16 Monaten Haft auf Bewährung und einer Geldstrafe verurteilt. Strauß meint, damals hätte „die politische und publizistische Kumpanei" so funktioniert, dass in der Presse über den Fall kaum berichtet wurde.
AUGSTEIN: Das ist Unsinn. Erstens war die Tasche, in der man das fand, nicht meine Tasche, sondern es hatte mich ein Mensch, der mit dem Motorrad nach Griechenland fahren wollte, darum gebeten, sein Gepäck mitzunehmen, zweitens war ich verurteilt, bevor ich einen Rechtsanwalt oder Richter auch nur gesehen hatte, und drittens bin ich von der Staatsanwaltschaft in Hamburg, die genauso zuständig war, zwar gehört, aber nicht angeklagt worden.
ZEIT: Hätte es Ihnen geschadet, als jemand dazustehen, der Haschisch raucht?
AUGSTEIN: Damals ja.
ZEIT: Inwiefern?
AUGSTEIN: Das ist in der „FAZ" nachzulesen, wo stand, ich hätte die Gesetze des Gastlandes verletzt.
ZEIT: Rauschgiftsüchtig sind Sie nicht, aber über Ihre Trinkgewohnheiten haben Sie in einem „Playboy"-Interview Auskunft gegeben. Damals, 1978, tranken Sie, Zitat, „mäßig, aber regelmäßig, etwa sechs Flaschen Bier pro Tag".
AUGSTEIN: Das tun doch andere auch. Goethe war als der trinkfesteste Mann im ganzen Ländchen bekannt und wurde deshalb von seinem Herzog beneidet. Ich bin nicht so trinkfest wie Goethe, leider, aber vielleicht wie sein Herzog. Im Hause Goethe ist der Sohn am Alkohol gestorben, die Ehefrau. Sie müssen einmal die Rechnungen lesen, die alle erhalten sind, die dringenden Briefe, man solle endlich den Wein ranschaffen.
ZEIT: Was wollen Sie damit sagen?

AUGSTEIN: Irgendwann haben alle getrunken.
ZEIT: Alle Großen.
AUGSTEIN: Ja. Bismarck wäre 1883 gestorben, hätte nicht sein Hausarzt, Ernst Schweninger, alles kontrolliert, was er zu sich nahm. Als einmal die Fürstin mit einer Flasche Champagner unter der Schürze kam, sagte Schweninger, was haben Sie da? Sag ich nicht, sagte sie. Darauf Schweninger, na, wollen wir doch mal sehen, und reißt ihr die Schürze hoch, nimmt den Champagner und schleudert ihn durch die Fensterscheibe.
ZEIT: Trinken Sie, weil Sie verzweifelt sind?
AUGSTEIN: Sie sind entsetzlich! Sie machen Ihre Interviews mit drei Wörtern, Tod, Selbstmord, Verzweiflung. Hitler hat zwei gebraucht.
ZEIT: Welche?
AUGSTEIN: Mein Kampf.
ZEIT: Es ist doch nicht abwegig anzunehmen, dass jemand, der an der Welt leidet wie Sie, trinkt, um sich abzulenken.
AUGSTEIN: Warum wollen Sie denn immer auf das Leiden hinaus?
ZEIT: Ja, leiden Sie vielleicht nicht?
AUGSTEIN: Doch, aber körperlich. Ich kann nicht mehr richtig gehen, weil ich Rheuma habe oder Gicht oder sonst noch was. Ich hab Probleme mit den Zähnen. Darunter leide ich.
ZEIT: In der schon erwähnten Rede in Tutzing sprachen Sie auch über die Zwangsläufigkeit von Geschichte. Der Mensch bestimme nicht selbst, was er tut. Ein Ausspruch von Theodor Heuss, den Sie häufig zitieren, heißt: „Wir sind nur Zuschauer unseres Schicksals."
AUGSTEIN: Ich gehe davon aus, dass der Mensch nicht das tut, was er will, sondern an dem, was er tut, erkennt, wer er ist. Er braucht aber, um zu überleben und wirken zu können, die Selbsttäuschung, er könne sich so oder so entscheiden. Ich habe mich oft gefragt, was wäre, wenn Cäsar Gallien nicht erobert hätte. Gäbe es dann kein Frankreich? Wären wir ärmer dadurch? Aber die Frage ist müßig, denn Cäsar hatte überhaupt nicht die Möglichkeit, etwas anderes zu tun als das, was er zu wollen meinte.
ZEIT: Sie gehen noch weiter und sagen, auch Hitler hätte nicht anders handeln können, was, zu Ende gedacht, die Aufhebung von Schuld bedeutet.
AUGSTEIN: Es geht nicht um Schuld. Schuld ist eine unerlässliche Verkehrsregel unter den Menschen. Aber wir können uns doch nicht

einbilden, dass ein einzelner Mensch Schuld daran hat, wenn in hundert Jahren unser Planet frei von Menschheit ist.
ZEIT: Davon spreche ich nicht. Ich spreche von der Verantwortung für die Toten von Auschwitz. Sie sagen, die würden relativiert durch die Geschichte.
AUGSTEIN: Natürlich. Hier nähere ich mich ein bisschen Ernst Nolte. Die zweite Atombombe auf Japan war doch bestimmt ein Verbrechen, so, als hätte nicht schon die erste genügt. Ich setze das nicht mit den sechs Millionen von den Nazis ermordeten Juden gleich. Der Holocaust war ein Verbrechen, das mit nichts zu vergleichen ist. Aber dass das in hundert Jahren noch so gesehen wird oder in zweihundert, glaube ich nicht.
ZEIT: In Ihrem Buch „Jesus Menschensohn" schreiben Sie: „Israel hing seinem Gott desto unterwürfiger an, je schlechter es von ihm behandelt wurde."
AUGSTEIN: Ja, das ist ein ganz richtiger Satz.
ZEIT: Sie wenden die Bezeichnung Selffulfilling Masochism auf dieses Verhalten an, so als trügen die Juden Mitschuld an ihrer Vernichtung.
AUGSTEIN: Das tun sie nicht. Der Satz meint den Gott des alten Israel, Jahve.
ZEIT: In Ihren zahlreichen Kommentaren zum Nahost-Konflikt haben Sie sich nicht gescheut, den Israelis Brutalität vorzuwerfen, und dadurch zum Ausdruck gebracht, dass auch ein Deutscher das Recht hat, Juden zu kritisieren.
AUGSTEIN: Dass Rabin ein Knochenbrecher war, ist ja nicht zu bestreiten.
ZEIT: Warum haben Sie sich zu der sich anbahnenden Versöhnung zwischen Israel und den Palästinensern noch nicht geäußert?
AUGSTEIN: Es gab eine Titelgeschichte im SPIEGEL.
ZEIT: Aber nicht den sonst üblichen Kommentar von Ihnen.
AUGSTEIN: Das ist richtig. Hätte ich ihn geschrieben, hätte ich die Sache natürlich begrüßt. Das Schlimme ist nur, ich glaube nicht, dass es klappen wird. Die Widerstände auf beiden Seiten sind groß. Ich glaube, dass man Arafat umbringen wird.
ZEIT: Wenn nicht, haben Sie sich wieder einmal geirrt.
AUGSTEIN: Eben. Deshalb schreibe ich nicht. Aber eines muss ich schon sagen. Es hat mir nicht gefallen, dass ich gegen Israel so in

Stellung war. Es freut mich, dass diese Spitzen nun nicht mehr nötig sind.
ZEIT: Sie können etwas weniger böse sein.
AUGSTEIN: Ach, man sagt ohnehin, ich sei nur noch ein zahnloser Wolf.
ZEIT: Früher waren Sie bissiger.
AUGSTEIN: Ja.
ZEIT: Sie sind aus der Kirche ausgetreten.
AUGSTEIN: Aber erst, als meine Mutter gestorben war, um sie zu schonen.
ZEIT: Nach welchen ethischen Grundsätzen sind Sie erzogen worden?
AUGSTEIN: Gar keinen.
ZEIT: Ihr Vater hat Ihnen doch sicher etwas mit auf den Weg gegeben.
AUGSTEIN: Mein Vater war der bravste Mann auf der Welt. Aber einen Satz von ihm habe ich mir gemerkt. Er sagte, wenn du lügen musst, dann lüge so, dass sich die Balken biegen.
ZEIT: Daran haben Sie sich gehalten.
AUGSTEIN: Nein, ich finde es nur einen guten Spruch. Mehr an Lebensweisheit habe ich nicht von ihm mitbekommen. Mein Vater war ja kein Intellektueller.
ZEIT: Er war Weingutsbesitzer.
AUGSTEIN: Später übernahm er eine Fotofabrik in Hannover. Er hat für uns Kinder alles getan, aber über Erziehung haben wir nie gesprochen. Sie dürfen nicht vergessen, wir lebten im Nazi-Reich. Als Hitler an die Macht kam, war ich zehn, und da mein Vater ein Nazi-Feind war, hat uns das sehr beschäftigt. Wir haben uns das größte Radio angeschafft, damit wir Moskau gut hören konnten. Es gab eine Innenbindung, aber keine theoretischen Diskussionen.
ZEIT: Auf die Ihnen von der „FAZ" 1989 gestellte Frage, was Sie für Ihren größten Fehler hielten, sagten Sie: Misserfolg.
AUGSTEIN: Ja, und?
ZEIT: Diesen Fehler haben Sie nicht begangen. Sie sind hundertfacher Millionär, wenn stimmt, was geschrieben wird.
AUGSTEIN: Das ist schwer einzuschätzen, weil niemand weiß, was der SPIEGEL in zehn Jahren wert sein wird.
ZEIT: 50 Prozent der Verlagsanteile haben Sie freiwillig abgegeben. Sie gehören den Mitarbeitern. Man sagt, Sie hätten das deshalb getan, um sich die Redakteure gefügig zu machen.

AUGSTEIN: Vielleicht ist da was dran.
ZEIT: Haben Sie Freude an der Macht über Menschen?
AUGSTEIN: Das kann wohl sein. Wer hat die nicht? Es ist ja nur eine geliehene Macht.
ZEIT: Sie missbrauchen sie nicht.
AUGSTEIN: Das will ich doch hoffen. Ich habe von Anfang an eingeführt, dass jeder, ob er will oder nicht, vor mir durch die Tür gehen muss, weil ich auch Angst habe vor dem, was mit Macht oft verbunden ist.
ZEIT: Vor der Unterwürfigkeit derer, die von Ihnen abhängig sind.
AUGSTEIN: Natürlich.
ZEIT: Trotzdem üben Machtmenschen eine gewisse Faszination auf Sie aus.
AUGSTEIN: Das ist nicht wahr.
ZEIT: Zum Beispiel haben Sie Stalin verteidigt.
AUGSTEIN: Ich bin nicht der Einzige, der das tat. Was ich Stalin hoch anrechne, ist, dass er Hitler gestoppt hat. Ich glaube nicht, so wie ich die Russen kenne, und ich kenne sie ziemlich gut, dass ein anderer dazu im Stande gewesen wäre. Nur ein Mann mit dieser ungeheuren Autorität konnte mit der Lage, wie sie damals war, fertig werden. Wahr ist aber auch, dass Stalin, um sich diese Autorität zu verschaffen, Millionen hat umlegen lassen.
ZEIT: Ist das wirklich Autorität oder nur noch Gewalt und Schrecken?
AUGSTEIN: Das ist doch im Großen und Ganzen das Gleiche.
ZEIT: Was war die für Sie wichtigste Begegnung in Ihrem Leben, von Ihren Ehefrauen jetzt einmal abgesehen?
AUGSTEIN: Sagen wir, abgesehen von allen Frauen, die mich beeinflusst haben.
ZEIT: War es Heidegger?
AUGSTEIN: Nein, Solschenizyn. Das ist ein Mann von ungeheurer Willenskraft, der keinen Widerspruch duldet. Der „Archipel Gulag": Spitze. „Das rote Rad": Mist. Und trotzdem ist er eine eindrucksvolle Persönlichkeit. Es gibt Figuren, zum Beispiel Gerhart Hauptmann, wie Thomas Mann ihn beschrieben hat, deren Wirkung man nicht erklären kann. Sie husten nur, und man weiß sofort, dass sie etwas Besonderes sind.
ZEIT: Kann es sein, dass Solschenizyn Sie so beeindruckt, weil er das Gegenteil von Ihnen ist, ein Mann ohne Selbstironie?

AUGSTEIN: Das kann alles sein. Aber vielleicht ist letzten Endes doch Adenauer die bedeutendste Figur, der ich begegnet bin. Es hat mich schon sehr gefreut, dass ich ihn zwei Wochen vor seinem Tod noch besuchen durfte. Zum Schluss habe ich den Alten wirklich geliebt.
ZEIT: Mehr als Willy Brandt?
AUGSTEIN: O ja. Brandt konnte einer wie ich gar nicht lieben. Brandt war ja ein Unmensch, eine imponierende Figur, aber ein Unmensch. Der hat nicht ein einziges Mal das Schlafzimmer seiner Kinder betreten. Das wäre für mich ganz undenkbar. Das kann man doch nicht. Aber er konnte das.
ZEIT: Wie ist Ihr Verhältnis zu Günter Grass, der Sie wegen Ihres öffentlich bekundeten Nationalgefühls nach dem Mauer-Fall scharf attackierte?
AUGSTEIN: Wir haben uns früher ganz gut verstanden. Als ich ihn kennen lernte, war er ein bescheidener Mann, mit dem man reden konnte. Wir sind einmal zusammen Auto gefahren, da war die „Blechtrommel" gerade erschienen, die ich zu pompös und langatmig fand. Ich sagte zu ihm, ein Drittel hätte es auch getan. Damals hat er auf solche Einwände noch ganz zivil reagiert. Heute wäre er tödlich beleidigt.
ZEIT: Haben Sie noch Umgang mit ihm?
AUGSTEIN: Gar nicht. Das ist längst zu Ende.
ZEIT: Auf Ihre dichterischen Ambitionen angesprochen, haben Sie einmal gesagt, wäre der „Butt" ein gutes Buch, würden Sie Grass darum beneiden.
AUGSTEIN: Jetzt nicht mehr.
ZEIT: Seit Jahren hört man, Sie hätten vor, Ihre Memoiren zu schreiben.
AUGSTEIN: Ja, aber dazu müsste ich mich vom Journalismus zurückziehen, was ich im Moment für nicht tunlich halte.
ZEIT: Wie viel Zeit haben Sie noch?
AUGSTEIN: Das weiß ich nicht. Morgen früh kann ich tot sein oder schon heute, wenn das mit Ihnen so weitergeht.
ZEIT: Wo würden Sie am liebsten begraben werden?
AUGSTEIN: Man soll mich verbrennen und die Asche dann in die Nordsee schütten oder zwei dicke Steine an meine Beine hängen und mich ins Wasser schmeißen.

Warum man deutsch ist

Dialog mit Roger de Weck

*Für den Zürcher „Tages-Anzeiger" sprach
Roger de Weck im November 1993 mit Augstein
über sein Leben, sein Verhältnis zum SPIEGEL
und die Möglichkeiten politischer Einflussnahme
auf die Mächtigen.*

DE WECK: Wie war das damals, vor 50 Jahren, als Volontär beim „Hannoverschen Anzeiger"?
AUGSTEIN: Mit 17 machte ich Abitur, konnte aber nicht studieren, denn ich hätte zuvor Arbeitsdienst leisten oder mich zur Wehrmacht melden müssen – das wollte ich nicht. So ging ich kurz zum „Hannoverschen Anzeiger". Dann musste ich doch einrücken.
DE WECK: Sie wurden Journalist aus Verlegenheit?
AUGSTEIN: Ich wünschte, dass wir den Krieg verlören: Ich wollte am Krieg so wenig wie möglich teilnehmen. Da war die Zeitung das Mittel dazu. So banal ist das.
DE WECK: Trotzdem gingen Sie nach dem Krieg zurück in den Journalismus.
AUGSTEIN: Da hatte ein britischer Presseoffizier die Idee, ein Nachrichten-Magazin zu machen. Ich wusste gar nicht, was das war. Wie auch immer, der Engländer hat als Ersten mich geholt. Viele waren irgendwie belastet, ich nicht. Das Magazin hieß „Diese Woche". Doch gab es nur Ärger, das Blatt wurde dauernd zensiert. Schließlich beschlossen die Briten, „Diese Woche" von einem Tag auf den anderen in deutsche Hände überzuführen. Und die deutschen Hände, das war nun wieder ich. Ich wurde Herausgeber.
DE WECK: Mit 24 Jahren.
AUGSTEIN: Ich musste alles lernen. Und über Nacht musste ich einen neuen Titel finden. Ich fragte meinen Vater: Was ist besser. „Das Echo" oder DER SPIEGEL?
DE WECK: Damals waren Sie stolz, Journalist zu werden. Gibt es heute noch bei Ihnen so etwas wie Stolz auf diesen Beruf?

AUGSTEIN: Wenn man älter wird, nimmt der Stolz ab. Ohnehin glaubte ich damals nicht an den Erfolg des Blattes, selbst als wir bald 140 000 Auflage hatten.
DE WECK: Der SPIEGEL wurde zum erfolgreichsten Magazin in Europa. Dennoch schwindet der Berufsstolz?
AUGSTEIN: Wenn ich könnte, würde ich mich einer anderen Sache widmen als dem wöchentlichen Erscheinen unseres Blattes. Man wetzt sich ab. Ich bin ja von der Veranlagung her mehr Jurist und Historiker.
DE WECK: Aber ein Leben im und für den Journalismus – das war schon das Richtige?
AUGSTEIN: Es hat sich herausgestellt, dass es das Richtige war. Nur ist mein früheres Interesse für alle Themen nicht mehr im gleichen Maße vorhanden.
DE WECK: Wenn Sie die neue SPIEGEL-Ausgabe jeweils in die Hand bekommen: Ist da nach Jahrzehnten noch immer ein Kribbeln?
AUGSTEIN: Nicht mehr das Kribbeln wie vor 25 Jahren, als jeder Samstag ein kribbeliger Tag war, weil der Torpedo den Lauf verlassen hatte und man ihn nicht mehr steuern konnte. Nach wie vor ärgere ich mich, wenn ein Konkurrent wie der „Stern" etwas Besseres hat. Ich bin in dem Sinn nicht distanziert.
DE WECK: Lesen Sie den SPIEGEL gründlich?
AUGSTEIN: Die halbwegs wichtigen oder vergnüglichen Geschichten, die lese ich alle.
DE WECK: Lieben Sie den SPIEGEL?
AUGSTEIN *(sehr sanft):* Nein ... Das kann man von mir auch nicht verlangen. Ich bin ein pflichtbewusster, dankbarer Mensch: Ich weiß, was ich der Chance zu verdanken habe, das Blatt zu machen. Aber lieben muss ich's doch nicht.
DE WECK: Und doch ist der SPIEGEL Ihr Kind.
AUGSTEIN: An dem SPIEGEL bin ich dringend interessiert, zumal an den Leuten, die dort arbeiten: dass sie motiviert sind, gut arbeiten. Ob das Liebe ist? Ich bin für den SPIEGEL ehrgeizig. Da stehen Sachen drin, die woanders nicht stehen.
DE WECK: Zum Beispiel Enthüllungen. Zuvor prägten Sie das Bild vom „Torpedo". Einen Torpedo kann man nicht lieben.
AUGSTEIN: Wären Sie Marineoffizier, würden Sie Ihren Torpedo sehr wohl lieben und auch das Schiff, von dem er abgefeuert wird.

Nein, ich meinte etwas anderes: Das Risiko, das man früher einging, war viel größer: Ich musste unendlich prozessieren und mit einstweiligen Verfügungen, Beschlagnahmen rechnen. Es war ein ganz angenehmes Zittergefühl: wie der Torpedo ankommt, ob er einschlägt.

DE WECK: Das Inhaltsverzeichnis des SPIEGEL liest sich wie ein kleiner Horror-Katalog. Bei der Übersicht über die Themen könnte man meinen, es sei in der Welt ziemlich alles schlecht, dumm, verlogen oder pervers. Ist das so?

AUGSTEIN: Bei der Durchsicht des Inhaltsverzeichnisses habe ich dieses Gefühl nicht. Da man ohnehin im Alter milder wird, bin ich auch nicht mehr so scharf darauf, alles kurz und klein zu hacken.

DE WECK: Dennoch wird fast alles runtergemacht.

AUGSTEIN: Ich ertappe mich ja schon dabei, dass ich die Frage stelle: „Herr Kästner, wo bleibt das Positive?" Der Eindruck eines „Runtermachers" ist vom SPIEGEL schon erweckt worden. Aber das halte ich für eine Frage der Zeitumstände. Es ist jetzt schon weniger geworden und wird noch weniger sein. Wobei es genug Sachen gibt, die nicht nur Kritik verdienen, sondern echt skandalös sind, nur mögen sich andere darüber empören, ich stachele sie nicht mehr an.

DE WECK: Fatalistisch?

AUGSTEIN: Ich empöre mich ungern umsonst, wenn ich an einer Sache doch nichts ändern kann. Bei jungen Leuten mag das hoffentlich anders sein. Sehen Sie: Seit 40 Jahren bin ich mit der Parteienfinanzierung befasst. Die Parteien werden immer einen Dreh finden, zu Geld zu kommen. Da ist Hopfen und Malz verloren. Also wird es schlimmer werden. Trotzdem kann ich mich nicht mehr empören. Es ist auch schwierig für einen, der auf halbwegs ehrbare Weise sein Schaf geschoren hat, anderen vorzuwerfen, sie machten es nicht auf ehrbare Weise.

DE WECK: Es gibt weiße und schwarze Schafe. Doch ist die Welt mehr eine Sache der Grautöne, der Schattierungen. Im SPIEGEL wird aber schwarz-weiß gemalt. Meistens ist alles schwarz; in Success-Storys darf alles weiß sein. Entspricht Ihnen dieser Journalismus?

AUGSTEIN: Ich weiß gar nicht, wie viel Anteil ich daran habe. Zu Anfang sehr viel. Später verselbständigte sich das Ganze.

DE WECK: Die allermeisten SPIEGEL-Artikel sind darauf hingeschrieben, zielstrebig eine These zu belegen. Einordnungen, Relativierungen und Nuancierungen dieser These sind nicht gefragt.

AUGSTEIN: Das ist der Vor- und Nachteil des Nachrichten-Magazin-Journalismus, wie wir ihn letztlich von den Amerikanern übernommen haben – auch wenn wir manchmal mehr Biss haben. Im Übrigen müssen wir uns im ganzen Publikationswesen umstellen und neu denken, wofür ich mich beinahe schon zu alt fühle.
DE WECK: In welche Richtung denn umdenken? Es gibt ein böses Wort, wonach im SPIEGEL alles stimme außer den Fakten, Zahlen und Zitaten. Eigentlich verhält es sich umgekehrt: Im SPIEGEL stimmen in der Regel die Fakten, aber deren Wertung ist oft einseitig.
AUGSTEIN: Das stimmt nicht. Oft genug unterlaufen uns natürlich Fehler. Die Frage ist ganz schwer zu beantworten, ob im Rückblick der SPIEGEL zu kritisch war. Mal war er's, mal nicht.
DE WECK: Ein Beispiel: Jahrelang war in jeder dritten SPIEGEL-Ausgabe zu lesen, Bundeskanzler Helmut Kohl stehe kurz vor dem Ende. Kohl ist noch immer da. Lagen Sie nicht völlig falsch?
AUGSTEIN: Ja, aber auf eine erklärliche Weise: Kohl ist ein Phänomen, wie man es schwer erkennt. Im Grunde war die Kritik an Kohl weniger meine Sache als vielmehr die anderer SPIEGEL-Kollegen. Neulich hielten mir jüngere Redakteure vor, ich hätte eine zu positive Einstellung zu Kohl. Ich halte ihn in seinem Fleiß und Beharrungsvermögen für einen guten Politiker.
DE WECK: Wir alle wissen, dass die Welt nicht ganz so ist, wie sie in der Zeitung steht. Aber gerade im Falle Kohls war die Welt doch völlig anders, als sie im SPIEGEL stand.
AUGSTEIN: Wir haben mal einen Titel gemacht, der hieß „Kohl kaputt". Wir haben manchen totgesagt, der fröhlich weiterlebt.
DE WECK: Stört Sie das? Gehört es einfach dazu?
AUGSTEIN: Es gehört dazu, aber hinterher stört es schon. Dass man einen Politiker nicht totschreiben und nicht wegschreiben kann, das haben wir anhand von Kohl gelernt. Nur: Die „New York Times" ist für mich die beste Zeitung der Welt, aber auch dort stimmen nur zwei Drittel von dem, was drinsteht. Der Journalist ist verurteilt, Fehler zu machen.
DE WECK: Ein viel zitiertes Wort von Ihnen lautet, der SPIEGEL sei im Zweifelsfalle links. Stimmt das noch? Oder ist der SPIEGEL nun – vielleicht auch angesichts der Konkurrenz durch das neue Magazin „Focus" – im Zweifelsfalle gefällig?
AUGSTEIN: Mit „Focus" hat das nichts zu tun, sondern damit, dass

alle Fronten verschoben sind: Ich sitze plötzlich mit CSU-Politikern wie Stoiber und Gauweiler in einem Boot, ohne es zu wissen. Die früheren Gewissheiten haben sich doch aufgelöst. Plötzlich kriegt man Beifall von der falschen Seite und Tadel von der richtigen. Das muss man wohl hinnehmen.

DE WECK: Nach außen hin ist der SPIEGEL eine einzige Warnung vor der Macht, den Machtträgern und Machthabern. Im Innenverhältnis haben Sie, trotz Mitarbeiterbeteiligung, fast die ganze Macht.

AUGSTEIN: Ich habe früher immer gesagt: Die eigentlichen Machthaber sind die Ressortleiter, und daran ist was Wahres.

DE WECK: Jedes Ressort hat zwei, drei Ressortleiter. Nach dem Motto „Teile und herrsche"?

AUGSTEIN: Wieso? Das hat sich doch von selbst ergeben. Ich spiele nicht den einen gegen den anderen aus, das würde gar nicht gelingen. Ich bin nicht mehr so aktiv, dass ich eine Sache unbedingt durchsetzen könnte. Ich will es auch gar nicht mehr. Bestimmen Sie mal die Linie bei einem Blatt, das 328 Seiten hat! Da sind so viele Erbhöfe, wo Sie schwer was machen können und auch nicht mehr wollen.

DE WECK: Die SPIEGEL-Redaktion ist noch hierarchischer gegliedert und wird straffer geführt als andere Redaktionen.

AUGSTEIN: Das ist nicht immer so. Die Chefredakteure verstehen ihre Aufgabe anders, als ich sie noch verstehen konnte. Sicher haben sie damit sogar Recht: Man kann so ein Blatt nicht vom Kutschbock dirigieren.

DE WECK: Was wollen Sie noch in den SPIEGEL einbringen?

AUGSTEIN: Wir müssen uns den vielfältigen Änderungen um uns herum nicht anpassen, aber eine Einstellung dazu finden: eine schwierige Orientierungsfrage, da stimmt man oft mit sich selber nicht überein.

DE WECK: Sie warnten einst vor Adenauer und Strauß. Wovor warnen Sie heute?

AUGSTEIN: Das weiß ich schon gar nicht mehr, weil es allenthalben so zähflüssig ist und so schwer, eine klare Linie in irgendeine Sache zu bringen. Mein Bedürfnis, die Leute zu belehren, ist gering geworden.

DE WECK: Immerhin warnen Sie vehement vor dem französischen „Anspruch" auf Europa.

AUGSTEIN: Ich warne vor jeder negativen Politik unter dem Mantel der Freundschaft. Mit dem Europa-Anspruch de Gaulles konnte ich mich nie anfreunden. Ich war dann im Zweifelsfall immer auf der Seite der Angelsachsen und meine heute, die Amerikaner sollten in Europa so viel Einfluss wie möglich behalten. Wir Deutsche können uns auf Frankreich allein nicht stützen.
DE WECK: In Ihren Leitartikeln finden sich Sätze und Töne, die an Frankophobie grenzen.
AUGSTEIN: Wenn ich sie nochmals schreiben könnte, würde mancher Ton anders klingen. Aber im Grundsatz meine ich, dass sich die französische Politik gleich geblieben ist und nicht immer in unserem Interesse liegt. Der gallische Hahn sollte etwas weniger laut krähen; wie ich auch gegen jegliches Teutonentum bin.
DE WECK: Gerade davon gibt es aber jetzt eine Menge im vereinigten Deutschland.
AUGSTEIN: Vielleicht bin ich selber ein Teutone, aber wir sind nicht fremdenfeindlicher, ungastlicher als andere. Man legt uns einen zu strengen Maßstab an.
DE WECK: Die Angriffe auf Heime von Asylbewerbern, die Morde – in Ihren Augen sprengt das nicht das üble europäische Mittelmaß an Fremdenfeindlichkeit? Wo bleiben da Ihre Warnrufe?
AUGSTEIN: Wir Journalisten haben es leicht: Wir können appellieren oder Lichterketten organisieren. Aber wenn ich Bürgermeister einer Kleinstadt bin, dann habe ich es schwer. Fremdenfeindlichkeit ist keine „Errungenschaft" der Deutschen allein. Wir sind weder ein besonders geachtetes noch ein verbrecherisches Land.
DE WECK: Kritiker werfen Ihnen nun vor, ein Deutschnationaler zu sein.
AUGSTEIN: Solange es den Nationalstaat gibt und niemand ihn aufgeben will, ist man national. Und deutsch ist man, weil man Deutscher ist. Damit ist man kein Deutschnationaler im Sinne der Weimarer Zeit oder auch nur im Sinne des persönlich hochanständigen Alfred Dregger. Der deutschnationalste Mann, den ich kannte, war Strauß, und der kam unseren westlichen Partnern gerade recht, weil er gegen die Kommunisten stand. Wenn man so was züchtet, dann kommt es auch.

Oft war ich mehr Galionsfigur
Ehrenbürger der Stadt Hamburg

Die Verleihung des Ehrenbürgerrechts der Freien und Hansestadt Hamburg am 27. Januar 1994 nahm Rudolf Augstein zum Anlass, über sein Verhältnis zu Orden und Ehrungen zu sprechen. Auszüge:

Im Kriege bekam ich die für einen vorgeschobenen Artilleriebeobachter niedrigste Auszeichnung: das Eiserne Kreuz 2. Klasse, aus dem Kochgeschirr zu verteilen, und das Artillerie-Sturmabzeichen, unverdient – unter uns; aber ich musste es ja nehmen, es war auch nur in Bronze oder Bronce. Es hat mir genützt, ja, es hat mir vielleicht sogar das Leben gerettet, dass ich diese beiden Auszeichnungen damals anheftete.

Mehr durch Zufall als durch Absicht bin ich in die Position eines journalistischen Chefs gelangt, ein Amt, das ich länger ausgeübt habe als irgendein mir bekannter Kollege weltweit. Es lag mir nichts ferner als der Gedanke an irgendwelche Orden und Ehrenzeichen. Mit Staatsanwälten hatte ich es zu tun, mit Durchsuchungsbefehlen und mit der Zivilprozessordnung. Ich bin wohl der einzige Ehrenbürger dieser Stadt, der echte Handschellen tragen durfte.

Ja, höhnte mein damaliger Geschäftspartner und Herzensfreund, John Jahr senior, der mich aus Eigenem zum Hanseaten promoviert hat: Ja, höhnte er, ein feiner Mann kannst du in deinem Beruf nicht werden, jedenfalls nicht so, wie du ihn verstehst und ausübst. Nun, ich habe das damals ganz ähnlich gesehen, und ein feiner Mann im Sinne John Jahrs bin ich auch nicht geworden. Ich trug den Staat nicht, und wenn, dann auf der falschen Schulter.

Um das Problem zu verdeutlichen, möchte ich in Erinnerung rufen, dass die Kritik des alten Fontane an Bismarck nicht so beißend ausgefallen wäre, wenn dieser bedeutende Schriftsteller, wahrscheinlich der bedeutendste in Deutschland damals, nicht vom jungen Kaiser Wilhelm einen Orden sich erhofft hätte, den er dann nicht bekam.

Ja, das Gedicht, das er dann nach Bismarcks Tod schrieb, das könnte ich Ihnen natürlich hier aufsagen, tu's aber angesichts der fehlenden Zeit nicht. Im Übrigen wurde sofort nach Bismarcks Tod auch ein Panzerkreuzer nach ihm benannt, der Tote konnte so viel nicht mehr schaden.

Ich soll mich im Übrigen ja auch hier nur bedanken und keine Rede halten. Mein Sündenfall ereignet sich nicht am heutigen Abend, er liegt früher. Warum bin ich Ehrendoktor von Bath geworden? Weil ich anglophil bin. Warum Doktor h. c. der Bergischen Universität? Weil ich gewisse Verdienste zu einer friedlichen deutschen Einheitspolitik durchaus für mich in Anspruch nehme. Warum dann aber um des Himmels willen Ehrensenator der hiesigen Universität, ich, der Kriegsabiturient ohne Studium?

Sie sehen, das passt alles nicht zusammen. Da muss Unterschwelliges liegen, mir nicht bewusst und ohne Couch auch nicht hervorzuholen. Immerhin, die Carl-von-Ossietzky-Medaille, die mir als Erstem zugedacht war, habe ich abgelehnt. Mir schien da ein krasses Missverständnis vorzuliegen. Sicher, wir hatten beide wegen Landesverrats im Gefängnis gesessen. Er aber war von den Nazis im KZ auf den Tod hin gequält worden – ein Märtyrer der Freiheit, durch den Friedensnobelpreis 1935 geadelt, wo doch ich jeden Wisch unterschrieben hätte, um der Quälerei der Nazis zu entfliehen. Vermutlich wäre ich ihnen gar nicht erst in die Hände gefallen.

Zurück zum Thema: Die Wolfgang-Döring-Medaille wurde mir zuerkannt. Aber wegen eines kritischen Artikels gegen den damaligen FDP-Vorsitzenden Erich Mende wieder aberkannt. Ein Jahr lang fiel sie aus. Dann bekam sie der Landesgeschäftsführer der FDP in Nordrhein-Westfalen. Im Hinblick auf unsere enge persönliche und politische Freundschaft, Döring und ich (Stichwort Sturz der Regierung Arnold in Düsseldorf, Verhinderung eines manipulierten so genannten Grabenwahlsystems in Bonn), hätte ich diese Döring-Medaille gern angenommen, verdientermaßen. Ich musste mich aber angesichts solcher Kleingeisterei bescheiden, die nicht auf die CDU in Hamburg allein beschränkt ist.

Verdiene ich also nun, Ehrenbürger zu sein? Das ist Ansichtssache. Wenn ich die Liste der bisherigen 30 Ehrenbürger durchsehe (da sind allerdings die, denen man die Ehrenbürgerschaft wieder aberkannt hat, mit drin), so würde ich mich in der Mitte des unteren

Drittels ansiedeln. Dass ich mich bei Namen wie Johannes Brahms und Helmut Schmidt ganz klein mache, wird mir wohl niemand verargen. In pectore hätte ich bessere Namen als „Little Me", aber in pectore sollen sie jetzt auch bleiben.

Dass der SPIEGEL überhaupt ist, dass er nach Hamburg ging und dort zu Ansehen kam, dass er das Ansehen Hamburgs in der Welt, ja, sogar in Paris nicht gemindert, sondern gemehrt hat, das hat ganz klar mit mir zu tun. Das alles wäre ohne mich nicht möglich gewesen. So sieht das übrigens auch der Ehrenbürger und Fernsehkommentator Helmut Schmidt in einem Fernsehporträt dieser Stadt. Das alles war ich, aber ich war es doch nicht allein. Selbst Cäsar, um mit Brecht zu sprechen, führte ja in Gallien seinen Koch mit sich. Das alles war ich, aber ich war es doch nicht allein. Oft war ich mehr „Galionsfigur" oder „Spitze des Eisbergs", wie immer Sie die falschen Bilder auslegen mögen. Schon wegen der vielen SPIEGEL-Leute, die das alles, zugegeben nicht ohne mich, möglich gemacht haben, konnte ich das Angebot des Senats, auf das ich ja wahrlich nicht hingearbeitet hatte, nicht ablehnen. Das hätten meine Leute, weil sie sich mit Recht mitgeehrt fühlen, schlicht nicht verstanden.

Den geachteten Adolf-Grimme-Preis: Wer hat ihn bekommen? Ich, der ihn nicht verdient, und nicht Stefan Aust, der ihn verdient hatte. Ist nun SPIEGEL-TV eine Bereicherung oder nicht, ein Durchbruch sogar? Und hätte ich Stefan Aust sagen sollen, ich lehne das Ding ab – warten wir, bis du an der Reihe bist? Da hätte der ganz mächtigen Putz gemacht.

Ja, was hat der SPIEGEL denn nun Großes für Hamburg getan? Das ist mit Recht von Herrn von Beust gefragt worden. Nun ja, was?

Bei Helmut Schmidt ist das bekannt: In Wilhelmsburg hat der damalige Innensenator bei der großen Flut von 1962 durch zupackenden Einsatz Menschenleben gerettet. Wilhelmsburg gehört aber nicht zu Schleswig-Holstein, wie manche hier meinen möchten, oder zu Niedersachsen, sondern zu unserem Stadtstaat Hamburg. SPIEGEL-Leute haben damals eine Million D-Mark netto gesammelt, und zwar sofort, haben für das Geld dringend benötigte Möbel und sonstige Haushaltsgegenstände gekauft. Direkt haben sie das Zeug in die verwüsteten Wohnungen gekarrt. Das wenigstens sollten die Teile der CDU, die mich offenbar nicht für würdig halten, zur Kenntnis nehmen. Mir ist eine Aktion der CDU damals dieser Art nicht bekannt.

Ich merke, ich muss zum Schluss vordringen. Nur diese Pointe noch: Es gibt Ehrenbürger, die gar nichts für Hamburg getan haben: Generalfeldmarschall Fürst Leberecht Blücher von Wahlstatt hatte 1817 mal wieder Spielschulden. Er wandte sich an die Hansestadt und ließ ausrichten, eine Ehrenbürgerschaft wäre ihm lieb. Wie viel Geld er damals wirklich bekommen hat, konnte ich auch mit unserem sagenhaften Archiv nicht herausfinden. Ich verspreche aber, solche Versuche gar nicht erst anzustellen. In dieser Hinsicht sind Sie also absolut gesichert. Man gibt ja heute, mindestens als halbwegs anständiger Mann oder Frau, mehr, als man nimmt.

Diesen Dank an Senat und die ganze Bürgerschaft, die gesamte CDU eingeschlossen, stelle ich unter ein Motto Wilhelm von Humboldts, und das lautet: „Wer sich heiter zu erhalten sucht, der sorgt nicht bloß für sein Glück, sondern er übt wirklich eine Tugend."

Mitunter zwischen den Stühlen

Die Aufgaben der vierten Gewalt

Mit der Rolle der Presse befasste sich Rudolf Augstein im Januar 1995 in seinem ersten Editorial für die von ihm herausgegebene monothematische Monatszeitschrift SPIEGEL special:

Es wird weniger gelesen und vor allem weniger Gutes gelesen. Spätestens mit Beginn des skrupellosen Einschaltquoten-Journalismus endete die Hoch-Zeit des geschriebenen Wortes. Dass damit die „vierte Gewalt" – die Presse – in unserem Staat an Bedeutung verliert, auch das steht zu befürchten. Denn was haben Sensationsgier und Denunziation noch mit statthafter und notwendiger Kontrolle politischer und gesellschaftlicher Vorgänge in unserem Land zu tun?

Dennoch: Informationen werden weiterhin gebraucht. Informieren, wenn möglich aufklären, bleibt unser Ziel, in welcher Form auch immer – Reportage, Interview oder als Leitartikel. Gut Erzähltes ist immer auch und immer wieder gut zu lesen.

Seitdem es den SPIEGEL gibt, wird uns vorgeworfen, zu negativ zu sein, besonders dann, wenn wir Recht hatten. Wir haben eine parlamentarische Demokratie, deren Stärken wir kennen, und wir Journalisten sollten ohne Selbstüberschätzung dazu da sein, ihre Schwächen aufzudecken. Konrad Adenauer sagte einmal: „Wer von der Politik gegessen hat, der möchte immer mehr und mehr. Sie ist ein Laster." Für mich war dies das Motiv, ja, der eigentliche Grund, mich mit den Mächtigen zu beschäftigen, naturgemäß nicht nur mit den Mächtigen unserer Zeit, sondern auch mit denen der Geschichte.

Dass man sich damit mitunter zwischen die Stühle setzt, gehört dazu ... Ein Journalist darf es sich nicht bequem machen und erst recht nicht denjenigen, über die er schreibt.

Ich gehöre in das Guinness-Buch

Rede zum 50-jährigen SPIEGEL-Bestehen

Aus Anlass des 50-jährigen Bestehens des SPIEGEL lud Rudolf Augstein am 15. Januar 1997 zu einem Empfang in das Bonner Haus der Geschichte. Obwohl gesundheitlich angeschlagen, begrüßte er die Gäste, darunter Bundespräsident Roman Herzog, mit einer Ansprache. Auszüge:

Ich bin herzlich froh, unter Ihnen zu sein. Das war nicht völlig selbstverständlich. Denn es hat sich ein Zwischenfall ergeben, der selten ist, aber immer öfter vorkommt. Aus den letzten Tagen des Krieges habe ich einen Granatsplitter im rechten Arm gehabt, der 50 Jahre nichts gesagt hat und deswegen auch nicht rechtzeitig erkannt worden ist. Es hätte sehr wohl sein können, dass ich gar nicht mehr hier wäre oder mit einem Arm. Nun wollte ich Sie aber eigentlich mit offenen Armen, und das heißt zwei, willkommen heißen. Ich bitte um Entschuldigung, das geht nicht, und Sie werden mir das nachsehen. Die Ärzte wollten mich nicht hierher lassen. Sie wollten mich ans Bett fesseln, was ja schlecht geht, und vor allem nicht aus dem Hause lassen. Sie haben auf Anton Tschechow verwiesen, der ja auch zu seiner eigenen Hochzeitsfeier nicht erschienen ist. Ich achtete die Bildung dieser Weißkittel, konnte ihnen aber nicht folgen. Und so bin ich hier.

Manche von Ihnen, Freundinnen und Freunde, werden sich wundern, dass ich Sie nicht auf Anhieb erkennen kann. Aber wenn der Teufel usw. – es ist ein Zweites geschehen, ich habe innerhalb von drei Wochen eine „macula lutea" bekommen. Das Unglück ist dann erst mal ein Glück, denn man kann, wenn man diese Krankheit hat, kein Schuldbewusstsein entwickeln. Das geht nicht, weil sie jeden trifft. Sie trifft den Stubenhocker und den Jogger, sie trifft den Völlerer und den Abstinenzler. Ab 60 kann sie jeden treffen, und dies ist der Vorteil, man hat kein Schuldbewusstsein. Einen Nachteil hat sie übrigens auch, nie kann sie besser werden, immer nur schlimmer.

Und man muss nur hoffen, dass man lesen kann. Weiterhin lesen kann. Das ist die einzige Hoffnung, die man hat. Ich bitte nur eben um Entschuldigung dafür, dass ich nicht jeden erkenne, den ich früher mal gekannt habe.

Oft werde ich gefragt, ob ich auf mein Lebenswerk stolz sei. Nun, Stolz, das liegt mir, dem Zyniker, natürlich nicht. Ich bin nicht stolz, Deutscher, Rheinländer, Welfe und reichlich später Hanseat zu sein, ein Quiddje gewissermaßen. Allenfalls bin ich stolz auf meine Kinder, das darf man sein, und mehr noch auf jene SPIEGEL-Leute, die so sehr viel besser schreiben können als ich.

Davon gibt es bei uns im Hause etliche. Und um keinen Unfrieden zu stiften, möchte ich keine Namen nennen.

Da so viel Gewese um den SPIEGEL gemacht worden ist in den letzten Tagen und Wochen, muss ich mich notwendigerweise dazu bekennen. Es ist wahr, ohne mich gäbe es dieses Nachrichten-Magazin, so wie es ist, nicht. Aber hätte es den britischen Panzermajor John Chaloner nicht als Presseoffizier nach Hannover, sondern nach, sagen wir, Hamburg verschlagen, dann wäre der SPIEGEL ganz sicher nicht der, der nun mal der Unsrige ist. Ich glaube schon, dass es ein anderes Nachrichten-Magazin gegeben hätte, und vielleicht hätte es John Chaloner in Hamburg in die Wege geleitet, aber jedenfalls nicht das, was wir jetzt vor uns haben. John, du bist dankenswerter Weise, wie du mir eben erklärt hast, unter uns, und hast auch am selben Tag wie ich Geburtstag. Aber eines muss ich dir sagen, solange wir beide leben, werde ich immer der Ältere sein, denn ich bin ein Jahr älter als du, Jahrgang '23 und du Jahrgang '24, ein großer Unterschied, kannst du niemals wettmachen.

Ich weiß noch heute nicht, wie du das damals geschafft hast, die Idee eines Nachrichten-Magazins, die ja von Henry Luce ursprünglich stammte, er hat „Time" gegründet, wie es dir gelungen ist, das den Briten klar zu machen, man müsse es in Deutschland auch haben. Ich weiß es bis heute nicht. Ich weiß nur: Eines Tages waren wir zusammen und haben für sechs Wochen eigentlich ein verspätetes Dummy gemacht, denn es wurde schon verkauft, in 15 000 Auflage. Und es war gewiss nicht meine Absicht, aber es ist so gekommen, dass die Besatzungsmächte alle, und sogar das Foreign Office, die sofortige Einstellung verlangt haben. Es war nun aber so, dass die Briten vornehmer sein wollten als Lucius Clay, bei dem ich keine

Woche erschienen wäre, sie wollten nicht einstellen. Sie brauchten irgendeinen, dem sie das übergeben konnten, und aus den Akten geht hervor, dass das eine seriösere Person sein sollte, und da bin ich dann zur Toilette geeilt, habe mir die Hände gewaschen und bin als seriösere Person zurückgekommen. Und bekam aus den Händen eines mir unbekannten Colonels mein Lebenswerk in die Hand gedrückt.

Was ich meinem so genannten Lebenswerk verdanke, ist eine enorme Freiheit und eine Kenntnis, oder Halb- oder Viertelkenntnis, auf Gebieten, die mir sonst eher verschlossen geblieben wären. Mit Qualität hat das sehr wenig zu tun. Ich gehöre da mehr in das Guinness-Buch der Rekorde. Es hat wohl kaum einer und kaum eine so viel Silben in ein und dasselbe Periodikum gestochen – und immer auf demselben Chefsessel.

Ein Vorschlag, lesen Sie den „Faust", dann wird Ihnen sicher klar, dass der Mephisto immer nur das Gute schafft, auch wenn er immer nur das Böse will. Und so muss ich für mich in Anspruch nehmen, dass ich immer nur das Gute geschafft habe, wenn auch wider Willen.

Was ein einzelner Journalist, was eine einzelne Journalistin alles leisten kann, habe ich erst gestern bemerkt, als ich die „Frankfurter Allgemeine Zeitung" las und da genau den Mann, von dem ich am liebsten abschreibe, Friedrich Karl Fromme. Er hat geschrieben: „Erst in hundert Jahren erfahren wir, wie sehr der SPIEGEL durch sein Grundprinzip des Zynismus der bundesrepublikanischen Gesellschaft geschadet hat."

Schade, schade, das möchte man doch noch gerne erleben.

Egidius, hilf Kohl

Was die Fußball-WM mit dem Kanzler gemein hat

Zur Fußball-Weltmeisterschaft 1998 widmete Rudolf Augstein seinen Kommentar dem DFB-Chef Egidius Braun – wenngleich der Text sich in Wahrheit an den rücktrittsreifen Kanzler Helmut Kohl wandte.

Zwei Sterne haben sich zur Unzeit getroffen: der Bundes-Berti und der Bundeskanzler. Berti Vogts hat vermutlich mehr an das Spiel seiner Mannschaft als an die Bundestagswahl gedacht. Falsches Denken. Hätte er seinen Kanzler im Visier gehabt, wäre seine Elf vielleicht nicht so kläglich untergegangen.

Kohl denkt nämlich anders. Er stürmte nach Lyon, um durch Präsenz zu beweisen, dass man auch in fast aussichtsloser Lage das Steuer noch herumreißen, dass man siegen kann. Dies war nun seine Fehlkalkulation.

Leider kann man – wie ich es seit 50 Jahren versuche – keinem Politiker klar machen, dass er nicht eine Stimme mehr gewinnt, wenn er als Nichtfußballer ein Spiel ankickt. Damit verliert er sogar die Stimme seiner Frau.

Nun ist „Verjüngung" das Wort der Stunde. Von Kohl so gewollt? Wohl nicht ganz.

Aber da ist ja noch „Pater" Braun, Dr. h. c. Egidius Braun, Chef des Deutschen Fußball-Bundes, nur 73 Jahre alt. Der nun hat bekundet, dass er seinen 51 Jahre alten Bundestrainer Berti Vogts – seit 30, respektive 8 Jahren Leistungsträger in seinem Amt – dort auch halten will.

Berti Vogts hat so viel falsch wie richtig gemacht, was man auch von Helmut Kohl sagen kann. Die Lebensleistung von beiden ist beachtlich. Nur mit dem Stichwort „Verjüngung" kann man bei ihnen nichts werden. Wie wäre es also mit einem Nothelfer für Helmut Kohl, wie wir ihn in dem sich stets verjüngenden Egidius für Berti haben?

Der Kanzler hat zwar schon den modisch-trachtenledernen Hans-Hermann Tiedje und den Ost-Erpresser der Bundesregierung, Otto

Hauser – warum nicht als letzten Kick auch noch Egidius Braun einstellen? Es wäre ja nur bis zur Wahl im September, kostete also nicht gar so viel Geld.

Egidius macht's möglich, was der Unionsfraktionsvorsitzende Wolfgang Schäuble nur „theoretisch" für möglich hält, das 2:1. Egidius weiß – was Kohl früher auch wusste –, wie man neu besetzt und umbesetzt. Er weiß, dass auch in der 87. Minute noch das Siegestor fallen kann.

Pater Egidius, stellen Sie sich bitte dem Kanzler noch als One-Dollar-Man zur Seite. Es müsste Ihnen doch Spaß machen, statt der Fußball-Elf die Kohl-Riege an der Macht zu halten.

Für den Fußball würde diese – auf Kosten der Steuerzahler – mit Sicherheit mehr Geld ausgeben als jede andere denkbare Bundesregierung. Sie dürften sogar darauf hoffen, dass Theo Waigel, eine Art Sportbeauftragter des Kanzlers, einen weiteren Schattenhaushalt einrichtet. Bedeutet Ihnen das gar nichts, der Sie doch als Liebhaber solcher Schattenhaushalte gelten?

Egidius, dies ist ja nur ein Vorschlag. Nur – so, wie Sie an Berti Vogts festhalten, muss auch die von Kanzler Kohl zum Stillstand verurteilte Politik an ihrem bewährten Rezept festhalten: Niemand merkt, wenn einer auf dem Rasen spazieren geht, solange die anderen für Bewegung sorgen. Aber irgendwann kommt das Elfmeterschießen.

Wir wollen Sie, Pater Braun, ja nicht zum Bundeskanzler machen. Ihr jetziger Posten ist ja fast höher angesiedelt. Aber Sie könnten sich doch mit dem derzeitigen Kanzler einmal darüber unterhalten, wie man ohne Klammern seinen Sitz behält, obwohl sich sonst nichts weiter regt als der gewohnte und gewöhnliche Zank der unteren Reihen.

Einprägen sollten Sie ihm die Parolen „Aufbruch" und „Verjüngung". Das Thema „Auswechseln" müssen Sie gar nicht erst ansprechen, davon versteht er womöglich sogar mehr.

Egidius, Sie haben uns von Sieg zu Sieg und von Niederlage zu Niederlage geführt. Es würde Ihren Schützling Berti ungemein aufbauen, wenn Sie sich nun auch dem Kanzler zur Verfügung stellten, um ihm klar zu machen, dass jüngere Trainer und Spieler nicht unbedingt die besseren Trainer und Spieler sind. Der wird das sofort begreifen, es ist ja seine eigene Meinung.

Über Inhalte seiner Politik müssen Sie gar nicht erst mit ihm sprechen. Inhalte, was sagt das schon? Da, Pater, sei Gott vor.

P. S. Zu meiner Zeit galt der Schiedsrichter als Torpfosten. Heute – welch ein Fortschritt – gilt der Schiedsrichter, schießt man ihn an, als Luft.

Erinnerung kann man nicht befehlen

Gespräch mit Martin Walser

Im September 1998 führten Augstein (Jahrgang 1923) und Walser (Jahrgang 1927) in Südfrankreich ein SPIEGEL-Gespräch über ihre Kindheit, die Eltern und den Unterschied zwischen Erinnerung und Gedächtnis. Walser, und Augstein kannten sich seit 1947.

AUGSTEIN: Martin, wir haben ja ein Jahrhundertthema, das Hitler-Reich, selbst erlebt. Inzwischen ist das über 50 Jahre her. Sind wir Deutschen wieder ein ganz normales Volk – ich habe das ja auch schon geschrieben –, oder wünschen wir uns das nur, als ältere Zeitgenossen?
WALSER: Ich war gerade in Amsterdam und habe die Frage eines holländischen Intellektuellen beantworten müssen: „Was können Sie den europäischen Nachbarn sagen zur Beruhigung über die wieder erstarkte Großmacht Bundesrepublik, sprich Deutschland?" Da habe ich gesagt: „Sie sprechen wie aus dem 19. Jahrhundert, wie zu Bismarcks Zeiten, als es noch hegemoniale Probleme gab, mit denen dieser Bismarck wunderbar jonglierte. Seine Nachfolger haben es dann verpfuscht. Und Sie reden jetzt wieder so, als hätten wir noch einmal das Ende des 19. Jahrhunderts."
AUGSTEIN: Du hättest ihm auch mit dem früheren amerikanischen Außenminister James Baker antworten können: Deutschland ist an der Leine.
WALSER: Nein, auch das wäre gefährlich. Etwas, was an der Leine ist, das kann plötzlich losbrechen und beißen. Auch das ist nicht der Fall. Aber gerade das wollte der Holländer ja von mir wissen.
AUGSTEIN: Du hast ihn beruhigt.
WALSER: Ich habe gelacht und gab mich unheimlich viel lockerer, als ich war, und habe gesagt: „Mein Gott, Sie wissen offenbar zu wenig über die Leute in Deutschland." Nach meiner Kenntnis ist von diesen Menschen, die ich durch all diese Jahrzehnte kenne, nichts

mehr zu befürchten. Abgesehen davon, dass einer Bevölkerung, die das einmal hinter sich gebracht hat wie die Deutschen, so etwas nie wieder passieren kann. Das ist so. Das ist eine Immunisierung.
AUGSTEIN: Das ist ja klar. Aber was heißt das schon? Dass die Menschen aus der Geschichte nichts lernen, ist ein Satz, der ebenfalls ziemlich sicher gilt. Sie werden dasselbe wieder machen, aber an einer anderen Stelle und unbewusst. Sie werden dasselbe nicht an derselben Stelle machen. Allerdings haben wir aus dem Ersten Weltkrieg auch nichts gelernt.
WALSER: Von dem Golo Mann – wie ich finde, zu Recht – gesagt hat: Es ist die Mutterkatastrophe des Jahrhunderts.
AUGSTEIN: Ja, das ist wohl richtig. Aber es ist Quatsch zu sagen, niemand habe ihn gewollt. Das stimmt nicht. Der Erste Weltkrieg war natürlich ...
WALSER: ... die Mutterkatastrophe ...
AUGSTEIN: ... eine Bankrotterklärung. Und die Engländer, wohl auch die Franzosen, reden bis heute vom „Großen Krieg" und meinen damit nicht den Hitler-Krieg, die meinen den Ersten. Der Zweite Weltkrieg ist eben dann der zweite Weltkrieg. Und die nehmen uns – wie ich hinzufügen möchte – den ersten übler als den zweiten.
WALSER: Und danach kommt Versailles. Und erst dann '33 und so weiter. 1918 war kein Frieden, sondern war wirklich Diktat. Und die wirtschaftliche Misere danach ermöglichte Hitlers Aufstieg.
AUGSTEIN: Hitler hat schon 1920 in einer seiner frühesten Reden gesagt, die Juden müssten weg.
WALSER: Das hat 1885 auch schon dieser Philosoph Paul de Lagarde gesagt.
AUGSTEIN: Der wollte sie nach Madagaskar schicken. Ja, ja. Aber er hat doch nicht gesagt, die müssen ausgelöscht werden. Hitler selbst hat ja nicht gewusst, wie er das machen würde. Das hat er seinen Kumpanen überlassen. Er wollte damit auch nicht behelligt werden. Aber es war ganz klar von Anfang an seine Absicht, zwei Ziele zu verwirklichen: den Ostraum zu beherrschen, direkt von Archangelsk bis zum Persischen Golf und indirekt das übrige Russland dazu. Das war das eine. Das zweite war die Vertreibung und Vernichtung der europäischen Juden. Und daran hat er sich gehalten. Hätte er das Gegenteil befohlen, hätten alle das Gegenteil getan. Allerdings konnte er sich wohl auf einen gewissen Antisemitismus

stützen, den es immerzu überall gegeben hat. Das Wort Antisemit setzte übrigens als Erster der Schriftsteller Wilhelm Marr in Umlauf, er war, soweit ich weiß, Hamburger. Um 1880 herum gab er die „Deutsche Wacht" heraus, ein judenfeindliches Blatt.

WALSER: Hast du denn das alles damals schon gewusst?

AUGSTEIN: Nein, wissen konnte ich das nicht, aber die Atmosphäre in meiner Familie war danach. Ich habe erst, als mein Vater tot war, bemerkt, wie politisch gebildet der war. Ich hatte ihn immer unterschätzt. Aber er wusste genau Bescheid. In dem Sinne hatte ich natürlich großes Glück. Für uns stand von Anfang an fest: „Finis Germaniae".

WALSER: Ihr wusstet von Anfang an das Ende?

AUGSTEIN: Finis Germaniae war für alle Anti-Preußen – und das war mein Vater ja – ein geflügeltes Wort. Ab 1933 schon. Man wusste, dass Krieg kommen würde. Man wusste, dass man ihn verlieren würde. Und das war der Punkt. Und insofern hat man einfach seine Rolle in der Gegnerschaft gesehen. Gleichzeitig musste man am Leben bleiben und nicht vom Regime zermalmt werden.

WALSER: Du bist ja nur vier Jahre älter. Ich bin Jahrgang 1927. Dass meine Mutter, deren Eintritt in die NSDAP ich in meinem letzten Roman erzählt habe, in der Partei war, habe ich erst nach 1945 erfahren. Mitgekriegt, nicht erfahren.

AUGSTEIN: Wie mitgekriegt?

WALSER: Das war nicht so, dass man darüber gesprochen hat: „Ach, arme Mutter. Du warst in der Partei." Das war eine Mitteilung, die ist durchgesickert, ohne dass man sagen könnte, von wem zu wem, und ohne Bewertung.

AUGSTEIN: Für mich waren die Familienerzählungen sehr wichtig. Mein Großvater muss ein ziemlich unausstehlicher Mensch gewesen sein. Mein Vater durfte bei ihm nicht in seiner Militäruniform als einjährig freiwilliger Offiziersanwärter erscheinen. Er musste sich bei einem Freund Zivilkleidung anziehen. Geld für ein privat gehaltenes Artilleriepferd war freilich da. Wenn meinem Vater vom Finanzprüfer vorgehalten wurde: Sie machen ja Spesen wie ein preußischer General, dann sagte er, ich bin auch so viel wie ein preußischer General. Er wählte die katholische Zentrumspartei und hasste die Nazis.

WALSER: Es gibt Familien, die sind nicht auf Tradierung angelegt, verstehst du, dass der eine dem anderen was erzählt. Diese Familie,

aus der ich komme, konnte sich abendliche Plaudereien über Vorfahren nicht leisten. Die war immer viel zu sehr mit dem Überlebenskampf beschäftigt.
AUGSTEIN: Na ja, bei uns reichten die goldenen Jahre der Weimarer Republik auch nur bis 1928/29. Bis dahin war mein Vater noch im Besitz von Produktionsmitteln.
WALSER: Er hatte eine Fabrik?
AUGSTEIN: Ja, die produzierte Kameras und fotografisches Gerät. Aber mein Vater – der war nicht sehr tüchtig, glaube ich, als Kaufmann – musste die Fabrik, bevor sie in Konkurs ging, für 35 000 Mark verkaufen. Das war 1930. Und er ist das Schlimmste geworden, was man auf der Welt werden kann.
WALSER: Handelsvertreter.
AUGSTEIN: Das ist entsetzlich. So was Erniedrigendes, eine ständige Demütigung. Da haben wir im Familienrat gesagt, das muss ein Ende haben. Also haben wir ihn de facto gezwungen, sich ein kleines Fotogeschäft zu kaufen. Viel war das nicht für den Sohn eines der reichsten Männer von Bingen.
WALSER: Also doch. Das hätte ich gleich sagen können, dein Großvater war reich.
AUGSTEIN: Der Mann war aber ein Emporkömmling. Er hat sich aus Amerika eine Hausorgel besorgen lassen. Und er hat in Bingen den ersten Tennisplatz angelegt.
WALSER: Für sich oder öffentlich?
AUGSTEIN: Für sich. Er hat nicht gespielt, aber angelegt hat er ihn, um zu zeigen, dass er sich das erlauben kann. Er war der Präsident des Binger Weinhändlerverbands, ein Weingutsbesitzer. Als er starb, war mein Vater 18 Jahre alt und musste insgesamt eine Million Goldmark nachzahlen, die mein Großvater hinterzogen hatte. Buße eingeschlossen. Mit 18 Jahren.
WALSER: Dagegen ist ja Thomas Mann Proletariat.
AUGSTEIN: Das dachte ich auch schon. Nur, mein Urgroßvater war bloß Bäckermeister, der dann erst später mit dem Weinhandel anfing. Ich stamme aus keiner vornehmen Familie. Reich war sie, darum habe ich auch eine Kinderfrau gehabt, was ja nicht alle hatten. So war das eben.
WALSER: Ich rechne mich zu den Kleinbürgern.
AUGSTEIN: Ich würde niemanden einen Kleinbürger nennen. Das

ist ein sehr schillernder Begriff, man weiß ungefähr, was gemeint ist. Aber oft ist sehr Verschiedenes damit gemeint.

WALSER: Nach meiner Definition ist Kleinbürger der, der sich selber ausbeutet.

AUGSTEIN: Mithin wären Schiller, Robespierre und Kant Kleinbürger.

WALSER: Der Großbürger ist der, der andere ausbeutet. Der Proletarier ist der, der ausgebeutet wird.

AUGSTEIN: Man kann das so sehen, aber ich hielt mich nie für einen Kleinbürger. Ich hatte nicht die Gnade der Kohl-Geburt, sondern ich hatte die Gnade der Vor-Kohl-Geburt. Als ich zehn war, da war das Jahr 1933. Mein Vater brachte mich zur Einschulung in ein Gymnasium, das am weitesten weg war von all den anderen Gymnasien in Hannover, weil er dachte, da sind mehr Katholiken. Waren aber nicht. Da kamen auch schon SA-Männer in Uniform, die ihre Kinder hinbrachten.

WALSER: Bist du sicher? Das gibt es doch gar nicht, dass jemand, um sein Kind in die Schule zu bringen, die SA-Uniform anzog. Das halte ich für die nachträgliche Inszenierung eines Films.

AUGSTEIN: Ich weiß es noch. Sonst hätte es sich mir ja nicht eingeprägt. So was kann man nicht erfinden. Und da hat mein Vater zu mir gesagt: „Guck die Büste da vorne an." Es war die Büste des Reichspräsidenten Ebert. „Du wirst sie nie wieder sehen."

WALSER: Und das hast du dir gemerkt? Da warst du erst zehn.

AUGSTEIN: Ja, sonst wüsste ich es ja heute nicht mehr. Und dann sah ich ja, dass mein Vater zu Hause – obwohl er Antisemit war – der Mutter ihre naiven Antisemitensprüche verbot. Er tat das auf seine durchdringend gelinde Weise, aber er hat es ihr verboten. Ich wuchs in politische Gespräche hinein; und als Hitler die SA-Rabauken um Ernst Röhm erschießen ließ, da dachten wir, es wird nun besser, dabei wurde es schlimmer.

WALSER: Du warst wirklich ein frühreifer Junge.

AUGSTEIN: Ja, eine gare Furie, wie es im Ruhrgebiet heißt. Aber bei uns war ja auch alles klar. Es gab doch zum Beispiel keine Diskussion darüber, wer den Reichstag angezündet hatte. Das waren die Nazis.

WALSER: Darüber wurde in eurer Familie geredet oder auch noch mit anderen?

AUGSTEIN: Es waren vor allem mein Vater, der mir gegenüber der beste Vater war, den man sich wünschen konnte, und ich. Wir hatten nie Krach. Wir verstanden uns hervorragend, kriegten auch den Übergang hin zu tolerieren, dass ich mich allmählich zum Intellektuellen mauserte.

WALSER: Wir sind in unseren Kindheitserfahrungen zutiefst unähnlich. Mein Vater war auch der richtigste Vater, den man haben kann. Aber er war krank und ist 1938 gestorben. Doch einer wie dein Vater, Rudolf, war er sowieso nicht. Einer, der aus höherer Begabtheit gemerkt hätte, wohin der Schwindel läuft. Dass Hitler Krieg bedeutet, hat er auch gesagt. Aber, dass seine Frau 1932 in die Partei eingetreten ist, hat er nicht verhindert, konnte er wohl nicht, weil er zur Abwendung von Konkurs und Zwangsversteigerung nichts beitragen konnte. Die Mutter aber, eben durch den Eintritt in die Partei, sehr viel. Sie hat uns gerettet, er hat mit leiser Stimme kommentiert. Und viel gelesen.

AUGSTEIN: Wir wussten, dass der Krieg verloren geht, und nur danach haben wir gehandelt. Deshalb haben mein Vater und ich auch die Juden in unserer Bekanntschaft – im Ganzen sind es vier gewesen – gedrängt, sie sollten das Land verlassen. Ich habe ihnen Butter hingetragen, weil sie die nicht kaufen durften.

WALSER: Die konnten doch nicht weg.

AUGSTEIN: Doch, sie hätten es gekonnt. Der einen Familie haben wir geraten: „Ihr habt doch Bilder von Lovis Corinth. Verkauft sie und haut ab hier."

WALSER: Das hast du nicht gesagt, jetzt verklärst du irgendetwas.

AUGSTEIN: Das ist falsch.

WALSER: Du wusstest doch nicht, wer Lovis Corinth ist und dass man die Bilder verkaufen muss. Gib zu, das hat dein Vater gesagt, Rudolf!

AUGSTEIN: Wer was gesagt hat, weiß ich nicht mehr. Es war eben unsere Meinung. Und objektiv war sie ja auch richtig. Das muss vor den Olympischen Spielen 1936 gewesen sein oder kurz danach. Ich weiß nur noch, dass die Leute gesagt haben: „Das wird ja wieder besser. Früher ist es ja auch immer besser geworden." Wir glaubten das ganz und gar nicht. Auch dass die Juden dann schlechter dastünden als wir, darüber waren wir uns einig. Also schlugen sie uns vor, dass wir ihre Corinths nähmen, vielleicht zehn, und sie auf dem Land irgendwo auslagerten. Und wenn sie den Krieg überlebt haben würden, dann sollten wir ihnen die Hälfte zurückgeben. Da hat mein Vater gesagt: „Ich denke doch nicht daran, solch schweinische

Bilder überhaupt in Besitz zu nehmen." Und ich habe hinterher zu ihm gesagt: „Sie nicht zu nehmen war richtig. Der Grund war falsch. Wir wollen nach dem verlorenen Krieg...
WALSER: (lacht) Das ist doch nicht wahr.
AUGSTEIN: ... nicht im Besitz jüdischen Eigentums angetroffen werden."
WALSER: Aber eins, Rudolf, weißt du auch: Die Auswahl von Bildern und Erlebnissen, die du so unglaublich farbig und hinreißend produzierst, ist eine ganz bestimmte Auswahl aus einer Gesamtgeschichte, die du jetzt mit der höchsten Legitimation ausstattest. Alles, was du getan hast, war richtig. Alles, was dein Vater getan hat, war richtig und toll.
AUGSTEIN: Wir fühlten uns überhaupt nicht toll. Ich hatte nur das Glück, einen Vater zu haben, der von einem Tag auf den anderen nichts an Antisemitismus mehr zuließ und nach dem Krieg sofort wieder Antisemit war. So war die Sache.
WALSER: Das kann man fast nicht glauben.
AUGSTEIN: Aber so war es eben.
WALSER: Ich kann wirklich sagen, dass ich in dem Dorf, in dem ich aufgewachsen bin, erst nach 1945 erfahren habe, wer ein Jude oder eine Jüdin war. Wir hatten ja unseren Kohlenhandel, und eine unserer Kundinnen war Frau Hensel, eine Pianistin aus München. Dass sie Jüdin war, hat mir mein Vater nicht gesagt und meine Mutter auch nicht. Ich glaube, sie haben es auch nicht gewusst. Und die Frau Hensel war 1945 genauso da wie vorher.
AUGSTEIN: Ich klage doch niemanden an.
WALSER: Na ja, meine Mutter ist ja in der Partei gewesen, nicht erst Weihnachten 1932/33 eingetreten, wie in meinem Buch – wo dieser Zeitpunkt kompositionell passte –, sondern noch früher. Ihr war klar gemacht worden, dass Hitler die Vorsehung ernst nimmt, den Herrgott.
AUGSTEIN: Mit Hitlers Vorsehung hättest du in meiner Familie nichts werden können.
WALSER: Genau, genau. Und doch hätte es meine Familie an Katholizität mit deiner spielend aufgenommen, da könnt ihr abdanken. Denn meine Mutter ist sozusagen Thomas von Aquin im 20. Jahrhundert, ohne dass sie je von ihm gehört hat, verstehst du. Die hat einen vollkommen katholisch geschlossenen Horizont gehabt, der sie durch und durch durchdrungen hat.

AUGSTEIN: Und meine Mutter war eine naive Antisemitin, die sich aber dennoch geweigert hat, das von den Nazis gestiftete Mutterkreuz anzunehmen.

WALSER: Hat sie sich geweigert? Oder habt ihr ihr gesagt, das darf sie nicht nehmen?

AUGSTEIN: Nein. Sie wollte es nicht. „Ich habe meine sieben Kinder doch nicht für die Nazis gekriegt", hat sie gesagt.

WALSER: Wenn du jetzt zurückschaust, kommen dir die anderen nicht einfach ein bisschen unterbemittelt vor, weil sie darauf reingefallen sind?

AUGSTEIN: Nein, das war ja nicht unser Problem. Unser Problem war, uns über dieses Regime des Bösen hinwegzuretten.

WALSER: Wolltest du dich retten?

AUGSTEIN: Natürlich.

WALSER: Wolltest du nicht an die Front?

AUGSTEIN: Um Gottes willen, wie sollte ich das.

WALSER: Komm, sei jetzt nicht so klug. Warum nicht? Das interessiert mich.

AUGSTEIN: Ich verstehe dich nicht. Nun fragst du mich so etwas Selbstverständliches. Ein Anti-Nazi, der den Hitler wirklich für die Verkörperung alles Bösen hielt...

WALSER: Mein Vater war auch gegen Hitler und gegen den Krieg. Aber ich habe mich trotzdem freiwillig gemeldet.

AUGSTEIN: Davon gab's ja viele. Da kann man nix machen.

WALSER: Jetzt pass auf, Rudolf: Wenn ich mir das heute zu erklären versuche, warum ich mich freiwillig gemeldet habe – ich war 16 Jahre alt –, dann komme ich nur darauf, dass ich die Leute damals, die sich gedrückt haben, verachtet habe.

AUGSTEIN: Der Gedanke war mir fremd.

WALSER: Du bist gleich auf der SPIEGEL-Seite der Welt geboren worden.

AUGSTEIN: Ja, das scheint so. Jedenfalls...

WALSER: Halt, ich muss dich noch unterbrechen. Wenn du glaubst, dass die Leute, die sich freiwillig gemeldet haben, automatisch Nazis waren, dann bist du in einer Verblendung.

AUGSTEIN: Nein. Ich bin nicht in Verblendung. Nützliche Idioten muss jedes Regime haben.

WALSER: Aber es geht dabei nicht um Nazis, und „nützliche

Idioten" ist ein Terminus, der ist für diese Zeit nicht anwendbar. Wer sich freiwillig meldete in diesem Krieg, der hatte doch noch nichts mit Politik zu tun. Gerade dadurch, dass Hitler den Krieg angezettelt hat, hat er dafür gesorgt, dass seine billige und miese Ideologie im Gewölk des Patriotismus verschwand.
AUGSTEIN: Mag wohl so sein, aber das kann ich post festum nur hinnehmen.
WALSER: Gut. Aber du redest nicht von deinen sonstigen Landsleuten. Ich bin aufgewachsen in einer Atmosphäre, nicht familiär, sondern in der Schule, im Dorf und dann in der Kleinstadt Lindau, da hat man schon jeden komisch angeschaut, der sich nur zur Flak meldete, Rudolf. Da hat man gedacht: „Alle anderen gehen jetzt an die Front und sterben, und der will sich drücken." Du hättest kein Selbstwertgefühl mehr gehabt. Da kannst du mir heute erzählen, was du willst – das hatte mit Politik nichts zu tun. Du warst einfach in einer privilegierten Ausgangslage. In deiner gloriosen hannoverschen Edelisolation konnte dir offenbar nichts passieren.
AUGSTEIN: Also gut. Ich habe das große Glück gehabt, dass mein Vater kein Preuße und kein Nazi war, sondern ein normaler Katholik in der Diaspora, ohne festen Glauben, der mit seiner Familie zusammen diese Zeit überleben wollte. Wir hatten keine anderen Interessen, als dieses Reich zu überleben.
WALSER: Ich kann mir nicht vorstellen, dass ein Jugendlicher kein anderes Interesse hat, als zu überleben. Es muss irgendeine Hoffnung, es muss irgendeinen Horizont geben, auf den zu man überleben möchte.
AUGSTEIN: Nein.
WALSER: Nicht? Nur davonkommen?
AUGSTEIN: Davonkommen und dann sehen.
WALSER: Da muss eine solche Gewissheit in der Familie gewesen sein...
AUGSTEIN: Es war ja eine Gewissheit. Absolut. Ich wollte da durch. Marionettenspieler bei der Hitlerjugend, Kantinenwirt im Arbeitsdienst, Schütze Arsch an der Ostfront. Am Ende Leutnant.
WALSER: Ich nicht! Ich wäre nicht Leutnant geworden, und wenn der Krieg tausend Jahre gedauert hätte. Zu mir hat der Kompaniechef nach der Grundausbildung gesagt: „Wer nicht gehorchen kann, kann auch nicht befehlen." Ich hatte, ohne es zu wissen und zu wollen, bewiesen, dass ich nicht gehorchen kann. Das hieß: Sie können

kein Offizier werden. Du, Rudolf, so wie du bist, wärst in den tausend Jahren General geworden. Bitte, vergiss das nicht.
AUGSTEIN: Was das Gehorchen angeht, so habe ich die mir automatisch zugestandene Stellung eines Kriegsoffiziersbewerbers offiziell und schriftlich abgelehnt, nachdem mein engster Freund bei einer Kasernenhof-Schinderei gestorben war. Eigentlich war ich immer Deserteur, wenn auch nicht richtig. Mein einziges Prinzip im Kriege war, mich nicht auf Kosten eines Kameraden zu drücken. Ich war immer auf der Suche nach meiner Einheit, und die suchte ich möglichst weit vorn, und dann konnte ich den Stab nie finden, weil der Stab erfahrungsgemäß nicht vorne ist. So ging es bis zum Ende des Krieges einschließlich eines Schrapnelldurchschusses. Die alten Splitter hätten mich vor einem Jahr beinahe den rechten Arm, wenn nicht das Leben gekostet.
WALSER: Rudolf, du bist wirklich der beste, schönste, liebenswürdigste, ungefährdetste Roman, der zu Herzen gehendste, den ich je gelesen habe. Das muss ich einfach sagen. Dagegen sind alle, die es bis jetzt probiert haben, Stümper. Nur eines ist sicher: Es ist ein Roman. Mit der Wirklichkeit kann es nichts zu tun haben. Einverstanden?
AUGSTEIN: Nein.
WALSER: Hältst du es für Wirklichkeit?
AUGSTEIN: Es ist erlebte Wirklichkeit, nicht geschönt.
WALSER: Aber jetzt pass mal auf, Rudolf: Mich macht das irre. Nietzsche, dem ich sehr glaube und den ich für einen wirklichen Gefühlsimpressionisten halte, meint ja, dass Geschichte eine Fiktion sei. Und du erzählst das so, dass man glaubt, so muss es gewesen sein. Deswegen muss es ein Roman sein. Es ist ja versuchungslos. Du warst nie in Versuchung. Du bist im Grunde genommen die Krönung der Wehrmachts-Wanderausstellung für alle Zeiten.
AUGSTEIN: Dann erzähl du doch mal was. Wie hast du denn dieses Jahrhundert erlebt?
WALSER: Da schweige ich. Ich habe keinerlei chronologische Speicherung.
AUGSTEIN: Hast du mir nicht erzählt, dass du die Jahre bis 1932 voll in Erinnerung hast durch deine Eltern?
WALSER: Da habe ich mich missverständlich ausgedrückt. Ich mache nämlich einen Unterschied zwischen Erinnerung und Gedächtnis. Ich arbeite nicht mit Gedächtnis. Was ich von dir, Rudolf, höre, das

versetzt mich von einem Staunen ins andere, obwohl ich ein bisschen ein Spezialist bin in Gedächtnisbeobachtungen bei anderen, auch in der Literatur. Etwas ist in einen hineingefallen, wie es einem passiert ist, und man kann es dann später gerade so herausholen. Und dann klingt es, als hätte es sich nicht verändert, obwohl es lange her ist. Das ist Gedächtnis. Damit habe ich überhaupt nichts zu tun.
AUGSTEIN: Also fragt man dich, wie du dieses Jahrhundert im Gedächtnis hast, und du sagst: Das weiß ich nicht. Und dann muss ich wieder erzählen.
WALSER: Jetzt muss ich wirklich ein Beispiel bringen, um zu verdeutlichen, wie ich Gedächtnis von Erinnerung unterscheide. Also: Ich habe jetzt dieses Buch geschrieben, das in den dreißiger Jahren spielt. Als ich das Manuskript schon hatte, aber noch nicht publiziert – da habe ich am Bodensee in Wasserburg, im Lokal meines Bruders, mit Einheimischen zusammengesessen, die über ein exzellentes Gedächtnis verfügen. Und dann erzählte einer beiläufig, dass sein Vater, wenn er ihn als Bub im Dorf erreichen wollte, einen bestimmten Pfiff ausgestoßen habe – ein höherer Ton, zwei tiefer runter und kurz. Den hat er vorgepfiffen. Und da sage ich: „Guido, genau dieser Pfiff, du wirst es nicht glauben, kommt auf Seite 271 in meinem Buch vor. Ich schicke dir per Fax die Seite."
AUGSTEIN: Und woher kanntest du diesen Pfiff?
WALSER: Das ist Erinnerung. Ich habe diesen Pfiff vom Vater meines Freundes nicht gekannt. Und doch habe ich ihn in dem Buch genau beschrieben. Das ist Erinnerung. Ich weiß ganz sicher, dass ich das nicht gewusst habe. Man kann auch sagen, ich habe nicht gewusst, dass ich es gewusst habe. Und das ist der Unterschied. Über ein Gedächtnis kann man verfügen, über Erinnerungen nicht. Von einem Gedächtnis kannst du verlangen, was du willst. Von der Erinnerung kannst du nichts verlangen. Da kann man nicht sagen: Bitte schön, wie war das damals? Insofern habe ich mich sicher falsch ausgedrückt. Ich konnte plötzlich über den Herbst 1932 schreiben, obwohl ich nichts über den Herbst 1932 gewusst habe. Die Erinnerung ist eine Produktion, an der die Gegenwart genauso beteiligt ist wie die Vergangenheit. Deshalb, lass mich dir das sagen, finde ich es ja so toll, dass du dir alles glaubst, was dir von damals einfällt.
AUGSTEIN: Aber deine Erinnerung wäre natürlich anders, wenn du 1915 geboren wärst oder 1940.

WALSER: Das ist richtig. Ich bin in der Weimarer Zeit geboren, und durch meinen Jahrgang bin ich festgelegt. Das habe ich gemerkt bei dieser Diskussion über die deutsche Teilung, als ich anfing zu sagen, dass ich mich daran nicht gewöhnen könnte. Da habe ich immer dazugesagt: Das liegt an meinem Jahrgang. Ich bin in einem Land aufgewachsen, das hieß Deutschland. Und ich kann mich nicht daran gewöhnen, dass dieses Deutschland nur noch als Wort im Wetterbericht vorkommt.

AUGSTEIN: Das konnte doch gar nicht anders sein. Die Bundesrepublik war doch wirklich nur ein Provisorium, Ersatzlösung und Notbehelf für eine Nation, die den Krieg als ganze verschuldet und verloren hatte und die auch den Frieden als ganze gewinnen musste. Das habe ich schon 1952 geschrieben.

WALSER: Damals hatten wir schon angefangen, gegenüber der DDR diese peinliche Pseudosprache zu entwickeln, dieses Wiedervereinigungsgedröhn, das verlogenste Deutsch, das es je gab. So wuchs die Teilung allmählich ins Absolute. Im Grunde hat mich das Politische aber nach 1945 nicht interessiert. Ich hatte im Gefangenenlager gelesen, und nach Kriegsende habe ich weitergelesen. Ich habe meine Lektüre einfach fortgesetzt.

AUGSTEIN: Du hast studiert.

WALSER: Ja. Ich habe 1946 in Regensburg begonnen, an der Philosophisch-Theologischen Hochschule. Das war so eine Neugründung. Ich hätte natürlich lieber in Freiburg, Tübingen oder München studiert. Aber ich war weder verwundet noch alt genug, noch verfolgt. Trotzdem hätte ich in Freiburg einen Studienplatz bekommen können – wenn ich sechs Wochen Aufbauarbeit geleistet hätte, also Steine klopfen, von den Ziegeln den Mörtel runterklopfen. Nur hatte ich bis dahin in meiner Jugend und Kindheit schon so viel körperlich gearbeitet wie andere Studenten garantiert nicht. Ich hatte die Nase voll vom Körpertum.

AUGSTEIN: Ich habe einen problemlosen Übergang gehabt in die neue Welt und in die neue Zeit. Wir haben dann bald den SPIEGEL gemacht, das ist ja alles bekannt. Ich hatte nie Schwierigkeiten, gegen etwas zu sein. Ich hatte mehr Schwierigkeiten, für etwas zu sein. Das hat sich aber im Laufe der Jahre abgeschliffen: Je älter man wird, desto weniger hat man Einfluss auf die jungen Leute.

WALSER: Mich hast du 1961 beeinflusst, indem dein SPIEGEL Angst

machte vor Franz Josef Strauß als das schlechthin Bedrohende. Der Strauß will die Atombewaffnung der Bundesrepublik, habt ihr geschrieben. Deshalb habe ich ein Büchlein herausgegeben: „Die Alternative, oder Brauchen wir eine neue Regierung?", zu Gunsten der damaligen SPD. Nachträglich tut es mir Leid, dass ich den Strauß – wie ich jetzt glaube – falsch erlebt habe. Für mich ist es ein Beispiel meiner Verführbarkeit oder Nichtzuständigkeit.
AUGSTEIN: In gewisser Weise kann ich ja hier wohl als Fachmann reden.
WALSER: Ja, bitte, dann rede auch einmal als Fachmann.
AUGSTEIN: Ich habe ja viele vergnügliche Stunden mit Strauß verbracht, hinterher. Aber vorher musste er weg. Adenauer plus Strauß war zu viel. Beide waren untereinander Konkurrenten. Das machte die Sache nur gefährlicher.
WALSER: In der so genannten SPIEGEL-Affäre, da war ich ja auch vollkommen auf deiner Seite. Aber das war nicht Strauß, das war doch Adenauer.
AUGSTEIN: Es war nur Strauß, der hat mich ins Gefängnis gebracht. Dem Adenauer hat das gefallen, das ist richtig. Aber der, der die Gelegenheit gesucht und gefunden hat, und innerlich habe ich sie ja vielleicht auch gesucht und gefunden, das war er, Strauß.
WALSER: Dennoch, meine ganze zeitgenössische Aufmerksamkeit hat mir nachträglich aufgedrängt, dass ich den Strauß falsch eingeschätzt habe.
AUGSTEIN: Die Toten sind immer gut, das kennt man ja.
WALSER: Ach, Rudolf, jetzt redest du so nebenhin. Es stimmt ja nicht bei Strauß, und sonst stimmt es auch oft nicht. Die Toten in Vietnam waren nicht gut, nicht damals, nicht heute. Aber wer das in den sechziger, siebziger Jahren sagte, stand nicht mehr auf dem Boden des Grundgesetzes. Das habe ich selbst erlebt, als ich Vietnam-Veranstaltungen machte, weil ich dagegen war, dass die deutsche öffentliche Meinung den amerikanischen Krieg unterstützte. Da wurde man schnell zum Feind, nur weil sich Leute beteiligten, die links waren damals, die nachher bei dieser neuen DKP mitmachten. Dabei hatte ich nicht eine einzige Nachricht verbreitet, die aus dem Osten stammte, sondern nur Nachrichten aus Frankreich und Amerika.
AUGSTEIN: Das kenne ich aber auch.
WALSER: Dass du nicht auf dem Boden des Grundgesetzes warst?

AUGSTEIN: Ja, sicher. Ich war doch auch gegen den Vietnam-Krieg und habe es ja auch kundgetan. Der Strauß im Übrigen war dafür.
WALSER: Aber du warst selber eine Macht.
AUGSTEIN: Ach, ich war keine Macht, ich war eine halbe Ohnmacht. Nein, die freiheitlich-demokratische Grundordnung, die habe auch ich in Frage gestellt. Der Vietnam-Krieg war ein Verbrecher-Krieg.
WALSER: McNamara hat in seinen Memoiren geschrieben, es sei ein Irrtum gewesen. Die mehr als drei Millionen Toten, die waren ein Irrtum. In den Feuilletons zeigten sie mit Fingern auf mich, weil ich nicht korrekt auf dem Boden der FDGO, also der freiheitlich-demokratischen Grundordnung, stand. Damals waren das die Konservativen. Inzwischen sitzen dort die Linksintellektuellen, die 68er. Die nutzen ihre Macht genauso aus wie ihre Vorgänger und sagen mir heute nun wieder, dass meine Haltung nicht korrekt ist.
AUGSTEIN: Es war ja unzweifelhaft, dass wir für die Folgen des Hitler-Krieges haften und dass die Spaltung Deutschlands eine Konsequenz dieses Krieges war. Aber dass daraus, wie Karl Jaspers 1960 von hoher philosophischer Warte aus dekretierte, notwendig die Existenz zweier deutscher Staaten folgen musste – das erschien mir schon damals eine unsinnige Haltung. Wieso sollten die Deutschen aus moralischen Gründen auf die Wiedervereinigung verzichten?
WALSER: Ich bin erst in den sechziger Jahren richtig wach geworden. Da habe ich einen Roman geschrieben, der hieß „Halbzeit", und in dem müssen sich gewisse Personen zu dieser Vergangenheit verhalten. Und in einem Theaterstück, „Der schwarze Schwan", habe ich zwei Ärzte mit ihrer Euthanasie-Schuld konfrontiert. Das muss um die Zeit des Auschwitz-Prozesses gewesen sein, 1963. Da bin ich natürlich gewesen. Ich habe im Gerichtssaal mitgeschrieben und hinterher einen Aufsatz veröffentlicht: „Unser Auschwitz" heißt er, „Unser Auschwitz". Ich habe sozusagen dagegen protestiert, dass man die KZ-Aufseher Boger und Kaduk und wie sie alle geheißen haben, zu Bestien macht und zu Dante-Höllenfiguren, weil es eben unsere Leute sind.
AUGSTEIN: Auschwitz ist und bleibt eine Katastrophe. Aber in der praktischen Politik können wir das doch nicht perpetuieren. Das geht nicht. Das können ja unsere Kinder gar nicht mehr verstehen.
WALSER: „Auschwitz und kein Ende" heißt ein Aufsatz, den ich – nach dem Goethe-Titel „Shakespeare und kein Ende" – 15 Jahre später geschrieben habe. In jedem Jahrzehnt habe ich mich neu auf

das Thema eingelassen. Ich war nie entlassen aus dieser Problematik. Ich habe mich aber auch nie aufgehoben oder gar entlastet gefühlt in der Behandlungsart, die das jeweilige Jahrzehnt praktiziert hat. Und dann schreibt eine Intellektuelle in einer Buchbesprechung, nicht etwa in einer Polemik oder in einem politischen Artikel, den Satz: „Er hat sich gewandelt vom linken Kämpfer zum CSU-Festredner der deutschen Einheit." Das ist meine Biografie in dieser Republik. Weißt du, was man da möchte? Auswandern. Nur noch auswandern.
AUGSTEIN: In Frankreich und Italien wäre das natürlich so nicht denkbar, da kann ein Schriftsteller vor jedem Gremium reden, ohne Rücksicht auf Parteien, ohne zu überlegen, ob es diesem oder jenem genehm ist.
WALSER: Aber das ist Deutschland.
AUGSTEIN: Das ist tatsächlich Deutschland. Ich beispielsweise kann mit der Stasi-Verdächtelei wenig anfangen, im SPIEGEL aber und auch in anderen Blättern kann ich darüber lesen. Von mir aus hätte man aus allen Stasi-Akten zusammen ein Feuerchen machen können. Aber es gab eben auch zu viele, die echt gelitten hatten.
WALSER: Klar. Tolerant sein fällt in einem Herrenclub leichter als in einem Volk, das zwei Diktaturen durchmachen musste. Und jetzt bin ich auf etwas gestoßen, was mir zu denken gibt: 1794 haben Goethe und Schiller nach einer Sitzung der Naturforschenden Gesellschaft in Jena, wo Goethe ja Ehrenmitglied war, ihre Freundschaft endgültig besiegelt. Schiller war zu dem Zeitpunkt Ehrenbürger der Französischen Revolution. Und Goethe, als Staatsbeamter geadelt, hat diese Revolution sozusagen nicht zur Kenntnis genommen.
AUGSTEIN: Die Revolution spielte zwischen den beiden kaum eine Rolle. Denen ging es um die „Urpflanze", aber nicht um Revolution.
WALSER: Mir ist aber klar geworden – das hat jetzt nichts mit der Qualität dieser beiden Kerle zu tun, sondern mit ihnen als Intellektuellen, als Schriftsteller –, dass eine solche Freundschaft heute unvorstellbar wäre. Bei uns geht ein Graben durch die Biografien, du gehörst hierhin oder dorthin.
AUGSTEIN: Und nun möchtest du von mir hören, warum das so ist?
WALSER: Ja, das möchte ich wissen, Rudolf, Historiker. Gibst du zu, dass das deutsche intellektuelle Klima immer schon intoleranter war als im übrigen Europa?
AUGSTEIN: Nein. Man muss doch auch unterscheiden, von welchen Zeiten man redet. Klar ist, dass Leute, die im Vormärz in Deutschland

in Opposition standen, nach England, Frankreich und Belgien ausweichen konnten. Dass sie das mussten, lag natürlich an dem Metternichschen Klima vor allem in Preußen, das ist wahr. Also: Man musste aus Deutschland weg, aber man konnte auch weg. Trotzdem entstand, schon vor Bismarck, das Gefühl, dass es so nicht weitergehen konnte. Dann kam dieser große und gleichzeitig verheerende Junker und stülpte alles um. Aber man kann nicht sagen, dass eine gerade Linie von Arminius zu Luther über – wer ist der nächste Bösewicht, den wir haben? – Friedrich, Bismarck und Ludendorff zu Hitler führt. Das geht nicht. Wurde aber nach dem Krieg gemacht. Ich weiß nicht, ob ich mich daran beteiligt habe. Aber ich glaube nicht.

WALSER: Du hast von einer Kontinuität des Irrtums gesprochen.

AUGSTEIN: Ja, sicher. Aber irgendeine Kontinuität dieser Art gibt es in allen Staaten. Nur bei uns hat sich das so stark ausgeprägt durch diesen schmachvollsten Irrtum, an den man uns ja heute immer noch festkleben will, aus verschiedensten Gründen. Nicht nur aus moralischen. Das gilt es zu durchbrechen. Dazu gehört nicht so sehr Mut als zunächst einmal die Erkenntnis, dass es eine herrschende Meinung gibt, die mal durchbrochen werden muss. Ich beispielsweise – und als alter Mensch kann ich mir das gerade noch leisten –, ich wandle am Rande der Political Correctness.

WALSER: Das Gewissen ist eines jeden Menschen ganz eigene Sache.

AUGSTEIN: Du willst immer philosophisch werden.

WALSER: Nein, das ist nicht philosophisch. Wenn mir jemand Auflagen macht, das soll ich so und so in meinem Gewissen empfinden, dann sträubt sich in mir etwas. Dann nenne ich das, obwohl das zum Gewissen nicht passt, Porenverschluss. Dann wehre ich mich. Wenn einer in der einflussreichsten Literatursendung des Fernsehens, offenbar von Millionen Zuschauern angeschaut, wenn einer da vorwurfsvoll sagt: In meinem Roman komme Auschwitz nicht vor, und wenn der andere dann sagt: Schon in „Ehen in Philippsburg", also 1957, sei keiner in der HJ gewesen, keiner im BDM; ja, schon 1955 sei die deutsche Vergangenheit im „Flugzeug über dem Haus" ausgeklammert worden ... Dass das 1955 kafkaeske Parabeln waren, in denen die Hitlerjugend schlecht platzierbar gewesen wäre, gilt nichts. Ästhetik gilt nichts, nur die politische Korrektheitsforderung gilt, und das erlebe ich als ungeheure Bevormundung.

AUGSTEIN: Das ist es auch.
WALSER: Es wird vorgeschrieben, was vorkommen muss. Und die Literatur ist nur das Feld, auf dem solche Meinungsherrschaft am leichtesten durchsetzbar zu sein scheint.
AUGSTEIN: Auch der Erinnerung kann man nicht befehlen, man kann sie nicht her- und nicht wegzwingen.
WALSER: Als ich mich in den sechziger Jahren als Schriftsteller damit beschäftigt hatte, dachte ich – das war naiv damals, das weiß ich wohl –, ich hätte das hinter mir: „Das habe ich verarbeitet. Ich habe damit nichts mehr zu tun."
AUGSTEIN: Was natürlich nicht wahr ist.
WALSER: Unsere Kinder können das vielleicht sagen, denen ist das nicht mehr persönlich aufgeladen. Aber wir können uns nicht wegstehlen. Da kannst du noch sosehr, Rudolf, dieser Gnade oder jener Gnade oder Geburt angehören. Tätermäßig habe ich nie etwas damit zu tun gehabt. Aber dennoch bin ich – warum, weiß ich auch nicht – hineinverwirkt in diesen Dreck. Und ich merke nachträglich, nachdem alles zu spät ist, dass ich nicht herauskomme.
AUGSTEIN: Ich fühle mich beschämt, weil ich Zeitgenosse dieser Taten war, von denen ich nichts wissen konnte. Das beschämt mich. Meine Kinder schon nicht mehr. Die Enkel werden gar nicht beschämt sein. Das ist ein ganz natürlicher Vorgang.
WALSER: Rudolf, ich bewundere dich, dass du das sagen kannst: Ich fühle mich beschämt. Ich kann nur sagen: Ich fühle mich hineinverwirkt. Ein wirkliches Gewissenswort …
AUGSTEIN: Aber das ist doch dasselbe.
WALSER: Nein, nein, nein.
AUGSTEIN: Zu einer Zeit gelebt zu haben als Erwachsener, wo das passieren konnte, das beschämt einen auf immer. Aber politisch sollten wir uns nicht mehr ducken. Das geht nicht mehr. Das ist jetzt zu Ende. Wir sind ein normales Volk, das Probleme hat, die andere Leute auch haben. Und damit müssen wir anständig umgehen.
WALSER: Du hast jetzt schon zum zweiten Mal gesagt, wir seien ein normales Volk. Ich hoffe, deine Mitarbeiter werden dir solche Unkorrektheiten nicht durchgehen lassen. Aber dass wir gern ein ganz normales Volk wären, das wenigstens wird man doch ungescholten wünschen dürfen.

Ich hab das meiste gesehen
Interview zum 75. Geburtstag

Zum 5. November 1998, Augsteins 75. Geburtstag, führte Cornelia Bolesch für die „Süddeutsche Zeitung" ein Interview „über Frauen, den SPIEGEL und andere Dinge des Lebens", wie es in der Überschrift hieß. Auszüge:

SZ: Herzlichen Glückwunsch zum 75.! Öffentlich wird nicht gefeiert. Was machen Sie privat?
AUGSTEIN: Es ist ein Tag wie jeder andere. Aber ich habe ein paar Freundinnen eingeladen für einen einzelnen Herrn.
SZ: Gehören Sie zu den Menschen, die im Alter gelassener und zufriedener werden?
AUGSTEIN: Ja, zu denen gehöre ich. Auch wenn das Altern mit Handicaps verbunden ist. Ich kann zum Beispiel seit einigen Jahren wegen einer Augenkrankheit nicht mehr richtig lesen. Aber warum soll ich mich beschweren? Diese Krankheit kann jeden treffen, selbst den, der immer ganz gesund gelebt hat.
SZ: Man hat über Sie geschrieben, Sie seien „eine der wenigen freien Gestalten in diesem Land". Stimmt das?
AUGSTEIN: Ja. Ich fühle mich von niemandem abhängig und bin es – außer im Krieg – auch nie gewesen.
SZ: Für viele sind Sie ein journalistisches Denkmal, ein Vorbild. Viele junge Journalisten würden von Ihnen gerne wissen, wie man im Beruf vorankommt. Können Sie einen Ratschlag geben?
AUGSTEIN: Nein, ich kann nur in konkreten Situationen raten. Außerdem will ich weder ein Denkmal noch ein Vorbild sein.
SZ: Was wollen Sie dann sein?
AUGSTEIN: Ein einigermaßen guter Journalist, der das Leben kennt.
SZ: Das Leben verändert sich ständig, vor allem technisch. Wir haben jetzt Handys und surfen im Internet. Sie auch?
AUGSTEIN: Ich fühle mich handylos ganz glücklich. Ich bin ja auch immer erreichbar. Allerdings wird für mich jetzt ein Spezial-Handy gebastelt. Mit maximal fünf Knöpfen.

SZ: Und Internet?
AUGSTEIN: Damit habe ich mich noch gar nicht beschäftigt. Im Grunde bin ich innerlich dagegen. Der Fortschritt geht mir da zu weit.
SZ: Sie gründen jetzt mit zwei Millionen Mark Startkapital eine Rudolf-Augstein-Stiftung für den journalistischen Nachwuchs. Sorgen Sie sich um die Qualität des Berufsstandes?
AUGSTEIN: Ach, nein. Wir haben ja gute Schulen. Aber es gibt auch Lücken in der Ausbildung. Zum Beispiel muss man Journalisten beibringen, wie weit man gehen, welche Grenzen man nicht überschreiten darf.
SZ: Ihre Nachwuchspflege in allen Ehren. Aber kommt sie nicht ziemlich spät? Der SPIEGEL hat zum Beispiel nie Volontärsplätze angeboten.
AUGSTEIN: Man kann es kritisch so sehen. Aber es wimmelt heute beim SPIEGEL von jungen und begabten Autoren. Der Volontär als solcher ist bei uns falsch am Platz. Der muss zur Tageszeitung. Der muss nachts aufstehen, wenn Feueralarm ist. Der SPIEGEL wäre da kein guter Lehrmeister.
SZ: Anders als dem „Stern" mit „Hitlers Tagebüchern" ist dem SPIEGEL bisher ein spektakulärer Reinfall erspart geblieben. Welches waren denn aus Ihrer Sicht die großen Fehler des SPIEGEL?
AUGSTEIN: Das ist schwer zu sagen. Es hat sicher 10, 20 Dinge gegeben, die nicht hätten passieren dürfen. Manche sind in der Öffentlichkeit gar nicht bemerkt worden. Aber ich kann mich nicht mehr konkret erinnern, auch an meine eigenen Fehler nicht.
SZ: Der Schriftsteller Martin Walser beschwert sich im neuesten SPIEGEL, er habe durch Ihr Magazin ein falsches, das heißt zu negatives Bild von Franz Josef Strauß vermittelt bekommen.
AUGSTEIN: Eine Kraftnatur wie Walser kann die politische Bedeutung eines Franz Josef Strauß nicht politisch einordnen. Walser ist ein Dichter. Schriftsteller sind im Grunde völlig unpolitisch.
SZ: Ist nicht ein Problem des Journalismus, dass er sich eine eigene Dramaturgie schafft, dass er Politiker, aber auch andere öffentliche Personen, künstlich hochjubelt und dann wieder demontiert?
AUGSTEIN: Wenn das bei uns geschehen ist, ist es nicht bewusst geschehen.
SZ: Nicht gerade ein Erfolgskapitel in der SPIEGEL-Geschichte ist

die Rolle der Frauen. Nur langsam setzen sich bei Ihnen Journalistinnen durch. Warum?
AUGSTEIN: Ich selbst habe eine rundum befähigte Frau gebeten, Ressortleiterin zu werden. Aber sie hat abgelehnt. Gerade Frauen wollen häufig nur Namensartikel schreiben und nicht für den Quatsch der anderen Leute verantwortlich sein. Das ändert sich aber, wenn auch im Schneckentempo. Die Frauen erobern sich ganz still ihre Plätze, und sie werden geachtet.
SZ: Es soll aber immer noch SPIEGEL-Machos geben, die den Frauen die Fähigkeit zum Denken und zum Schreiben absprechen?
AUGSTEIN: Es mag solche Hohlköpfe gegeben haben. Ich habe nie so gedacht. Ich bin kein Feminist. Aber ich habe schon 1947 gesagt, wir müssen dafür sorgen, dass der Staat das Kinderkriegen bezahlt. Frauenförderung muss man mir nicht beibringen.
SZ: Wie soll man sich jetzt Ihre Beziehung zum SPIEGEL vorstellen? Lesen Sie ihn noch regelmäßig und gründlich?
AUGSTEIN: Das verbietet sich schon wegen meiner Augen. Mein Chauffeur liest mir manches aus dem SPIEGEL vor. Aber ich habe auch Vorleserinnen. Im Übrigen liest beim SPIEGEL keiner das Heft gründlich.
SZ: Auch die Chefredaktion nicht?
AUGSTEIN: Ich habe Vermutungen. Das ist im Übrigen auch kaum zu schaffen.
SZ: Wie geht man im SPIEGEL mit Ihren Artikeln um? Wird das, was der Herausgeber zu Papier bringt, unterwürfig akzeptiert? Oder sagt einer auch mal, das würde ich lieber nicht drucken?
AUGSTEIN: Ich glaube, dass das ein kollegiales, kritisches Verhältnis ist. Auf viele Einwände höre ich und ändere meine Artikel auch. Wenn ich von einem Einwand nicht überzeugt bin, ändere ich nichts. Das muss ich auch nicht. Ich funke den anderen ja auch nicht in ihre Artikel rein. Im Übrigen ist keiner je beim SPIEGEL rausgeflogen, weil er mir widersprochen hat. Ich gebe jedem 10 000 Mark, der mir einen bringt.
SZ: Im SPIEGEL hat es eine kleine Revolution gegeben. Unter jedem Artikel stehen jetzt, ganz winzig, die Autorennamen. Finden Sie das gut?
AUGSTEIN: Ich war immer dagegen. Das sagt aber nichts. Ich war seit 1947 gegen jede Neuerung. Und irgendwann muss man was

ändern. Der Ursprungsgedanke, dass überhaupt kein Name auftauchen soll, sondern das Magazin aussehen soll, als sei es von einem Menschen für einen anderen Menschen geschrieben, der ist ohnehin nicht durchzuhalten.

SZ: Weil Journalisten zu eitel sind?

AUGSTEIN: Nicht eitel. Erfolgsbewusst. Erfolgsbesessen.

SZ: Im Gespräch mit Walser sagen Sie im neuen Heft: „Ich hatte nie Schwierigkeiten, gegen etwas zu sein, ich hatte mehr Schwierigkeiten, für etwas zu sein." Ist das eine Losung für erfolgsbesessene Journalisten?

AUGSTEIN: Da hab ich vielleicht ein bisschen übertrieben. Was ich meine: Ein Journalist sollte zu 51 Prozent kritisch gegenüber jedermann sein.

SZ: Oft ist aber eine verdächtige Nähe zwischen Politik und Journalismus festzustellen. Ihr bayerischer Konkurrent, „Focus"-Chef Helmut Markwort, spricht von der „Kumpanei" zwischen der Hamburger Wochenpresse und der neuen Bundesregierung, weil sich alle untereinander duzen.

AUGSTEIN: So ein Quatsch. In der Politik sind es oft die schlimmsten Feinde, die sich duzen. Das sagt gar nichts aus. Ich habe mich mit vielen Politikern geduzt, doch als Journalist habe ich wenig Rücksicht darauf genommen. Ein Journalist kann keine permanenten Freundschaften haben.

SZ: Sie haben in einem dpa-Gespräch gesagt, Konrad Adenauer sei Ihr interessantester Gesprächspartner gewesen. Das ist ja eine Ewigkeit her.

AUGSTEIN: Das ist auch eine sentimentale Geschichte gewesen. Ich war der erste und der letzte Journalist, der mit ihm sprach. Zwischendurch gab es eine lange Funkstille. Und als wir uns nach dem letzten Gespräch verabschiedeten, da haben wir uns spontan umarmt. In dem Sinne ist Adenauer auch ein toller Mann gewesen.

SZ: Wie ist Ihr Verhältnis zu Kanzler Schröder?

AUGSTEIN: Wir sind locker befreundet.

SZ: Und duzen sich.

AUGSTEIN: Seit langem.

SZ: Wird er ein guter Kanzler sein?

AUGSTEIN: Ich weiß es wirklich nicht. Ich habe so viele Vorbehalte gegen jede Regierung. Der eigentliche Sieger der Wahl heißt sowieso

Helmut Kohl. Der hat die rot-grüne Regierung an die Macht gebracht.

SZ: Anders als die meisten Vertreter der neuen Bundesregierung haben Sie das Hitler-Regime und den Krieg miterlebt. Im Gespräch mit Walser sagen Sie: „Das beschämt einen auf immer." Wie ist Ihre Haltung zu einem Holocaust-Mahnmal in Berlin?

AUGSTEIN: Ich bin dagegen. Weil der Gedanke aus Unempfindsamkeit entstanden ist. Man muss das Konzept ändern. Was man sich bisher ausgedacht hat, ist schon technisch gar nicht durchführbar. Man braucht Stacheldraht, Hunde und Polizisten, um so ein Denkmal zu schützen. Jeder Hooligan geht doch da hin. Es treibt die Leute mehr in die Gegenrichtung. Wir aber haben die Pflicht, keinen Antisemitismus zu säen. Das ist der wichtigste Punkt.

SZ: Haben Sie noch einen unerfüllten Wunsch?

AUGSTEIN: Ich möchte ruhig und ohne Schmerzen sterben.

SZ: Sind Sie überhaupt noch neugierig auf andere Menschen?

AUGSTEIN: Die Frage stellt sich mir gar nicht mehr. Ich kenne ja Leute genug. Ich reise schwerfällig und ungern.

SZ: Die Menschen könnten ja auch zu Ihnen kommen.

AUGSTEIN: Die besuchen mich auch. Marlene Dietrich hätte ich kennen lernen können. Ich wohnte in demselben Pariser Hotel wie sie, dem „Lancaster". Ich hätte ihr nur einen Zettel schicken müssen. Das habe ich aber nicht gemacht. Brecht hätte ich sehr gerne kennen gelernt. Ein Termin war schon fest vereinbart, aber dann ist er gestorben.

SZ: Und die Lebenden?

AUGSTEIN: Es geht mir so wie Koldinger, das ist der skandinavische Eulenspiegel. Der geht mit seiner Aktentasche in den Schnapsladen und will seine Ration holen. Da sagt der Verkäufer, leider ist was passiert. Wassereinbruch. Ich hab nur noch zwei Flaschen, in der einen ist Schnaps, in der anderen Methylalkohol, ich weiß nur nicht, in welcher. Willst du das Risiko in Kauf nehmen? Da sagt Koldinger: Gib her, ich hab das meiste gesehen. So geht es mir auch. Ich sitze abends vor dem Fernseher und höre zu. Ich weiß jetzt viel über Kamele in der Wüste. Und über die Galapagos-Inseln. Warum muss ich noch wen kennen lernen?

Rache statt Gerechtigkeit

Washington verletzt die Menschenrechte

Während die US-Regierung nach den Anschlägen vom 11. September 2001 die Sympathien der Welt genoss und Kritik als antiamerikanisch empfand, prangerte Rudolf Augstein im SPIEGEL 4/2002 die Menschenrechtsverstöße der Bush-Administration an: „Jetzt regiert offenbar nicht mehr das Prinzip Gerechtigkeit, sondern der Durst nach Rache."

In Europas Kanzleien reagieren Politiker und Juristen schon gar nicht mehr, wenn die Regierung der Vereinigten Staaten sich unmenschlich aufführt. Die meisten fressen ihren Groll still in sich hinein. Wer will in diesen Tagen der internationalen Einigkeit schon die einzige Weltmacht kritisieren. Und stehen die Amerikaner nicht wie ein Mann hinter ihrem Präsidenten, der doch offensichtlich alles kann (außer eine Brezel essen)?

Nach den Anschlägen am 11. September gehörten den Amerikanern die Sympathien der Welt – und Washington nutzte diesen Goodwill, appellierte bei der Zusammenstellung einer weltweiten Anti-Terror-Koalition auch an die hohen ethischen Ansprüche und Menschenrechtsgarantien einer freien Gesellschaft. Von einer Zivilisation, die es auch mit dem Einsatz militärischer Gewalt zu verteidigen gelte, war die Rede. Von der Überlegenheit des Rechtsstaats. Schnell beugte man sich in Berlin und anderswo zum Kniefall der „uneingeschränkten Solidarität": Der Gestus der moralischen Überlegenheit ist den Amerikanern gut bekommen. Vielleicht zu gut. Denn jetzt regiert offenbar nicht mehr das Prinzip Gerechtigkeit, sondern der Durst nach Rache.

Die amerikanische Regierung hat über hundert in Afghanistan gefangen genommene Taliban- und Qaida-Kämpfer von Kandahar nach Kuba verschleppt – ausgerechnet nach Guantanamo Bay, wo die US-Verfassung nicht gilt. Auf einen Militärstützpunkt, den die US-Regierung 1903 der karibischen Nation regelrecht abpresste (für den sie bis heute lächerliche 4085 Dollar jährliche „Pachtgebühr" bezahlt) und der als rechtliches Niemandsland gilt. Washington hat die Internierten schon als die „schlimmsten Elemente" vorverurteilt, als „Männer, die Leitungen durchbeißen würden, um ein Flugzeug abstürzen zu lassen", aber noch nicht einmal Klage erhoben oder einen Rechtsbeistand erlaubt. Die US-Regierung belegt die Inhaftierten mit dem Begriff „ungesetzliche Kämpfer", um ihnen den Status von Kriegsgefangenen (PoW) vorzuenthalten. Experten schütteln da nur die Köpfe. Das internationale Recht spricht gegen das amerikanische Vorgehen: Jeder, der bei Kampfhandlungen festgenommen wird, gilt als PoW und hat sofortigen und vollständigen Anspruch auf Schutz durch die Genfer Konvention (zumindest bis ein „kompetentes Tribunal" seinen endgültigen Status klärt).

Schon der Transport der Gefangenen lief unter menschenunwürdigen Umständen ab – und in klarer Verletzung des internationalen Rechts. Das Anketten und zwangsweise Betäuben – unrechtmäßig. Das Überstreifen von Gesichtskapuzen – im Widerspruch zur Anti-Folter-Konvention von 1984. Das erzwungene Rasieren von „religiösen" Bärten aus hygienischen Gründen – durch kein Recht abgedeckt und darüber hinaus eine ganz und gar überflüssige Demütigung, die jedes Vorurteil von Muslimen gegenüber kreuzzüglerischer „Siegerjustiz" bestärken wird. Und die zur Farce macht, was Washington seinen Gefangenen zugesteht: dass sie kein Schweinefleisch essen müssen, dass sie auf einem der beiden ihnen ausgehändigten Handtücher gen Mekka gerichtet beten dürfen. Die Unterbringung in Guantanamos „Camp X-Ray" spottet im Übrigen jeder Beschreibung. Die Internierten werden bei feuchtheißem Klima in offenen Käfigen gehalten, 1,80 Meter mal 2,40 Meter. Bei einer ähnlichen Einpferchung von Schimpansen würde sich die Empörung der Tierschutzverbände überschlagen.

Sollen die Gefangenen, womöglich für unmenschlichen Terror verantwortlich, unter unmenschlichen Bedingungen mürbe gemacht und gebrochen werden? Es würde zu einer Diskussion passen, die zurzeit im amerikanischen Rechtsstaat in höchsten Kreisen und geradezu erschreckend emotionslos geführt wird: ob und wie man foltern darf, um von Verdächtigen Informationen zu erhalten. Bisher ist das in Demokratien nicht üblich. Oder soll durch solches Vorgehen in Washington nur davon abgelenkt werden, dass die eigentlichen Kriegsziele in Afghanistan ja noch lange nicht erreicht sind? Zwar wurden die Taliban, die Washington einst mit an die Macht gebracht hat, nun durch Washingtons Bomben von der Macht vertrieben, Kabul hat Chancen auf eine bessere Zukunft. Aber das war ja nur ein Nebenprodukt amerikanischer Absichten. Es ging Washington primär um den Terroristenchef Bin Laden, „tot oder lebendig". Nun sieht es fast so aus, als hätte man die Suche nach ihm eingestellt; tot wäre er Washington wohl recht, aber bevor sie ihn einem internationalen Gericht auslieferten, sähen sie ihn lieber irgendwo wohlbehalten im pakistanischen Untergrund.

Weil die alten Ziele noch nicht zu verwirklichen sind, werden außenpolitisch neue verfolgt. Schon stehen amerikanische Spezialtruppen im Süden der Philippinen. Ein Großangriff gegen den Irak ist wohl nur vorläufig zurückgestellt: Man will die muslimische Welt nicht ganz gegen sich aufbringen. Befrieden wird die sich erst dann lassen, wenn Washington seine doppelzüngige Nahost-Politik aufgibt und auch die Israelis zu schmerzlichen Konzessionen zwingt. Bushs grundsätzliche Befürwortung eines palästinensischen Staates wird da nicht genügen.

Peinlich für die Scharfmacher in der amerikanischen Regierung um Verteidigungsminister Rumsfeld: Gerade erst haben sie die Vereinten Nationen „wiederentdeckt", um sie für ihren weltweiten Anti-Terror-Feldzug zu instrumentalisieren, und jetzt werden sie ausgerechnet von der Uno abgestraft: Mary Robinson, Uno-Menschenrechtsbeauftragte, mahnte öffentlich die Einhaltung von Grundrechten für Taliban- und Qaida-Gefangene an. Die Empörung der Mehrheit der Amerikaner ist ihr gewiss. Dass immerhin nicht die gesamte Öffentlichkeit in den USA gleichgeschaltet ist (wo im Fernsehsender CNN auf Anweisung des Chefs zivile afghanische Opfer nicht „in den Mittelpunkt rücken" sollen), beweisen Zeitungen wie die „New York Times", aber auch einige mutige Professoren. Der Jurist Michael Byers von der Duke University in North Carolina beispielsweise nannte die Behandlung der Guantanamo-Gefangenen schändlich: Die Menschenrechte seien dann am wichtigsten und müssten durchgesetzt werden, „wenn Regierungen besonders versucht sind, sie zu verletzen".

Soll heißen: Die Amerikaner können sich nur dann aufs hohe moralische Ross setzen, wenn sie sich an ihren eigenen Maßstäben messen lassen. Eine Demokratie ist immer nur so gut, wie sie sich gegenüber dem (mutmaßlich) schlimmsten Terroristen verhält.

Die Präventiv-Kriegstreiber

Der letzte Kommentar

Am 26. August 2002 veröffentlichte der SPIEGEL den letzten Kommentar seines Herausgebers. Thema: der von Washington angedrohte Präventivkrieg gegen den Irak.

Reichlich schizophren, was da jetzt in Washington abläuft: George W. Bush versucht die Welt zu besänftigen, indem er verkündet, ein Angriff auf den Irak stünde nicht unmittelbar bevor. Und dann fügt er in immer gleich lautenden Formulierungen hinzu, ein „Regimewechsel" in Bagdad sei unabdingbar. Ja, wie denn – durch Überredungskunst? Oder glaubt der Mann im Weißen Haus, dass sich Saddam Hussein freiwillig die Kugel gibt, wie es dessen Gast Abu Nidal gerade (nach ausgiebigem Verhör durch den irakischen Geheimdienst) getan haben soll?

Wenn es kein Mossad- oder CIA-Agent schafft, Saddam auszulöschen, wird schon geballte militärische Gewalt vonnöten sein. Das stellt die Frage nach der Rechtmäßigkeit eines solchen Vorgehens – und ob wir Deutschen uns daran beteiligen sollen. Es wird das Geheimnis der CDU-Opposition bleiben, warum darüber jetzt nicht diskutiert werden sollte. Es muss sogar. Der Ex-Nato-Oberbefehlshaber in Europa, Wesley Clark, schätzt die Wahrscheinlichkeit, dass Bush im nächsten Jahr den Irak angreift, immerhin „auf 70 Prozent".

Es wäre ein Präventivschlag – völkerrechtlich zu bewerten als „ein verbotener Angriffskrieg und damit ein internationales Verbrechen", wie der Geschichtsprofessor Jörg Fisch von der Universität Zürich in der „Weltwoche" schreibt. Bismarck, gewiss kein Pazifist, hat zeitlebens Präventivkriege entschieden abgelehnt.

Henry Kissinger, weiß Gott auch keiner, der zu allen Zeiten Frieden um jeden Preis befürwortet hat, schreibt: „Die Ablösung einer fremden Regierung zum Gegenstand militärischer Drohungen und möglicher Interventionen zu machen stellt das gesamte System des Westfälischen Friedens von 1648 in Frage, dessen Grundlage die

Nichteinmischung fremder Mächte in die internen Angelegenheiten souveräner Staaten ist."

Nur eine Form des Krieges ist Einzelstaaten erlaubt: die Selbstverteidigung gegen eine tatsächliche Bedrohung. Bedroht Bagdad die USA?

Ginge es darum, das Zentrum der Qaida-Organisation anzugreifen, müsste Bush in Pakistan einmarschieren. Wäre das Land mit der aggressivsten fundamentalistischen Religionsdoktrin das Ziel-Land, sollte Bush Saudi-Arabien attackieren. Wäre daran gedacht, eine tatsächliche Atommacht im Nahen Osten auszuschalten, käme als einziger Staat Israel in Frage (vielleicht noch Iran, der jedenfalls näher an der Produktion von Nuklearwaffen ist als der Irak).

So unvollkommen die Zerstörung aller Waffen durch die Uno-Inspektoren nach dem Kuweit-Krieg gewesen sein mag, Bagdad kann Europa, schon gleich gar nicht die USA derzeit ernsthaft bedrohen.

Die amerikanische Regierung weiß das. Ihr geht es wohl – neben persönlicher Rache an dem Mann, der Washington so gern demütigt und provoziert – auch um den langfristigen Zugriff auf das Erdöl in der Region. Das macht Hilfskonstruktionen für den geplanten Angriff nötig: Verteidigungsminister Donald Rumsfeld hat Kontakte des Qaida-Netzes zum Irak ausgemacht.

Allerdings will ihm bei einem solchen Bedrohungsszenario nicht einmal die CIA so recht beispringen. Mehrmals schon winkte der Geheimdienst ab. Die Hinweise für hochrangige Treffen von Irakern und Bin-Laden-Leuten seien dünn, eine Mittäterschaft an den Ereignissen des 11. September so gut wie auszuschließen. Wenn das aber so ist, kann Bagdad nur nach einem förmlichen Uno-Beschluss der Weltstaatengemeinschaft angegriffen werden – Washington scheut diesen Antrag, weil dafür aller Voraussicht nach keine Mehrheit zu bekommen wäre.

In den USA, immer noch eine Demokratie, haben sich zahlreiche bedeutende Politiker – und Militärs – gegen einen Angriffskrieg ausgesprochen, die Begeisterung der Öffentlichkeit für einen schnellen (und womöglich alleinigen, mithin sehr kostspieligen) Waffengang schwindet.

In keinem europäischen Staat gibt es derzeit auch nur annähernd eine Mehrheit für einen Krieg gegen den Irak; auch Großbritannien, der traditionell engste Militär-Verbündete Washingtons, sieht Bushs Pläne zunehmend skeptisch.

Bundeskanzler Schröder hat betont, Deutschland werde keine militärischen „Abenteuer" im Irak mittragen. Da hat er Recht, mögen sich da bei der SPD – 's ist Wahlkampf – auch einige schrille Töne eingeschlichen haben. Besser als das Wischiwaschi und Lasstuns-das-Vertagen der CDU und ihrer diversen Welt-Außenpolitiker von Schäuble bis zum Kandidaten Stoiber ist das allemal.

Und wenn Schröders klare Worte den Herrn US-Botschafter in Berlin so erregen, dass der seine Empörung gegenüber ausgesuchten Zeitungen publik machen muss, dann sei's drum. Washington mag überrascht sein – die US-Regierung macht so indirekt Wahlkampf für den Bundeskanzler. Die in die Öffentlichkeit gespielte US-Demarche mit dem Gestus „Wir sind die Herren der Welt" kann nur der SPD Stimmen bringen.

Zuverlässige Freunde sind nicht diejenigen, die „uneingeschränkte Solidarität" schwören (eine verfehlte Schröder-Formulierung im Krieg gegen den Terror, welche die Vereinigten Staaten in ihrem Unilateralismus ermutigen musste). Sondern solche, die offen und kritisch ihre Meinung sagen. Vielleicht hätte das in Sachen Irak schon früher einmal getan werden sollen.

Beispielsweise in den achtziger Jahren, da die Reagan-Regierung Saddam Hussein als ihren Verbündeten betrachtete und nach dem alten Roosevelt-Motto gegenüber geopolitisch nützlichen Gewaltherrschern hätschelte: „Er mag ein Bastard sein, aber er ist unser Bastard."

Washington belieferte den irakischen Diktator damals bei dessen Angriffskrieg gegen das Ajatollah-Regime in Teheran mit Aufklärungsfotos und half den irakischen Partnern nicht nur mit Waffen, sondern sogar beim Entwurf von Schlachtplänen. Das war bekannt. Was erst letzte Woche publik wurde: US-Nachrichtendienste wussten damals, dass Saddam Hussein Giftgas einsetzen würde.

Aber geopolitisch war das ja nicht schädlich.

Journalist des Jahrhunderts

Stationen im Leben Rudolf Augsteins

1923: Am 5. November wird Rudolf Karl Augstein in Hannover geboren. Seine Eltern sind Gertrude Maria Augstein und Friedrich Augstein, ein ehemaliger Kamerafabrikant und Fotokaufmann (Firma „Photo-Augstein"). In der gutbürgerlich-katholischen Familie wächst das Kind als jüngster Sohn unter insgesamt sieben Geschwistern auf.

1933: Augstein, der nach drei Schuljahren in einer katholischen Zwergschule auf das humanistische Kaiserin-Auguste-Victoria-Gymnasium in Hannover wechselt, erlebt als Neunjähriger die Machtübernahme der Nationalsozialisten. „Wenn man damals neun Jahre alt war, konnte man gar nicht leben, ohne Politik zu atmen", erinnert sich sein damaliger Schulfreund, der spätere israelische Politiker und Publizist Uri Avnery.

1938: Augsteins Vater, Anhänger der katholischen Zentrumspartei, erklärt seinem knapp 15-jährigen Sohn, Hitlers Politik bedeute Krieg und das Ende Deutschlands („Finis Germaniae").

1941: In der Prima schreibt Augstein religiöse Gedichte („Oh Gott, ich habe Großes gewollt"). Nach dem Kriegsabitur am 23. April absolviert er ein Volontariat beim „Hannoverschen Anzeiger".

1942: Im April beginnt für Augstein der Kriegsdienst als Kanonier (Funker). Als die „Frankfurter Allgemeine Zeitung" 1980 von ihm wissen will, welche militärischen Leistungen er am meisten bewundere, antwortet er: „Meinen Rückzug aus der Ukraine".

1945: Dem Leutnant der Reserve (Artilleriebeobachter) wird im April das Eiserne Kreuz 2. Klasse verliehen. „Unsereiner ist ja nicht dazu gemacht, Orden und Ehrenzeichen entgegenzunehmen", erklärt er später. „Ich habe das Eiserne Kreuz 2. Klasse nur auf dem Rückzug erhalten, und auch das noch unverdient."

1946: Nach Redakteursarbeit beim „Hannoverschen Nachrichtenblatt" und beim „Hannoverschen Anzeiger" übernimmt Augstein gemeinsam mit dem Fotografen Roman Stempka und dem Redakteur Gerhard R. Barsch von den Briten die Zeitschrift „Diese Woche", die nach dem Vorbild der britischen „News Review" und der amerikanischen „Time" entwickelt worden ist.

An das Auftreten des Lizenzbewerbers Augstein erinnert sich der britische Major John Chaloner 50 Jahre später: „Augstein saß da, blass, klein, in einem grauen Militärmantel ... Er war nicht im Geringsten unterwürfig wie die meisten Deutschen, die ich bis dahin kannte und die immer sehr schnell ‚Jawoll, Herr Major, sehr richtig, Herr Major' sagten."

„Wir wurden zensiert", berichtet Augstein später über den journalistischen Alltag 1946. „Alles wurde beanstandet. Ich tat auch alles, dass die Beanstandungen berechtigt waren ... Also das Ding war nicht zu halten, als British Paper nicht."

1947: Zum Jahresbeginn bekommt Augstein von den Besatzungsbehörden die vorläufige Genehmigung, den SPIEGEL herauszugeben, wie er den „Woche"-Nachfolger nennt. In der SPIEGEL-Erstausgabe am 4. Januar heißt es: „Die für die Herausgabe zuständigen britischen Behörden haben entschieden, dass die Zeitschrift nun unter unabhängiger deutscher Leitung herauskommen kann." Von Heft 1 an fungiert Augstein als Herausgeber und Chefredakteur.

Im selben Jahr schreibt der 23-Jährige das Theaterstück „Die Zeit ist nahe", das am 1. November 1947 in Hannover uraufgeführt und im SPIEGEL verrissen wird.

1948: Augstein versteht den SPIEGEL, wie sich sein Gründungskollege und Biograf Leo Brawand erinnert, schon früh als „Sturmgeschütz der Demokratie" und schreibt an „gegen den Hochmut der demontagewütigen Besatzungsmächte, gegen korrupte Politiker und gegen die Arroganz der Ämter".

In Heft 40/1948 erscheint zum Thema Wiederbewaffnung der erste Augstein-Kommentar, der mit dem Pseudonym „Jens Daniel" gezeichnet ist.

1949: Im Januar wird Augstein, zum ersten Mal vor Gericht, von der Anklage der Verbreitung erweislich falscher Nachrichten freigesprochen; der SPIEGEL hatte gemeldet, bei einer Hausdurchsuchung beim Kieler Ex-Agrarminister Erich Arp seien Fleischbüchsen gefunden worden.

1950: Der SPIEGEL deckt den so genannten Hauptstadt-Skandal auf: Die Industrie habe die Wahl der neuen Hauptstadt mit Bestechungsgeldern zu Ungunsten Frankfurts beeinflusst. Der Bundestag setzt einen „SPIEGEL-Ausschuss" ein.

Augstein ist von 1950 bis 1962 gemeinsam mit dem Verleger John

Jahr, danach bis 1969 gemeinsam mit dem Verleger und Drucker Richard Gruner Gesellschafter des SPIEGEL.
1952: Am 10. Juli beschlagnahmt die Polizei auf Veranlassung Adenauers eine SPIEGEL-Ausgabe mit einem Bericht über Kontakte des Kanzlers zu dem französischen Geheimagenten Hans-Konrad Schmeißer. Adenauer bezeichnet den Bericht als verleumderisch, nimmt aber am zweiten Prozesstag seinen Strafantrag zurück.

Der SPIEGEL zieht von Hannover nach Hamburg.

1959: Die seit Jahren betriebene Berichterstattung des SPIEGEL über Bonner Korruptionsfälle – etwa die Affäre um Leihwagen für Kanzler-Mitarbeiter (1958) – gipfelt in Enthüllungen über Unregelmäßigkeiten bei der Beschaffung von „Starfighter"-Kampfflugzeugen.
1962: Gereizt reagiert Verteidigungsminister Franz Josef Strauß auf weitere SPIEGEL-Berichte über korruptionsverdächtige Geschäfte – etwa um ein Bauprojekt der US-Armee („Fibag-Affäre") und um italienische Rüstungsgüter („Deeg-Affäre") – und die Einstellung eines Strauß-Familienfreundes als Generalbevollmächtigten einer Firma, der das Strauß-Ministerium Bundeswehraufträge zuschanzt („Onkel-Aloys-Affäre").

Eine kritische Titelgeschichte über die Bundeswehr („Bedingt abwehrbereit") nimmt Strauß am 26. Oktober zum Anlass, die SPIEGEL-Redaktion unter dem Vorwand des Landesverratsverdachts besetzen zu lassen; Augstein und sieben Mitarbeiter werden festgenommen oder verhaftet.

Die SPIEGEL-Affäre löst eine Welle der Empörung aus. Der Publizist Sebastian Haffner prophezeit: „Adieu Pressefreiheit, adieu Rechtsstaat, adieu Demokratie". Das christ-liberale Kabinett muss umgebildet werden – Anfang vom Ende der Adenauer-Ära.

Strauß, der Lüge vor dem Bundestag überführt, zieht sich in die bayerische Landespolitik zurück. Augstein, so urteilt später Erich Böhme, SPIEGEL-Chefredakteur von 1973 bis 1989, könne sich „die Feder an den Hut stecken, verhindert zu haben, dass Strauß je Bundeskanzler geworden ist".
1963: Nach 103 Tagen wird Augstein im Februar aus der U-Haft entlassen. Adenauer wird im Oktober vorzeitig als Kanzler verabschiedet.
1965: Der SPIEGEL veröffentlicht ein Gespräch Augsteins mit dem Philosophen Karl Jaspers unter anderem zur Frage der Verjährung

von NS-Verbrechen; es ist eines von insgesamt mehr als 70 Gesprächen, die Augstein mit Politikern und anderen Personen der Zeitgeschichte führt.

1967: Kurz vor seinem Tod empfängt Konrad Adenauer den SPIEGEL-Herausgeber, der ihn jahrelang heftig befehdete. Lange Zeit hatte der Kanzler behauptet: „Das Schmutzblatt lese ich überhaupt nicht, das macht sich ja selbst kaputt."

Auf einem FDP-Bundesparteitag in Hannover streitet Augstein, unterstützt von „Stern"-Chef Henri Nannen, für eine neue Ostpolitik.

Im Audimax der Hamburger Universität streitet Augstein mit dem Apo-Führer Rudi Dutschke. Wer das System umstoßen wolle, müsse sagen, „welches andere an die Stelle kommt", fordert Augstein. Dutschke droht: „Augstein soll sich nicht einbilden, dass er wegen der lumpigen 5000 Mark, die wir von ihm erhielten, von uns Rücksichten zu erwarten hat."

1968: Mit seinem Buch „Preußens Friedrich und die Deutschen" begibt sich der Journalist Augstein, wie die „Zeit" urteilt, unter die Historiker und Biografen, „um eine der wirksamsten und folgenreichsten Legenden deutscher Geschichte zu töten, ausgerüstet mit nichts als seinem scharfen Intellekt und einer spitzen Feder".

1969: Augstein wird Alleineigentümer des SPIEGEL.

1971: Der Verlag Gruner + Jahr beteiligt sich mit 25 Prozent am SPIEGEL.

1972: Augsteins Buch „Jesus Menschensohn" erscheint. Der katholische Theologe und Konzil-Berater Professor Karl Rahner verurteilt das Werk als „frontalen und totalen Angriff auf den, den alle christlichen Kirchen als Begründer ihres Glaubens bekennen". Heinrich Böll schreibt: „Immerhin beschäftigt sich hier noch jemand ernsthaft mit Jesus und der Kirche, bei weitem nicht so unfair, wie man ihm unterstellt hat."

Im traditionellen CDU-Wahlkreis Paderborn kandidiert Augstein für die FDP. Der Außenseiter rückt über einen Listenplatz in den Bundestag ein, verzichtet aber nach zwei Monaten auf sein Mandat, um sich wieder verstärkt dem SPIEGEL widmen zu können.

Nach internen Auseinandersetzungen um ein Redaktionsstatut trennt sich Augstein von linken Redakteuren, die ihm vorwerfen, er beherrsche den SPIEGEL „nach Art eines Sonnenkönigs". Er habe, sagt Augstein später, „die Anführer mit großem Bedauern raus-

schmeißen" müssen, „damit ich überhaupt wieder geschäftsfähig wurde".
1974: Augstein schenkt 50 Prozent des Unternehmens den SPIEGEL-Mitarbeitern.
Der SPD-Fraktionsgeschäftsführer Karl Wienand muss zurücktreten – der SPIEGEL hatte berichtet, der Sozialdemokrat habe Geld von der Fluggesellschaft Pan-International entgegengenommen; trotz Sicherheitsmängeln hatte die Regierung der Gesellschaft die Lizenz immer wieder verlängert.
1976: Nach dem Tod Martin Heideggers druckt der SPIEGEL ein Gespräch, das der Philosoph bereits 1966 mit Augstein geführt hatte – unter der Bedingung, der Text dürfe erst posthum veröffentlicht werden.
1977: Der SPIEGEL berichtet über einen illegalen Lauschangriff auf den Atommanager Klaus Traube; die Abhöraffäre trägt dazu bei, dass Innenminister Werner Maihofer (FDP) 1978 zurücktritt.
Augstein wird (bis 1985) Mehrheitsgesellschafter des Filmverlags der Autoren und damit zum „Vater der deutschen Filmkultur" (so der Regisseur und Mitinhaber Hark Bohm).
1978: Der Stuttgarter Ministerpräsident Hans Filbinger bestreitet Vorwürfe des Schriftstellers Rolf Hochhuth, er habe als Marinerichter noch in den letzten Tagen des Dritten Reichs Kriegsurteile gefällt, und stellt sich als heimlicher Widerstandskämpfer dar. Als der SPIEGEL von Filbinger unterschriebene Todesurteile zu Tage fördert, muss der CDU-Ministerpräsident zurücktreten.
1980: Augstein gibt das Buch „Überlebensgroß Herr Strauß. Ein Spiegelbild" heraus.
1981: Im November löst der SPIEGEL die Parteispenden-Affäre aus, in deren Verlauf publik wird, dass der Flick-Konzern Politikern wie Kohl und Graf Lambsdorff von 1969 bis 1980 verdeckte Spenden in Höhe von mehr als 25 Millionen Mark zugeleitet hat. Flick-Manager Eberhard von Brauchitsch wird 1987 wegen „Steuerhinterziehung durch Spenden" verurteilt.
1982: Der SPIEGEL enthüllt in drei Titelgeschichten, wie sich Neue-Heimat-Chef Albert Vietor und andere Manager auf Kosten des Gewerkschaftsunternehmens jahrelang bereichert haben.
1983: Die britische Universität Bath ernennt Augstein zum Ehrendoktor.

1987: Augstein wird Ehrendoktor der Universität Wuppertal.

Der SPIEGEL berichtet über Wahlkampfmachenschaften des christdemokratischen Kieler Ministerpräsidenten Uwe Barschel, der versucht hatte, seinen Herausforderer bei der Landtagswahl, Björn Engholm, bespitzeln und diffamieren zu lassen. Nach seinem Rücktritt wird Barschel in einem Genfer Hotel tot aufgefunden.

1988: Augstein führt im Kreml ein SPIEGEL-Gespräch mit Michail Gorbatschow über dessen Politik der Perestroika (Titel: „Wir haben uns in stürmische Fluten gewagt"). Der SPIEGEL wählt Gorbatschow zum „Mann des Jahres".

Die Universität Hamburg ernennt Augstein zum Ehrensenator.

Der SPIEGEL deckt den Transnuklear-Skandal auf: Hunderte deutscher Atommanager sind von der gleichnamigen Atommüll-Firma bestochen worden.

Erstmals wird das „SPIEGEL-TV-Magazin" ausgestrahlt.

1989: Kurz vor der Maueröffnung, am 30. Oktober, erklärt Chefredakteur Erich Böhme im SPIEGEL-Kommentar, warum „ich nicht wiedervereinigt werden möchte". Augstein distanziert sich eine Woche später von Böhmes Position.

1990: Über ihre kontroversen Auffassungen zur Wiedervereinigung veröffentlichen Augstein und Günter Grass ein gemeinsames Buch („Deutschland, einig Vaterland?"). Augstein argumentiert, der „Zug in Richtung Einheit" sei nicht aufzuhalten; Grass sieht ein „Zugunglück" programmiert.

Ein Augstein-Kommentar über den „Vereinigungskanzler" Kohl endet am 23. Juli mit den Worten „Glückwunsch, Kanzler!" Nach jahrelangen SPIEGEL-Attacken auf den CDU-Politiker sehen Beobachter wie Frank Schirrmacher („FAZ") in den „zwei minimalistischen Worten, die banaler nicht sein könnten ... nichts weniger als eine Revolution".

Nach SPIEGEL-Berichten über Stasi-Verstrickungen legt Ibrahim Böhme sein Amt als Ost-SPD-Vorsitzender nieder, Lothar de Maizière (CDU) tritt als Bundesminister für besondere Aufgaben zurück.

1991: Der Stuttgarter Ministerpräsident Lothar Späth muss zurücktreten, nachdem der SPIEGEL die Finanzierung von Privat- und Dienstreisen durch baden-württembergische Unternehmen („Traumschiff-Affäre") nachgewiesen hat.

1992: Nach einer SPIEGEL-Veröffentlichung stürzt Jürgen Möllemann (FDP) als Bundeswirtschaftsminister; er hatte in Schreiben an Handelsketten für einen Einkaufswagen-Chip geworben, den ein angeheirateter Vetter vertrieb.

1993: Im Mai legt der Kieler Ministerpräsident und SPD-Kanzlerkandidat Björn Engholm seine Ämter nieder – Reaktion auf SPIEGEL-Berichte, er sei früher als zuvor zugegeben über die Vorwürfe gegen Barschel informiert worden.

Max Streibl (CSU) tritt nach der so genannten Amigo-Affäre – Urlaubsreise auf Kosten eines Unternehmers – als bayerischer Ministerpräsident zurück.

Franz Steinkühler (SPD) stürzt als Chef der IG Metall über den Verdacht, durch Insiderwissen Spekulationsgewinne verbucht zu haben.

1994: Für die Stadt Hamburg verleiht Bürgermeister Henning Voscherau Augstein die Ehrenbürgerwürde; er habe „als distanzierter, skeptischer Kommentator, ehrfurchtslos, aber nicht ohne Achtung die demokratische Kultur in unserem Lande nachhaltig gefördert".

Im Dezember berufen die SPIEGEL-Gesellschafter auf Betreiben Rudolf Augsteins den bisherigen SPIEGEL-TV-Chefredakteur Stefan Aust zum Nachfolger des SPIEGEL-Chefredakteurs Hans Werner Kilz.

1995: Augstein verteidigt sich in einem Editorial für SPIEGEL special gegen den Vorwurf, „zu negativ zu sein": „Wir haben eine parlamentarische Demokratie, deren Stärken wir kennen, und wir Journalisten sollten ohne Selbstüberschätzung dazu da sein, ihre Schwächen aufzudecken."

1997: Augstein nimmt das Große Bundesverdienstkreuz entgegen.

1998: Für das Jahr 2003 kündigt Augstein, gesundheitlich angeschlagen, seinen Rückzug aus dem SPIEGEL an: „Mit 80 ist Schluss. Wenn nicht schon vorher Schluss ist."

1999: Die Moskauer Hochschule für Auswärtige Beziehungen ernennt Augstein zum Ehrendoktor.

2000: Das International Press Institute in Boston verleiht Augstein den Titel „World Press Freedom Hero". Hundert namhafte Journalisten wählen Augstein zum „Journalisten des Jahrhunderts"; er sei zum „Gewissen der Nation" geworden.

2001: Im Mai wird dem SPIEGEL-Herausgeber für sein publizistisches Lebenswerk in der Frankfurter Paulskirche der Ludwig-Börne-Preis zuerkannt. „Börne war ein Beobachter seiner Zeit, hat sie kritisch begleitet", erklärt Augstein in seiner Festrede: „Ich sehe mich schon ein bisschen in dieser Tradition."

2002: Am 26. August kritisiert Augstein in seinem letzten SPIEGEL-Kommentar unter dem Titel „Die Präventiv-Kriegstreiber" die Washingtoner Irak-Politik. „Nur eine Form des Krieges", schreibt er, „ist Einzelstaaten erlaubt: die Selbstverteidigung gegen eine tatsächliche Bedrohung. Bedroht Bagdad die USA?"

Am 21. Oktober erscheint Augsteins letztes SPIEGEL-Interview mit einem Rückblick auf die SPIEGEL-Affäre von 1962, überschrieben: „Es war ein Kampf".

Schreiben, was ist

Ein Nachwort / Von Jochen Bölsche

Kurz nachdem am Vormittag des 7. November 2002 die Nachricht vom Tod des Herausgebers in der Chefredaktion des SPIEGEL eintraf, ereilte mich die Bitte, Nachrufe von prominenten Weggefährten sowie wegweisende Texte von Rudolf Augstein zu einem Sonderteil für das aktuelle Heft zusammenzustellen.

In den folgenden 36 Stunden, in denen es galt, das Werk Rudolf Augsteins auf besonders repräsentative Beiträge hin durchzusehen, gedieh der Entschluss, dieses Buch herauszugeben. Denn allenfalls auf einigen hundert Buchseiten ist es möglich, einen Eindruck von der enormen publizistischen Hinterlassenschaft jenes „Journalisten des Jahrhunderts" zu vermitteln, der 55 Jahre lang an der Spitze des SPIEGEL gestanden hat.

Selbst der dienstälteste Autor im Hamburger SPIEGEL-Hochhaus, der 37 Jahre lang unter diesem Herausgeber gearbeitet und 40 Jahre lang den SPIEGEL nahezu Zeile für Zeile gelesen hat, vermag nur einen Bruchteil des Augsteinschen Schaffens zu überblicken. Geschrieben hat der SPIEGEL-Gründer ja nicht nur in seinem Magazin, für das er beispielsweise 70 SPIEGEL-Gespräche geführt und 984 Kommentare verfasst hat (zeitweise auch unter den Pseudonymen Jens Daniel, Moritz Pfeil und Patricia Longford).

Die SPIEGEL-Dokumentare Heinz Egleder und Heiko Paulsen, denen die Verifikation dieses Buches oblag, haben darüber hinaus 12 Bücher und 53 Buchbeiträge von Rudolf Augstein gezählt, dazu 200 Funk- und Fernsehauftritte, 33 große Reden sowie 30 Interviews, in denen Augstein anderen Journalisten Rede und Antwort gestanden hat.

Wer Texte für ein Augstein-Buch zusammenstellen will, sieht sich folglich vor die Aufgabe gestellt, den Kreis zu quadrieren.

Um die enorme Breite von Augsteins Schaffen anzudeuten, müssten möglichst viele Beiträge dieses Ausnahmejournalisten wiedergegeben werden, der nicht nur politische und historische, theologische und juristische Werke verfasst, sondern auch auf ganz anderen

Feldern Spuren hinterlassen hat, etwa als Theaterautor, als Opernkritiker und, in einem Fall, als Sportkommentator.

Wenn es hingegen darauf ankäme, vor allem die nicht minder eindrucksvolle Tiefe seiner Arbeiten anzudeuten, müssten möglichst viele Beiträge ungekürzt reproduziert werden – was indessen wegen des Umfangs einiger seiner wichtigsten Reden, Buchbeiträge und SPIEGEL-Gespräche sehr rasch den Rahmen eines Buches gesprengt hätte.

Der vorliegende Sammelband – ediert gemeinsam mit meinem Kollegen Norbert F. Pötzl – stellt einen Kompromiss dar. Das Buch umfasst einige Texte in voller Länge, zum Beispiel Augsteins programmatische Rede vor dem Rhein-Ruhr-Klub 1953 oder sein Gespräch mit Karl Jaspers 1965, dazu eine Vielzahl von Auszügen aus Titelgeschichten und Kommentaren, Vorträgen und Interviews.

Selbstverständlich ist diese – wie jede – Auswahl auch subjektiv geprägt. Wer ein Dritteljahrhundert lang im SPIEGEL-Ressort Deutschland II gearbeitet hat, das für die Affärenberichterstattung von Strauß bis Flick, von Barschel bis Möllemann verantwortlich war, sieht in Rudolf Augstein zwangsläufig weniger den Verfasser philosophischer oder theologischer Texte als den politischen Journalisten, der sein Blatt, wenn auch nicht ohne einen Hauch von Ironie, als „Sturmgeschütz der Demokratie" bezeichnet hat.

Nur unzureichend kann ein Buch wie dieses einen Eindruck von jenem Führungsstil vermitteln, mit dem Augstein den SPIEGEL zumindest ebenso geprägt hat wie mit seinen Texten: auf der einen Seite Menschlichkeit und Freundlichkeit auch und gerade gegenüber Subalternen, auf der anderen Seite schneidender Spott über Schmeichler und Schwätzer; einerseits Ermutigung auch zu heikler investigativer Recherche, andererseits bisweilen Schrecken erregende Unnachsichtigkeit gegenüber journalistischem Versagen.

Zu nennenswerten Kollisionen mit Teilen der Redaktion kam es nach meiner Erinnerung lediglich zwei- oder dreimal in all den Jahrzehnten. Anfang der Siebziger trennte sich Augstein von einigen linken Frondeuren, die bei ihren Antipoden im Ruf standen, sie wollten den SPIEGEL in eine West-Ausgabe des „Neuen Deutschland" verwandeln – was nicht gar so absurd war, wie es manch einem damals erschien: Bald nach der Wende stellte sich heraus, dass einer der aktivsten Augstein-Gegner jener Jahre auf der Gehaltsliste der DDR-Staatssicherheit stand.

Das engagierte Eintreten des SPIEGEL-Herausgebers für die Wiedervereinigung Deutschlands – 1989/90 zunächst nur von einer Minderheit in der Redaktion unterstützt – konnte nur den überraschen, der nie zur Kenntnis genommen hatte, wofür der liberale Patriot Jahrzehnte lang gestritten hat. (Zu meinen frühesten, vielleicht prägenden persönlichen Eindrücken zählt Augsteins Auftreten auf dem FDP-Bundesparteitag im April 1967 in Hannover, wo dem Gastdelegierten aus Hamburg verwehrt wurde, ein Plädoyer für eine neue, auf Annäherung zielende Ostpolitik zu halten. Den Text seiner ungehaltenen Rede hat Augstein damals in einem Nebenzimmer seinem Parteifreund Henri Nannen in die Schreibmaschine diktiert, FDP-Jungdemokraten haben die Augstein-Worte daraufhin hektografiert und an Presse und Parteivolk verteilt.)

Dass der SPIEGEL-Herausgeber nie erwartet hat, dass seine politische Sympathie für die FDP von der Redaktion geteilt wurde, können Generationen von Politikredakteuren des SPIEGEL bezeugen. Nie hat Augstein, selber jeglicher Ideologie abhold, Political Correctness vor journalistische Korrektheit gestellt – im Gegenteil: Wer immer in der Redaktion dazu neigte, sah sich auf Kollisionskurs mit dem Alten.

Einen seiner frühen Kommentare, adressiert an die Bonner Regierenden, überschrieb der Mann, der sich Jens Daniel nannte, mit der knappen Aufforderung: „Sagen, was ist". Übertragen auf die Redaktion des SPIEGEL lautet der Augsteinsche Imperativ damals wie heute: „Schreiben, was ist".

*

Ohne die Unterstützung durch die SPIEGEL-Redaktion wäre dieses Buch nicht zu Stande gekommen. Ohne die Redakteure Reinhold Bussmann, Lutz Diedrichs-Schneider, Katharina Lüken und Claus-Dieter Schmidt sowie die Sekretärinnen Andrea Maaß und Anika Zeller wäre es voller Fehler.

Quellen

Tot und doch lebendig
Aus SPIEGEL 46/2002 („Hausmitteilung – Betr.: Rudolf Augstein")

Gelebte Geschichte
Aus SPIEGEL 46/2002

So wurden wir angefangen
Aus dem Sonderheft „DER SPIEGEL 1947 – 1997"

Genug des mystischen Orakels
Aus SPIEGEL 45/1947 („Die Zeit ist nahe")

Wenn der Russe kommt ...
Aus: Helmut Kohl (Hg.): „Konrad Adenauer 1876/1976".
Belser Verlag; Stuttgart 1976

Von klein auf ein Blumenfreund
Aus SPIEGEL 42/1948 („Es gibt nur einen Adenauer")

Soll man die Deutschen bewaffnen?
Aus SPIEGEL 40/1948

„Ich schlage Sie tot"
Aus: Rolf Badenhausen, Peter Gründgens-Gorski (Hg.):
„Gustaf Gründgens: Briefe – Aufsätze – Reden".
Hoffmann und Campe; Hamburg 1967

Eine Lebensfrage für die Demokratie
Aus SPIEGEL 39/1950 („Aus der Kampfzeit"), 41/1950
(„Na, dann ist alles klar") und „Nassauische Neue Zeitung"
vom 19. Oktober 1950

Einheit vor Westbindung
Aus SPIEGEL 13/1951 („Das wäre")

Von keiner Partei beeinflusst
Aus SPIEGEL 17/1951 („Lieber SPIEGEL-Leser")

Nehmt Berlin, wie es sein wird
Aus SPIEGEL 41/1952 („Lieber SPIEGEL-Leser")

„Ich habe den Mann bewundert"
Aus SPIEGEL 52/1962 („Ich habe Schumacher bewundert"), 17/1988
(„Der Mann mit dem leeren, flatternden Ärmel"), ARD 3, 7. Mai 1988

Unsere Wege trennten sich
Aus SPIEGEL 1/1987 („Nach Göttingen konnte ich immer noch")

Ein Lebewohl den Brüdern im Osten
Aus SPIEGEL 1/1952

Der Mann mit dem Menjou-Bärtchen
Aus SPIEGEL 28/1952 („Am Telefon vorsichtig"), 29/1952
(„Lieber SPIEGEL-Leser"), 32/1952 („Lieber SPIEGEL-Leser")

Das Wichtige und das Interessante
Rudolf Augstein: Rede vor dem Rhein-Ruhr-Klub am 14. April 1953

Das Gesicht der Epoche
Aus dem Vorwort zum SPIEGEL-Reprint Jahrgang 1956 (1988)

Dann holts euch doch einen Zuhälter!
Aus: Rudolf Augstein (Hg.): „Überlebensgroß Herr Strauß".
SPIEGEL-Buch/Rowohlt Taschenbuch Verlag; Reinbek bei Hamburg 1980

Es hätte auch anders kommen können
Vorwort zu David Schoenbaum: „Die Affäre um den SPIEGEL. Ein
Abgrund von Landesverrat". Reprint; Parthas Verlag; Berlin 2002

Es war ein Kampf
Aus SPIEGEL 43/2002

„Wir haben einen Abgrund von Landesverrat"
Aus den Protokollen des Deutschen Bundestages, Bonn 1962

Ich bat um die Luther-Bibel
Aus SPIEGEL 47/1962 („Lieber SPIEGEL-Leser"), SPIEGEL 3/1963
(„Lieber SPIEGEL-Leser"), 42/1963 („Lieber SPIEGEL-Leser")

Rückblick in den Abgrund
Aus „Die Zeit" vom 21. Mai 1965

Informieren heißt verändern
Aus der WDR-Hörfunksendung „Interview mit der Presse" vom 8. Mai 1964

Die Republik unterm Beil
Aus SPIEGEL 5/1964

Die SPD, die eine CDU sein wollte
Rudolf Augstein: Vortrag „Ist die SPD (noch) zu retten?"
an der Universität Tübingen am 29. November 1965

„Für Völkermord gibt es keine Verjährung"
Aus SPIEGEL 11/1965

„Nur noch ein Gott kann uns retten"
Aus SPIEGEL 23/1976. © Vittorio Klostermann, Frankfurt am Main. Im

vorliegenden Buch wurde eine gekürzte Fassung des Gesprächs abgedruckt; der vollständige Text findet sich in Band 16 der Martin-Heidegger-Gesamtausgabe (Reden und andere Zeugnisse eines Lebensweges 1910 – 1976).

„Wie sich die Welt dreht"
Aus SPIEGEL 17/1967 („Sagen Sie, wie sich die Welt dreht!")

Einfluss auf die Geister
Aus der ZDF-Sendung „Dialog", 2. März 1967

Das Ende aller Sicherheit?
Aus: „Vorbereitung auf den Notstand?". Fischer Bücherei; Frankfurt am Main 1967

Revolution ist keine Spielerei
Redemanuskript, SPIEGEL-Hausdokumentation

Verurteilt, ja gebrandmarkt
Aus SPIEGEL 15/1968 („Thank you")

Fünfzig Prozent am Unternehmen
Aus SPIEGEL 1–2/1970 („Hausmitteilung – Betr.: Gesellschafter")

Auf den Trümmern ein Fanal
Redemanuskript, SPIEGEL-Hausdokumentation

Loyalität und Interesse
Aus SPIEGEL 52/1972 („Hausmitteilung – Betr.: SPIEGEL"), SPIEGEL 4/1973 („Hausmitteilung – Betr.: SPIEGEL")

Wort an einen Freund
Aus SPIEGEL 11/1974, „Frankfurter Allgemeine Zeitung" 16.2.1979, „Frankfurter Allgemeine Zeitung" 28.2.1979

Man trägt wieder Pferd
Aus SPIEGEL 53/1976

Teilhabe am Verrat? – No, Sir!
Aus „Die Zeit" vom 18. und vom 25. März 1977

Strauß ist kein Hitler
Aus SPIEGEL 40/1980

Mit Lachen die Wahrheit sagen
Fragebogen aus dem „FAZ-Magazin", Frankfurter Allgemeine Zeitung, vom 24. Oktober 1980

Ein Nietzsche für Grüne?
Aus SPIEGEL 24/1981 („Ein Nietzsche für Grüne und Alternative?")

Absage an den Personenkult
Aus SPIEGEL 17/1983 („Wir haben in Afghanistan nichts verloren")

Die Zustände sind unnatürlich
Aus: „Reden über das eigene Land". C. Bertelsmann Verlag;
München 1984

Der Fall der weißen Westen
Vorwort zu Hans Werner Kilz/Joachim Preuß: „Flick – Die gekaufte
Republik". SPIEGEL-Buch/Rowohlt Taschenbuch Verlag; Reinbek bei
Hamburg 1984

Die neue Auschwitz-Lüge
Aus SPIEGEL 41/1986

Was hat der SPIEGEL mit Barschel gemacht?
Vorwort zu Jochen Bölsche (Hg.): „Waterkantgate". Steidl Verlag;
Göttingen 1987

Mein Ehrenwort, ich freue mich
Redemanuskript, SPIEGEL-Hausdokumentation

Meine Antwort: ein klares Ja
Redemanuskript, SPIEGEL-Hausdokumentation

Geschichtsmächtig, geschichtsträchtig
Aus SPIEGEL 44/1987 („Man lügt über mich wie über einen Toten")

Es wäre ein Alptraum gewesen
Aus SPIEGEL 41/1988 („Tod und Verklärung des F. J. S.")

Politiker sollten ihre Worte wägen
Aus SPIEGEL 43/1988

Meinungen, ein wenig verschieden
Aus SPIEGEL 44/1989 („Die Gelegenheit ist günstig"), 45/1989
(„Meinungen, ein wenig verschieden")

Der Zug ist abgefahren
Aus: Rudolf Augstein / Günter Grass: „Deutschland, einig Vaterland? –
Ein Streitgespräch". Steidl Verlag; Göttingen 1990

Rote Kleider, weiße Falten
Aus der „Frankfurter Allgemeinen Zeitung" vom 27. Oktober 1990
(„Frankfurter Anthologie")

... oder es wird gemacht, was ich will
Aus „Rudolf Augstein – ein Porträt", SPIEGEL TV, 1. November 1993

Wen provoziere ich denn?
Aus SPIEGEL 44/1993

Warum man deutsch ist
Aus dem „Tages-Anzeiger" vom 5. November 1993

QUELLEN

Morgen früh kann ich tot sein
Aus „Die Zeit" vom 15. Oktober 1993

Oft war ich mehr Galionsfigur
Redemanuskript, SPIEGEL-Hausdokumentation

Mitunter zwischen den Stühlen
Aus SPIEGEL special 1/1995 („Lieber SPIEGEL-special-Leser")

Ich gehöre in das Guinness-Buch
Redemanuskript, SPIEGEL-Hausdokumentation

Egidius, hilf Kohl
Aus SPIEGEL 29/1998

Erinnerung kann man nicht befehlen
Aus SPIEGEL 45/1998

Ich habe das meiste gesehen
*Aus der „Süddeutschen Zeitung" vom 5. 11. 1998
(mit freundlicher Genehmigung der „Süddeutschen Zeitung"
und der DIZ München GmbH)*

Rache statt Gerechtigkeit
Aus SPIEGEL 4/2002 („Ach Amerika!")

Die Präventiv-Kriegstreiber
Aus SPIEGEL 35/2002

Der Verlag und die Herausgeber haben sich nach Kräften
bemüht, alle Inhaber der Urheberrechte ausfindig zu machen.
Sollte dies nicht in allen Fällen gelungen sein, wende man
sich bitte an den Verlag.